教育部人文社会科学研究青年项目
《左传彙评及研究》（13YJC751023）资助

河南省高等学校哲学社会科学创新团队支持计划
《中国文学演变与文化转型研究》（2014-CXTD-08）资助

河南省高等学校哲学社会科学优秀著作资助项目

《左传》评点研究

李卫军 著

中国社会科学出版社

图书在版编目（CIP）数据

《左传》评点研究/李卫军著.—北京：中国社会科学出版社，2014.6

ISBN 978-7-5161-4445-9

Ⅰ.①左… Ⅱ.①李… Ⅲ.①中国历史—春秋时代—编年体 ②《左传》—研究 Ⅳ.①K225.04

中国版本图书馆 CIP 数据核字（2014）第 135930 号

出 版 人	赵剑英
选题策划	郭沂纹
责任编辑	丁玉灵
责任校对	林福国
责任印制	王 超

出 版	中国社会科学出版社
社 址	北京鼓楼西大街甲 158 号（邮编 100720）
网 址	http://www.csspw.cn
	中文域名：中国社科网 010-64070619
发 行 部	010-84083685
门 市 部	010-84029450
经 销	新华书店及其他书店
印 刷	北京市大兴区新魏印刷厂
装 订	廊坊市广阳区广增装订厂
版 次	2014 年 6 月第 1 版
印 次	2014 年 6 月第 1 次印刷
开 本	710×1000 1/16
印 张	27
字 数	330 千字
定 价	78.00 元

凡购买中国社会科学出版社图书，如有质量问题请与本社联系调换
电话：010-64009791
版权所有 侵权必究

目　　录

绪论 …………………………………………………………（1）

上编　《左传》评点综合研究

第一章　《左传》评点史述 ……………………………（3）
第一节　明万历以前:《左传》评点的形成期 …………（3）
第二节　万历至明末:《左传》评点的发展期 ………（16）
第三节　清初至乾隆末年:《左传》评点之全盛期 …（25）
第四节　嘉庆至民国初年:《左传》评点之
　　　　延续与余晖期 ………………………………（32）
第五节　《左传》评点兴衰原因略论 …………………（35）

第二章　《左传》评点之形式与类型 …………………（53）
第一节　《左传》评点之形式 …………………………（53）
第二节　《左传》评点之类型 …………………………（71）

第三章　《左传》评点之内容与价值——文学篇 ……（83）
第一节　对《左传》命意旨趣之分析 …………………（84）
第二节　对《左传》文法之揭示 ………………………（97）

第三节　余论 …………………………………………（131）

第四章　《左传》评点之内容与价值——经学篇
　　　　——以姜炳璋《读左补义》为例 …………（135）
第一节　绪论 …………………………………………（135）
第二节　《读左补义》与《左传》之解经 ……………（144）
第三节　《读左补义》之取义 …………………………（168）
第四节　余论 …………………………………………（194）

第五章　《左传》评点之内容与价值——史学篇
　　　　——以吕祖谦论《左传》三书为例 …………（199）
第一节　绪论 …………………………………………（199）
第二节　观《左传》之方法 ……………………………（205）
第三节　论《左传》之内容 ……………………………（212）
第四节　习《左传》之功用 ……………………………（225）
第五节　吕祖谦论《左传》三书之价值 ………………（236）

下编　《左传》评点系年提要

一　凡例 …………………………………………………（241）

二　正文 …………………………………………………（243）
　卷一　形成期之《左传》
　　　　评点（明万历元年1573以前）………………（243）
　卷二　发展期之《左传》
　　　　评点（万历至明末，约1573—1644）…………（260）
　卷三　全盛期之《左传》

评点(清初至乾隆末年,约1644—1795)………(299)
卷四　延续与余晖期之《左传》
　　　评点(嘉庆至民国初年)……………………(377)

参考文献……………………………………………(402)

绪　论

一　"评点"释义

　　评点作为我国最具特色的批评体式之一，近年来研究颇为兴盛。孙琴安《中国评点文学史》、谭帆《中国小说评点研究》、朱万曙《明代戏曲评点研究》等都在各自的领域产生了极大影响。而近年以"评点"为题的博士、硕士论文有九十余种，以"评点"为主题的专篇论文则有近两千种。可以说，评点研究已经得到学界充分的重视，且方兴未艾。但若细加考论，可发现学者们对于什么是评点尚未有一致看法。若不对评点的义界加以明确，就无法确定哪些著作可以纳入我们讨论的范畴。因此，有必要先对评点的内涵进行探讨，以划定本书的研究范围。

　　何谓评点？古人并未有明确的界定，偶有论及者，也以评点之起源及功用为多。其言起源者，如章学诚谓："评点之书，其源亦始钟氏《诗品》、刘氏《文心》。然彼则有评无点，且自出心裁，发挥道妙。"[①] 曾国藩则认为："梁世刘勰、钟嵘之徒，

[①] 章学诚著，叶瑛校注：《文史通义校注》，中华书局1985年版，第958页。

品藻诗文，褒贬前哲，其后或以丹黄识别高下，于是有评点之学。"① 章学诚又言："评点始于宋人，原为启牖蒙学设法。"② 黄宗羲也说："文章行世，从来有批评而无圈点，自《正宗》、《轨范》肇其端，相沿以至荆川《文编》、鹿门《大家》，一篇之中，其精神筋骨所在，点出以便读者，非以为优劣也。"③ 其言及功用者，袁无涯说评点能"通作者之意、开览者之心"④。方苞则言："文之义蕴深微，法律变化者，必于总批、旁批揭出，乃可使学者知所取法。"⑤ 姚鼐认为："圈点足以启发人意，有愈于解说者矣。"⑥ 章学诚也说："至于纂类摘比之书，标识评点之册，本为文之末务，不可揭以告人，只可用以自志。……然为不知法度之人言，未尝不可资其领会，特不足据为传授之秘尔。……然使一己之见，不事穿凿过求，而偶然浏览，有会于心，笔而志之，以自省识，未尝不可资修辞之助也。"⑦ 古人所论，大率如此。

若进一步考察，则可发现古人关于"评点"并无一致用法，今人视为"评点"的作品，前人则有"评"、"批"、"评阅"、

---

① 曾国藩：《经史百家简编》，上海古籍出版社《续修四库全书》本，2002年版，第1537册，第624页。

② 章学诚著、仓修良注：《文史通义新编新注》，浙江古籍出版社2005年版，第600页。

③ 黄宗羲：《南雷文定》，《续修四库全书》，第1397册，第253页。

④ 袁无崖刻《新镌李氏藏本忠义水浒全传》卷首，《出像评点忠义水浒全传发凡》谓："书尚评点，以能通作者之意，开览者之心也。得则如著毛点睛，毕露神采；失则如批颊涂面，污辱本来，非可苟而已也。"

⑤ 方苞：《钦定四书文凡例》，《四库全书》本，台湾商务印书馆影印1986年版，第1451册，第5页。

⑥ 姚鼐：《惜抱先生尺牍》，丛书集成续编本，上海书店1994年影印版，第130册，第904页。

⑦ 章学诚著、仓修良注：《文史通义新编新注》，浙江古籍出版社2005年版，第141页。

"点评"、"批点"、"批评"、"评林"、"评释"、"评定"、"评品"、"评选"、"批选"、"钞评"、"参评"、"品题"、"评论"、"评较"、"评次"等不同名称,就中又以"批点"、"批评"、"评点"三者使用为多。然则今人作为批评体式名称的"评点",不过是以一总多,以偏赅全,而上述各概念之内涵实则并不一致。故前人可不加分别,把评点作为一种不言自明的概念加以使用。而我们为研究方便,则必须对"评点"含义有所界定。

到目前为止,学界多视评点为一种特殊的文学批评方式。如谭帆先生即谓:"评点是中国古代文学批评的一种重要形式,与话、品等一起共同构成古代文学批评的形式体系。"① 张伯伟先生也说:"评点是中国文学批评的传统方式之一。"② 孙琴安先生则提出了"评点文学"的概念,认为:"评点文学是一种兼有文学批评和文学作品双重属性的文学形态。"并认为无论是"评点文学",还是"文学评点",其中"评点"与"文学"二者之间"既不是偏正关系,也不是动宾关系,而是一种并列关系,确切些说,是一种由并列而组成的专用名词概念"③。应该说我国多数评点作品侧重于文法的揭示,属于文学批评的范畴,但也有相当数量的评点侧重于经论或史评等内容,仅视"评点"为文学批评在某种程度上窄化了它的内涵。之所以会有这样的误解,有多方面的原因。首先,评点这种批评体式的成熟是在南宋,且最初应用于古文选本,如《古文关键》、《文章规范》等;其次,古人谈到评点的起源与功用,如前所述,也多论及

---

① 谭帆:《中国小说评点研究》,华东师范大学出版社2001年版,第6页。
② 张伯伟:《中国古代文学批评方法研究》,中华书局2002年版,第543页。
③ 孙琴安:《中国评点文学史》,上海社会科学出版社1999年版,第1—2页。

其指导作文的一面；再次，今日研究评点者，多侧重于小说、戏曲、诗歌等文学性较强的作品，这无形中也加强了"评点是一种文学批评"的印象。

既然评点不仅仅是一种文学批评，我们应怎样对其加以界定呢？到目前为止，不少学者为了研究方便，已对评点提出许多建设性的意见，我们将试着在前贤论述的基础上提出自己的看法。

朱世英等先生合著有《中国散文学通论》，其"评点篇"以为"评点的含义有广狭之分，狭义的评点专指批点结合的形式，离开作品的评论不包括在内。广义的评点是开放的概念，凡是对作家和作品的评论都可以纳入评点学的范畴"①。谭帆先生以为其界定"抽去了评点作为文学批评一种形式的特殊性"，混乱了文学评点的实际内涵，可谓深中其病。孙琴安先生"评点文学"的提法虽然新颖，在一定范围内有其适用性。但谭帆先生亦不以其说为然，以为评点与文本的结合，只是文学传播中的"特殊文本形态"，而非"文学形态"，进而认为"评点文学"兼有"文学批评和文学作品双重属性"的提法，容易"混淆评点的特殊性质"，"不利于对评点作出深入的研究"②。而白盾认为："所谓'评点'，'评'是指评议，'点'是指'一语点破'的意思——这个'破'，如'读书破万卷'之'破'，禅语的'悟破'之'破'。中国的诗论、文论，向来有以禅论诗、以禅论文的论法，'一点即破'，即有这种'一棒喝破如灌醍醐'的意味。评点的'点'，正有这个经'点破'而'妙悟'

---

① 朱世英等：《中国散文学通论》，安徽教育出版社1995年版，第907—908页。
② 谭帆对各家之批评及对评点之界定，见《中国小说评点研究》第1—6页。

的意思，也是论禅之法在小说领域的借用。"① 则更是一种望文生义的解法。

在对前人之说进行批评整合的基础上，谭帆提出了自己的看法。他认为："一、评点是中国古代文学批评的一种重要形式，与'话'、'品'等一起共同构成古代文学批评的形式体系。这种批评形式有其独特性，其中最为重要的是批评文字与所评作品融为一体，故只有与作品连为一体的批评才称之为评点。其形式包括序跋、读法、眉批、旁批、夹批、总评和圈点。二、正因为评点与所评作品融为一体，故带有评点的文学作品成了一种独特的文本形式，这种文本一般称之为评本。'评本'是文学作品在其传播过程中一种特殊的文本形态，而非'文学形态'，这种文本形态对中国文学批评史的研究和中国文学传播史的研究有重要价值。三、评点在总体上属于文学批评范畴，是一种对文学作品的评价、判断和分析。但在古代文学批评史上，评点在俗文学领域如戏曲和通俗小说则越出了文学批评的疆界，介入了对作品本身的修订和润色，这是一个特例，但也是一个不应忽视的现象。"② 应该说，这种界定更进了一步，注意到了"评点"中批评与圈点并用，并与本文相结合的特点，也注意到了评点者对于本文的介入行为。但是，此种界定仍把评点局限于文学批评范畴，未能完全揭示评点内涵的丰富性。

评点不仅涉及文学批评，还涉及经学、史学的批评。如魏禧所评，彭家屏参订之《左传经世钞》，有圈点，有眉批，夹批及篇末总评，是典型的评点作品。观其书魏禧自序云："读书所以明理也，明理所以适用也，故读书不足经世，则虽外极博综，

---

① 白盾：《说中国小说的评点样式》，《艺谭》1985年第3期。
② 谭帆：《中国小说评点研究》，第6页。

内析秋毫，与未尝读书同。经世之务莫备于史，禧尝以为《尚书》，史之太祖；《左传》史之太宗，古今治天下之理尽于《书》，而古今御天下之变备于《左传》。明其理、达其变，读秦汉以下之史，犹入宗庙之中，循其昭穆而别其子姓，了如指掌矣。尝观后世贤者当国家之任，执大事、决大疑、定大变，学术勋业烂然天壤。然寻其端绪，求其要领，则《左传》已先具之。"又谓所选"皆古今定变之大略"，"辞令之极致"①。而彭家屏所订凡例亦谓："向来评《左传》者，多不论事而论文。然论文者仅资学人之咀茹，何如论事者开拓万古之心胸？是编专主论事，原取其有关于世务。旧抄本中，尚有一二涉于选《左》余绪者，兹概从删削。俾知经世之大猷，不得视为古文之糟粕。"② 由魏、彭二家之言可知，魏禧所评已以经世资鉴为目的，然尚偶有论及文法者，而彭家屏又尽删其涉"选《左》余绪者"，是其书端为历史之批评，而与文学无涉。由此看来，仅以文学批评指称"评点"，并不合我国评点之实际，仍有其偏颇之处。

日本学者高津孝在某种意义上注意到了评点内涵的这种丰富性，从而提出了"评点派"与"标点派"的区分。高津孝云："关于评点文本，吕祖谦与朱熹的看法相互对立。这种对立使得为文本施加附加要素时，分别向两个不同的方向展开，即形成了评点本流派与标点本流派。评点是对文章进行批评的一种行为形态，它重视文章的表现技法。与此相对，标点则以辅助读者读解文本内容为目的，其对象主要是《四书》。标点一派始于朱熹高徒黄榦，继有何基、王柏。标点以句读施点以及为

---

① 魏禧：《左传经世钞》，《续修四库全书》，第120册，第287页。
② 同上书，第288页。

文中重要之处施抹为重点。我们现在所使用的标点法即渊源于此。与评点不同，它并不印刷出来，而主要是使用朱、墨、黄等色笔。"① 从高津孝所论，我们可以得到以下几点看法：在我国评点系统中，存在着评点派与标点派的对立，评点的对象是文章，属于文学的范畴；标点的对象是四书五经，属经学的范畴。评点侧重文章技法的揭示，标点则侧重经书内容之解读。二者最明显之区别是所用圈点符号之差异，而高津孝所谓"评点"、"标点"之区分似亦主要依据此形式之不同。应该说，高津孝能指出评点不仅限于文学批评的范畴，是其独具只眼处。只是其论述仍有可商之处，因为无论从评点对象抑或圈点形式，都难以对"评点派"与"标点派"划出严格之界限。从评点对象看，如果以为对文章的批评即属评点派，对《四书》等经书的批评则属标点派，那么明人孙鑛、钟惺等人的评经活动，实属于文学批评之范畴，明显无法归入标点派的行列。若从圈点形式看，以为用句读标抹即属标点派，圈点则属评点派，则所谓标抹之用法亦为后世的评点者所普遍采用，批点经书者亦非完全不用圈点的形式。实际上，在我国评点发展的过程中，圈点符号（除句读等符号外）从来不曾有过统一之用法，也不存在标抹与圈点之严格区别，所以不同的评点者在刊刻其作品时，往往在凡例中对其圈点符号的用法给予说明。因此，对于评点的界定，我们还是应从批评、符号与文本结合的角度，从总体上加以考虑。

关于评点，台湾学者张素卿运用诠释学方法所作定义，给我们提供了一种新的视角。她认为"评点"起源于对经典文本

---

① ［日］高津孝：《科举与诗艺——宋代文学与士人社会》，上海古籍出版社2005年版，第74—75页。

的阅读与解释,"从形式上说,'评点'的'点',指圈、点、抹、画之类的标示符号;'评'则是指眉批、夹评、旁注、总论等语言文字的评论。评点结合标示符号以及语言文字的评论,不离本文(text)地逐字、逐句、逐段分析其脉络纲领,指陈其呼应布局或字句修辞,实际展示阅读的进程,并藉此引导它的读者进行阅读以理解本文。这样的评点分析,是一种本文解释"①。把"评点"视为一种"本文解释",突破了仅把"评点"作为一种文学批评的狭隘性。因为"解释"既可以从文学的视角,亦可以从经学、史学、子学的角度,这对于我们正确理解评点的含义颇有启发意义。但须说明的是,她此处的"解释"借用了西方诠释学的术语,其目的在于强调"评点"的阅读进程性,突出其与"文学批评"之间的差异。她把评点的阅读进程概括为:"先掌握全篇主意,由内容旨趣照看形式布局,然后从寻绎其经营结构如何体贴题目大概;既综观整体主意,复分析各个部分段落如何铺陈、呼应,总绾成意思相承的本文整体。字里行间,又揭示遣词用字修辞之法,指引读者寻味而深观其体贴题目处。这样,由综观整体而后进入部分,复绾合部分形成整体理解,如此分析离合的阅读进程,透露着评点家对'诠释学循环'具体而微的体认。"应该说,她对"评点"阅读进程性的分析是非常深刻的。但也须指出的是,她的分析是基于一些典型的评点作品,实则相当一部分评点作品并不揭示这样一种整体—部分—整体的"阅读进程",特别是一些集评之作,如凌稚隆的《史记评林》等。她在上述分析的基础上,否定了评点是一种文学批评的提法,认为"文学批评是已经阅

---

① 张素卿:《评点的文本分析》,台湾"叙事学学会"2000年12月20日第九次聚会会议摘要,下引同。

读和理解本文之后,品骘其优劣;评点则在本文之中进行阅读,不离乎本文理解的意义进程。这是评点跟文学批评的不同"。也就是说,文学批评是阅读本文之后的反观,是对文本优劣的评价,而评点本质上则是"阅读进程"的展示。

从上述分析可以看出,把"评点"视为一种"文本解释",张素卿基本上是借用了西方诠释学的方法。但是,如同我们上面所提到的,并非所有评点作品都展示阅读的进程。而且,还有相当的作品也涉及对文本的评价,如孙鑛所评《春秋左传》,就经常指出左氏文法的不足。因此,仅把"评点"视为一种"文本解释",从而与文学批评对立起来,这种界定仍有其局限性。因此,我们更倾向于在其本义层面运用"解释"一词,因为"解释"体现了批评者对文本的独特理解,也就必然包含着对作品的评价。当然,这种评价可以是文学的、经学的,或者是史学的。因此,评点虽不等同于文学批评,但却包含着文学批评的方面。

还应指出的是,为了突出"评点"的阅读特性,张素卿特别强调了"评点"中"点"的决定作用。个人以为,这也不符合我国"评点"的实际。她认为:"评点在形式上以'点'为要,而'评'次之;性质上,则以阅读为基本,而批评次之。运用标示符号或评论文字,伴随本文予以分析离合,呈现阅读的进程,这是评点的基本特质。"她所以要提升"点"的地位,是因为"'点'具有须随文标示的特性,而标示性的符号适合分析、提示,评骘优劣则不够明确。那么,'点'特别能凸显其阅读的性质,正是评点有别于文学批评的重要特征"。也就是说"点"必须依附本文的特性,使它更能揭示"评点"的阅读性质,而评论则有"评骘优劣"的作用,更接近于文学批评。既然要使"评点"和"文学批评"划清界限,自然要突出能体现

"评点"阅读特性的方面。当然,她认为"评点"具有以"点"兼"评"特质,亦有自己的理由。综其所论,不出以下几个方面:(1)"点"具有不离本文的特点,有些评点文献甚至只有"点"而没有"评"。(2)评点自成一格的特色厥在运用圈点抹画的标示符号,并与经典同刊共传,随文批注以展示其阅读的进程。(3)宋、元儒者标抹点书"辞不费而义明",由此推之,文辞扼要简约是"评点"之特点,早期的批点或评点,当以点画为主。(4)黄宗羲曾圈点自己之《南雷文定》而无评,且谓圈点始于《正宗》、《轨范》,其作用在点出文章精神筋骨所在,以便读者,非以为优劣。由黄氏之论观之,"点"的作用在"点出以便读者",指导读者领会本文,不以"优劣"为目的。故"评点"虽兼"评"与"点",实当以"点"为要。但若细加分析,这几点理由颇有值得商榷之处。首先,谓有些评点文献只有"点"而没有"评",这是事实,但也有一些评点文献只有"评"而没有"点",如凌稚隆的《春秋左传注评测义》,我们是否应据此说"评点"具有以"评"兼"点"的特质呢?其次,运用圈点抹画随文批注,与经典同刊共传确是"评点""自成一格之特色",但"眉批"、"旁批"、"夹批"等批评形式亦随文批注,与经典同刊共传,又何尝不是评点自成一格之特色呢?再次,宋元评点确实文辞简约,但点画同样简约,是否以"点"为主,似尚可探讨。即便其时"评点"以点画为主,那也只是评点形成期之特色,我们今天所讨论之"评点"更多是指明清时期成熟期的批评形式,而其时圈点的地位绝不在批评之上。最后,至于黄宗羲所论,其本意未必以为"评点"即圈点,或者以为"评"、"点"中"点"居于统摄地位,即便其有此意,亦只是一家之言,不可据为定论。而黄氏所论止于圈点,而不及"评",自然是"非以为优劣也",不能据以说明"评点"这种批评的整体特色。综上所述,"评点"作为一种批评体式,应是"评"、"点"并重,既不是以"点"兼"评",也不是以"评"统"点"。

上述各家对评点的界定,都有其合理性,对我们正确理解评点的含义提供了有益的启示,但又或多或少存在着不足。因此,在综合前述诸说的基础上,我们对评点作出如下界定:

评点是我国古代颇富民族特色的一种批评体式,本质上是对于文本的一种阅读诠释。它运用"评"、"点"与文本结合的方式展示批评者对于文本的独特理解。此种批评有其内容与形式方面之双重规定性。

就形式而言,此种批评须是"评"、"点"与本文结合,脱离本文之批评不是评点。其中"评"包括序跋、读法、解题、眉批、旁批、夹批、尾批等形式;"点"则指圈、点、标、抹、截等标示符号。有"评"有"点"是此种批评的常见形态,但亦存在有"评"无"点"或有"点"无"评"的作品。具体评点作品对于"评"、"点"的各种形式,亦多取其一至数种而很少赅备。

就内容而言,此种批评有别于传统之传笺注疏。传统注疏特重训诂,致力于词义之训释,典故之抉发,当然也涉及句义解释、义理探讨,甚至文本主旨的概括。而评点则侧重于文本脉络结构之分析、人物之评价、史事之探讨、义理之揭示。因此,徒具评点之体式,而内容不符者,亦不能视为评点作品。[①]

---

① 按:王震之《春秋左翼》,其书正文分上下两层,上层为语词典故之训释,下层为《左传》正文,似具眉批之形式,张高评即视其书为评点作品。但此书实与传统注疏无异,我们认为并非评点之作。

我们下文主要依据上述界定来确定哪些作品可以进入讨论范围。不过，对一些体式不太完备，但对后来的《左传》评点产生深远影响的著作，如吕祖谦《左氏博议》、《左氏传说》、《左氏传续说》，朱申《春秋左传详节句解》等，我们也作为考察的对象，在后面论述中还会提到。

二 《左传》评点的研究现状与意义

《左传》文采若云月，高深似山海，于义为经，于体为史，于用为文，在我国古代产生了广泛而深远的影响。评点者从"文"本身出发，对《左传》在经学、史学、文学等诸方面价值都有精到论述，其著作今存者尚有一百余种，而研究者却甚为寥寥。谭家健先生《先秦散文艺术新探》（1995）之参考书目，对存世《左传》评点书目有所整理，但尚多疏略。台湾学者张高评著有《左传文章义法撢微》（1999），其立论多依托《左传》评点著作，如方苞《〈左传〉义法举要》、冯李骅《左绣》、王源《左传评》、吴闿生《左传微》、林纾《左传撷华》等，且对《左传》评点书目有所整理。但其书旨趣乃在《左传》义法之揭示，而非对《左传》评点本身的研究。台湾学者蔡妙真则对《左绣》作了个案的研究，其《追寻与传释——〈左绣〉对〈左传〉的接受》一书，从接受美学的角度，探讨"为何几千年来，总是在经、史层次的《左传》，在清初，却被一位名不见经传的士子，拉到集部来解剖？"进而依据姚斯将文学史改称"文学效应史"的主张，"探讨《左传》文本与明清文学批评上之评点、义法及趋实之学术氛围碰撞出来的效应"，以为"《左绣》正是这种效应结出的种子"，并对《左绣》之价值予以定位。① 台湾学者黄肇基有《鉴奥与圆照——方苞、林纾的〈左传〉评点》（2008），对方、林二人所揭示《左传》之经义及文学艺术之美，均有分析。另外，台湾学者张素卿有《〈左传〉评点的诠释学研究》（2000）一文，运用阐释学理论，从阅读与解释的观点考察评点，并与传统注疏作比较，得出以下结论："一、两者都以区断章句本文为基础；二、都有'具载本文'的现象，往往跟经典同刊共传；三、注疏和评点同属居间说话的中介，也就是解释者；四、最终的旨趣皆为解释经典之义——不论是意义（meaning），还是涵义（significance）。评点以圈点抹画等标示符号分析本文，并在字里行间的随文评论，使'中介'作用益形强化；眉批高置本文之上，尤异于注疏的体式；此外，评点者往往标榜自我的心得创见，注疏则多强调考证之征实有据。经典蕴义无穷，而评点者以读者的身份反映其视域内的理解，自是经学流衍的一个枝系，在中国的经典诠释传统里别具一格。"②

可以说，对具体《左传》评点作品的研究已取得一定的成果，但还未有学者对传世作品作系统清理，对于《左传》评点的发展线索，及其在文学批评、史学评论以及经学研究等方面的重要价值，均有待作系统而深入的研究。台湾学者张高评认为："研究《左传》评点之作，当有助于解读《左传》之事、文、义；且可由一人之学，而知一代一派学风之趋向。中国传统文学批评亦于是乎在也！世有欲构建中国本土之文学批评、

---

① 蔡妙真：《追寻与传释——〈左绣〉对〈左传〉的接受》，台北万卷楼图书股份有限公司 2003 年版，第 17—20 页。
② 张素卿：《〈左传〉评点的诠释学研究》，台湾大学 2000 年 6 月《东亚儒学中的经典诠释传统》研讨会会议论文。

古文义法、修辞学之理论者，其留意之。"① 即此可见《左传》评点研究之必要性。

作为一种批评体式的评点研究，以往多集中于小说、戏曲领域；作为十三经之一的《左传》研究，以往多关注其注疏考证，较少留意评点之作。因此，《左传》评点研究实具有跨学科的性质，约而言之，其意义有以下诸端：

其一，可以加深我们对《左传》文学性及其在我国传统文章学中地位的体认。评点者从字法、句法、章法、文法入手，以紧盯细究的方法，对《左传》作向心式的解读，使作者的无限文心与作品的美意法门昭然纸上，不仅可以带领我们领略《左传》文章之美，抑且将作文之金针度于后人，对今日的创作有着重要的借鉴意义。

其二，是建立本土形式美学的重要凭借。评点者对《左传》文本本身的关注，实即一种形式美学的视野，这同俄国形势主义、英美新批评主义和法国结构主义在理论上有相通之处。评点者对文本的细读及章法结构的分析与新批评所言的"closereading"、结构主义叙事学所主张的"表层结构"、"深层结构"等形式概念之间，有着可比较性、可交流性。通过二者之间的互证互识，比较对话，可以看出国人从来不缺乏形式美学的理论冲动，而是根深底茂、源远流长，积淀着富有特色的理论内涵，只是亟待我们的整理与发掘。

其三，可以开拓《左传》学的研究范围。当前的几部《春秋》、《左传》学史，很少运用《左传》评点材料。而评点者对于《左传》经学、史学、文学等诸方面，都有独到见解。以姜炳璋《读左补义》为例，其书成于乾隆三十七年，正值乾嘉汉

---

① 张高评：《春秋书法与左传学史》，上海古籍出版社2005年版，第10页。

学鼎盛之际。学界通常认为当时之学者多讳谈义理，以避文字之祸。而此书却以发挥大义为主，不以训诂考证为尚，且对攘夷、复仇等说尤所究心。而此书进呈后，为四库馆臣收入存目，姜氏并未因此得罪。这既可使我们重新认识当时的学术氛围，也可改变清代发挥《春秋》大义始于常州庄存与等今文学派的错误认识。

其四，有利于评点学体系的构建与完善。《左传》兼具经、史、文之特质，而评点者对其品评也涵涉经学、史学、文学等不同层面，这使其具有很大的独特性。以往多视评点为一种文学批评，这其实窄化了评点的内涵。魏禧所评《左传经世钞》，以"经世"为名，显然与文学无涉，而属历史批评的范畴。而凌稚隆《春秋左传注评测义》则以评之方式探寻《春秋》的微言大义，姜炳璋《读左补义》亦是补诸家释经之未备，而参以己意，皆以抉发经义为主。也就是说，评点不仅仅是一种文学批评，还可涵涉经学、史学、子学等内容，它本质上应是对本文的一种解释。因此，通过对《左传》评点研究，我们可以重新审视评点的义界，建立更符合实际的评点学体系。

上　编

《左传》评点综合研究

第一章 《左传》评点史述

依据前文对"评点"的界定，真正意义上的《左传》评点，当始于真德秀《文章正宗》中有关《左传》的部分。不过，因吕祖谦有关《左传》三书，已颇含评点之因素，且对其后的《左传》评点产生了较大影响，所以我们也视之为《左传》评点著作。吕祖谦的《东莱左氏博议》完成于南宋乾道四年（1168），从那时起，至二十世纪初"评点"这种批评体式退出历史舞台，对《左传》的评点绵延不绝，历时七百余年。综观其发展的历史，大致可以分为四个时期：明万历以前，是《左传》评点的形成期；明万历至明末，为《左传》评点的发展期；明末至清乾隆时期，为《左传》评点的全盛期；清嘉庆至民国初年，可称《左传》评点的延续与余晖期。

第一节 明万历以前:《左传》评点的形成期

一 南宋以前之《左传》评点因素

《左传》可以从经、史、文三个不同的层面加以解读，在今存之《左传》评点作品中，虽以探讨文法者居多，而从经、史、角度加以审视者也不乏其人。因南宋以前，学者们对于《左传》的研究，主要是从经学角度，揭示其书法，阐明其义理，其成果丰富，能为评点者提供深厚之积累，不待多言。故此处所谓南宋以前之《左传》评点因素，主要是指在文、史两个方面的零星议论，以见从文、史角度对《左传》进行评点者，也渊源有自。

从文之视角欣赏《左传》者，较早有东汉《公羊》学者李育，《后汉书·儒林传》谓李育尝读《左氏传》，"虽乐文采，然谓不得圣人深意"云云。而晋之王接亦善《公羊》学，也否定《左传》为解释《春秋》而作，但却比李育更进一步，指出了《左传》文辞富丽的特点。其言曰："左氏辞义赡富，自是一家书，不主为经发。"① 而荀崧则在肯定左氏传《春秋》的基础上，指出其文辞之特点："其书善礼，多膏腴美辞，张本继末以发明经意，信多奇伟，学者好之。"② 而贺循则视《左传》为史，以形象之语言称美左氏曰："左氏之传，史之极也。文采若云月，高深若山海。"③ 而范宁则从批评的角度，指出《左传》文辞的特点，他说："左氏艳而富，其失也诬。"④ 范宁之说，影响深远，嗣后之批评《左传》者，似多从此一角度。如唐张九龄即谓"左氏以艳富称诬"⑤，权德舆亦言左氏"终巫艳而多

---

① 房玄龄等：《晋书》卷51，中华书局1978年版，第1435页。
② 同上书，第1978页。
③ 朱彝尊：《经义考》，台湾"中央研究院"中国文哲研究所筹备处1997年版，第5册，第514页。
④ （晋）范宁集解、（唐）杨士勋疏：《春秋穀梁传注疏》，北京大学1999年版，第11页。
⑤ （清）董诰等：《全唐文》卷290，张九龄：《应道侔伊吕科对策》，中华书局1983年版，第2942页。

失"①，韩愈所谓"左氏浮夸"②，虽不必为贬辞，其于左氏文采之体认亦与前人无异。而真正对左氏文法有较深刻的论述者，应首推刘知几。刘氏主要从史学角度推崇《左传》叙事，认为其能尚简、用晦、文约而事丰。《史通·模拟》篇云："盖左氏为书，叙事之最。"其《叙事》篇谓左氏叙事多："言近而旨远，辞浅而义深。虽发语已殚，而含意未尽，使夫读者望表而知里，扪毛而辨骨，觇一事于句中，反三隅于字外。"而《杂说·上》于左氏文采之称美，更是酣畅淋漓，为后世艳羡左氏文采者反复引证，其语云："左氏之叙事也，述行师则簿领盈视，哤聒沸腾；论备火则区分在目，修饰峻整；言胜捷则收获都尽；记奔败则披靡横前；申盟誓则慷慨有馀；称谲诈则欺诬可见；谈恩惠则煦如春日；纪严切则凛若秋霜；叙兴邦则滋味无量；陈亡国则凄凉可悯；或腴辞润简牍；或美句入咏歌；跌宕而不群，纵横而自得，若斯才者，殆将工侔造化，思涉鬼神，著述罕闻，古今卓绝。"叙事而外，刘氏于左氏之记言亦极尽赞美之能事，其《申左》篇云："寻左氏载诸大夫词令，行人应答，其文典而美，其语博而奥，述远古则委曲如存，征近代则循环可覆。"可以看出，刘氏虽是从史学角度尊崇《左传》，但其对左氏叙事、记言之分析相当精辟，其所论对后世以文论《左传》者亦颇有启发。

以《左传》为史，自汉代学者已多为之，司马迁作《史记》即多取法于《左传》。而《公羊》等今文学者虽否认《左传》的释经地位，却能以史学视之，如王接所谓"自是一家

---

① （清）董诰等：《全唐文》卷483，权德舆《明经策问八道》，第4938页。
② （唐）韩愈著、马其昶校注：《韩昌黎文集校注》，上海古籍出版社1986年版，第46页。

书"，高祐所谓"（左氏）属辞比事，两致并书，可谓存史意而非全史体"①等。而贺循则直以史书称《左传》，谓其"史之极也"。唐刘知几则更将《左传》提升到一家的地位，不过，这些对《左传》评点并无太大意义，真正对《左传》评点产生较大影响者，是针对《左传》而发之史论，他们通过对《左传》中人、事之评价，阐明义理，以起到针砭时弊的作用，后世从史学方面评《左传》者，也多从此入手。此种史论，唐人已多有之，如韩愈《子产不毁乡校颂》，借对子产不毁乡校之赞颂，讽谏唐德宗要广开言路，改革政治，普施教化。白居易《晋谥恭世子议》，对世人多谓晋世子申生乃杀身成仁，是以谥为"恭"之说提出异见，以为申生乃"失大义守小节"，颇不可取。柳宗元此类文章最多，如《晋文公问守原议》，借对晋文公问原守于寺人之事的批驳，警示当权者不应与宦官商议国之大事，显示出作者对中唐宦官干预朝政之警觉；又如《愈膏肓疾赋》，借晋景公梦疾膏肓之事，讽喻统治者应及早救治国家之弊；又如《六逆论》，对石碏六逆之说，提出异见，提出疏可以"间"亲，贱可以"妨"贵，主张统治者任用人才应不拘一格，举贤任能；他如《守道论》、《辨侵伐论》等皆针对时事，有为而发。此种风气嗣后绵延不绝，如后蜀牛希济即有《荀息论》和《石碏论》，而宋人勇于疑古，喜好翻案之习，使此风尤盛。如欧阳修有《荀息论》，苏洵有《管仲论》，苏轼有《宋襄公论》、《论郑伯克段于鄢》、《论取郜大鼎于宋》、《论齐侯卫侯胥命于蒲》、《论郑伯以璧假许田》等数篇，苏辙有《五伯》、《管仲》、《知罃赵武》等数篇，司马光有《管仲论》，张耒有《子产论》等。须指出的是，各家所论，取材往往不止于《左传》，如论宋襄公

---

① 魏收：《魏书》，中华书局1974年版，第1260页。

者，即多取《公羊传》"文王之战亦不过此"之说而批驳之，论管仲者，亦多取《论语》中孔子之评语，但其基本事实则多依据《左传》，而后世以史论《左传》者也多杂取众说，不限于《左传》所记，与此种论说风气颇为相近。不过，以上各家所论，多偶一为之，对《左传》评点影响尚不太大，至南宋吕祖谦始备取《左传》史事而论之，萃为一书，对其后的《左传》评点产生了深远影响（见下文）。

从以上所述可以看出，在南宋以前，学者们从经、史、文等各个角度，都对《左传》给予了一定的关注，特别是对《左传》文采的欣赏，对《左传》中史事的评价，都为后来的《左传》评点奠定了基础。

二 明万历以前：《左传》评点之萌兴期

我们把从吕祖谦《左氏博议》成书，到明万历初年这段时间作为《左传》评点的萌兴期，因为就目前所见到的材料看，此期尚未出现针对《左传》全书的评点，其中如吕祖谦《左传》三书及朱申《左传句解》等，虽对后来的《左传》评点产生了较大影响，但体式尚不完备，还不能算严格意义上的评点文本。此期真正意义上的《左传》评点，只有真德秀《文章正宗》、唐顺之《文编》及归有光《文章指南》等少数几家古文选本中涉及《左传》的部分，不过，除《文章正宗》及《文编》选文较多外，其他几家选及《左传》者，多者十数篇，少者仅一两篇，对于近二十万字之《左传》来说，比例太不相称。而各家对《左传》的评点，无论是批评内容还是圈点符号都还较为简略，还有较大的开拓空间。不过，此期的《左传》评点虽然数量较少，且多较简略，但在内容以及形式方面，都为

《左传》评点进一步的发展和繁荣奠定了基础。

　　此一时期对后世《左传》评点产生较大影响的，有吕祖谦《东莱博议》、《左氏传说》、《左氏传续说》等书以及真德秀《文章正宗》、朱申《春秋左传详节句解》等，下面我们对上述各家之说略作介绍，以见此期的《左传》评点虽处于初始时期，却自有其价值。

　　吕祖谦评选的《古文关键》被视为现存评点第一书，此书卷首有《总论看文字法》：第一看大概主张；第二看文势规模；第三看纲目关键，如何是主意首尾相应，如何是一篇铺叙次第，如何是抑扬开合处；第四看警策句法，如何是一篇警策，如何是下句下字有力处，如何是起头换头佳处，如何是缴结有力处，如何是融化屈折翦截有力处，如何是实体贴题目处。又有《论作文法》及《论文字病》，其各篇之具体批评，则运用"评"、"点"结合的方式揭示上述诸法。后世评点者论读法，虽各有巧妙，但大体不出吕祖谦所述之范围。而此种书前有读法，文中"评"、"点"结合的批评方式，也奠定了我国"评点"这种批评方法的基本体式。《古文关键》中未选《左传》，吕祖谦之《左传》三书，也没有完全采用评点的形式，但因吕祖谦对评点方法的熟习，故其中亦颇富"评点"因素，且对后来的《左传》评点影响较大。

　　《东莱左氏博议》为吕祖谦早年所作，意在指导诸生课试，类于科举之程文。其文多议论精警，考辨得失，如老吏断狱。立说多求新求奇，发前人所未发，又能言之成理，非如后世之妄为议论者。故其后评点《左传》者，或明或暗，多喜引用其说。是编乃就《左传》史事而发之史论，前人多偶一为之，吕祖谦则取"左氏书理乱得失之迹"，疏解于下，总为一书，凡168篇，实即一部《左传》之专评。是书四库本各篇题下皆附

《左传》原文，而据《金华丛书》本之凡例，谓宋本于篇目下皆详载左氏传文，若其体例本来如此，则吕祖谦之论说，亦未尝不可视为评点之文末总评。而其《左氏传说》则用比事之体，先列经文相关者数条，而后为之解说。其持论与《博议》略同，而推阐更为详尽。其《左氏传续说》乃继前书而作，故曰"续说"。不过二书体例实有不同：《传说》近比事之体，是编则随文衍义，句为之说，类于评点之夹批，特是编仅录相关文句，未及《左传》全文而已。吕祖谦此三书对后世《左传》评点影响甚深，约而言之，有以下数端：

首先，从整体把握《左传》一书。吕祖谦认为《左传》书法缜密，全书未载一件闲事，每记一事，必有与之相应者，也就是说，《左传》全书实为一有机整体。其《左氏传说》卷首有《看左氏规模》一文，认为："看《左传》须看一代之所以升降，一国之所以盛衰，一君之所以治乱，一人之所以变迁。能如此看，则所谓先立乎其大者。然后看一书之所以得失。"其《左氏传续说》卷首之《纲领》，又以霸者之未出、迭兴、既衰为线索，将《左传》全书分为三节。此种从总体把握《左传》的方法，得到后世评点《左传》者的响应，如冯李骅即谓："左氏有绝大线索：于鲁，则见三桓与鲁终始，而季氏尤强；于晋，则三晋之局，盖定于献公之初；于齐，则田齐之机，盖决于来奔之日。三者为经，秦、楚、宋、卫、郑、许、曹、邾等，纷纷皆其纬也。洵乎鲁之《春秋》，其事则齐桓、晋文，一言以蔽之矣。"[①] 其《左绣》卷首又有《春秋三变说》，与吕祖谦将《左传》分为三节大旨相同。钱维诚《读左补义序》也说："左氏之书，通二百四十年之书为一篇者也。其脉络贯通，本末咸

---

① 冯李骅：《左绣》，清善成堂刻本，卷首《读左卮言》。

备，读者类能知之。若其离合变化，以断为续，以抑为扬，则有不得尽知者矣。"[①] 当然，孔子曾以礼乐征伐之权是操于天子、诸侯，还是操于大夫、陪臣等，来论天下之有道与否，论《左传》者将其分为三节，或受孔子之启发，但从行文线索来总观《左传》，吕祖谦应是比较早的一个。

其次，读《左传》须能得事外之理。吕祖谦认为读《左传》，不能见一事止知一事，要能旁观多通，得言外之意、事外之理。其《左氏博议》卷二《郑伯朝桓王》篇谓："惟君子之立论，信己而不信人，信心而不信目，故能用事而不用于事。见在此之事，则得在彼之理，见在前之事，则得在后之理。众人徒知是事，而君子独知事外之理焉。"意谓众人读书多就事论事，君子则能见出"事外之理"。通篇以郑伯朝拜桓王为例，谓众人只见得王不礼郑伯之非，而此亦左氏所明言。若君子观此事，则可知"王纲既坠，傲固招祸，卑亦纳侮。如夷王下堂见诸侯，礼虽卑而周益衰；襄王从晋文之召，礼虽卑而晋益僭。是知桓王之失，不专在于不礼郑伯，而在于不能振王纲，此事外之理，左氏之所未言也"。观吕祖谦《左传》三书，立论往往翻空出奇，异于众说，当然，其所论往往出于胸臆，不必尽合于左氏。不过，后世评点《左传》者，亦喜求文外之意，言外之旨，刻意求新立异，其风气实异于吕祖谦。

再次，吕祖谦对《左传》史事的评价，往往自出机杼，发前人所未发，故后世评点者多喜引用其说。如《左氏博议》论郑伯克段事，谓庄公乃处心积虑成于杀弟；论周郑交恶，谓左氏无尊卑之辨，既斥郑伯之无王，又讥周王之不能自强于政治。

[①] 姜炳璋：《读左补义》，《续修四库全书》本，经部第122册，第114—115页。

又如《续说》论桓公非嫡，隐公当立；论孔父使人见其妻于路，乃冶容诲淫，其遇祸乃自取；论宋本殷商后裔，有兄终弟及之义，故宋之祸不始于宣公而始于穆公；而《左氏传说》论郑伯、叔段之事，既抉庄公之隐，又论左氏文法，尤为精彩。①吕祖谦论《左传》，如此等议论甚多，后之评点者，或径用其说，或节引数语，或隐括大意，或推阐发明，或翻驳立论，虽不必尽合吕祖谦本意，然多不能出乎其影响。

要而言之，《左传》评点可以分为研经、论史与析文三类，吕祖谦《左传》三书虽于文法及经义发挥不多，其论史事则颇为精彩，可以说论史一途之规模实由吕祖谦奠定。朱熹认为吕祖谦"论说左氏之书，极为详博，然遣辞命意，亦颇伤巧"。四库馆臣谓："朱熹所谓巧者，乃指其笔锋颖利，凡所指摘皆刻露不留余地耳，非谓巧于驰辩或至颠倒是非也。"②此虽不必当于朱熹本意，然以之论吕祖谦左氏之说，却甚为惬当。而后世之评点《左传》者喜引吕祖谦之说，盖亦因其"笔锋颖利，凡所指摘皆刻露不留余地耳"。故研究《左传》评点，必以吕祖谦为首。

真德秀《文章正宗》是此期又一对《左传》评点影响深远之作，是编选文始于《左传》、《国语》，迄于唐末。在南宋，自吕祖谦评选《古文关键》后，陆续出现了几部较有影响的古文选本。如楼昉《崇古文诀》、谢枋得《文章轨范》等。此数家所选皆以"论"为主，盖其书均为指点诸生应举之作，而当时科举取士又以"论"为主，③故其选文有此共同取向。而真德

---

① 可参下编《系年提要》相关论述。
② （清）永瑢等：《四库全书总目》，中华书局1965年版，第220—221页。
③ 宋人吴琼谓："省闱多在后两场取人，谚云三平不如一冠。若三场皆平，未必得。若论、策中得一场冠，则万无一失。"魏天应《论学绳尺》引。

秀是编则不囿于科场程序，所选凡四体：辞令、议论、叙事、诗赋。真德秀之选是书，盖以前此选本，如《昭明文选》、《唐文粹》之类，皆不得"源流之正"。其《文章正宗纲目》云："正宗云者，以后世文辞之多变，欲学者得源流之正也。"又谓"所辑以明义理、切世用为主，其体本乎古，其指近乎经者，然后取焉。否，则辞虽工亦不录。"是其选文本以义理为主，不以能文为工。因《左传》本为编年之史，以叙事、记言为主，故各家以"论"为主之选本皆不及《左传》，而真德秀主于使学者知古文"源流之正"，故能溯及先秦，以《左传》入选。真德秀此选，对《左传》评点影响甚深，约而言之，有以下数端：

其一，前此之人虽多歆艳左氏之文章，然选文则罕有及左氏者。自真德秀是编以《左传》入选，其后之评选古文者，始多以《左传》居首。

其二，是编所选《左传》各篇，都另拟题目，其后之评选《左传》者亦多效之，且多有从其说者。

其三，真德秀是编，有圈点，有旁批，有夹批，有些篇目后还有总评，粗具评点之体式，为后世《左传》评点提供了有益借鉴。

其四，是编之评《左传》，间录前儒之说，如贾逵、刘炫、二程、胡安国、朱熹、吕祖谦等，虽非集评之体，实已兆其端绪。

其五，真德秀于左氏之文法，颇有揭示。虽仅于旁批点明其章法、句法等，较为简略，然实已开以文法批点《左传》之风。

其六，真德秀对《左传》中史事之评价，亦能独出己见。如《石碏谏宠州吁》篇，其尾批谓："明年州吁弑桓公完，石碏卒能杀州吁，以复君之仇，又并其子杀之，故君子曰：'石碏，纯臣也。恶州吁而厚与焉，大义灭亲，其是之谓乎？'方庄公之宠州吁也，碏能谏之；及州吁之篡桓公也，碏又能诛之，可谓社稷之臣矣。"又如《臧僖伯谏观鱼》篇，其尾批云："僖伯所陈，皆先王之典法，人君之一游一豫，其可轻也哉？后世本纪书曰某日畋于某所，某日猎于某地者，其得罪于先王甚矣。"又如《臧哀伯谏纳郜鼎》篇，其尾批谓："愚谓桓公本以弑立，故不复知宋君弑立之恶也。臧哀伯之言，始若平缓，至灭德立违以后，乃始句句激切，论事体当如是。"书中如此类评论，多为后世评《左传》者所引用，产生了较大的影响。

应该说，真德秀对《左传》的评点还比较简略，其所选各篇有的甚至无一字之评，不过，其书已具备评点的基本体式，在内容和形式方面都作了有益的尝试，为其后《左传》评点的发展提供了有益的借鉴，在《左传》评点史上具有重要的地位。

朱申的《春秋左传详节句解》对于《左传》评点也有比较重要的意义，此书凡三十五卷，所取多为《左传》中首尾完具能独立成篇者。全书不录《春秋》经文，以注释为主，文中及篇末有少量按语，颇类评点之夹批与尾批。是编对《左传》评点的影响有以下几个方面：

其一，此书为较早而有影响的《左传》节本，一些《左传》评本，特别是书坊主托名的评本，颇有以此书（或其节选）为底本者，如题为孙鑛批点之《春秋左传狐白句解》、《春秋左传详节句解》，题为韩菼所订之《评点春秋纲目左传句解汇隽》等，而姜希辙《左传统笺》也是据朱申此书增广而成，凡此皆可见其影响。

其二，是编所选，以文为主，是以所取各篇多首尾完整。王鏊《序》谓"近世学者莫不为文，而未知为文之法"，故刻是书以示之。又言："为文之法尽在是矣。若夫究圣人笔削之旨，以寓一王之法，自当求其全以进于经。"谓学文之法，此书已具，若欲求微言大义，则须观《左传》全书并进而上探《春秋》。然则是书之宗旨，实欲为学者选一学文之范本，而后世之批点《左传》者，亦多揭示其文法以启牖初学，与是书之旨意相合。

其三，朱申于各篇之后间有按语，实已具评点之因素，且多为其后之评点者引用。其按语内容也较丰富，有考证，如隐公四年，石碏语中提及"陈桓公"，朱申云："此时陈桓公尚存，未有谥号，石碏不应称为陈桓公，此左氏之误也。"又有评论，如隐公三年，宋穆公传位于殇公，朱申云："宣公逊国于弟而使之逐其子，穆公逊国于侄而使之杀其身，然则何百禄是荷之有乎？《公羊传》曰：'君子大居正，宋之祸，宣公为之也。'斯言当矣。"又间引前人之语，如桓公二年，臧哀伯谏纳郜鼎，其篇末即云："东莱曰：'桓公亲为弑逆而不惧，岂惧取乱人之一鼎乎？羽父为桓公画弑逆之谋，哀伯为桓公画守成之策，正名定罪，不当置哀伯于羽父之下。'"

其四，《左传》为编年之体，是以一事往往散见于数年，若移于一处，则有割裂原文之嫌，若径取其一节，则读者又难识其本末，是编则于注释中略述事件之前因后果，使初学者易识，此法也为后之评选《左传》者所习用。

其五，是编凡例虽言他人《左传》选本，多"妄有刊削，识者痛之，今并载其全文，以见左氏删润之工"。然考其所选，为使文章首尾贯穿，删改之迹亦往往而有。如隐公四年，"公问于众仲曰"句前，本有"卫州吁立，将修先君之怨于郑……围其东门，五日而还"数语，而是编则改为"卫州吁弑桓公而立"。隐公十一年，"反潜公于桓公而请弑之"句后，有"公之为公子也……不书葬，不成丧也"数语，而是编易为"使贼弑公于蒍氏"。若此之类，书中在在多有，此种以己意任改原文之风气，对后世之评点《左传》者也有较大影响，虽然其消极因素更多一些。

另可提及的有唐顺之《文编》中对《左传》的批点，因为他是此期真正从文法角度批点《左传》者。是编选文取法《文章正宗》，亦分体编排，但其分类更细，评点旨趣也与真德秀不同。真德秀虽也点明章法、脉络，但实以理学为宗；而是编则以古文为尚。观其自序"不能无文，即不能无法。是编者，文之工匠，而法之至也"，而其旨意可知。是书之评点仍极简洁，然因唐顺之深于古文，故所批动中窾要。其平日尝谓："汉以前之文未尝无法，而未尝有法，法寓于无法之中，故其为法也密而不可窥。唐与宋之文不能无法，而能毫厘不失乎法，以有法为法，故其为法也严而不可犯。"四库馆臣谓其妙解文理。又谓是编"标举脉络，批导窾会，使后人得以窥见开阖顺逆、经纬错综之妙。而神明变化，以蕲至于古，学秦汉者，当于唐宋求门径，学唐宋者，固当以此编为门径矣"①。所评亦称中肯。故唐顺之是编虽不主于《左传》，但其纯以文法评点《左传》，亦开《左传》评点中重文法一派风气之先。

由以上所述可知，此一时期《左传》评点的体式已基本形成，且对以后的发展产生了较大影响，但从总体上说，其评点还较简略，尚有很大的开拓空间。如真德秀、唐顺之所选各篇，其评或寥寥数字，或通篇不着一字，均见出草创期之特点。而且，此期的《左传》评点多附见于古文选本，未有对《左传》全书施以评点者。可以说，此期的《左传》评点还远未成熟，只是为进一步的发展奠定了坚实的基础。

① 永瑢等：《四库全书总目》，中华书局1965年版，第1716页。

第二节　万历至明末:《左传》评点的发展期

明万历以后,《左传》评点得到了迅速发展。如上所述,《文章正宗》中所选《左传》已具评点的基本体式,但从其问世到明万历初年,三百四十余年中,《左传》评点作品仅有几部,而且并不比真德秀的批点有更大发展。而从万历至明末,七十余年间,《左传》评点作品即有三十余种,并且出现了针对《左传》全书的评点,评点内容也更为丰富,圈点符号的运用也更繁复。可以说,此一时期的《左传》评点无论形式还是内容都已臻于成熟。

一　发展期《左传》评点概观

万历至明末的《左传》评点较前一时期有了较大发展,出现了一些较有影响的评点作品,为《左传》评点的全面繁荣奠定了基础。概而言之,此期的《左传》评点有如下特点。

其一,依托于古文选本的《左传》评点继续发展。《左传》评点从一出现即与古文选本结下了不解之缘,此期选录《左传》的古文选本有九种,约占此期《左传》评点总数的三分之一。[①] 此期之选本与前期相比,有较大不同,真德秀、唐顺之等的选本皆分体编选,而此期的选本基本是以时代先后为序,且大多

[①] 按:此期的《左传》评点可能远不止此数,因官、私书目对于评点类著作多不太重视,所以很难做出合乎客观的估计,本书所作统计皆以笔者所亲见者为准,希望能据此见出各期《左传》评点的大致情形。

以《左传》居首，有将《左传》视为古文正宗之意。而且此期选本的范围与篇目都有趋于一致的取向，为其后《古文观止》等影响深远的古文选本的出现奠定了基础。

从内容上看，此期古文选本中的《左传》评点，较前期更为丰富充实：有重史事评价者，有重文法分析者，有史评与文法兼顾者。重史事评价者，如刘佑《文章正论》，自谓取法真德秀《文章正宗》及崔铣《文苑春秋》，所批多关涉世教，期为世道人心之助。又喜比附后世史事，希望读者能览而知戒。如《臧僖伯谏观鱼》篇，即比附宋朝君臣，谓："观鱼细事也，僖伯箴之以不轨不物。宋之君天下者，大率赏花钓鱼，侈为圣美，滥赋诗篇，即英贤满朝，未闻一言及此。噫，轨物之废也久矣。"其书之评多为此类，而较少涉及文法。重文法分析者，如题为钟惺所评之《周文归》，其书被四库馆臣讥为"以时文之法评点之"，则其旨趣可知。其书实近集评之体，然所采各家之说皆以论文法为主，如仲光评《臧哀伯谏纳郜鼎》，谓："篇法详整流动，古今人铁板论式，毋得以熟故略过。"其文、事并重者，如张鼐之《古文正宗》，其旁批、眉批多揭示文章脉络，尾批多总论事义，后来的《左传》评点即多用此法。

从形式上看，此期选本中的《左传》评点也远较上期完备。就批语而言，真德秀等人以旁批为主，间有尾批，且极为简略。而此期之批评，卷首多有凡例，正文中则眉批、旁批、尾批等各种形式都已出现，有些选本甚至眉批、旁批、尾批兼备，如张鼐《古文正宗》、钟惺《周文归》等即是。就圈点来说，此期也远较前期繁复。据徐师曾《文体明辨·序说》所载，真德秀之圈点计有四种，即"点"：句读小点（语绝为句，句心为逗），菁华小点（谓其言之藻丽者，字之新奇者），字眼圈点（谓以一二字为纲领）。"抹"：主意，要语。"撇"：转换。

"截"：节段。而唐顺之仅有圈、点施于眼目关键，极为简略。而此期之圈点，如张鼐《古文正宗》即有密圈（○○○），密点（、、、），空心点，重圈（◎）、外圈内点（⊙）等多种，而徐宗夔《古今旷世文渊评林》的圈点符号则有十多种。

其二，《左传》专书评点于此期大量出现。前此吕祖谦、朱申等人的著作，虽已具评点因素，且对后世《左传》评点影响深远，但还不能算严格意义上的评点作品。而此一时期比较成熟的《左传》评点作品大量出现，计有二十余种。此一时期《左传》专书评点有以下特点：

从内容上讲，此期的《左传》评点于经、史、文都有涉及。侧重从文法批点的，较早而有影响的评本应是汪道昆《春秋左传节文》，其所选各篇以经统传，不另立题目，其无经者则上标"别传"以别之。此书效仿真德秀，将所选各篇分为叙事、议论、辞令三体，分标各篇之首；又取法于画史，将各篇区分为神品、能品、真品、具品，以为等差；于各篇又独出心裁，标举其章法、句法、字法。汪道昆此书所批止于文法，且较为简洁，体现出早期评点的特色。而其三体、四品及章法、句法诸说，对其后的《左传》评点影响颇大，许多评点者都喜引用其说。其他如郝敬《批点左氏新语》、孙鑛评《春秋左传》等都侧重文法的批点。侧重史事评论者，如韩范所评《春秋左传》，韩范生当明末内忧外患交作之际，其评是书乃有为而作。其自序谓："左氏者，谈兵之书，定乱之书也。况今日之事，惨痛已极，原其所繇，皆起于诸君子讳言兵战。"故是书之评，欲"以计为战"，"多语事而寡言文"。其他如穆文熙《左传鸿裁》、汤宾尹《左传狐白》等也都以论史为主。侧重经义探讨的有凌稚隆《春秋左传注评测义》（详后）、王锡爵《春秋左传释义评苑》等。

从形式上讲，此期的《左传》专书评点也已趋于成熟，大多评、点兼备。读法、眉批、旁批、尾批、夹批等各种批评形式被广泛采用，圈点符号也较为丰富。在形式上较有特色的是集评类著作的出现，此类著作汇集众说于一书，使读者可以参观并取而无翻检之劳，甚为方便，故颇为流行。但此种批评之具体形式又不一律，有仅博采众说而不作区分者，如题为张鼐之《左传文苑》，基本上没有张鼐本人的议论。有荟萃诸家而断以己意者，如凌稚隆《春秋左传注评测义》。又有以己说与诸家并列者，如穆文熙之《左传钞评》等。

其三，《左传》评点的科举导向明显增强，书坊主开始介入《左传》评点，评点中的托名现象也因之增多。吕祖谦的《东莱博议》已是为诸生习文而作，但他不过借《左传》史事发为议论，仍是以自己之著作为诸生范本。而此时期的《左传》评点，则通过对《左传》的批点，把《左传》本身作为取法的对象。如吴默之《左传》评点，书名即作《新刻吴无障先生评注利用举业芳润左传》，其取便科举之意甚明。科举需要产生了广阔的市场，而书坊主也从中看到了巨大的商机，从而开始介入《左传》评点。这一方面促进了《左传》评点的繁荣，但另一方面也造成了大量粗制滥造作品的出现。书坊主大多杂采一些有关《左传》的评论，汇为一书，然后假托某名人之评点以求易售，同时之人已有深讥其失者。如张鼐即谓："近坊刻《左传评林》、《左国奇观》等书，或藉为汤选，或藉为梅辑，中多混淆舛错，有难尽信。如《吴败夫差于夫椒》，哀公元年传也，《吴将伐齐》，哀公十一年传也，而并次于定公十一年；又如《周郑交质》，传有评云周天子郑诸侯也云云，此吕东莱议史的评也，而改为杨维桢；又如《士蒍筑城》篇评云：'启献公残忍之心者，士蒍也，教献公离间之术者，亦士蒍也。'此亦吕金华语也，而改为林伯子，兹如此类，不可枚举。篇次既倒，评题又混，至于亥豕鲁鱼，又连帙而是，得无徒供识者一哄堂乎？"此期的《左传》评点，如王世贞《左传文髓》、汤宾尹《左传狐白》、张鼐《左传文苑》等，或都是书坊主托名之作。

其四，此期评点仍多局部之阐发，少全文之综括；多感悟式之品评，少细致之分析。清代评点《左传》者，如冯李骅等，大多先统观全文主旨，然后分段分节细评，层次井然。而此期评点多着眼于局部，如汪道昆《左传节文》，其评不过点明何处为章法、句法、字法，某文为神品、妙品之类，至于全文整体有何特色，各部分如何衔接，则较少涉及。孙鑛、钟惺等人品评虽较为细致，但仍未能在通观整体的基础上深入局部。此期评点又多感悟式品评，能指出文章妙处，但多言其然而不言其所以然。如孙鑛所评，虽多论文法，然大多言其"叙法绝高妙"[①]，"繁简得中，错落有态，尤为妙构"[②]，"造语工而指利害透"[③] 等，至于如何繁简、如何错落、如何造语、如何指利害，则略不之及。其论文风亦多如此，或谓"词调绝工，铿然有金石音"，或谓"简陋"，或谓"错而炼，色绝浓，味绝腴"等，至于如何"有金石音"，如何"简陋"，如何色浓、味腴，则较少措意。其他评点者如钟惺等，也多为此类。

其五，存在有删改《左传》原文的现象。因《左传》本为编年体，一事往往散见于数年，前后不相统贯，故朱申节选《左传》时已多有删改，以使各篇首尾完整。此期评点因更多从文法角度审视《左传》，为寻求文势畅达，也有不同程度删改原

[①] 孙鑛：《左氏芟评》，清刻本，《齐无知弑其君》篇批语。
[②] 同上书，《秦伯获晋侯》篇批语。
[③] 同上书，《烛之武退秦师》篇批语。

文的现象。以郝敬《批点左氏新语》为例，隐公元年，郑伯克段于鄢，开篇云："初，郑武公娶于申，曰武姜，生庄公及共叔段。庄公寤生，惊姜氏，故名曰寤生，遂恶之。爱共叔段，欲立之，亟请于武公，公弗许。及庄公即位，为之请制。公曰：'制，岩邑也。虢叔死焉，他邑惟命。'请京，使居之。"此段交待郑庄公兄弟相争之缘由，于后文关系甚大。而郝敬则改为："初，郑武姜生庄公及共叔段，欲立之，武公弗许。庄公即位，为之请制，公曰：制岩邑也，他邑惟命，请京，使居之。"删改之后，文脉虽仍然一贯，但文章之前后因果及前后照应则已全失，故实不足为训。

二 较有影响的《左传》评点

此一时期虽然《左传》评点作品数量较多，但总体质量并不太高。在此举其较有特色者略为介绍，以见此期《左传》评点的特点。

穆文熙批点《左传》，有《左传鸿裁》、《左传钞评》、《春秋左传评苑》等作，不过各书之评大同小异，其中《左传鸿裁》当是其他诸书所本。此书为其《四史鸿裁》之一，所谓"四史"乃穆文熙自撰之词，指《左传》、《国语》、《战国策》及《史记》四书。四库馆臣于此颇为不满，谓其"杜撰无稽"，又谓穆文熙所评："略注字义，无所发明，批点尤为弇陋。"考穆文熙所批，多用儒家正统观念以绳当世。如郑庄公射王中肩，曰："郑庄以不朝见讨，不知服罪请命，而敢抗王师，至于射王中肩，不臣甚矣。杜注乃谓郑志在苟免，王讨之非也，无乃未之思欤？"其评如此类者甚多，确"弇陋"无足观。但其评如《椒举如晋求诸侯》，言："凡人持己所长，则易于忘备；虞人之所难，则怠于修德，斯二者，皆取败之道也。"教人以史为鉴，亦非毫无可取。穆文熙所评，大抵持论甚正，于《左传》大义发明无多，对初学揣摩文意却不无所助。此书尤可注意者在其体例，因《左传》本依《春秋》编年，其一国之事多杂厕于列国之间，"鳞次蘩集，错乎难解"，而读者观其书亦"犹理乱丝，莫得其绪"。故穆文熙易编年而为"世家体"，所谓"世家体"，实即分国纪事。分隶《左传》之事于十五国之下，使一国之事首尾贯穿，颇便初学。穆文熙是编又多采录前人之评，使人可以参观。其自为之评，也常为后之评《左传》者所引用。而此书之单行本易名为《左传钞评》，又远播朝鲜，足见其影响。

以探讨经义为主的《左传》评点著作并不多，凌稚隆《春秋左传注评测义》是其中较重要的一种。凌稚隆有《史记评林》、《汉书评林》诸书，是今存最早以评林为名的评点作品，是编体例与二书略同，特因《春秋》是经，故略变其名，有以"注"、"评"测《春秋》大义之意，可以说凌稚隆是"评林"这种评点形态成熟与定型的重要人物。是编卷首有《左传》所涉人物之世系谱，名号异称及古今地名、春秋时事等，又辑录自先秦至明总论《春秋》、《左传》者之说，凡三十三家。虽皆取自前人，但汇于一书，颇便读者，故此种做法也为其后之评《左传》者，如王锡爵、冯李骅等采用。是编虽为集评之体，但去取皆有义例，与坊本之泛然采录者（如题为汤宾尹之《左传狐白》、张鼐之《左传文苑》等）显有不同。如其于《春秋》"义例"，从程颐"时措从宜"及朱熹"自将义意折衷"之说，既承认《春秋》之中有大义微言在，又反对"一字轩冕，片言斧钺"之穿凿；其于《春秋》三传，则从黄泽之说，"据左氏事实而兼采《公》、《榖》大义"；其于经文，则取《左传》而黜《公》、《榖》；若《春秋》与《左传》有相违者，则从经而黜传。凌稚隆自谓是书"悉本成说者什而二三，参酌胸臆者什而七八"，其所谓《春秋》有阙文，不必曲为之解；《左传》多有误字，不必尽从；《左传》所载孔子与君子之语，多出于左氏假托，不必尽信；其于左氏以"利害成败论人而先为异说"，如所载妖祥梦卜、鬼怪神奇，世皆以为诬者，独以为或出旧史，不必尽为左氏造作等。其议论如此类者，颇多可取，故是编成后颇有影响，日人奥田元继且据是书增订而成《春秋左传评林》，是其影响又不止于海内矣。

孙鑛为明末评点大家，批点著作甚多，遍及四部，且所批多以揭示文法为主。四库馆臣称《孙月峰评经》"乃竟用评阅时文之式，一一标举其字句之法，词意纤仄，钟谭流派已兆其先声矣"，虽语涉讥讽，却亦道出其批评旨趣。其批点《左传》，也重格调，讲文法，多简洁明快，而能发左氏行文之妙。如隐公元年，郑伯克段于鄢，其评云："平平叙去不弄奇，然浓色可掬，盖只是炼净。"庄公八年，齐无知弑其君，谓："叙法绝高妙，净而色浓，简而味腴。"襄公三年，晋侯释魏绛，谓："错而炼，色绝浓，味绝腴。大凡文字整者虽见法，然其境易穷；错则多变，其态不可穷，所以今世尚错。然必尽炼法，然后错之妙出，愈炼愈有变，不则草率散漫，又不若整者之有矩。"因孙鑛评点作品较多，且名气极大，故书坊主又喜将其评与钟惺评本合刻，广为流布，故其说影响颇大。孙鑛对于左氏行文未惬之处，多所指摘。如庄公十年，长勺之战，其批云："炼甚，然亦觉太方。"又襄公二十五年，子产论秦罪，其批云："此是有名文字，高浑苍劲，然大约以质胜，于精巧似尚未足。"又如，季札观乐，"为之歌颂"以下数句，其批云"太排可厌"；又如王子朝告诸侯，其批云："是辞命大篇，平平铺去，亦有音节，第尚未入妙境。"他如"亦觉太实"、"觉重拙"之类批语亦多。历来评《左传》者，对左氏行文之法，多赞不容口，而孙鑛独能指其不足，是其尤为可贵者。

钟惺因与谭元春合评《诗归》，倡竟陵诗派而名噪于时。钱谦益曾谓："评骘之滋多也。议论之繁兴也，自近代始也。而尤莫甚于越之孙氏、楚之钟氏。……是之谓非圣无法，是之谓侮圣人之言。而世方奉为金科玉条，递相师述。夫孙氏、钟氏之学方鼓舞一世，余愚且贱，老而失学，欲孤行其言以易之，多见其不自量也。"① 此处孙氏乃指孙鑛，钟氏即钟惺，谓其学"方鼓舞一世"，谓"世方奉为金科玉条"，而钱谦益为明末士林领袖，亦自谓无法与其相抗，足见其影响之大。钟惺评点《左传》既涉人、事评价，又重章法分析，多能独出手眼。其人物之品评，如隐公元年，郑伯克段于鄢，其眉批云："庄公之狠，叔段之痴，姜氏之愚可谓三绝，请制请京，目中无叔段久矣，克段如笼鸟釜鱼耳。祭仲、公子吕、左氏一伙腐人，盖犹以晋武公之流待段也，岂不为庄公所笑哉！颖考叔差强人意，然庄公此时意快而兴阑矣。是瞑眩后僧粥平胃散也。"虽只言片语，却能传人物之神。其于文风章法之揭示，如庄公八年，钟惺于"瓜时而往，及瓜而代，期戍，公问不至"诸句，旁批曰："叙得简古。"眉批云："碎事委曲凑泊而又极简，马迁无处着手。"又如僖公十五年，晋阴饴甥答秦穆之问，钟惺批云："妙在章法整整中颠倒奇变，莫知端倪。"又如宣公十二年，邲之战，其眉批云："历历叙事议论，看他碎而能完，板而能灵，乱而能整，可悟作长篇之法。"书中如此等处甚多，兹不备举。钟惺是编，批语甚为简洁，其品评人物、揭示文法、指明不足，

---

① 钱谦益：《葛端调编次诸家文集序》，《续修四库全书》本，第1389册第514页。

皆有所见。是以其书颇为世所重，其后之批点《左传》者多引用其说，而坊刻中钟惺、孙鑛合评本，钟惺、孙鑛、韩范三家合评本，也一刻再刻，足见其影响之广。

由以上所述可知，此一时期的《左传》评点在内容与形式方面皆已趋于成熟，作品数量也远较前期为多。不过，此期众多《左传》评本中，有相当一部分出于书坊主伪托，又有一部分集评作品，真正能独出手眼，具有自己批评特色的只有孙鑛、钟惺等数家而已。即使此数家的评点，相对而言，仍较简略，且多印象式的批评，真正能从文法上对《左传》作细致之分析，具有较高理论价值的作品还要到清初才能出现。

第三节　清初至乾隆末年:《左传》评点之全盛期

从清初到乾隆末年，约一百五十余年，是《左传》评点的全盛期。此一时期不仅评点作品数量众多，而且整体质量较高，多数具有较高理论价值的作品都出现于此期。

一　全盛期《左传》评点概观

此期的《左传》评点承明代《左传》评点之绪而渐趋繁盛，虽然有些评点者，如储欣、孙琮等，仍采用明代孙鑛、钟惺等人的批评方法，用语简洁，多感悟式的品评，少细致的分析。但整体上，此期的《左传》评点较前期又有较大的发展。

其一，论文成为此期《左传》评点的主流，其目的多为指导初学习作，为科举服务。当然，此期的《左传》评点对于经、史也都有涉及，只不过数量较少，如魏禧《左传经世钞》即主于论史，而姜炳璋《读左补义》则主于发挥经义。明唐顺之、归有光等人已不满于科举时文的程序化，意图以古文矫时文之弊，故提倡以古文为时文。不过，他们所谓古文大多是指唐宋八家之文，对《左传》等先秦古文的借鉴较少。倒是一些书坊主伪托之作，如题为汤宾尹之《左传狐白》，题为吴默之《左传芳润》，题为王世贞之《左传文髓》，题为张鼐之《左传文苑》等，皆明言为科举而作。但考其所评，不过搜集前人论《左传》之语，汇为一书，多论事之语，少文法分析。而且各书所采，大同小异，且颇多谬误，实不足观。只有孙鑛、钟惺等人对《左传》的评点以论文为主，但又多随文批点，缺少对文章的整体把握。相对而言，此期的《左传》评点更为自觉，多明言为启牖初学而作，对文法分析也更深入。如金圣叹批点《天下才子必读书》，乃"昔因儿子及甥侄辈要他做得好文字"。方苞《左传义法举要》，本为弟子讲述《左传》义法之作。王源《左传评》，所批"皆作文窍妙"。冯李骅《左绣》，"剽窃篇法作意以见其为古今文字准绳"。倪承茂《古文约编》之序谓《左传》等古文，"析理论事，必扼其要，必阐其微，曲折反复，归于达意而止。而且篇有篇法，句有句法，离道则诞，悖道则枝。时文不亦有然乎？故不深于古文，未有能深于时文者也"。谢有辉《古文赏音》，为"取便于党塾课习"，所选皆"家弦户诵之文"。程润德谓林云铭《古文析义》"但为成材者进一解，而颛蒙初学之士，或犹苦其深奥简略"，故其作《古文集解》专为初学说法。汪基《古文喈凤新编》，因朝廷以四书为功令，而《春秋左传》诸书与《论》、《孟》相经纬，故取先秦文独多。唐德宜《古文翼》，谓名卿钜公以时文擅场者，类多得力于古，其所选乃为课徒而作。从以上各家所论，可知此期《左传》评点之风气。而此期各家评点又多参用评点时文之语，如所谓相题、立柱、扇、股等。可以说，此期的《左传》评点自觉致力于文法的分析，其目的乃为矫正科举时文之弊，希望从古文中汲取有益营养，以提升时文的水平。

其二，受清初征实学风的影响，此期《左传》评点较少伪托之作，对于《左传》原文的任意删改也受到许多评点者的批评，而纯粹集评式的作品也相对较少。如前所述，明后期的《左传》评点，出于书坊主伪托者不下七八种，其品评"篇次既倒，评题又混，至于亥豕鲁鱼，又连轶而是"，故整体价值不高。盖明人为学空疏，又喜为高论，故多有伪作古书以证成己说者。又因明后期出于矫正科举时文僵化之病，颇有提倡以古文为时文者。故古文评点，特别是出于名家之手的作品，有较大的市场，而书坊主出于谋利的动机，多造为评点之书而托之名人。明末清初，许多学者对明末轻佻士习及作伪之风进行了反思与批评，四库馆臣更是大力抨击，不遗余力，故学界逐渐形成一种自觉求实的倾向。具体到《左传》评点方面，就是伪托之作大量减少。此期四十余种评点作品，只有题为韩菼所批《春秋左传纲目句解》及题为周大璋之《古文精言》，似出于伪托，其他都出于评点者之手。明代的《左传》评点，如郝敬等，对于《左传》原文多有删改，从严格意义上说，其所评已非《左传》之旧。而此期的《左传》评点，多从一种自觉的意义上反对任意改动《左传》原文，如姜希辙《左传统笺》乃据朱申《春秋左传详节句解》增广而成，但姜希辙对朱申任意改动《左传》原文处颇不以为然，一一更正，悉还左氏之旧。此外，集评式作品虽甚便读者，但容易辗转相钞，且不能体现评点者个人的特色，所以此期评林类作品相对较少。纯粹集评类作品只有余光华《古文分编集评》等少数几家，如程润德《古文集解》，张昆崖《左传评林》等，虽也是集评，但能在汇集众说后，断以己意，形成自己的特色。

其三，批评内容更为详尽，形式更为完备。明后期的《左传》评点虽比较成熟，但其批评相对简略。如孙鑛、钟惺等人所批，大多随文品评，有感则发，无则免之，较少对全文的整体把握，其圈点符号的运用也相对简单。而此期多数《左传》评点内容更为丰富，形式更为完善。就批评内容而言，如冯李骅之《左绣》，其评大抵"先论全旨，次分大段，又次详小节，又次析句调，务令完其本来，独开生面，要为初学拨其云雾，指其归趣"，在把握全文主旨基础上，分段分节细评，层次颇为分明。王源《左传评》则"总评于后又细评于中"。大略而言，此期《左传》评点大都能先掌握全篇主意，由内容旨趣照看形式布局，然后层分节解，分析各部分段落如何铺陈、呼应，最后以总评揭示全文文法及主旨。由综观整体而后进入部分，复绾合部分而形成整体理解，是此期多数《左传》评点作品的特色。就圈点符号而言，此期的用法更为繁复。如《左绣》即有七种符号："——"施于大段落止处；"—"施于小段落歇处；"⌐"施于叙事断而另起处；"·"表略读，施于注疏中，表示以下注疏略读即可；"◎"、"∧"、"。"、"、"四种符号皆用以标示线索关键或词意警妙之处，乃为方便前后照应，其用法无甚区别。而王源之批评符号多达十种，各种符号间之分工亦非常明确。此期之《左传》评点，多有凡例对其符号之用法作详细区分，较明末更为细致。

其四，具有广泛影响及具有较高理论价值的《左传》评点作品基本上出现于此一时期。在古文选本方面，影响较大者，有金圣叹《天下才子必读书》，孙琮《山晓阁古文选》，储欣之《古文选本》，过珙《古文觉斯》，林云铭《古文析义》，徐乾学奉敕所选《古文渊鉴》，吴楚材、吴调侯所选《古文观止》，谢有辉《古文赏音》，浦起龙《古文眉诠》，于光华《古文分编集评》等。《左传》专书评点，有王源《文章练要左传评》，刘献廷《左传快评》，方苞《左传义法举要》，冯李骅《左绣》，魏禧《左传经世钞》，周大璋《左传翼》，姜炳璋《读左补义》，卢元昌《左传分国集评》，李绍崧《左传快读》，盛谟《于埜左氏录》等。应该说，此一时期《左传》评点的质量要远远高于上一时期。

二 较有特色之《左传》评点

此期有影响的《左传》评点作品较多，其中如王源、方苞、冯李骅、姜炳璋等人的评点我们后文再论，在此仅择几家能体现此期评点之特点，又具有自己特色的略作介绍。

金圣叹是评点，尤其是小说、戏曲评点，定型与成熟的关键人物。他对《左传》极为推重，曾谓："临文无法，便成狗嗥，而法莫备于《左传》。甚矣，《左传》不可不细读也。"而其评点《水浒》、《西厢》时，也多与《左传》相比。[①] 金圣叹批点《左传》，有《左传释》及《天下才子必读书》中所选四十八篇，其《才子必读书》影响颇大，如杭永年《古文快笔贯通解》、过珙《古文觉斯》、吴调侯《古文观止》等，都多用其

[①] 金圣叹曾谓："文章之妙，是目注彼处，手写此处。若有时必欲目注此处，则必手写彼处。一部《左传》，便十六都用此法。若不解其意，而目亦注此处，手亦写此处，便一览已尽。《西厢记》最是解此意。"又云："文章最妙是先觑定阿堵一处已，却于阿堵一处之四面，将笔来左盘右旋，右盘左旋，再不放脱，却不擒住。……《左传》《史记》便纯是此一方法，《西厢记》亦纯是此一方法。"（《读第六才子书〈西厢记〉法》，《金圣叹全集》第3册，第12—13页，江苏古籍出版社1985年版）

说。金圣叹曾谓其评点《左传》等古文，乃"因儿子及甥侄辈要他做得好文字"，其名曰《才子必读书》者，"盖致望读之者必为才子也"①，观此可知其批评旨趣。金圣叹批点《左传》，大抵篇前有总评，文中有夹批，注重文章结构，运用时文手法，分析其起承转接。如《郑伯克段于鄢》，文中有以下语句："初，郑武公娶于申……遂恶之，……遂寘姜氏于城颍，……遂为母子如初。"金圣叹遂谓此篇前以"初"字起，后以"初"字收，中间以三"遂"字相衔接，乃"二初三遂之文"，不管左氏是否有意这样安排，金圣叹的分析还是颇具眼光的。又如《阴饴甥对秦伯》，其评也极到位。其篇前总评谓："看他劈空吐出'不和'二字，却便随手分作君子小人。凡我有唐突秦伯语，便都放在小人口中；有哀求秦伯语，便都放在君子口中，于是自己只算述得一遍，既是不曾唐突，又不曾哀求，真措辞入于甚深三昧者也。"其文中所批，又有"二扇"、"四扇"之说，则是直接借用时文常用词汇。可以看出，金圣叹基本是以时文手法批点《左传》，其意在指导初学习文，以应对科举。金圣叹评点《左传》具有过渡性质，与此前之孙鑛、钟惺相比，其分析已较细致，与其后王源、冯李骅等相较，则又较简略。

盛谟之《于埜左氏录》，在评点手法上有意效仿金圣叹，②当然，在此认为其有特色，并不是因其取法于金圣叹。其卷首《读意》谓："于埜所录之左氏，非天下古今之左氏也。既为于埜录，自有于埜胸中之左氏，则亦有不可以左氏属之于埜。以

---

① 金圣叹：《金圣叹全集》，江苏古籍出版社1985年版，第3册，第14页。
② 盛谟谓："乍披于埜录，非叱为异，即疑为僻，……当亦狂呼大笑，为之三浮大白。"又谓："于埜是书非为敏人作捷径、钝人作药石也。引而伸之，触而通之，虽读《左传》可也，不读《左传》可也，以读《左传》者，读天下书无不可也。"（见其《于埜左氏录》卷首《读意》）其评如此类者颇多。

于堑之左氏为天下古今之左氏,则妄也,即以天下古今之左氏为于堑左氏,又岂可哉?"也就是说,盛谟似乎有一种解释学上的自觉,在他看来,经过其批点的《左传》,已经有了自己主观的投射,不再是原来的《左传》,读者也不可以读《左传》之眼光来读其所批之《左传》。盛谟评点《左传》,也多运以时文手法,强调相题立意,注重文章结构之承接呼应,与他人不同的是,其评颇富文采,有较多自赏性质。略举数例,以见其评之特点:

> 由中六句已写尽矣,妙在故作一折,陡然转入,令我眼忙,又咏叹一结,渺然无涯,令我神游,若非左氏笔墨,岂能运使至此?于欲绝处忽开生面,于放流处忽泊涯岸,文人熟读,汩汩乎来矣,何必梦吞五色云哉?(隐公三年,王崩)
>
> 题只"纳鼎"耳,却不说出"鼎"字,偏从"昭德"上写照,层层比物,暗映"鼎"字,有剑匣灯帷之妙,及转出正位,露出"赂器"二字,又一留住作倒缴势,急赶出"郜鼎在庙"四字,益觉鼓动,所谓注意处十分踌躇者是也。此等处极不易识,听读者自悟之。(桓公二年,夏四月取郜大鼎于宋)
>
> 师已败,卫已灭,港绝流断矣。忽出二人,飞仙而渡,令人目瞪神惊,盖其用"夜与国人出"句为渡,以"我太史也"数句作舟,又用"宵济"二字一顿,落到"立戴公以庐于曹"句,方下帆系缆矣。(闵公二年,狄入卫)

从以上所引可以看出,盛谟所欣赏的,主要也是左氏文法,也有通过批点教人作文之意。

另外简单提一下卢元昌《左传分国纂略》，卢元昌曾操选政数十年，另批有《唐宋八大家集文选》，故其批《左传》也多用时文手法。卢元昌自谓："左氏以文胜，所赏者，不以其人其事之劣，略辞采之优。"据此可知是书之旨趣。卢元昌评点并无甚特色，在此主要强调一下其体例。同时之选《左传》者，多依原书先后为序，是编则将《左传》之事重新编排，分列周、鲁、晋、郑、卫、齐、宋、楚、吴等国之下，易编年为国别，使一国之事，首尾贯穿，眉目清晰。他书之注释多为夹注，是编则移于卷端，使读者于正文能"全行俱下"，是其可取之处。

可以看出，以时文手法评点《左传》，为初学揭示文法，以因应科举之需，是此期《左传》评点的主流，须说明的是，因论文与论事难以截然区分，故各家在论文的同时，往往会兼顾对事义的评论。

第四节　嘉庆至民国初年：《左传》评点之延续与余晖期

从清初到乾隆末年，《左传》评点走过了自己的黄金时期。由于此前对《左传》的评点无论从文法的分析，还是内容的探讨都已极为深入，已将评点这种批评体式的功能发挥得淋漓尽致，所以其后的《左传》评点似乎难以为继。故从嘉庆初年至民国初年，也是一百余年，仅有《左传》评点作品十余种。除民国初期林纾、吴闿生等人评本较具特色外，有价值者更属寥寥。

此期的《左传》评点，大略可以分为两段：嘉庆至光绪初年，可称《左传》评点的延续期，在方法上基本是对前期的延续，但其内容和形式都有返归简约的趋势。较可注意者有余诚《古文释义》、司徒修《左传易读》及方宗诚《春秋左传文法读本》等，此数家之评点皆以取便初学为指归，虽无太高理论价值，但都产生了一定的影响。而从光绪至民国年间，可称《左传》评点的余晖期，随着新式学堂的纷纷建立，八股取士制度逐渐淡出历史舞台，西学之影响日渐深广，学者们对《左传》的评点已不再以科举为导向，更多是为了发扬传统文化，以与西学抗衡。故林纾、吴闿生等人的评点，更多注意《左传》本身义法的揭示，具有较高的理论价值。

余诚所选《古文释义》是嘉庆年间较有影响的选本，其中选《左传》三十篇。余诚谓是编欲为初学定一善本，故所选多习见之文，且卷帙不繁，仅八卷一百四十七篇。此书评点手法基本是前期的延续，大抵先标举通篇大旨，然后分析段落，以旁注和眉批表陈己见，品评其字句、纲目、伏应等，最后于文末总论之，且曰："吾如是选，读者亦如是读，谅必无义不释矣。"此种由通观整体而后进入部分，复整合部分以形成整体理解的阅读进程，颇有现代所谓"阐释学循环"的意思。从整体上讲，余诚此书，论文法，则重结构分析，少理论概括；论内容，则持论甚严，多用纲常伦理以绳人，较少发明，故价值不大。因其便于初学，所以传播还是比较广的。不过，余诚于卷首论读古文之法，颇有可取者。如谓："读古文固当先得大旨，大旨不得虽极赏其词华句调，终未识作者意思，何取乎读？一得其大旨，而余文势如破竹矣。但古来大家文字，细针密线，重包叠裹，曲折变化，每不许人一望竟尽。其大旨或提于篇首，或藏中幅，或点煞尾。在篇首为纲领、为主脑、为眼目；在中幅为关键、为骨子；煞尾则为结穴。又或以一二语陪出，又或以反笔掣之，种种不同，要在读者细心寻绎。"又谓读古文最忌囫囵吞过，囫囵吞过虽读千万篇犹一字未读，唯逐字逐句皆理会过，往复呻吟，咀之味出，镕化胸中，方为有得。又谓读古文要心无纤介纷扰，而以全副精神静会才读得入，凡此之类，对于今日读者也不无益处。

道光年间，司徒修所评《左传易读》流传较广，民国初年，杨钟钰等据其书删削而成《春秋左传撷要》，亦可见其影响。据卷首郭维遑、祝廷彪之序，司徒修因前此评注《左传》者，如杜、林合注、冯李骅《左绣》等，论文论事甚详，但于原文不减一字，每令读者兴汪洋之叹，故删削诸家而成是书，并谓是编"繁简得宜，注批详明，令初学随读随解"，为功甚易，故曰"易读"。但是，观是编所评，多引韩范、钟惺之说，司徒修本人除少数音义考订外，殊少发明。也就是说，此书不过因其便于初学而流传较广，本身并无太高学术价值。

光绪年间，毛庆藩选有《古文学馀》一书，其中选《左传》八卷，由毛庆藩之序言，颇能见出《左传》等古文评点风气的转变。毛庆藩编选是书时，八股已废，各种新式学堂林立，大批志士仁人为拯救祖国于败亡之中，大力鼓吹西学，故科学日兴而古学渐废，传统之道德文章已非复士人安身立命之所。毛庆藩有感于此，谓："科学者，各国之所致精也，我国之所未及也；道德文章者，自古在昔，先民有作之所致精也，各国之所未及也。"弃我之所致精而循人，则失其本。且失我之所致精，亦无由知各国之所致精，故有是书之选以救弊补偏。

此期的《左传》评点，有较高理论价值的是民国初年林纾所批《左传撷华》与吴闿生所评《左传微》。二人都与桐城派颇有渊源，吴闿生为桐城人，其父即曾国藩"四弟子"之一的吴汝纶，可称桐城派之嫡传。林纾虽是福建人，其论文则私淑桐城，桐城派论文以"义法"为先，多推崇《左传》、《史记》。

二人也不例外，如林纾即谓："左氏之文，万世古文之祖也"，"天下文章能变化陆离不可方物者，只有三家：一左，一马，一韩而已"。而二人评点《左传》，也都致力于左氏"义法"的讲求，我们在下文还会论及。

此期《左传》评点数量不多，除林纾、吴闿生外，所评也无太多价值，不过此期也有一个现象值得注意，那就是大量翻印前人评本，特别是清末至民国年间尤为突出。刊刻者翻印较多的，除《古文观止》等一些选本外，《左传》专书评点，如冯李骅《左绣》，钟惺、孙鑛、韩范三人评点的合评本，题为韩菼所定之《评点春秋纲目左传句解汇隽》等都有多种翻刻本。以《评点春秋纲目左传句解汇隽》为例，至少有以下几种刊本：道光二十一年有集文堂刊本，上海广益书局宣统三年刻本，上海章福记书局民国五年刻本，上海天宝书局民国九年刊本，上海昌文书局民国十五年刊本，上海商务印书馆民国九年刊本，上海商务印书馆民国二十六年刊本，上海福章书局民国五年刊本，光绪十年锦文堂刻本题为《如西所刻诸名家评点春秋纲目左传句解汇隽》，上海锦章图书局1851年刊本，又有1875年刊本，题为《太史张天如详节春秋纲目左传句解》。

第五节　《左传》评点兴衰原因略论

在上文我们对《左传》评点发展的概况作了介绍，可以看出：在南宋，《左传》评点已取得一定的成果，至少真德秀《文章正宗》中对《左传》的批点已比较成熟，但是，从那以后，直到明万历初年，三百四十多年间，《左传》评点无论在内容还是形式方面，都没有什么进展。而从万历至明末，七十余年间，

《左传》评点却迅速发展,并在清之前、中期达到顶峰,出现了一批较有影响和价值的评本。不过,进入嘉庆以后,《左传》评点却迅速衰歇,从那时直到清末,不仅数量较少,质量也不高。反而是在科举废除以后,受西学的激荡,又出现了几家较有价值的批点著作。那么,《左传》评点为何出现于南宋?在基本成型以后,为何较长时间内没有发展?为何会在明万历以后取得突破,并在清前中期取得繁荣?清嘉庆以后为何又迅速衰落?我们在本节对这些问题略作探讨。

评点这种批评体式的起源甚早,传统的经注、史评、诗文选注、诗话等都可视为评点的远源,但评点的真正形成是在南宋,而且主要见于古文选本。为什么评点出现于南宋,并且主要见于古文而不是诗歌或其他?当今学者已经作了有益的探讨。吴承学认为评点始于南宋,与宋代文学批评的发达、宋人读书认真的风气及宋代书籍的普及有关,而科举的现实需要也起到了重要作用。而祝尚书则认为:"始于北宋的科举策论、经义的程序化,是南宋评点兴起的历史契机,而诗赋程式、江西诗派诗文论则是评点家的参照模式和评论方法。"张伯伟在强调"章句"、"论文"及"评唱"对评点的借鉴作用的同时,也突出了科举对于评点在南宋兴起的意义。也就是说,传统批评方式的积累、宋代独特的文化氛围以及王安石科举改制后的现实需要,共同促成了评点的形成。下面我们主要从科举角度,探讨一下为何评点始于古文,以及这对于《左传》评点的影响。

自唐以后,经由科举入仕成为士人的主要出路,所以科举文体的变更往往会对特定的文学及批评样式产生较大影响。严羽论唐诗何以胜于宋,谓:"唐以诗取士,故多专门之学,我朝之诗所以不及也。"① 顾炎武论唐赋及明之经义,则曰:"文章无定格,立一格而后为文,其文不足言矣。唐之取士以赋,而赋末流最为冗滥;宋之取士以论策,而论策之弊亦复如之;本朝取士以经义,而经义之不成文又有甚于前代者。皆以程文格式为之,故日趋而下。"② 一则谓诗因科举而兴,一则谓赋、策论及经义因科举而卑下,其是非姑置不论,而科举对于文体的影响则较然可见。唐代以诗赋取士,宋初因之,王安石为相后,于熙宁四年始变科举法,罢诗赋,以经义、论策取士。其后虽几经反复,但终宋之世,在进士科的考试中,诗赋的地位下降,经义、策论的地位上升则是大趋势。宋人吴琮云:"省闱多在后两场取人。谚云三平不如一冠,若三场皆平平,未必得。若论、策得一冠场,万无一失。"③ 四库馆臣据宋礼部贡举条式,谓"当时每试必有一论,较诸他文,应用之处为多"④。即此可知经义、策论在宋代科举中之地位。唐代取士特重进士科,故诗格、赋格类指导诗赋写作的书风靡一时。⑤ 宋人取士也重进士科,⑥ 所以指导士子如何写好经义、策论的参考书的出现也就势所必然了。

---

① (宋)严羽著、郭绍虞校释:《沧浪诗话校释》,人民文学出版社1961年版,第147页。
② (清)顾炎武著、黄汝成集释:《日知录集释》,上海古籍出版社2006年版,第954页。
③ 魏天应:《论学绳尺》,《四库全书》本,第1358册,第73—74页。
④ 永瑢等:《四库全书总目》,第1702页。
⑤ 可参见张伯伟《中国古代文学批评方法研究》、《全唐五代诗格校考》,祝尚书《南宋古文评点缘起发覆》等。
⑥ 《宋史·选举志》云:"宋之科目,有进士,有诸科,有武举,常选之外,又有制科,有童子举,而进士得人为盛。"马端临《文献通考·选举考》五引吕祖谦语,谓:"唐初间,进士、明经都重,及至中叶以后,则进士重而明经轻。……到得本朝,待遇不同,进士之科往往皆为将相,至明经之科,不过为学究之类。"

王安石废除明经及诗赋科，而以经义、策论取士，意在选拔出通达经义、明晓世务的人才，但实际上，士人于所谓经义并不能任意发挥，其所定《三经新义》即考试之准则，即使南宋废除《三经新义》以后，士人所能发挥的余地也不大。在大义一定的情况下，士子能否得中，更多的还要看文章的作法。而考官为了考试时能更方便阅卷，也对经论的体式作了种种限制，所以士子必须熟习经论的作法才有可能得中。而在初以经义、策论取士时，其体式尚未一定，可视为古文之一体。① 四库馆臣即谓："其始尚不拘成格，如苏轼《刑赏忠厚之至论》，自出机杼，未尝屑屑于头项、心腹、腰尾之式。南渡以后，讲求渐密，程序渐严，试官执定格以待人，人亦循其定格以求合，于是双关、三扇之说兴，而场屋之作遂别有轨度，虽有纵横奇伟之才，亦不得而越。"② 可以说，经义文与古文最初并无严格的区别，即便经论程序化以后，古文中的优秀论体文未尝不可在作法上提供有益的借鉴，因此将古文家优秀的论体文汇为一集，标举其篇法作意，以指导初学习作的古文评选本便应运而生了。

对今存的几家宋代古文选本略加考察，便可看出其与科举的联系。吕祖谦所选《古文关键》是现存最早的评点与选文合一的文本，其卷首有"总论看文字法"、"论作文法"、"论文字

---

① 如吕祖谦《宋文鉴》收录张庭坚《自靖人自献于先王义》，谢枋得《文章规范》收苏轼《王者不治夷狄论》等即是。

② 永瑢等：《四库全书总目》，第1702页。又倪士毅《作义要诀》自序谓："宋之盛时，如张公才叔《自靖义》，正今日作经义者所当以为标准。至宋季则其篇甚长，有定格律。首有破题，破题之下有接题，有小讲，有缴结，以上谓之冒子。然后入官题，官题之下有原题，有大讲，有馀意，有原经，有结尾。篇篇按此次序，其文多拘于捉对，大抵冗长繁复可厌。"（见《四库全书》第1482册，第372页）可见经义形成固定不变的模式基本到了南宋末年。

病"等项，于各篇范文则标举其命意、布局，示初学者以作文门径。陈振孙谓其"标抹注释，以教初学"，所谓"以教初学"，实际上就是为了应对科举。楼昉受业于吕祖谦，故其所编《崇古文诀》亦受吕祖谦影响。刘克庄谓其书于所选之文，"逐章逐句，原其意脉，发其秘藏"，又谓楼昉"以古文倡莆东，经指授成进士名者甚众"①，也可见其书与科举的关系。而谢枋得所选《文章规范》因应科场的用意更为明显，王守仁《文章规范序》谓："宋谢枋得氏取古文之有资于场屋者，自汉迄宋，凡六十有九篇，标揭其篇章句字之法，名之曰《文章规范》，盖古文之奥不止于是，是独为举业设耳。"是编在编排上也颇费心思，既不以文体为别，也不以作家先后为序，而是从士子学习场屋程文的进度来安排。全书以"侯王将相有种乎"分标七卷，每集下之总论也能充分见出其书与科举的关系。如"王"字集下谓："辩难攻击之文，虽厉声色，虽露锋芒，然气力雄健，光焰长远，读之令人意强而神爽。初学熟此，必雄于文。千万人场屋中，有司亦当刮目。"又如"将"字集下，谓："议论精明而断制，文势圆活而婉曲，有抑扬，有顿挫，有擒纵。场屋程文论，当用此样文法。"而"相"字集谓"学者熟之，作经义，作策，必擅大名于天下"，"有"字集谓"论、策结尾用此法度，主司亦必以异人待之"。可见南宋各家所选古文，都重在文法的揭示，其所评虽是古文，其指向却是当时的科举文体，意在用场屋时文的程序和方法去反观古文名家的代表作，并从古文中找出有益于时文的创作方法。

可以看出，由于宋代科举考试科目的变革，产生了以揭示文法为主的古文评点。而《左传》乃先秦古文的典范，并为唐

---

① 刘克庄：《后村大全集》，《四部丛刊》，第213册，卷96《迂斋标注古文序》。

宋古文大家如韩愈、柳宗元等所取法，以我国尊经复古的传统，评点及《左传》应是迟早之事。但是，《左传》评点能出现于南宋又有一定的偶然因素，因为进士科所试经义与策论都是论体，所以各家选本也多取论体文。而《左传》却是编年纪事之史，以叙事为主，对当时科举文体的借鉴意义不大，所以吕祖谦虽评选了《古文关键》，其论《左传》，也偶尔及于文法，但整体上未用评点的方法。而南宋的各家古文评本，除真德秀《文章正宗》外，也基本未选《左传》。① 而真德秀虽借鉴了古文评点的方法，其目的却不是直接为现实的科举服务，而是有感于在他之前的选本，如《昭明文选》、《唐文粹》等，皆不得源流之正，故其"所辑以明义理、切世用为主，其体本乎古，其指近乎经者，然后取焉；否，则辞虽工亦不録"。其以"正宗"为名者，乃"以后世文辞之多变，欲学者得源流之正也"。正因其目的在使"学者得源流之正"，故所选"本乎古"、"近乎经"，而又不拘于论体，分辞令、议论、叙事、诗赋四类，这也使他能将《左传》纳入视野。真德秀以理学家的身份评选古文，我们觉得在某种程度上也有对本朝几家选本不满的成分，虽然他并未明言。如前所述，吕祖谦、楼昉的评本都以标举篇法作意为主，而纯粹的理学家多反对刻意为文，如朱熹就批评吕祖谦论文"亦颇伤巧"②，真德秀对朱熹极为推崇，尊其为"百代宗师"，在论文上也会受到朱熹影响，所以他选《文章正

---

① 按：《妙绝古今》及《古文集成前集》等虽有一两篇入选，但并不能见《左传》之全。

② 朱熹：《晦庵先生文集》卷33，《答吕伯恭》（再造善本）；另《朱熹语类》卷139又言及吕祖谦之文有"文字腔子"："因说伯恭所批文。曰：'文章流转变化无穷，岂可限以如此？'某因说：'陆教授谓伯恭有个文字腔子，才作文字时便将来入个腔子做，文字气脉不长。'先生曰：'他便是眼高，见得破。"（中华书局2004年版，第3321页）

宗》以义理为尚，不以能文为工，持论极严。四库馆臣谓其书："四五百年以来，自讲学家以外，未有尊而用之者，岂非不近人情之事，终不能强行于天下欤？"正可见出其选文特点。可以说，《文章正宗》在南宋古文选本中是一个例外，因尊经复古，不津津于指导场屋时文的写作，所以能多选《左传》之文，其他各家选本则因为为现实科举服务，所以选文多不及《左传》。

　　从以上所述可以明白，为什么南宋已有体式比较完备的《左传》评点，却又未能充分发展，这都与当时科举的特定需要有关：一方面，科举的现实需要促成了以古文为对象的评点批评的成熟，而《左传》本身是优秀的古文，所以对其施以评点也就成为可能，而真德秀《古文正宗》在实际上完成了这一工作，虽然他可能出于反对经义、策论程序化的目的；另一方面，因《左传》以叙事为主的特点，使其文法不能直接为当时的论体文提供借鉴，所以对《左传》的评点没有较大的市场，因而也不能得到多数人的响应。也就是说，科举需要既诱发了《左传》评点的产生，又限制了其充分的发展。当然，限制《左传》评点发展的并不止于科举，当时学者对《左传》的看法可能也是重要因素，因《左传》为《春秋》三传之一，属于经的范围，虽然王安石考经义废除了《春秋》，也有许多学者怀疑《左传》是否为解释《春秋》而作，但在整体上《左传》的经学地位并未改变。而在南宋，评点主要是侧重于文法方面，真正要完全从文的角度解剖经部著作，可能还需要观念的转变。

　　《左传》评点在元代及明万历以前也未有太大发展，这与科举也有较大关系。在南宋，评点的对象主要是古文和科举中式之文，后者如魏天应编、林子长注之《论学绳尺》，即取南宋科场论文一百五十六篇而评点之。但从南宋末年以至元代，评点的对象逐渐转向诗歌，古文评点极少，如由宋入元的刘辰翁、方回等，都有诗歌评点著作行世。当时人即已指出文废诗兴的原因，在于元灭宋以后废除科举，使士人无所用其才气。元欧阳玄谓："宋末须溪刘会孟出于庐陵，适科目废，士子专意学诗，会孟点校诸家甚精，而自作多奇崛，众翕然宗之，于是诗又一变矣。"①陆文圭也说："科场废三十年，程文阁不用，后生秀才气无所发泄，溢而为诗。"②评点转向诗歌还可见于宋末元初的诗社活动，如宋末元初的月泉吟社，其活动几乎完全仿效科举，先拟定题目，分于同社中人，使其按期交卷，然后誊副糊名，聘请名士作考官以定其名次，并按期揭晓，发放赏品。而将其优胜者之诗及考官评语汇为一书，即成评点。如《月泉吟社诗》即元世祖至元丙戌（1286）至丁亥（1287）年间一次活动的结集，此集取中榜前六十人之诗七十四首，考官给第一名罗公福之评语谓："众杰作中求其粹然无疵，极整齐而不窘边幅者，此为冠。"③而罗公福《回送诗赏札》则以门生自居，谓："抚景兴思，慨唐科之不复以诗为试，觊同雅之可追，窃知扶植之盛心，正欲主维乎公是。"此种效仿科举的诗社活动，在宋元之际颇为盛行，如越中诗社的活动也与月泉吟社相似。④虽然元仁宗延祐年间曾重开科举，但此种结社活动似延续到了明初，如李东阳《麓堂诗话》即谓："元季国初，东南人士重诗

---

① 欧阳玄：《圭斋集》，《四库全书》本，第1210册，第64页。
② 陆文圭：《墙东类稿》，《四库全书》本，《跋陈元复诗稿》，第1194册，第645页。
③ 按：此期考官为方凤、谢翱、吴思齐三人，罗公福真实姓名为连文凤，据四库馆臣推测，其所以称罗公福者，或以代名效科举之糊名。详见四库馆臣《月泉吟社诗提要》（《四库全书总目》卷187，第1703页）。
④ 按：四库馆臣《屏岩小稿提要》云："越中诗社以《枕易》为题，李应祈次其甲乙，以观光为第一，其诗今见集中，并载应祈批。……（按：黄庚《月屋漫稿》亦称以《枕易》诗为李侍郎取第一。一试有两第一，必有一讹，然无可考证，谨附识于此。）"（《四库全书总目》卷166，第1426页）

社，每一有力者为主，聘诗人为考官，隔岁封题于诸郡之能诗者，期以明春集卷。私试开榜次名，仍刻其优者，略如科举之法。"这些效仿科举的诗社活动，反映出士人在失去科举进身之阶后的无奈，与此相应的评点活动，其重心也由文转向了诗。

元仁宗延祐二年（1315）重开科举，其科目略仿宋代，以经义及时务策为主，但经义主要从《四书》中出题，且以朱熹《四书集注》为依归，取士则特重经义，明代科举就基本上延续了元代制度，只不过在体式、作法等方面作了更严格的规定。既然重以经义、策论取士，那么针对古文或科举时文的评点似乎也应再次兴起，但实际上在元代基本没有什么新的古文评本，这是什么原因呢？我们认为大致有以下几方面：首先，元代科举取士时间较短，只有三十八年，尚不足以产生广泛影响；其次，每科取士较少，且对汉人有所歧视；再次，经由科举入仕者，并不太为元廷所重视。由于以上原因，所以古文评点在元代基本没有什么发展，更不用说以叙事为主之《左传》了。

明太祖朱元璋开国以后，曾于洪武三年（1370）开科取士，初场试《四书》疑问，本经义及《四书》义各一道，次年正月，又"令各行省连试三年"①，但因选拔出的人才不合朱元璋的理想，所以自洪武六年暂停科举，直到洪武十五年才下诏重开科举，其后明之取士多分三场，其中又特重头场，② 头场所考

---

① 按：朱元璋谓中书省臣曰："今天下已定，致治之道，在于任贤，既设科取士，令各行省连试三年，庶人才众多，而官足任使也。自后则三年一举，著为定例。"（《明太祖实录》卷60，第1181页）

② 张岱：《文苑列传总论》有云："我明自高皇帝开国，与刘青田定为八股文，专精殚力，一题入手，全于心灵精脉声口骨节中揣摩刻画，较之各样文体，此为最难。三场取士，专注头场。"（续修四库，第320册卷202，第88页）《明史·选举志》卷71亦云："三场取七，专注头场。"

即朱元璋和刘伯温所创制的明代制义，也即我们常说的八股文。其"文略仿宋经义"①，但又有较大不同，其文题基本出于《四书》，其大义主要依据朱熹《四书集注》，并且要"代古人语气为之"②。明之取士虽有保荐与科举等不同途径，但进士出身最为人所重。朱元璋曾规定："中外文臣皆由科举而进，非科举者，毋得与官。"③ 其后，甚至形成选官以科目为盛，卿相皆由此出的局面。④ 由于明代取士特重科举出身，而科举又"专注头场"，所以士子能否写好八股文直接关乎其前途，因此，指点士子如何写好八股文的著作也就有了广阔的市场。由于八股文与宋经义相类，万历以前用以指导八股文写作的主要有两种：一是重刻宋代一些评点本，如《古文关键》、《文章规范》、《论学绳尺》等，而《论学绳尺》因所选之文与八股文更为相近，所以流传更广。明黄佐谓："国朝以文取士，大概以辞达为本。天顺间，晚宋文字盛行于时，如《论学绳尺》之类，士子翕然宗之，文遂一变。"⑤ 二是本朝科举中式的八股文的批点，特别是考官和一些名家的批点尤为流行。也就是说，在万历以前，八股文作为一种新兴文体，尚有其发展空间，而用以指导其写作的，主要是相近的一些文体，所以在这段时期内没有太多新的古文选本问世，相应的《左传》评点也没有什么进展。

---

① 张廷玉等：《明史》，中华书局1974年版，第1693页。
② 同上书，第1693页。
③ 同上书，第1695—1696页。
④ 按：《明史·选举志》卷71云："成祖初年，内阁七人，非翰林者居其半，翰林纂修，亦诸色参用。自天顺二年，李贤奏定纂修专选进士。由是，非进士不入翰林，非翰林不入内阁，南北礼部尚书、侍郎及吏部右侍郎，非翰林不仕，而庶吉士始进之时，已群目为储相。"（第1701—1702页）
⑤ 黄佐：《翰林记》，《四库全书》本，第596册卷14《考会试》，第1010页。

一种文体若行世既久，逐渐程序化以后，便会产生种种弊端，从而招致有识之士的批评。如宋之经义于南宋后期逐渐程序化，元倪士毅谓："按宋初因唐制，取士试诗赋。至神宗朝，王安石为相，熙宁四年辛亥议更科举法，罢诗赋，以经义、论策试士，各占治《诗》、《书》、《易》、《周礼》、《礼记》一经，此经义之始也。宋之盛时，如张公才叔《自靖义》，正今日作经义者所当以为标准。至宋季则其篇甚长，有定格律。首有破题，破题之下有接题，有小讲，有缴结，以上谓之冒子。然后入官题，官题之下有原题，有大讲，有馀意，有原经，有结尾。篇篇按此顺序，其文多拘于捉对，大抵冗长繁复可厌。"① 明之制义取法于宋元经义，而体式更为严格，施行一段时间后，其弊端便逐渐显露。如其题目主要出于《四书》，而《四书》可出之题有限，所以往往出现拟题与抄袭的现象。此种现象造成的最为严重的后果是士人为博得一第，便束书不观，只读官、私所刻各种程文墨卷。如李贽曾说："吾熟读烂时文百馀首，进场做一日誊录生，便高中矣。"② 明陆深亦言："今日举子，不必有融会贯通之功，不必有探讨讲求之力，但诵坊肆所刻软熟腐烂数千馀言，习为依稀仿佛、浮靡对偶之语，自足以应有司之选矣。"③ 而明人所以被讥为空疏不学，以八股取士未尝不是一大病因。相应的，八股文要求代古人语气，本是要以儒家正统思想涵养人心，士子既徒事记诵，不知学问，也就不知何谓儒家之道，统治者以儒家道德整合人心的

---

① 倪士毅：《作义要诀》，《四库全书》本，第1482册，第372页。
② 张岱：《文苑列传总论》，《续修四库全书》本，第320册，第88页。
③ 陈子龙：《皇明经世文编》，中华书局1962年版，卷155陆深《国学策对》，第1558页。

初衷也就难以实现。① 另外，八股文日益严密的体式也限制了内容的表达，清魏禧云："八股之法，病在于排比有定式。夫一题之义理，有博衍数十端，然后足以尽者；有举其一端，扼要而无遗者。今必勒为排比，则是多端者不可尽而得，其一说而毕者，必将强为一说以对之，其对之又必摹其出比之语，斤斤然句栉比字而不敢或乱。以之而译圣经贤传，其陋可知矣。"② 正因为八股文有种种弊病，所以招致了许多批评，甚至有把明之亡国归于八股文的。

为了纠正八股文的种种弊端，一些学者就主张"以古文为时文"，对八股文进行改造。所谓"时文"，主要是指时下流行的科举文体，如宋元之经义，明清之八股，在当时都可称为"时文"。应该说，以古文为时文并不始于明代，如前所述，南宋的古文评点主要就是为了指导经义、策论，也即时文的写作。在明清，所谓"以古文为时文"，则主要是指以古文为八股文。须指出的是，以古文为时文，并不仅仅是在写八股文时运用古文的手法，它首先要求士子端正态度，不以猎取功名为唯一目的，也就是要能以时文明道。如王慎中即谓："今时所谓学官弟子，攻所业以应有司之举者，舍可以得有司，则不复过而问。古之文非所以得于有司之具也。"其自为之文，则"求合乎古而已，初不求时人之知也"③。而欲以时文明道，则不能徒诵程文墨卷，而应博览儒家典籍，厚其学养。茅坤云："世之为古文

---

① 按：袁宏道对此也有批评，他说："余谓文之不正，在于士不知学。圣贤之学惟心与性，今试问诸举业者，何谓心，何谓性，如中国人语海外事，茫然莫知所置对矣。焉知学？既不知学，于是圣贤立言本旨晦而不章。……为主司者不能详别其真伪，故此辈亦往往有幸中者。后生学子，相与尤而效之，而文体不复可整矣。"（《袁宏道集校笺》（上），上海古籍出版社1981年版，第697—698页）

② 阎若璩：《四书释地》《四库全书》本，第210册，第430页。

③ 王慎中：《遵岩集》，《四库全书》本，第1274册，第550页。

者，必当本之六籍以求其至；而为举子业者，亦当由濂、洛、关、闽以溯六籍，而务得乎圣贤之精。"① 如真能做到这一点，那么八股文程序化带来的各种弊病在某种程度上也就可以得到缓解。

应该说"以古文为时文"有其现实依据，刘熙载认为"经义未著为令之时，此等原可命其为古文"②，刘将孙则谓："文字无二法，自韩退之创为古文之名，而后之谈文者，必以经赋论策为时文，碑铭叙题赞箴颂为古文。不知辞达而已，时文之精，即古文之理也。"③ 八股文既以宋元经义为本，所以郑光策说："八股之源，盖亦出于古文。"④ 当然，以上各家只是强调古文与时文在明道及文法方面有其相通之处，其实二者在体式上的差别是显而易见的，否则就不会有"以古文为时文"的提法了。明代强调以古文为时文者，正德年间已兆其端绪。如王守仁即谓："求工于举业而不求于古作，弗可工也。"⑤ 所谓"古作"，实即指古文。此后，"以古文为时文"得到越来越多学者的响应，逐渐形成一种风潮。如王世贞谓"善为时义者，未有不译经而驱古者"⑥，茅坤自言"为举业，往往以古调行今

---

① 茅坤：《茅鹿门先生文集》，《续修四库全书》本，《复王进士书》，第1344册，第544页。
② 刘熙载：《艺概》，上海古籍出版社1978年版，第183页。
③ 刘将孙：《养吾斋集》，《四库全书》本，《题曾同父文后》，第1199册，第242页。
④ 梁章矩：《制艺丛话》卷16引。
⑤ 王守仁：《王阳明先生全集》，《四库存目》本，齐鲁书社1997年版，《重刻文章规范序》，集部第50册，第419页。
⑥ 王世贞：《弇州续稿》，《四库全书》本，《云间二生文义小叙》，第1282册，第546页。

文"①，袁中道则谓："文字有从古文中出者，有从时文中出者。从时文中出者，慧人才士自不屑为。"②孙鑛称自己"二十五岁，始知爱欧阳文，二十六而熟读《韩非子》，手节录之，以资举业"③。艾南英更是直言："制举业之道，与古文常相表里，故学者之患，患不能以古文为时文。"④可以说，明代的主要流派，如秦汉、唐宋、公安等，都提倡"以古文为时文"，并在万历前后产生广泛影响，相应的，为指导时文而作的各种古文评点也就有了广阔市场。

如前所述，南宋也有古文评点的高潮，但《左传》评点并未有什么发展，为什么在明万历以后随着古文评点的重新兴起，《左传》评点也取得了迅速发展呢？我们以为主要有以下几方面的原因：首先，宋代古文选本多以论体为主，且所选以唐宋古文大家之文为多。而在明万历前后，用于指导时文写作的古文已多追溯到先秦两汉，且不限于论体。如唐顺之《文编》即以《左传》、《尚书》等为首，归有光也有五色评点《史记》之作，宗臣幼时习八股，"最爱读司马迁、庄周所为文词，往往发之篇章"⑤等。其次，宋代古文选本多以揭示文法为主，而万历前后的古文选本，除了指点初学文法外，还有让士子博览儒家载籍的意思，所以多以《左传》等入选。再次，明代科举也从五经

---

① 茅坤：《玉芝山房稿》，《四库存目》本，《杂著·文诀五条训缙儿辈》，集部第106册，第136页。

② 袁中道：《珂雪斋集》，上海古籍出版社1989年版，《答赵茂才》，第1084页。

③ 孙鑛：《月峰先生居业次编》，《四库禁毁书丛刊》，北京出版社2000年版，《与余君房论文书》，集部第126册，第193页。

④ 艾南英：《金正希稿序》，《明文海》卷312，中华书局1987年影印本，第3217页。

⑤ 宗臣：《宗子相集》，《四库全书》本，《刻文训序》，第1287册，第96页。

中出题，①而《左传》是解释《春秋》的重要著作，不读《左传》，也就难以正确解读《春秋》，所以也出现了对《左传》专书的评点，又考虑到初学既要应对科举，又要多读圣贤之书，时间有限，所以很多《左传》评点是节选之本。须指出的是，《左传》评点在明万历以后取得迅速发展，其原因也是多方面的。如明中后期政治的腐败，以及心学的发展，导致了万历前后社会风气的巨大变化，其总的趋势是由"理"向"情"、由"雅"向"俗"的转变，从而造成文人的日益世俗化。这又带来几方面的影响：首先是评点这种批评体式的大发展。文人的世俗化造成通俗文学，如小说、戏曲等的繁荣，而配有评点的读本更易为读者所接受，可以说，通俗文学的繁荣带来了评点的兴盛，又因这种批评方式日益为人所接受，所以又反过来促进了对经、史、子、集各部作品的评点，从而也对《左传》评点的发展产生影响。其次，文人的世俗化造成对物质利益的大肆追求，而文人用以谋利的主要手段就是手中之笔，所以当对《左传》等各种文本的批点有较大市场的时候，他们便纷纷从事评点，从而也促进了《左传》评点的发展。此外，很多文人还从事图书行业的经营，明嘉靖以后，出版业迅速发展，特别是家刻、坊刻的书迅猛增长，而出版业的繁荣也有利于《左传》评点的发展。另外，明代心学的发展带来思想的解放，使他们对于经典少了一些膜拜，很多人从文法角度批点五经，这也是《左传》批点在明后期迅速发展的重要原因。

---

① 《明史·选举志二》："科目者，沿唐宋之旧，而稍变其试士之法，专取四子书及《易》、《书》、《诗》、《春秋》、《礼记》五经命题试士。盖太祖与刘基所定。其文略仿宋经义，然代古人语气为之，体用排偶，谓之八股，通谓之经义。"（第1693页）

《左传》批点在清代前中期取得了全面繁荣，这有多方面的原因。首先，评点经过金圣叹等人的创造性发挥，已极为成熟，成为批评者最常采用的一种批评体式。其次，明代《左传》评点已取得较大的成就，为清代《左传》评点的繁荣奠定了好的基础。更主要的是，清代在科举方面基本承续了明代的八股制度，而明中后期提出的"以古文为时文"的口号，得到了清代许多学者的响应，这也使《左传》等古文评点有广阔的市场，使其全面繁荣成为可能。如桐城派的先驱戴名世自谓："顷者，余与武曹执以古文为时文之说，正告天下。"① 方苞认为，若能立足唐宋八家，"以求《左》、《史》、《公》、《榖》、《语》、《策》之义法，则触类而通，用为制举之文，敷陈论策，绰有余裕矣"②。而方苞之文，也被人称为"以古文为时文，以时文为古文"③。韩菼所以能以制艺得大名者，也因作八股时能运以古文之法，可以说，"以古文为时文"是此期许多欲提高八股文品位的学者的共同追求。而康熙皇帝下令编纂《古文渊鉴》，且对许多篇目亲自评点，而《古文渊鉴》选文以《左传》等先秦古文为首，这在一定程度上有某种示范意义，从而极大地刺激了《左传》等古文评点的繁荣。另外，桐城派作为清代最有影响的散文流派，其代表作家多自觉以《左传》为取法对象，而且许多人都有《左传》评点著作。④ 其始祖方苞即谓："序事之文，

---

① 戴名世：《戴名世集》卷 4，《汪武曹稿序》，中华书局 1986 年版，第 100 页。
② 方苞：《方苞集》卷 4，《集外文》、《古文约选序例》，上海古籍出版社 1983 年版，第 906—907 页。
③ 钱大昕：《潜研堂文集》，《续修四库》本，《跋方望溪文》，第 1439 册，第 54 页。
④ 据刘声木统计，清代桐城作家有《左传》评点作品的，至少有以下诸人：方苞、刘大櫆、姚鼐、曹一士、周大璋、李文渊、方宗诚、吴汝纶，而王源与桐城派也颇有渊源。

义法备于《左》、《史》。"① 又言："记事之文，惟《左传》、《史记》各有义法。"② 即此可见其对《左传》的推重。这也在某种程度上推动了《左传》评点的繁荣。

《左传》评点在进入嘉庆以后，数量迅速减少，质量也不高。究其原因，除了前面提到的，因前期的《左传》评点已经达到顶峰，无论是内容的分析，还是文法的揭示都已极为深入，此期的《左传》批点似乎无以为继外，可能还与统治者对评点这种批评方式有意无意的批评有关。清代统治者对于评点的态度似乎比较矛盾，初始时，康熙曾亲自批点过古文，而四库馆臣在撰写提要时，对于宋代评点尚有所许可，对于明清的评点，特别是出以时文手法的评点，则极为不满。如对孙鑛的《孙月峰评经》，馆臣谓其"竟用评阅时文之式，一一标举其字句之法，词意纤仄，钟、谭流派，此已兆其先声矣"③。对题钟惺编之《周文归》，馆臣谓其"以时文之法评点之，明末士习，轻佻放诞，至敢于刊削圣经，亦可谓悍然不顾矣"④。四库馆臣代表官方的立场，虽未对评点提出正面的批评，但通过对晚明以来评点作品的批评，也会对同时代的评点起到导向作用。如姚鼐本来是欣赏评点的，其《答徐季雅书》曾谓："震川阅本《史记》，于学文者最为有益。圈点启发人意，有愈于解说者矣。"⑤而其所选《古文辞类纂》最初也有圈点，后来吴启昌重刻时，

---

① 方苞：《方苞集·下》，上海古籍出版社 1983 年版，《古文约选序例》，第 615 页。
② 方苞：《方苞集·上》，上海古籍出版社 1983 年版，《书〈五代史·安重诲传〉后》，第 64 页。
③ 永瑢等：《四库全书总目》，第 283 页。
④ 同上书，第 1795 页。
⑤ 姚鼐：《惜抱尺牍》，《丛书集成续编》，第 130 册，卷 2《答徐季雅》，第 904 页。

"以为近乎时艺，用姚先生命去之"①，不管是托词，还是真的受命于姚鼐，都能见出当时评点者对于以时文手法评点古文的忌讳。曾国藩也对评点加以批评，其言曰："末世学古之士，一厄于试艺之繁多，再厄于俗本评点之书，此天下之公患也。"②以其在政治及文坛上之地位，也足以在当时产生广泛影响。因自明末以来的《左传》评点多借鉴时文手法，所以在官方的政策导向下，也必然趋于衰落。

倒是在清末民初的时候，因科举的废除，西学的引入，又出现了几部较有影响的《左传》评点作品，且出现了翻印以前《左传》评本的高潮。其主要原因，就是我们前面提到的，为了因应西学的刺激。因为士子学习传统文献的时间有限，所以刊刻一些易于阅读的评点本，以期达到普及经典的作用，如前面提到的《古文学馀》、《春秋左传撷要》等，都出于相同的目的。

---

① 黎庶昌《续古文辞类纂序》云："道光初，兴县康抚军刻姚氏《古文辞类纂》，本有画段圈点。后数年，吴启昌重刻于江宁，以为近乎时艺，用姚先生命去之。"(《续修四库全书》，第1561册，《拙尊园丛稿》卷2，第290页) 吴启昌道光五年所作《刻古文辞类纂序》云："旧本有批抹圈点，近乎时艺，康公本已刻入，今悉去之，亦先生命也。"(见《古文辞类纂》，岳麓书社1988年版，第985页附录)

② 曾国藩：《曾文公文集》，《续修四库全书》，第1537册，卷2《谢子湘文集序》，第594页。

第二章 《左传》评点之形式与类型

《左传》评点的形式是指《左传》评点的外部形态，通常而言，包括正文前后之总论，正文中之批语及评点符号等。多数《左传》评点都有注释，有的还兼有释音，我们也承认传统之经注为评点的重要形态来源，但在这里是把评点作为一种独立的形态来考察，故不再把注释作为形态之一。《左传》评点之类型则依据不同的标准，可以有不同之划分。如以评点者身份言，则有书坊主托名与文人评点之别；以评点内容分，则或重经义发挥，或重史事评价，或重文法揭示；以评点范围讲，则有全评，有选评；以评点形式论，则或有评无点，或有点无评，而以评、点兼备为其主流，等等。下面拟分两节对《左传》评点之形式与类型分别加以探讨。

第一节 《左传》评点之形式

《左传》评点的常见形式有正文前后之总论、文中批语及批点符号，但并非每种《左传》评点都兼具这三种形式。而且各种形式的具体运用，也有演化过程。从整体而言，明万历以前之评点，由于处于形成期，故评语多较简洁，圈点也颇简略。

如真德秀、唐顺之等人评语，多则数十字，少则数字，甚而有通篇不着一字者。其圈点亦然，真德秀之圈点据徐师曾言仅有点、抹、截三种，其中还包括句读及划分节段者。明末至清乾隆年间，《左传》评点臻于全盛，故评语、圈点亦多较繁复。如林云铭、王源等之评语，少则数十言，多则数百语，往往超过原文，而圈点也有多达十数种者。但是，在嘉庆以后，不仅《左传》评点作品锐减，其形式又趋于简化，特别是圈点，这或许与官方对于评点隐约的反对有关。[①] 对于不同时期《左传》评点在形式上的差异，我们不再多言，下面仅就其基本形式的各种组成部分及功用略作分析。

一　正文前后之总论

所谓总论，是指评点者、作序者或刊刻者等对于全书的总体评价，通常包括序跋、纲领、读法、凡例等。当然，这些只是较常见的用法，其实各人因习惯之不同，往往有不同之命名。如真德秀《文章正宗》卷首有《文章正宗纲目》，吕祖谦《左氏传说》卷首称《看左氏规模》，凌稚隆《春秋左传注评测义》则作《读春秋左传测言》（按：凌稚隆除《测言》之外，尚有凡例），等等。应该说，所谓序跋、纲领、读法、凡例等，在用法上有一定区别。如姜炳璋之《读左补义》，卷首有自序及钱维城等三人之序，又有其弟子毛昇之《例言》，还有姜炳璋自作之《纲领》。其中各家之序对于全书特色及主要方法略作介绍，而毛昇《例言》则言及全书体例与成书过程，姜炳璋《纲领》则

---

① 可参吴承学《四库全书与评点之学》，《文学评论》2007年第1期，第5—12页。

全面阐释自己对于《左传》之理解及解读方法。但有些评点著作，卷首只有序言或纲领等，其序文就可能兼具纲领、读法之功能；而仅有纲领、读法者，又可具序言的性质。还须说明的是，所谓总论并不能涵盖正文前后所有内容，如凌稚隆《春秋左传注评测义》等评本，于卷首录先儒《春秋左传世系谱》、《春秋左传名号异称便览》、《春秋左传地名配古籍》、《春秋列国东坡图说》等内容，这都是前人为方便理解《左传》而作，与各家之评点关系不大，因此这些内容也就不具总论的性质。下面择较常见之总评类型略作介绍。

序跋：序、跋只是习称，在具体运用中其名称并不一律，如序，或又称叙、引、小引、题辞等；跋也有称后序者，有的则作书××后等。在《左传》评点中，常见者为序，跋则较少，今所见仅明刻《音点春秋左传详节句解》、《左氏芟评》及《于塾左氏录》三书有之。而一名《左传详节后序》，一言《书左氏芟评后》，题为跋者仅有《于塾左氏录》。序，或评点者所自为，或请他人所作，也有后来重刻时刊刻者所为者，而跋通常为他人所作。

我国很早就有知人论世的传统，孟子即云："颂其诗，读其书，不知其人可乎？是以论其世也。"而《左传》评点者中，有很多并非知名之士，其生平多不为世所知，而在序跋中，往往会给我们提供一些线索。如《永怀堂古文》之评者葛鼐，我们所知不多，其自序则历叙为学经历及评点过程，对我们理解其评点意趣颇为有益，而其县志所载行事似即据是书之自序而成。又如《左传说》之评者王系亦无声名，其于卷首则自为一小传，使我们对其生平有所了解。其实，即便较为知名，有传可考之人，其在何种情况下，出于何种目的评点《左传》，我们也无从知晓。而序跋中一些有益提示，对我们理解其评点也会有所帮助。如姜炳璋在《清史稿》有传，在《大清一统志》入四川龙安府《名宦传》，但其为何作《读左补义》，我们却不得而知。从其自序可知，前人以例说经，失之穿凿，姜炳璋思有以救之，故有是作。一般来说，在三类序中，评点者之自序价值最大。因其对自己经历、评点方法及意旨的介绍最为可信。而同时人之序的价值次之，因其序多应评点者之请而作，而评者意在引以自重，故作序者也就难免有溢美之辞。但能为评点者所请，必有一定之声望及学问，且对作者有较深了解，故其于评者学行及评点主旨的把握，应远较后人为可靠，特别是对评者生平的介绍，更有参考价值。后人之序，虽时代略后，但必对评者有所仰慕，对其书有所欣赏，才会加以重刻，故其序应也有一定之价值。

另外，序跋对于确定真正之作者亦有一定的作用。如题名钟惺之《周文归》，四库馆臣以为乃钟惺所编，今人多怀疑其为伪托。其实只要略读卷首胡揆之序，即可知其书乃陈灏子所辑，而胡揆、范德建、蒋仲光助成其事。其书中之评以四人为多，亦可为证。其所以题为钟惺者，乃因"评宗伯敬"。然其又谓"标佐月峰，参错名家"，是其所宗又不主一家。其题为钟惺者，或为刊刻者托名以牟利，亦未可知，但其书出于陈灏子及胡揆诸人则无可疑。

可见，序跋虽然不是评点本所独有，但评点本之序跋却是评点系统的有机组成部分，对于准确理解评点具有较大的意义。

读法：读法在此是指评点者所揭读《左传》之法，它以条目式的文字、发散式的视角来传达评者对于《左传》的整体理解，并示人以阅读门径。读法之名称亦不统一，如冯李骅《左绣》称为《读左卮言》、盛谟《于埜左氏录》称为读意等。虽然不是每种《左传》评本都有读法，但是，一些较有理论价值的见解往往在读法中得以总结，是以研究《左传》评点，对读法要给予充分重视。

吕祖谦之《古文关键》是较早有读法之评本，其卷首有《看古文要法》，其中又分"总论看文字法"、"看韩文法"、"看柳文法"、"看苏文法"、"看诸家文法"、"论作文法"、"论文字病"等数项。其总论与分论相配合之方式对其后评点中读法之格局影响深远，其后又经金圣叹之创造性发挥，读法遂成为评点的一种重要形式。《古文关键》未选《左传》，但其《左氏传说》卷首有《看左氏规模》一文，实有读法之性质。其谓读《左传》"须看一代之所以升降"云云，实即其读《左传》之要法。

在有读法的《左传》评本中，有的并无太大价值。如盛谟之《读意》，有谓："乍披于堑录，非叱为异，即疑为僻，虽暗室然烛，终自灭耳。读者先将坊本朗诵数次，冥心元钩，试思其章法何如，用意用笔何如，接落转变何如，手挥目送何处，精神聚会何处，一一参悟。忽取于堑录观之，当亦狂呼大笑，为之三浮大白。"又谓："左氏以前无此笔，无此文；左氏以后无此笔，无此文。"又谓："于堑是书非为敏人作捷径，钝人作药石也。引而伸之，触而通之，虽读《左传》可也，不读《左传》可也，以读《左传》者，读天下书无不可也。"若此之类，明显有效仿金圣叹的痕迹，本身并没有太大价值。而冯李骅、王源、林纾、吴闿生等于读法中对《左传》文法的揭示，则颇有可观。如冯李骅对《左传》中"以牵上为搭下"、"以中间贯两头"两大笔诀之揭示；对左氏"参差者其迹，整齐者其神"之叙事法的抉发，都可谓独具只眼。而其又揭左氏"添宾并主"、"略主详宾"、"宾主互用"诸法，以见其宾主变化之妙；举其"虚美实刺"、"美刺两藏"、"怒甲移乙"等法，以见其褒贬之当等,都能发前人所未发。上述各家所述,后文还会论及,此不多言。

纲领:其实,纲领和读法在有些《左传》评点者那里并未有严格的区分,其或称纲领、或称读法,有时会指涉相同之内容。但在这里,我们则略作区别,把读法主要看作对阅读方法的揭示;而纲领则是评点者对于《左传》的整体理解,因对《左传》强调面向的不同,往往会作出不同的评价。如吕祖谦《左氏传续说》以《左传》为史,故其纲领处处从此着眼,略举数条,以见其概:

> 学者观史,各有详略。如《左传》、《史记》、《前汉》三书,皆当精熟细看,反复考究,直不可一字草草。自《后汉》、《三国志》以下诸史,只是看大纲始末成败,盖自司马氏、班氏以后,作史者皆无史法。
>
> 看《史记》又与看《左传》不同,《左传》字字缜密,《史记》所载却有岁月差互先后不同处,不似《左传》缜密,只是识见高远,真个识得三代规模,此学者所当熟看。
>
> 一部《左传》,都不曾载一件闲事,盖此书是有用底书,学者看得《左传》熟时,以下诸史条例,亦不过如此。
>
> 子贡曰:"文武之道,未坠于地,在人。贤者识其大者,不贤者识其小者,莫不有文武之道焉。"此数句便是看《左传》纲领,盖此书正接虞夏商周之末,战国秦汉之初。上既见先王遗制之尚在,下又见后世变迁之所因,此所以最好看。看《左传》须是看得人情物理出。
>
> 《左传》一部三十卷,其大纲领只有三节:自第一卷至第三卷,庄公九年,齐桓初出时是一节。此一节霸者未兴,当时之权,亦未尝专在一国。自庄公九年以后,直至召陵

之盟,又是一节。凡二十四卷,正是五霸迭兴之际,此一节甚长。自召陵以后,直至卷末又是一节。

看得左氏亦是子产、叔向一等人,其记管、晏、子产、叔向事,皆连当时精神写出,深知精髓,若不是此等人品,无缘记得如此精妙。只记孔子事,便无意思,以此知杜预谓左丘明受经于仲尼,其说难信。

左氏只有三般病,除却此三病,便十分好。所谓三病者:左氏生于春秋时,为习俗所移,不明君臣大义,视周室如列国,如记周郑交质,此一病也;又好以人事附会灾祥,夫礼义动作,古人固是于此见人吉凶,亦岂专系于此?此二病也;记管晏之事,则尽精神,才说圣人事,便无气象,此三病也。

可以看出,吕祖谦认为《左传》不过是记载上承商周、下启秦汉一段历史的史书,故其解读《左传》,多理会其中所载之典章制度、历史变迁,意图从中见出"人情物理"。既不以《左传》为解释《春秋》而作,故于左丘明,亦否认其为孔子之徒,并多指斥其失。

与吕祖谦不同的是,姜炳璋认为《左传》为解经而作,且是《春秋》的最佳阐释者,只不过其释经之意,因前人以例说经之穿凿,而有所不明。故其纲领,或驳前人以例说经之不足信,或明左氏释经之善(详见下章)。相应的,其于左丘明,则谓其受教于孔子,虽也认为其尚有小疵,但如吕祖谦所指之三失,在姜炳璋看来,实不足为左氏病。而以文视《左传》之评点者,也往往会因其视角之差异,而在纲领中有所体现。可见,纲领也是评点中一种重要的形式。

凡例:凡例,又可称例、例言等。在总评之中,凡例是序言之外最为常见的一种形式。凡例通常是对于评点体例的一种介绍，比如评点出于何种目的，所用之底本为何，注释取于何人，眉批、旁批、尾批等如何配合，圈点符号如何运用，对前人评点如何去取，等等。可以看出，从较广泛的意义上说，所有的凡例，其实都是一种"读法"，目的在于告知读者其所评之特点，使读者能更好地阅读。也正是在这样的意义上，有些书的读法，其实可视为凡例。但我们若对读法加以限定，就是指评点者对于如何阅读评点对象的一种理论概括，而不仅仅是如何评点的一些技术性操作，那么在凡例与读法之间还是有较大的差别的。应该说，多数《左传》评点者之凡例，都是技术性的介绍。但也有一些评点者，其凡例会兼有指导阅读的功能。下面选取余诚《重订古文释义新编》之凡例数则，对这两方面内容略作区分：

  是编专为初学订一善本，每篇中所应有之义，必悉为释明，绝不敢作一套评闲语，以迷眩人心目。惟于文义、字义细细详批，切实确当。一若传之释经，直抉发作者不言之秘，俾读者洞彻其意蕴，涣然冰释，应属读古快事。
  《左传》必于题下注明鲁公某年，或为坊本所讹错者，悉查《春秋》原传改正。而每一公始末亦附识上方。至于传因经作，或有附见于经者，则于上方注明附传。
  是编每篇必先指其通篇大旨之所在，然后分其段落，逐段批明此段是何意思于旁，然后逐句详批，然后细评其起伏照应。其有旁批所载不尽者，悉以次列于上方，上方每行仅七字，自必不能与文本相对，故批某一句必注明某句，批某数句必注某数句，即一段数段皆然。然后综其终始，总评于后。……

是编于文中纲领、主脑、眼目、关键、骨子、结穴，每一字旁用一重圈（。。）；起伏照应处，每一字旁用一双点（、、）；精采发挥及点染生动，每一句旁用密点（、、、、、、）；神理活泼，议论警策、字句工妙、笔墨奇变处，皆旁用密圈（。。。。。。）；而每一句下，必着一小圆点（·），不使初学句读莫辨；至每一段止处，则下用一画以断之，俾学者便于分别。

读古文固当先得大旨，大旨不得，虽极赏其词华句调，终未识作者意思，何取乎读？一得其大旨，而馀文势如破竹矣。但古来大家文字，细针密线，重包叠裹，曲折变化，每不许人一望竟尽，其大旨或提于篇首，或藏中幅，或点煞尾。在篇首为纲领、为主脑、为眼目；在中幅为关键、为骨子；煞尾则为结穴。又或以一二语陪出，又或以反笔掣之，种种不同，要在读者细心寻绎。

读古文最忌囫囵吞过，囫囵吞过，虽读千万篇，犹一字未读。惟逐字逐句皆理会过，往复呻吟，咀之味出，镕化胸中，虽在梦寐，仍觉神趣满腔，方为有得。

读古文要心无纤介纷扰，而以全副精神静会，才读得入。……

可以看出，前四则或介绍评点之目的，或言及对《左传》篇目的处理方式（按：余诚是书于《左传》并非全评，仅择取一定之篇目，故须指明其为鲁公何年，以便读者），或标明各种评语之功能，或标示圈点符号之用法，都是对其书体例的一种揭示。而后三则实为如何阅读《左传》等古文的一种经验之谈，则具有读法的性质。从上述诸例也可看出，凡例也是颇为重要的一种评点形式。如就圈点符号而言，若无用法之规定，面对繁复之符号，会使人如坠雾中。而读其凡例后，则何为纲领、主脑、眼目、关键，何为起伏照应，何为议论警策等，皆可一目了然，所谓"圈点启发人意，有逾于解说者"也。

以上着重对正文之前较为常见的四种总评作了介绍，其中以序最为常见，凡例次之，而读法、纲领运用相对较少。其中读法、纲领通常为评点者所作，而序、凡例则有作者自为者，也有他人所作者。序为他人所作者前已言之，凡例出于他人者，多是刊刻者所为。如闵氏所刻孙鑛评《春秋左传》，其卷首凡例即闵齐伋所作；魏禧《左传经世钞》分别有姜希辙及彭家屏刻本，而其凡例也即二人所作，等等。在几种批评形式中，序和其他几种形式往往兼用，而凡例与读法、凡例与纲领也有兼用者，由此也可以看出，几种形式在功能上还是有一定区别的。但是，正如上文所述，仅有序言者，其序往往兼有导读与纲领等方面的作用，而纲领、凡例、读法等在具体运用时，其用法也时有重合，故不可拘泥于一端。

二　文中之批语

正文中之批语，是《左传》评点的主体部分，通常由解题、眉批、旁批、夹批、尾批等部分构成。当然，各种批评形式都用到者，为极少数，大多评点者只用其中之一或数种，其中以眉批、尾批运用最为广泛。下面对几种批评形式分别加以说明。

解题：在《左传》评点中，对全书施以评点的并不多，多数评点者是择取其中之精彩篇章加以评点。自真德秀始，选评《左传》者多为所选各篇另拟题目，以便读者，而解题即见于这类拟有题目之选本中。解题之内容因评点者而不同：有对一篇主旨加以概括者,题为张萧所评之《左传文苑》即属此类。如《郑伯克段于鄢》篇,其于题下云:"按:叔段之恶,乃庄公纵之也。纵其恶而后攻之,君子谓之不友;寘姜氏于城颍,君子谓之不孝。解经旨,只'郑志'二字尽了。"又如《周郑交质》篇,谓:"按:周,天子;郑,诸侯也。至于交质,尊卑之分荡然,左氏讥其质之不诚,故以'信不由衷'二句作断案。"有对篇中所涉之人名、地名及事件等加以说明者,题林云铭评、许锵增释之《古文检玉初编》属于此类。如《郑伯克段于鄢》篇,其于题下云:"郑,国名,今河南郑县地。郑武公,伯爵,名掘突,生庄公,名光。郑伯,庄公也。段,庄公同母弟,郑伯恶之,称兵伐段。鄢,郑地名。克,胜之也,郑伯胜其弟于鄢陵。段不弟,故不言弟,如二君,故曰克,称郑伯,讥失教也。书法俱见于传内。"也有对所选事件之前因后果加以补充者,盖《左传》本编年叙事,其一事多散见于数年,而评点者通常只能取其一节,补充相关事件有助于初学之理解。而徐宗夔所评《古今旷世文渊评林》属于此类,如《石碏谏宠州吁》篇,其于题下云:"隐公三年,庄姜无子,立桓为己子,即戴妫所出也。后州吁弑桓公,其臣石碏卒弑吁以报之云。"又如《宫之奇谏假道》篇,云:"僖五年,晋候听荀息之谋,请假道于虞,虞侯许之,故宫之奇谏云。"

还须说明的是,凡是选本,基本都会在题下注明其事见于何公何年,以便读者查对。而上述解题中所涉内容,有许多《左传》评点者会在眉批、尾批或注释中见出。特别是关于事件原委的补充,见于眉批之始及文末者较多,因此,在《左传》评点中有解题的并不算太多。但解题或释篇旨,或补原委,或训释人名、地名,能使读者更好理解传文,不失为一种有效的批评方法。

眉批：在评点的诸形式要素中，眉批无疑是非常重要的一种，甚至可以作为区分评点与其他批评方式的重要形式特征。在《左传》评点中，眉批与旁批、夹批及尾批相比，有其形式上的优势。旁批受空间的限制，其评语必须极为简洁，多则十数字，少则一二字，评点者往往不能畅所欲言。夹批似无空间上的局限，但是《左传》评本往往兼有注释，且多用双行夹注的形式。在既有注释，又有批语的地方，评点者不得不用一些标志加以区分，而读者也不易辨别何为注释，何为批语。同时，在正文之中若加入的批语太长，则使正文割断，不利于读者阅读。尾批虽然没有旁批及夹批的不足，但其在全文之后，若是对段落或字句的批点，则必须注明为何处，而读者阅读也极为不便，而且眉批与尾批相比，更容易与圈点符号相结合。因此可以说，眉批有相对广阔的空间，且能与正文紧密联系，而不致隔断正文，所以为评点者所常用。

眉批所涉及的内容极广，举凡义理、文法，甚至于训释在眉批中都有体现，因此无法对其具体功用加以分析。大略而言，只有眉批或以眉批为主者，通常会先对全文主旨加以总评，然后细评句、段。冯李骅之言可为代表，其《读左卮言》云："仆深惜左氏妙文，千载埋没，不惮备加评注。先论全旨，次分大段，又次详小节，又次析句调，务令完其本来，独开生面。要为初学拨其云雾，指其归趣。"冯李骅乃以论文为主，而以史评为主者，往往也会有总论与细评之分。以题为汤宾尹所评之《左传狐白》为例，其于《郑伯克段于鄢》篇，首有玄冥子之总评，谓："庄公之遇叔段，其人伦之不幸乎？方其母之请制，一违已甚，况敢后违京乎？心知其不可，而重违母命，故欲俟其既发而后图之，兹其心岂得已乎？吕氏乃谓故授段以巨邑，酿成其恶，求杀之以重罪。庄公果尔，则周公之诛管、蔡，亦其酿成；石碏之杀其子，尤当罪其失教也。况不义如段，即不讨之，京亦必有变。余独谓之不幸矣！"其后所引穆文熙、胡安国、闵如霖、王伟、丘浚之语，则为分评。而眉批、尾批等多种形式兼用者，往往会在用法上有所分工，通常于眉批分析文法，而于尾批总论事理，张鼐评选之《左传隽》即属此类。当然，以上区分也只是大概言之，其实论文、论事有时是难以截然分开的。

旁批：旁批可以说是一种细部批评，主要着眼于文法。它通常和圈点符号结合，将文章之纲领、眼目、关键、精彩语句以及前后呼应处随文点出，灵活是其最大特点。如前所述，旁批因空间的限制，必须尽量简练，但也因此形成了其特点。应该说，旁批是诸形式中与文本结合最为紧密者，它随本文语句即时诉诸读者的视阈，对读者的阅读能起直接导向作用。以孙琮《山晓阁左传选》中《宋公陈侯蔡人卫人伐郑》篇为例，以见旁批之特点。孙琮于"宋殇公之即位也"句旁，批云："先提出宋。""及卫州吁立"句，旁批云："次接入卫。"于"求宠于诸侯以和其民"句旁加连圈，并批云："和民是章旨。""于是陈、蔡方睦"句，批云："再出陈、蔡。"于"臣闻以德和民，不闻以乱"句，旁加连圈，并云："喻言正言交互回合。"于结句"于是乎不务令德而欲以乱成，必不免矣"，旁加连圈，并批云："转语作结，文势遒紧。"从孙琮批语可以看出，旁批能以极简之语言，将文章主旨与脉络提清，引导阅读是其最直接之效用。

夹批：夹批紧附于所评文句之后，通常为双行小字，以区别于正文。如眉批中所述，《左传》评点因有注释之关系，夹批并非一种理想的批评形式，但是，采用夹批这种形式的也为数不少。其中如徐陈发、宋景琛《读书堂古文晨书》、刘献廷《左传快评》、吴闿生《左传微》等评，不采前人注释，用夹批自无甚影响。而凌稚隆《春秋左传注评测义》、韩范评《春秋左传》等评本，既用杜预等人注释，又加以评点，往往隔断正文，不便阅读。韩范之评尚简，其评与注释以"韩范曰"相区分。而凌稚隆则为集评之体，故用前人之说则冠以名，自为之评则以"愚按"别之。

夹批与旁批相同，都是着眼于局部，但在内容上则远较旁批为多。如上述诸家，凌稚隆博采前说，参以己意，而以测圣人之义为指归。韩范则多论史事，间及文法。吴闿生虽也欲求《左传》微意，但其所评，实以文法为主。因此，可以说，夹批也是《左传》评点中一种重要形式。

尾批：在《左传》评点中，尾批同解题一样，多见于选评本中。尾批不会像夹批、旁批那样，针对字、句等作微观之品评，它通常是对全文主旨的概括，文法的总结，有的评点者还喜借题发挥，以古论今。对于较长的篇幅，评点者会将全文分为数段，在对各部分进行分析的基础上，综括全文，段落基本是尾批的最小对象。因在文章末尾，评点者可尽情发挥，不用担心字数之限制，故其内容也最为丰富，许多评点者之尾批竟远远长于正文，即此可见一斑。有的评点者在尾批中有意把论文与论事加以区分，如冯敬直之《古文汇编》即是。以《齐伐楚盟召陵》篇为例，其论事云："楚有僭王莫大之罪，齐若伐楚必责其大罪，令去王号，方是正径，乃舍其大者，责以小节，盟一大夫便算服楚，此伯者作用，非堂堂之师也。"论文则曰："作文每竖一难，必回复得有趣乃佳。看他前后答应，笔笔紧密，笔笔精彩，至于前答先认后推，后答先和后厉，斯为抑扬尽致。"应该说，尾批因其内容之丰富，而在《左传》评点诸形式中占有重要地位。

以上对正文中常用之批语形式分别作了介绍。须指出的是，评点者往往兼用多种批语形式，有意通过各种批语的配合，达到更好的解读效果。如余诚所评，每篇必先指其通篇大旨之所在，然后分其段落，批明意思于旁；旁批所载不尽者，又见于眉批；最后于文末综其终始而总评之，即有意将旁批、眉批与尾批结合使用。而前述以眉批、旁批论文，尾批总括主旨之用法，在《左传》评点中则更为常见。

评点符号：依托本文，有评有点，是评点区别于诗话、专论等其他批评体式的重要特征，其中"点"即指各种评点符号。虽然我们承认存在有评无点，或有点无评的评点本，但绝大多数《左传》评本"评"、"点"兼具也是事实。"点"与旁批一样，紧密依托本文，而且多数情况下是与旁批相结合，将文章之纲领、眼目、埋伏、呼应处，直接呈现给读者。其效用则使文章"义显意明，有不待论说而自见者"①。"点"之类型，从大的方面说，有圈、点、抹（｜）、截（一）等类。每类之中又分多种：如圈，即有黑圈（●）、单圈（○）、连圈（○○○）、重圈（◎）、外圈内点（⊙）、三角（△）……；点，有句点（·）、顿点（、）、密句点（···）、密顿点（、、、）、空心点；抹则有长短之分，截也有大小之别。上述符号还只是评点所习用者，有些评点者会因个人习惯而用一些不常见的符号，就不多列举了。

须说明的是，有些评点者还会将圈点符号与不同颜色相搭

---

① 按：《宋史》卷438，《何基传》，谓何基"凡所读无不加标点，义显意明，有不待论说而自见者"（《宋史》，中华书局1977年版，第12979页）。此种标点并非古人用于断句之句读，而是类于今天读书时于重要处所作标记，其作用正类于圈点符号。

配，则其用法就更为繁复了。如南宋谢枋得之古文圈点，有"截、抹、圈、点"四类，又依"黑、红、黄、青"对各种符号再作分解。截又有黑画截、红画截、黄画半截三种；抹分黑侧抹、青侧抹、黄侧抹、黄中抹、红中抹五种；圈又分红侧圈、黄侧圈、黑侧圈、红圈、黄正大圈五种；点又分红侧点、黑侧点、青侧点、黄正大点四种。在谢枋得圈点用法中，抹又有侧、中，圈点有侧、正等位置的区别，因颜色、位置的不同，其意义也有区别。吴承学据此谓圈点之意义，"是由其标注符号的形状、位置、颜色三者来表示的"①。此种以不同颜色与圈点符号相搭配的用法，在其后仍有发展。如归有光即有"五色圈点"《史记》之作，其《评点史记例意》谓："朱圈点处总是意句和叙事好处，黄圈点处总是气脉。亦有转折处用黄圈而事乃连下去者。墨掷是背理处，青掷是不好要紧处，朱掷是好要紧处，黄掷是一篇要紧处。"不过，因彩色套印工序较繁，在传世《左传》评本中，用多色批点的并不多见。今所见有武亿之《敦朴堂简明评点左传钞》，为四色标点，不过并非刻印本，而是钞本。另据廉泉所刻《方氏左传评点》，似方苞所批《左传》亦用多色符号，但其原刻已不得见。所以在《左传》评点中，其符号之效用，主要还是通过不同的形状见出。

　　从以上所述可以看出，我国古代除了用以断句的句读外，还有丰富的"符号系统"，可以不用语言就把批评者的意旨传递出来。可惜的是，这些圈点符号没有形成一定之规，其具体用法往往因人而异，评点者若无凡例加以限定，就很难对读者产生强烈的效果，因此以"系统"称之并不恰当。当然，在大的

---

① 吴承学：《评点之兴——文学评点的形成和南宋的诗文评点》，《文学评论》1995年第1期，第32页。

方面，评点者的用法还是基本相同的，比如抹，通常是标识文章主旨、纲领等（按：抹为宋人所常用，至明、清则用者渐少，文章主旨也多由圈、点或其他一些特殊符号标识）；圈、点的用法有时无大差别，基本是眼目、关键、精彩发挥及呼应等；截则常用于章节的划分。除截以外，抹、圈、点通常都是对所标字、句、段的肯定评价，提醒读者应对所标内容特别留意。

虽然圈点符号在南宋谢枋得那里已有较复杂的用法，但在今天所能见到的《左传》评本中，明万历以前对于圈点的用法都极为简约，明末至清乾隆年间趋于烦琐，而嘉庆以后又归于简略。评点者也能意识到圈点符号过于烦琐会给读者理解带来困难，所以运用圈点较多者往往会对其用法加以说明。下面列举几家有代表性者，以见《左传》评点中圈点符号之作用：

林云铭《古文析义》，其圈点用法有五种：

> 凡遇主脑结穴处，旁加重圈（◎）；埋伏照应窾郤处，旁加黑圈（●）；发挥精彩处，旁加密点（、、、）；神理所注，奇正相生，字句工妙，笔墨变化处，旁加密圈（ooo）；段落住歇处下加截断（—），以便省览。

王源《左传评》之圈点用法为：

> 文有主意、有眼目；其段落有大小；其序事有案、有结；其词语有精彩、有闲情、有点缀；有句法；有字法，俱一一标出。凡主意用双钩；眼目用大圈（○）；大段落用大画（——）；小段落用半画（—）；案用联虚点或单虚点；精彩与奇变处用联圈（ooo）；次单圈（o）；闲情点缀、句法用联点（、、、），字法用双点（、、）。

冯李骅《左绣》之圈点用法为：

传文于大段落用"──"；小段落用"—"；断而另起者用"┘"；略读者用"●"（按：此施于注疏中，表示以下注疏略读即可）；其于线索关键词意警妙处或"△"、或"○"、或"○○○"、或"、、"，各就本篇照应，不拘一律。

从上述诸家及前引余诚对圈点符号用法的说明，可以看出《左传》评点者主要用圈、点的各种变化来达意，截则只起到区分段落的作用。

圈点符号运用得当，有时确实可以不劳词费而意义显豁，但多数情况下，其达意还是有一定的模糊性，故还须与批语相结合。前文论旁批时所举孙琮之评已可见其概，须补充的是，圈点不仅仅与旁批相配合使用，评点者也常在眉批中对所圈点字句进行评论，使其意义显明，闵氏所刻孙鑛评《春秋左传》即常用此法，在此就不再举例了。

以上对《左传》评点中各种形式要素及其功能大致作了介绍，但正如文中一再指出的，每种批评形式虽各有其作用，但它们并非孤立的存在，而是相互组合成一个整体。也正是这种组合，才使评点成为了一种独具特色的批评体式。由《左传》评点形式的多样性，可以看出，其最大之特色就是全面性、综合性。这可以从两方面来理解：一是就批评范围而言，评点者对于《左传》大至全书，小至一句一字，都可施以评点；二是就评点内容来说，大到全书之主旨，小至一人一事之得失，大至全书之整体文风，小至一句一字之精彩发挥，在《左传》评点中都有体现。吕祖谦认为读《左传》，须从一代、一国、一君，以至于一人着眼，然后统观全书之得失。由整到分，再回归于整体，正可见出其全面性。而冯李骅认为"左氏有绝大线索"云云，正是视《左传》通书为一部大文字。其又言："一部《左传》，大概每篇合成大片断，分之又各成小片断。彼可分而不可合，则气脉不完；可合而不可分，则条理不密，皆未讲于篇法者也。"则又在全书之中分出大篇、小段，其于各篇之评，则"先论全旨，次分大段，又次详小节，又次析句调"，其评点之全面性昭然可见。即便一些选评《左传》者，往往也会在凡例中交代：《左传》全书为一整体，其所以选评者，乃为初学不能尽读全书考虑，所以才不惮割裂之病。在具体篇目中综合运用各种批评形式，前述余诚可为代表。他综合运用眉批、旁批、尾批及圈点符号，先明全篇大意，区分段落，并批注己见，品评其字句、纲目，然后以总论绾合通篇大义。虽然许多评点《左传》者不如余诚这样细致，但基本会兼顾整体与部分，从而见出评点的全面性。

第二节 《左传》评点之类型

如前所述，《左传》评点可按不同的标准，分为不同的类型。下文主要从评点范围、评点者身份、评点内容方面，对《左传》评点的各种类型略加分析，其他的分类方式则不再探讨。

一　全评与选评

以评点范围为标准，可将《左传》评点分为全评与选评两类。所谓全评是指评点所依据的《左传》底本是完整的，至于评点者是否对事事都有批评，则不在考虑范围。今所见对《左传》全书进行评点者，有凌稚隆《春秋左传注评测义》、王锡爵《春秋左传释义评苑》、穆文熙《春秋左传评苑》、孙鑛《闵氏家刻分次春秋左传》十五卷、钟惺评《春秋左传》、韩范评《春秋左传》、冯李骅《左绣》、姜炳璋《读左补义》、奥田元继《春秋左氏传评林》、吴闿生《左传微》等。至于一些书坊主集评之本，如李光明将孙鑛、钟惺、韩范等评语汇于一书之类，因各家已有原评，故未再计。

在《左传》评本中，更多的还是选评，也即评点者节选《左传》中精彩篇章加以评点。因为《左传》乃依《春秋》编年记事，很多时候仅直录事实，并无太多可评之处，像冯李骅那样认为《左传》无句不工者，毕竟是少数。① 在选评之中，又可分为两类。一是仅以《左传》为评选对象者，如刘继庄《左传快评》、王源《左传评》、魏禧《左传经世钞》之类；二是选录《左传》的古文选本，如林云铭《古文析义》、吴调侯《古文观止》之类。这两类评本并没有什么本质差别，只不过专评《左传》者，通常选文较多，所评范围更为广泛。而古文选本中，因《左传》仅为其中一种，故为卷数所限，篇目相对较少。

---

① 按：冯李骅《左绣》卷首《凡例》谓："《左传》删本最多，然长篇无论，即如漏师、城邗，单辞只句，无不工致，更何从割爱？愚故全刻而评之。"

二　书坊主托名与文人评点

从评点者身份来看，可将《左传》评点分为书坊主伪托与文人评本两类。伪托之作主要见于明末，至清以后渐少，其所托者多为名公达士，以及科举中名列三甲者等。明张鼐谓："近坊刻《左传评林》、《左国奇观》等书，或藉为汤选，或藉为梅辑，中多混淆错乱，有难尽信。"可见《左传》评点中伪托之风在当时已为有识者所讥。今从其评点内容，基本可确定为伪托者，有以下诸家：题张鼐评之《左传文苑》、题张鼐评之《名文化玉》、题吴默评之《左传芳润》、题汤宾尹评之《左传狐白》、题王世贞评之《左传文髓》、题钟惺评之《周文归》、题韩菼评之《评点春秋左传纲目句解汇隽》等。另有题归有光评之《文章指南》、题王锡爵评之《左传释义评苑》、题梅之焕评之《左传神驹》等，似亦出于伪托。托名之作大多辑录前人评语，或没前人之名，或张冠李戴，的确"混淆错乱，有难尽信"。

文人评本在此是个宽泛概念，凡非书坊主托名之作，都可视为此类。文人评本不管其自身有无价值，大多能表达自己看法，即便引用前人之说，也会细心核对，注明出处。从整体上看，凡托名之作，基本没有什么价值，而文人评本则多有可观者。

三　解经、论史与析文

孟子论《春秋》，谓："其事，则齐桓、晋文；其文，则史；其义，则丘窃取之矣。"（《孟子·公孙丑》）可见解读《春秋》，须合事、义、文三者比而观之，方能得其本旨。《左传》一书，就经学而言，以史事解释《春秋》，"存其所不书，以实其所书"①，最能见圣人笔削之旨；就史学而言，为后世编年体史书之典范，刘知几《史通》列为"六体"之一，最为有识；就文学而言，"辞义赡富"，为古文百世不祧之祖。故解读《左传》，也须兼顾事、义、文三者。张高评称述《左传》，谓："其义，为经；其体，为史；其用，则为文。"极为有见。《左传》本身在内容上既可以有这样三方面的取向，那么，评点作为对《左传》的一种特殊阐释方式，自然对各方面内容都会有所体现。我们据此，将《左传》评点分为三类：解经型、论史型与析文型。当然这只是大概的说法，并不准确。因为《左传》既一身而兼此三义，评点者也就很难作截然之区分。如冯李骅《左绣》，虽屡言《左传》"但当论文，不当论事"，其评点仍时时有经义之探讨；② 姜炳璋《读左补义》，意在补前人释经之未备，又多有对左氏章法的分析，等等。因此，所谓解经、论史、析文，不过就其主要倾向言之。

解经型：所谓解经，并非评点者直接以己意解释《春秋》，而是指评点者把《左传》视为《春秋》之传，探讨《左传》的解经方法，发挥《左传》释经之义。在众多《左传》评点作品中，主要从解经角度评点者并不多，今所见主要有凌稚隆《春秋左传注评测义》、王锡爵《左传释义评苑》、姜炳璋《读左补义》等，日人奥田元继《春秋左传评林》，乃效仿凌稚隆《测义》而作，亦可归为此类。姜炳璋《补义》将在下章详述，王锡爵及奥田元继之书，皆有模仿凌稚隆之痕迹，故在此仅对

---

① 《经义考》卷 187 引。
② 蔡妙真《追寻与传释》第七章专门探讨《左绣》之解经，可参看。

《测义》略作介绍，以见解经型《左传》评点的特点。

凌稚隆于《史记》、《汉书》皆有集评之作，而题曰"评林"。是编体例与之略同，而独以"注评测义"为名，盖以《左传》为解释《春秋》而作，欲由对《左传》之"注"、"评"，"测"孔子《春秋》之微意，故有是名。王世贞《序》谓凌稚隆是书，"尽采诸家之合者而荟蕞之，发杜预之所不合者而针砭之，诸评骘左氏而燉者，皆胪列之，左氏之所错出而不易考者，或名或字或谥或封号，咸寘之编首，一开卷而明之。不惟左氏之精神血脉不至阙索，而吾夫子之意，十亦得八九矣"。认为凌稚隆由对左氏之评，而得孔子之意，可谓深得凌稚隆本心。陈文烛、范应期二人之《序》，也认为凌稚隆博采前儒论说《左传》之语，以补杜预注之未备，而去取则一以《春秋》为断。陈文烛谓"杜预注而左丘明益尊"，凌稚隆采诸儒议论，而"元凯不孤"。并进而谓此书"由注会传，由传入经，以其所不书，实其所书，以其所书，推见其不书，二百四十年行事昭焉。可谓助元凯、翼左氏，而笃信圣人，若鼻祖耳孙之相承也"。由凌稚隆之命名及各家所论，可知此书确以研讨经义为指归。

凌稚隆既以《左传》为解经而作，就必须应对自唐啖助、赵匡等以来对《左传》的各种质疑。如《左传》之作者为谁？是否为与孔子同时之左丘明？其书是否成于战国？左氏如何解释《春秋》？其所发明《春秋》之例是否可信？等等。凌稚隆对于经义之具体发挥，在此不拟讨论，仅就其对此等问题之看法略作介绍。

《左传》作者为左丘明，自汉司马迁、刘歆以下无异词。唐啖助、赵匡等倡舍传从经之说，始疑左氏非《论语》之左丘明，并据《左传》若干内证，认为《左传》或成书于战国。

其说得到宋儒之广泛响应，于是尊经黜传之风益盛。凌稚隆治《左传》，虽薪传宋儒，却有所折中去取，力主尊经，而不废传。面对有关左氏身份及《左传》成书时代的诸种质疑，凌稚隆谓：

> ……说者以为六国时人，盖以所载虞不腊语，至秦始称腊月也，则腊取腊祭之义（按：此句前疑有脱误），秦以前已有此字，已有此名矣。又以为楚左史倚相后，故述楚事极详，不知事详大国，小国之事易举，史体宜尔。窃观左氏文丰润华艳，自是春秋文体，绝无战国粗豪气习。迹其记事之详，疑是史官；信圣之笃，疑是孔门弟子。又考戴宏《序》所载，公羊氏五世传《春秋》，因疑左氏当是世史。其末年传文亦疑是其子孙续而成之者，以故通谓之《左氏》，而不著其名，理或当然也。朱子曰"传中无丘明"，陈止斋曰"左氏别自是一人为史官者"，又曰"自古岂止一丘明姓左"，意正如此。①

可见，在凌稚隆看来，《左传》乃世为鲁史官之左氏所修，其中有后人增补的内容，故仅谓"左氏"，而"不著其名"，但全书之主体当成于春秋时。至于始修之人，也即其书主体之作者，则"时当春秋"、"亲承圣教"②，虽非孔子所称之左丘明，却亦是孔门弟子。因左氏兼具史官与圣人之徒的双重身份，故《左传》不仅是为解释《春秋》而作，而且与《公羊》、《穀梁》等

---

① 凌稚隆：《春秋左传注评测义》，《续修四库全书》本，经部第126册，第611页。
② 同上书，第609页。

传相比,是对《春秋》经的最可信解释。①

先儒论《左传》翼经之功,一是博采传记,补经之未备,为理解《春秋》提供相关之背景;二是发明诸种凡例,以见圣人言外之意。其叙事之功,颇能得学者之共识,至于其凡例是否可信,则多有持否定态度者。孔子是否依据一定的义例作《春秋》,自宋朱熹已颇疑之。若《春秋》本身无有义例,则诸传所发明之义例岂非皆属无根?凌稚隆对于义例之看法,颇受朱熹影响,认为《传》例不可不信,又不可尽信。其言曰:"《春秋传》例可信乎?《传》称诸侯卒,惟同盟例书名,则间有不同盟而名者;传称君出例书至,则间有出而不至者:若此类必欲一一求合,恐圣人不若是泥也。《传》例不可信乎?《传》称书、不书、先书、故书、大书、特书之类,大义斑斑可据。假令《春秋》无例,畴非作者,奚竢圣人?恐又不若是疏也。"然则《左传》所发明之义例,何者可信,何者难信?凌稚隆以为:

> 周自东迁来,政令不行,天下漫无所统,此一春秋也;既而桓文迭霸,列国壹禀其约束,则政始移于诸侯,此又一春秋也;既而楚及吴越以夷狄争霸,则中国寖衰,而鲁三桓晋六卿齐田氏宋向华辈专擅主柄,政遂移于大夫,此又一春秋也。惟春秋时不同,故孔子作《春秋》亦随时而移其例,微词奥义虽隐而不彰,而二百四十二年进退美刺

---

① 凌稚隆谓:"左氏、公羊、穀梁各以其说传春秋,记事多所同异。……窃谓左氏时当春秋,古书未烬,诸史具在。而又亲承圣教,故其所传,原始要终,皆得故实。若二氏去圣既远,而且经秦之后,书史皆亡,其所称述,或出传闻,或由意揣,虽得意义,终属不根。……黄泽氏谓当据左氏事实,而兼采公、穀大义,斯言最为切当。"(凌稚隆:《春秋左传注评测义》,《续修四库全书》本,经部第126册,第609页)

之旨已昭然句字之表。善学者上下其时，而取变例于正例之外，则无所书而不为例者。如徒拘拘以一字轩冕，片言斧钺，甚至于日月爵氏名字间求得作者微奥，而曰此皆圣人予夺进退美刺意也，岂不悖哉？诸说纷如，惟程子所谓时措从宜，朱熹所谓自将意义折衷，此两言庶几得圣人之心。

孔子曾谓："天下有道，则礼乐征伐自天子出；天下无道，则礼乐征伐自诸侯出。"凌稚隆即本此意，谓春秋局势凡三变，其政亦由天子而移诸侯、移大夫，每变愈下，局势遂至不可收拾。并进而谓孔子随时势不同而变其书法，其"微辞奥义"则固已见于二百四十二年行事之"进退美刺"。孔子之例既不一，学者亦当"上下其时而取变例于正例之外"，不能汲汲于一字之褒贬，方能得圣人本心。这与朱熹所谓《春秋》大义有定，具事见之，未有固定之例，其意正同。①

可见，凌稚隆此书最大特点即尊经重传。一方面，承继宋儒以来之尊经传统，每当经、传记载相违时，则屈传从经。另一方面，则强调三传，特别是《左传》对于理解《春秋》的重要性。为此，突出了左氏孔门弟子而兼史官的双重身份，从而赋予《左传》为《春秋》正统解释者的地位。其具体方法，则是注尊杜预，而箴其不合者；评采诸儒，断以己说，而折中于孔子，以注、评进而测《春秋》之意。至于前儒发明《左传》释经之凡例，则信其可信者，而不执着。

---

① 朱熹谓："《春秋》大旨，其可见者，诛乱臣、讨贼子、内中国、外夷狄、贵王贱伯而已，未必如先儒所言，字字有义也。想孔子当时，只是要备二三百年之事，故取史文写在这里，何尝云某事用某法，某事用某例邪？"（《朱熹语类》卷83，中华书局2004年版，第2144页。）

论史型：《左传》乃以鲁史为本，兼采列国传记而成。因此，承认《左传》为解释《春秋》而作者，多强调其以史传经之功；否认其为《春秋》之传者，也多谓其"别是一书"。可以说，把《左传》作为史书来看，能得到更多学者的共识。在《左传》评点作品中，多数会涉及对史事的评价。不过，主要从史的角度评点《左传》者，也不太多。今所见有吕祖谦《东莱博议》、《左氏传说》、《左氏传续说》等书，穆文熙《左传鸿裁》、《左传钞评》、《春秋左传评苑》等书（按：此三书评语略同，或不同书商辑录穆文熙评语刊刻而成），刘佑《文章正论》，韩范评《春秋左传》，魏禧《左传经世钞》，杨景盛《左传仿史录》等书。

我国传统史学大多强调经世目的，而较少理论总结。《春秋》被视为治乱之书；司马光之书，被赐名《资治通鉴》，已可略见其意。评点者把《左传》当作史书来评，也主要据以了解当时的典章制度、人情世态，并通过对其中人物行事、世事变迁的评价，为当世人们提供立身行事之借鉴，而史学理论则基本无人涉及。如吕祖谦虽谓《左传》、《史记》、《前汉》三书有史法，其后"作史者皆无史法"，谓《左传》"字字缜密"，谓《左传》"不曾载一件闲事"，"学者看得《左传》熟时，以下诸史条例，亦不过如此"，但《左传》如何有史法，如何"字字缜密"，其条例究竟如何，则无系统总结。其教人读《左传》，要上见"先王遗制之尚存"，下见"后世变迁之所因"，借以"看得人情物理出"，则可见其经世之志。

以《左传》为经世之书，不独吕祖谦为然。韩范生当明末内忧外患交作之时，认为当时形势，"惨痛已极，原其所繇，皆起于诸君子讳言兵战"，而《左传》为"谈兵之书，定乱之书"，其"礼乐可以昭古烈"，"兵战可以教将来"，故评之以为学史者之助（见其自序）。而王烈之序，谓韩范"弱冠慷慨，同人以管、乐期之。方今西有未平之盗，北有方张之虏，抚剑攘袂，岂能宴然？于是取《左氏》而论定之，发挥秘奥，渊炼雄达，将欲造阔清之烈焉"。尤可见其评点《左传》之意。清魏禧评点《左传》，以"经世"为名，意更显豁。杨景盛《左传仿史录》，据李道增之序，乃"本孔子作《春秋》之心为心"，因忧世而作，其出于经世目的亦可略见。

在以《左传》为史之评点中，尚须提及穆文熙《左传鸿裁》。此书为其《四史鸿裁》之一，其他三书为《国语》、《战国策》、《史记》。穆文熙之评，亦多史论，不需多言，在此主要强调其对《左传》叙事体例之改变。《左传》一书，本依《春秋》编年，穆文熙认为编年之体，使列国之事"鳞次蝥集，错乎难解"，因此，易《左传》编年之体为"世家体"。所谓"世家体"，实即分国纪事，也即国别体。穆文熙将《左传》所载之事，重新编排，列于十五国之下，使一国之事首尾相贯，颇便观览。在《左传》评点中，另有卢元昌《左传分国纂略》，也是易编年体为国别体，但其评以论文为主。另有唐顺之《左氏始末》，则是易编年为纪事本末，但唐顺之无有评点，徐鉴即其书而略为评点，所论亦以史事为主。

析文型：评点这种批评体式，其兴起与发展始终与科举有紧密联系。明万历以后，八股文体式日趋僵化。一些古文家，如唐顺之、归有光、茅坤等，主张从先秦及唐宋古文家那里汲取有益营养，以变革不良文风，于是逐渐形成一种以古文为时文的风气。而《左传》，作为先秦古文的典范，自然受到评点者的关注。又因对《左传》等古文的评点有广阔的市场，所以一些书商也纷纷参与进来，更进一步促进了《左传》评点的繁荣，此种现象一直持续到清代中叶。因此，在《左传》评点中，对文法进行分析者，占绝大多数。

评点者着重从文法角度评点《左传》，不论是受书商之邀，欲为初学订一善本，还是因家塾课徒之需，抑或出于对《左传》文章之欣赏，都是一种有意的选择。他们在从文法角度肯定《左传》的同时，并不否认《左传》在解经及其他方面的成就。在这方面，冯李骅之言可为代表。其言曰："语云：坐井而观天，曰天小者，非天小也。《左传》所载何等经济，何等学问，今概置不论，仅仅以所谓篇法作意者当之。其与坐井观天何异？然载道者谓之文，文亦道之所寄。……今余专以文论左氏，本未尝专以文尽左氏。"其子冯张孙谓冯李骅专以文论《左传》，乃因前人对《左传》解经及其他方面研究已多，故"略古所详，而详古所略"。虽有为其父辩白之意，但"专以文论左氏"，而不专"以文尽左氏"，应是多数评点者共同的取向。因此，他们在评论文法的同时，也多涉及义理的探讨。当然，在以文论《左传》者中，也有少数例外。如郝敬之《批点左氏新语》，仅欣赏左氏之文，于其他方面，则极力贬斥。他不仅不视《左传》为解经之作，甚至认为其记史事亦有不足。其言曰："(《左传》)以冠冕群史不足，而方诸后世《新序》、《新语》，不啻脍炙人口矣。"又云："若夫《春秋》大义，圣人盛德，君子温故，古善士不敝之成，左皆未能有与焉。"①郝敬还著有《春秋非左》一书，认为左氏非左丘明，并摘其纰缪三百三十余条，尤可见其对《左传》之态度。

从文法角度评《左传》者，有许多是坊刻古文选本，多泛泛而论，无太大价值。其中能对《左传》文法作出理论总结，具有较高理论价值者，有冯李骅、王源，以及方苞等桐城派一

---

① 郝敬：《批点左氏新语》，明刻《山草堂集外编》本，卷首自序。

些古文家的评点，我们将在第五章进行探讨。

　　从评点范围、评点者身份角度对《左传》评点进行的分类，上文仅略作介绍，而着重分析了以内容为标准的分类。因为我们将在下文从经学、史学、文学三个方面，对《左传》评点的内容和价值作更深入而全面的探讨。

第三章 《左传》评点之
内容与价值——文学篇

  《左传》为古文百世不祧之祖，评点《左传》者，更多的还是欣赏其文采。如明王鏊谓《左传》之文："词婉而畅，直而不肆，深而不晦，精而不假镌削。或若剩焉，而非赘也，若遗焉，而非欠也，后之以文名家者，孰能遗之？是故迁得其奇，固得其雅，韩得其富，欧得其婉，而皆赫然名于后世，则左氏之于文亦可知也已。"① 凌稚隆则认为："《左传》为文章之冠，亡论他名家无能仰窥藩篱，即太史公称良史才，其所规画变化，亦不越其矩度。迹其首尾起伏，近在一篇；方之开阖张驰，包括全传者，分量似别。嗣则班《书》步骤太史，范《书》摹拟两家，盖渊源有自矣。"② 而金圣叹又言："临文无法，便成狗嗥，而法莫备于《左传》。甚矣，《左传》不可不细读也。"③ 清方苞则曰："记事之文，惟《左传》、《史记》各有义法，一篇之中，脉相灌输，而不可增损，然其前后相应，或隐或显，或偏或全，变化随宜，不主一道。"④ 而左氏之文，"出奇无穷，

---

① 朱申：《春秋左传详节句解》明刻本，卷首王鏊序。
② 凌稚隆：《春秋左传注评测义》，《续修四库全书》本，经部第126册，第611页。
③ 金圣叹：《金圣叹全集》第3册，第46页。
④ 方苞：《方苞集·上》，《书五代史安重诲传后》，第64页。

虽太史公、韩退之，不过能仿佛其一二，其余作者，皆无阶而升"①。冯李骅则赞《左传》所载，"凡百妙境，任古今作手得其一体，皆足名家，而左氏则兼收并蓄，又皆登峰造极也"②。周大璋也谓："左氏文字，为百家之祖，《国策》、《史》、《汉》、韩、柳、欧、苏，无不摹仿其章法句法字法，遂卓然自成一家言。欲读古文而不精求于左氏，是溯流而忘其源也。"③ 从以上诸家所述可以看出，一则《左传》文辞艳富，为古文之极则，所以为古今所共赏；再则《左传》诸法皆备，古今名家作手多不能出其范围，所以才会吸引众多之评点。

从文学角度对《左传》加以评点者，通常是把《左传》当作习文的范本，其批评往往包括内容与形式两个方面：在内容上，对《左传》全书，尤其是各篇的命意旨趣加以分析；在形式上，则对左氏谋篇、安章、锻句、炼字等各种文法加以揭示。从整体上讲，此类评点的价值主要在于通过对《左传》文法的分析，揭示古文以及相关文体的创作规律，从而丰富我国传统理论批评的宝库。至于内容方面，虽然也有评点者能不囿于成说，对各篇命意作出新颖的解说，但在总体上未能出乎传统经义、史论的影响，其价值也不太高。因此，本章对于评点者在内容方面的分析略作介绍，而重点探讨评点者对于文法的揭示。

第一节　对《左传》命意旨趣之分析

我们说从文学角度对《左传》施以评点者，其对内容的探

---

① 方苞：《左传义法举要》，抗希堂刻本，《韩之战》篇批语。
② 冯李骅：《左绣》卷首，《读左卮言》。
③ 周大璋：《左传翼》元聚堂刊本，卷首《凡例》二。

讨大多没有太高价值，这只是从今日视角观察的结果，其实评点者对于揭示文章主旨都是极其重视的。桐城初祖方苞论文，倡"有物"、"有序"之义法说，而其主要取法对象就有《左传》。他认为《左传》之文，"变化随宜，不主一道"，左氏记事采取何种方式，完全视其所要传达之"义"而定，其论秦晋韩之战曰："筮嫁穆姬，何以追叙于此？以时惠公方在秦，有史苏之问与对也。舍此更无可安置处。观此则知古人叙事，或顺或逆，或前或后，皆义之不得不然。"① 其《书五代史安重诲传后》也认为："夫法之变，盖其义有不得不然者。"可见方苞之"义法说"虽以论"法"者居多，而"义"实居核心地位，"法"须随"义"而变，其《左传义法举要》所揭各篇文法各不相同，起决定作用的就是各篇想要表达之"义"。王源《左传评》以论文为主，却反对徒赏左氏之文采，主张读《左传》要深思而得其意，并谓自己"评语皆抉作者之意，知其意而后知其章法，知其章法而后知其文之所以妙"。又谓："古人为文，未落笔先有意，意在笔先，文随意生，所谓心知其意者此也。"② 可见王源论文，也强调"意"对于文的决定作用。冯李骅《左绣》明言《左传》"但当论文，不当论事"，但对论事之"新隽精切者"，未尝不载之。③ 其自为之评，往往"先论全旨"④，即此可见其对《左传》事、义的关注。周大璋《左传翼》也主于论文，其凡例则首谓："评论悉以'义'字为枢纽，不特欲为左氏喉舌，抑且翼为麟经羽翼也。读者自知之。"吴闿生《左传

---

① 方苞：《左传义法举要》抗希堂刻本，《韩之战》批语。
② 王源：《左传评》，《四库存目》经部第139册，第198页。
③ 冯李骅：《左绣》善成堂重刊本（下引同），卷首《刻左例言》。
④ 同上。

微》则以《左传》"玄微之旨,沈伏九幽,闇而不章"①,故专以发明左氏微言为主。而一些影响较大的古文选本,如《古文观止》、《古文析义》等,其对《左传》的评点往往也文、义并重。上述各家都是以文论《左传》之佼佼者,从其批评旨趣可以看出,即使号称专论左氏文法者,也不可避免要对其命意加以探讨。

我们前面已经提到,《左传》兼具经、史、文三方面,因此很难有纯粹的经、史或文学评点,从文学角度评点《左传》者也就必然会涉及对经义、史事的探讨。以冯李骅《左绣》为例,其卷首所载《春秋列国时事图说》、《春秋三变说》、《列国盛衰说》、《鲁十二公说》、《周十四王说》诸文,②是对《左传》所载史事的综合评论,其中也有对一些人物的分析,如管仲、子产等。其具体评点,以隐公元年为例,于开篇"惠公元妃孟子"一段,冯李骅云:"此篇为不书即位传,所谓'先经以始事'也。要表隐让国之贤,须先见桓之不当立。今平平叙置,绝不着一笔低昂,只于隐公所生,详写名分,于桓公所生,详写符瑞,而两君之是非了然言外。"③对于文中"是以隐公立而奉之"一语,郑众认为是隐公先设立为君,然后奉桓公为太子,《正义》则从杜预注,谓此句意为立桓公为太子,帅国人奉之,非隐公自立为君。冯李骅则谓:"隐公代立而奉桓为太弟……郑众说同,《正义》驳之,未是。"于"元年春王周正月,不书即位摄也"句,冯李骅评曰:"夏时冠月,纷纷注解,左氏只须着

---

① 吴闿生:《左传微》,黄山书社1995年版(下引同),卷首曾克端序,第8页。

② 按:据冯李骅之子冯张孙识语,此数篇乃摘自冯李骅《左贯》,非《左绣》本有。

③ 冯李骅:《左绣》卷1,隐公元年眉批。

一周字，而意已无不足。其简洁处最不可及。"于隐公与邾仪父会盟事，冯李骅评曰："左氏解经最简到，此节先解邾仪父，次解公及盟蔑，无一字闲。"于郑伯克段事，则谓其乃"错经以合异"。于"新作南门，不书，非公命也"、"十二月，祭伯来，非王命也"，其评曰："非公命、非王命，比类而观，周、鲁所以同归于弱也。"从以上所述可见，就连号称只论文法的冯李骅也难免对经义、史事加以讨论，则其他各家之评点更可想而知了。

《左传》所载内容丰富，韩范谓其："事义弘博，既备正变，又兼质文，故行兵可以为资，考历可以为记，礼家志其盛仪，童蒙拾其香草，道不一格，学有万通。"① 其事既不一，命意亦必不同。张高评《左传义法撢微》乃以方苞《左传义法举要》、王源《左传练要》、冯李骅《左绣》、林纾《左传撷华》、吴闿生《左传微》五书为蓝本而成，他揭示《左传》全书命意约有八端：一曰载道；二曰征圣；三曰宗经；四曰寝兵；五曰美刺；六曰报应；七曰爱奇；八曰寄慨。可见从文法角度评点《左传》者对文章命意揭示之丰富，不过，所谓载道、征圣、宗经、美刺等，并不出传统经论、史论的范围。而从总体上看，以文论《左传》者对经义及史事的分析，并不比经学家及史学家所论更有深度，甚至也不比从经学、史学角度评点《左传》者所论更为广泛。因此，一则因张著对《左传》意旨所作讨论已较详尽，再则对经义、史论我们后文还要探讨，故本节对于此方面的内容不再多作介绍，而着重介绍一些能够摆脱经学、史学影响，专从《左传》叙事本身揭示其主旨者，既可避免与时贤所论重复，又可见出从文学角度批点《左传》者在命意分析方面的

---

① 韩范：(韩范评)《春秋左传》，光绪十一年五融经馆重刊本，卷首《凡例》。

特点。

在《左传》评点者中，王源极为明确地指出应从文章安排揭示《左传》命意。《左传》一则因为晚出，再则因其与《春秋》种种不合，① 所以在经学史上极富争议，尊之者谓其能以事解经，合乎圣人之道；贬之者谓其不遵儒家之说，非为解经而作，不论是褒是贬，都不出是否合乎儒家仁义道德之说。王源则有意摆脱此种影响，其《左传评·凡例》云："文以载道，固矣。然所载者不必尽仁义道德之言而后为道也。但其文有阴阳不测之神，皆道也。又何疑于左氏哉？俗儒之论概不取。"又谓："序事之文，全看序法，不论事之善否。今人往往以事之善，即认为文之善，不知文之善，有在事中者，有不在事中者，论史、论文可相溷乎？"正是基于这样一种认知，王源对《左传》命意的探讨多从文本出发，有时更符合实际。以宣公二年晋灵公被弑事为例，《春秋》书"晋赵盾弑其君夷皋"，据《左传》，则弑君者实为赵穿，因晋史官董狐书"赵盾弑其君"，孔子不过从晋史而记之。《左传》还引孔子之语作结，谓："董狐，古之良史也，书法不隐。赵宣子，古之良大夫也，为法受恶。惜也，越竟乃免。"对于此事，论者历来褒贬不一。贬之者如吕祖谦，认为赵穿弑晋灵公乃出于赵盾指使，因此，弑君者实即赵盾。其言曰："盾之弑君本无可疑，灵公之殒，虽假手于赵穿，然桃园之难不作于盾未出奔之前，而作于盾方出奔之后，盾身朝出，穿变夕兴，盾若不奔，穿亦不弑，是弑君之由实起于盾，穿特为盾役耳。使穿专弑君之谋，则事捷之后，当席其

---

① 朱轼即谓："左氏文章也，非经传也。……《春秋》主常，而左氏好怪；《春秋》崇德，而左氏尚力；《春秋》明治，而左氏喜乱；《春秋》言人，而左氏称神，举圣人必不语者，而津津道之，有馀甘焉。然则《春秋》之旨，其与几何矣？"（见《左绣》卷首朱轼序）

威而窃国灵,何有于一亡大夫,复推之秉大柄乎?则穿之弑,为盾而不为己明矣。盾闻君弑而亟反,不惟不能讨穿,又遣迎新君以固其宠,是德其为己用而阴报之也。"① 因此,书赵盾弑君,乃"法所当然",所谓"为法受恶"必非孔子之语,而是左氏之托词。至于"越竟乃免",吕祖谦以为悖谬尤甚,谓:"审如是,则后有奸臣贼子如盾者,逆谋既定,从近关出,候于竟外,闻事克而徐归,遂可脱弑逆之名矣,是为奸臣贼子画逃罪之策也,夫岂圣人语邪?"② 也就是说,在吕祖谦看来,左氏记载此事,不仅不得孔子本意,而且还贻误后世,所以深贬责之。同样是此传,姜炳璋却有不同看法。他虽也认为晋灵公被弑之主谋是赵盾,但却不认同左氏不达经义,贻误后人之说。其言曰:"盾未尝弑君,何以弑归之?传盖言盾不弑君,而实弑其君之故,以发明经义也。"③又谓左氏"引仲尼之言,一以见赵盾之恶所由著,凡贼无主名者,由国无良史故也。一以见盾良心未死,为法受恶无辞。凡书国、书人、以疾卒者,由贼臣矫饰以赴也。而诸弑君皆准诸此"④。可见,在姜炳璋看来,左氏此传恰切解释了为何弑君者为赵穿,《春秋》却书为赵盾的原因,并认为左氏所引确实出于孔子,而非伪托。可见对于《左传》此事,不管是褒是贬,基本未脱解经之范畴。与他人不同的是,王源从《左传》文本出发,对其命意加以解读。其言曰:"大书'灵公不君'、'君无道也',而通篇处处借他人写赵盾,见弑君之罪,非其罪也。初以士季并序,观士季之忠而盾可知;继序钼麑,观钼麑之侠而盾更可知;既又序提弥明、灵辄,观

---

① 吕祖谦:《左氏博议》卷24,《晋赵穿弑灵公》。
② 同上。
③ 姜炳璋:《读左补义》,续修四库,经部第122册,第321页。
④ 同上书,第322页。

明与辄之义勇而盾愈可知。究之，弑君者赵穿也，大史之书，以其不越竟、不讨贼而已，引孔子之言，而盾为法受恶，非弑君之贼，不亦彰彰较著乎？"① 其实，姜炳璋也提到左氏对士会、钼麑、灵辄等人的描写，不过他认为左氏写此三人，正是为了反衬赵盾之恶，而不是要表赵盾之贤，揆以左氏文义，似王源之说更合乎情理。王源又谓从经义角度看，则弑君者实为赵盾，左氏所论有悖于孔子之说，其言曰："论《春秋》之义，必以欧阳子之言为是：使实弑君者赵穿，而盾不与，孔子断无舍穿而归其罪于无辜之盾者。孔子既书为盾，则穿不过供其驱使，或承其意旨，若司马昭之成济、公子光之专诸而已。如《传》之言，盾特为法受恶，而孔子之言偏矣。其可信耶？吾特赏其文，不取其义。序三义士，为盾生色，各极其致，尤妙在追叙灵辄一段，横遮硬断，另划一天，总是阴阳不测。"② 由此段可知，在王源看来，若从史事来说，则弑君者为赵盾，若从《左传》纪事来看，则弑君者赵穿而已，赵盾不过因法受恶，因此，他分析《左传》也只就文法上立说，而"不取其义"。冯李骅《左绣》也多能摆脱经学影响，从文章角度揭示左氏意旨。如其于郑伯克段事之评，谓："选《左传》者，无不以此称首，大都注意克段一边，否，或兼重武姜，竟以'君子曰'与'书曰'作对断章法，皆未尽合。盖依经立传，本在郑庄兄弟之际，开手却从姜氏偏爱酿祸叙入，便令精神全聚于母子之间。故论事以克段于鄢为主，论文以寘母于颍为主。玩其中间结局兄弟，末段单收母子，与起呼应一片，左氏最多宾主互用笔法，细读

---

① 王源：《左传评》，第 234—235 页。
② 同上书，第 235 页。

自晓也。"① 可以看出，在冯李骅看来，此事若从解经角度看，则当着重记郑伯兄弟之事，而从左氏之文来说，其着眼点实在母子之间。

从《左传》叙事揭示其主旨，最有特色的还是吴闿生的《左传微》。因为多数从文法角度评《左传》者，如王源、冯李骅等，都承认《左传》为解经而作，所以即使有意摆脱经学影响，还是难免会涉及经义。吴闿生则不同，他持今文经学立场，根本否认《左传》解释《春秋》。如《左传》中之解经语，冯李骅、王源等，多认为能与《左传》原文密合无间，甚至是使文章生色所必不可少的。吴闿生则认为解经语使文势割裂，非左氏之旧，乃后世经师所附益。② 吴闿生还认为："左氏著书，其文章必自具首尾，不能尽与经文相附。其分传以隶于经者，乃汉之经师之所为。"③ 基于此种认识，吴闿生此书以"文义为主"，改依经编年为纪事本末，其以"微"为名者，盖以《左传》"微词眇旨尤多，此编专以发明左氏微言为主"④。吴闿生于每篇之下皆标明该篇命意之所在，如《隐公之难》篇，谓："此篇以隐公让位居摄、谨小节而昧大体，卒遭篡弑之祸为主，所以惜隐公之贤而不获伸其志。"⑤《郑共叔段之乱》篇曰："此篇以诛庄公之不孝为主。"⑥ 要而言之，其所论虽不必尽然，亦

---

① 冯李骅：《左绣》卷1，隐公元年"郑武公取于申"之眉批。
② 吴闿生：《左传微》卷1，《隐公之难》"且子氏未薨，故名"句后，谓："先大夫评曰：此等迂曲之说，决非左氏之手。今案：凡《左传》中解释今文者，大率皆后之经师所附益，读者不可不知也。"同卷《郑共叔段之乱》"书曰郑伯克段于鄢……难之也"句后批云："乃后之经师所羼入之者也，删去文义乃顺。"书中他处如此类者尚多。
③ 吴闿生：《左传微》，第9页。
④ 同上。
⑤ 同上书，第1页。
⑥ 同上书，第10页。

能略见左氏命意之梗概。吴闿生揭示《左传》微意，方法虽不一端，但有一基本原则，曰："左氏之意易测耳，凡其所推崇褒大者，皆必有所不足；其所肆情诋毁者，必有所深惜者也。一言以蔽之，曰：正言若反而已。"① 此实即论文者所谓文忌平直之说，于文章主旨不径直表出，而要深一层、曲一层来说，以收回环往复之效。吴闿生据此法测左氏微意，又有隐藏深浅之不同：有即其事而可见者；有隐其端而不易察者；更有深藏其本旨，就本事难见其意，须比事属辞始能见者，下面分别举例明之。

所谓即其事而可见者，是指看似褒美者，《左传》中往往明载其失德违礼之事，看似深加贬责者，左氏又显记其嘉言懿行。如春秋五霸之中，齐桓、晋文因能攘夷尊周，功业最为显赫，而左氏亦多载其事功，似深为其所许者。吴闿生却比次《左传》所纪二人违礼之事，以见左氏于二君实颇有微词。其言曰："齐桓，五霸之盛也，今读左氏，未见其所以盛者。入国之始，灭谭灭遂，已非字小之义矣；召陵之役，起于荡舟，尤诛及隐微之论也。名为尊王，而王有间言矣；名为恤小，而小国甚病矣。救许不能，救徐不克，城鄫而不果，计齐之功，不足称其业也。故于宰孔之言深致其讥姗之意，曰'齐侯固不务德而勤远略者也'。其于晋文也，则请隧之斥，仓葛之呼，介子上下相蒙之谕，仲尼以臣召君之诛，尽之矣。"② 至于五霸中之宋襄，功业最卑，且一再为楚人所辱，似应在贬责之列，吴闿生则属合《左传》称美宋襄之事，认为："左氏乃独惜之，若曰：'蛮夷方张，中国不振，宋虽不量轻弱，其志故未可非也。'故即位之

---

① 吴闿生：《左传微》卷首，《与李右周进士论左传书》。
② 同上。

始,则尝美之曰'能以国让,此莫大之仁也'。于其争盟也,则叹弃商之久。于其军败也,则称亡国之馀。事虽不终,其意态亦何雄桀也!"① 吴闿生在具体评点中,据《左传》所载事迹发明其似褒实贬、似刺实美之微意者颇多,如卷一《周郑繻葛之战》之于郑庄,卷三《秦晋之争》之于秦穆,卷四《楚庄之霸》之于楚庄,卷四《晋灵之难》之于赵盾,等等。应该说,《左传》中所记人物,很少单纯地褒美或贬责,吴闿生所谓"推崇褒大者,皆必有所不足;其所肆情诋毁者,必有所深惜者",基本合乎《左传》事实。不过,从左氏本身来说,可能仅是秉笔直书,客观记录史实,也可能是"有意为文",使所传人物形象更为完整、真实。但是否如吴闿生所论,自觉"寄意于幽微,托趣于绵邈",则尚有讨论之余地。而且说左氏于所尝诋毁者,皆所甚惜;于所尝褒美者,皆"深诃痛斥而极之于不堪",也失之于绝对。

所谓隐其端而不易察者,是指仅就《左传》语言层面看,很难见出其褒贬所向,须求其意于语言文字之外。如《卫文灭邢》篇,吴闿生以为"此文以灭同姓而诸侯莫救为主"②,但就左氏行文看,卫国大旱,卜祀山川又不吉,宁庄子谓:"昔周饥,克殷而年丰。今邢方无道,诸侯无伯,天其或欲使卫讨邢乎?"③ 于是卫出师伐邢,师兴而雨,似乎卫之灭邢合乎天意。而吴闿生于宁庄子此语下批云:"从宁子口中再提诸侯无伯,卫之所以敢灭邢也,此惜之之词,而反谓欲卫灭邢,文之深曲如此。"④ 而卫之灭邢,先使礼至出仕邢国为间谍,卫伐邢时,礼

---

① 吴闿生:《左传微》卷首,《与李右周进士论左传书》。
② 同上书,第174页。
③ 同上。
④ 同上。

至掖杀守城之国子。邢灭后，礼至为铭以纪其功，曰："余掖杀国子，莫余敢止。"① 就其行文看，似是邢国无人敢止之，但吴闿生认为，所谓"莫余敢止"，并非讥讽礼至，而是"讥夫同姓之灭而莫之救也"②，也就是说"莫余敢止"，实讥刺卫灭同姓之国，而天下诸侯无有敢止之者。又如《陈五父之乱》篇，吴闿生认为"此篇以'长恶不悛'为主"③。隐公六年，"郑伯侵陈，大获"，前此，郑曾求成于陈，而陈侯不许，五父进谏，陈侯又不听，是以有此败，左氏引君子之语曰："善不可失，恶不可长，其陈桓公之谓乎？长恶不悛，从自及也。"④ 就文意看，似讥陈桓公不听善言，以致为郑所败。但吴闿生却据桓公五年五父杀太子自立之事，谓："词若讥其失郑，实讽其不能逆诛五父也。文义易明，而词特深曲。"⑤ 也就是说，所谓"长恶"，乃是养成五父之恶，而不是拒郑招祸。可以看出，《左传》中如此等寓意，确实深曲，若不经吴闿生发明，仅就左氏行文看，很难知之。不过，吴闿生所论也只能说是一家之解，不必尽合于左氏本旨。

　　吴闿生揭示《左传》命意最为深曲的，近于所谓《春秋》之教的比事属辞，也就是说，就《左传》所载某事孤立来看，很难见出其是褒是贬，须参合他事，比类相观，始能见出左氏立意所在。如《宋昭之弑》篇，吴闿生曰："此篇明昭公之冤，而重责华元，以'弃君于恶'为主。"⑥《左传》于宋昭公，屡

---

① 吴闿生：《左传微》卷首，《与李右周进士论左传书》，第 174 页。
② 同上书，第 14 页。
③ 同上书，第 41 页。
④ 同上。
⑤ 同上。
⑥ 同上书，第 263 页。

言其无道，其解经之语，更谓："书曰：'宋人杀其君杵臼'，君无道也。"① 观此，则其被弑实属自取。吴闿生则认为"乃文公昵比襄夫人而弑之"，而华元实助成其事。其解经语，吴闿生以为乃后世经师所加，非左氏之辞，而其他所谓"君无道"，皆"深曲之文"，"实夫人及文公之倾陷之也"②。昭公之冤，就《左传》行文很难看出，吴闿生指出一则所谓无道并无实迹，再则其党多贤，而尤可见于其临终之言。被弑之前，荡意诸劝其出奔，昭公曰："不能其大夫，至于君祖母以及国人，诸侯谁纳我？"③ 仅据此数语自难见其冤屈，但吴闿生以为晋太子申生临死之前，亦有劝其出奔者，而其语与昭公相似，晋郤至亦然，由彼二人之贤而昭公可知。而其揭华元参与弑君之事尤为深婉，因为《左传》于昭公被弑时无一语及于华元，吴闿生则谓："文公之篡也，华元实戴之，传未尝有所刺也。至于文公既死，乃借其厚葬之失而痛斥华元之不臣，责其不能'伏死而争'，此岂为厚葬言之哉？"④（按：《左传》于文公厚葬，借君子讥讽华元、乐举，谓二人"于是乎不臣。臣，治烦去惑者也，是以伏死而争。今二子者，君生则纵其惑，死又益其侈，是弃君于恶也，何臣之为？"⑤）据左氏之文，所谓"不臣"，不能"伏死而争"，似皆就厚葬言之，而吴闿生以为乃映射昭公被弑之事，所谓"不臣"，当指华元仕于昭公而助文公弑之，有违臣道；不能"伏死而争"，则讥华元不能以死进谏，阻止文公之弑昭公。吴闿生以此法揭示《左传》微旨者亦多，如谓："襄仲之乱，固直

---

① 吴闿生：《左传微》卷首，《与李右周进士论左传书》，第265页。
② 同上。
③ 同上。
④ 同上书，第14页。
⑤ 同上书，第266页。

叙其事矣，而亦未尝有所刺也。至于归父之聘齐，乃假晏桓子之言以痛斥之，曰：'谋人，人亦谋己，一国谋之，何以不亡？'其切齿如此，此岂为归父言之哉？积怨于襄仲而发之于其子也。齐懿侵鲁，季文子责其'反天'，鲁宣平莒，君子称其'以乱'，皆与讥厚葬同意。"①

从以上所述可以看出，吴闿生在揭示《左传》命意方面有以下特点：首先，他对《左传》原文进行了重新组织。虽然他未曾有一字增损，却以事件为中心，对原文顺序进行了重新编排。因《左传》所载之事往往历经数年，甚至数十年，有起因，有进程，有结局，故他人依序评点，所评多为事之一节，而吴闿生则能综括事之首尾而评之，在某种意义上，其所揭主旨应更为可信。其次，《左传》中之解经语，吴闿生认为出于后世经师伪托，他虽未删去，但也不作为揭示主旨的依据。关于此点则很难言其优劣，因为解经语往往是对事件直接的价值判断，是对于文章命意的直接提示，若实出于左氏，那么吴闿生一再言其"支离迂浅"、"与经旨显戾"，就很难令人信服了，而据一些学者考证，战国诸子引《左传》之文，已经有解经之语，那么，其不出于汉以后经师伪托至少是可信的。退一步讲，即便解经语真不出于左氏，吴闿生所揭也只能是其所认为的原本《左传》之主旨，而不是我们通常所谓之《左传》了。再次，吴闿生所揭多为言外之意、文外微旨，既然不是从文本层面能直接读到的意义，那么其所谓微意也就不可避免带有主观理解的成分，不必尽合于左氏。不管怎样，因吴闿生能不受经学困扰，又精于文法，故其通过"正言若反"、"逆摄"、"横接"、"旁溢"、"反射"等文法的分析，揭示《左传》命意，颇能发

---

① 吴闿生：《左传微》卷首，《与李右周进士论左传书》，第14页。

前人所未发，一新人之耳目，虽与左氏原意有合有不合，但至少能给我们提供一种解读《左传》的视角，是即其功之不可没处。

以上对从文学角度评点《左传》者在揭示命意方面具有特色者重点作了介绍，显然，这只是此类评点者在内容分析方面的一小部分，应该说，很多评点者，如林云铭《古文析义》、刘继庄《左传快评》等，在人物分析、史事评论方面也多能提出新颖见解，因此类内容在从经、史角度评点《左传》者的分析中也会出现，在此就不再过多介绍了。

第二节　对《左传》文法之揭示

《文心雕龙·章句篇》云："夫人之立言，因字而生句，积句而成章，积章而成篇。篇之彪炳，章无疵也；章之明靡，句无玷也；句之清英，字不妄也。振本而末从，知一而万毕矣。"可见优秀文章须篇、章、字、句皆得其善，《左传》之文，篇有篇法，章有章法，句有句法，字有字法，此其所以为古今所共尊。冯李骅亦叹："其自全篇以至一字，剪裁、配搭、顺逆、分合、提束、呼应，无一点错乱，无一点挂漏，无一点板滞，无一点偏枯。极参差，又极整齐；极变化，又极均匀，直以夜来之针，制天孙之锦。"谓《左传》全篇以至一字，皆有法度可循，虽不无过誉，而左氏行文独具义法，可为习文之津筏则无可疑。而评点者论《左传》文法，也是通过对篇法、章法、句法、字法等的分析来体现，因评点者对《左传》之句法、字法，多是用旁批及圈点等加以标明，至于左氏如何锻句炼字，则较少归纳，所以本节着重分析评点者对《左传》谋篇安章法的揭示。

一篇完整的文章通常要具备三个部分，如王鄂谓之首、腹、尾，① 刘熙载谓之始、中、终②等。易言之，只有具备起始、主体、收结三部分者才可称为文章。《左传》编年纪事，为体裁所限，前后之事不得接书，但其所记事虽未完，篇法则必使之完整，而各篇之间又相互呼应，从而组成一有机之整体。而评点者分析《左传》结构，尚不止于首、腹、尾三部分，张高评汇集众说，断以己意，认为《左传》结构篇什之法有八：一曰前茅；二曰破题；三曰中权；四曰关捩；五曰后劲；六曰收结；七曰余波；八曰论断。③ 当然，此八项在《左传》中不是事事、甚至不是多数事件所能兼有，但是，就《左传》全书中总能析出此等篇法，则是事实。而所谓谋篇，就是使上述各部分在文中能得到合适调配，以更好传达作者立言之旨趣。

章是指篇中意义相对完整的段落，在某种意义上，也可说是篇之具体而微者，所以篇法与章法往往可以相通。张高评曰："《说文》谓乐竟为一章，后世泛以施之篇籍：称著文摘辞告一段落为一章。阐明段与段之间结构关系者曰章法，假音乐为名也。详言之，论述篇中每段每节之构造，推论前段后段之关系，揭櫫起承转接之相互照应情形，谓之章法。是以开阖、抑扬、宾主、擒纵、正反、虚实，章法也，举凡一切对比与统一之原则，皆章法也，亦篇法也。盖一篇所载多章，皆同一主意，由

---

① 王鄂云："入作当如虎首，中如豕腹，终如虿尾。"（王恽：《玉堂嘉话》卷1引，中华书局2006年版，第41页）

② 刘熙载谓："兵形象水，惟文亦然。水之发源、波澜、归宿，所以示文之始、中、终，不已备乎？"（《艺概》卷1，《文概》）其于《游艺约言》又谓："文不外乎始、终、中。始有不得，求诸中、终；终有不得，求诸始、中；中有不得，求诸始、终。但执本句、本字以求得失，非知文者也。"

③ 张高评：《左传义法撢微》，台北文史哲出版社1999年版，第33—40页。

第三章 《左传》评点之内容与价值——文学篇　99

是谓文义首尾相应为一篇。而章者，篇之小者也，故可以相通而无碍。"① 篇法与章法之可以相通，亦可见于评点者之言论。王源认为《左传》虽有段落而无篇，但"段即可为篇，欲论文，必分篇而章法乃易见"。又谓："《传》有有经者，有无经者。无经者后人以附录别之。不知无论有经无经，或一事为一段，或合数事为一段，俱有章法存焉。不论章法而概以一事为一段，不知文者也。"② 可见其所谓一段，在此即指一篇，而所谓章法实即篇法。冯李骅《读左卮言》总论左氏文法，也未将篇法、章法加以分别。既然篇法、章法在许多评点者那里可以相通，所以本节统论左氏谋篇安章之法，而不再作严格的区分。

张高评论《左传》谋篇义例，除前述结构篇什之法外，又有两类二十四种：映衬、宾主、虚实、明暗、离合、断续、顺逆、轻重、详略、擒纵、开阖、宽紧、奇正、变常（以上情景对比之设计）；伏应、逆摄、激射、旁溢、侧笔、线索、原委、类从、集散、配称（以上脉络统一之规划）。其论《左传》安章心法，有三类三十九种：顺带、穿插、横接、遥接、侧叙、逆述、夹写、互见、补笔、附载、自注（以上段落位次之调配）；表现、直书、说明、点缀、点染、闲笔、错综、奇偶、想象、形容、析分、援引、概馀、时中（以上主题表达之权宜）；眼目、点睛、关键、波澜、特笔、取影（以上一篇警策之建立）。由分类名目可见，其所探的确至深至微。张著所用术语基本取于《左传》评点之作，不过，因其所关注的是《左传》义法，故虽以五家评点为蓝本，其中实有很多个人发挥的成分在。而我们所关注的是《左传》评点，是评点者揭示了哪些《左

---

① 张高评：《左传义法撢微》，台北文史哲出版社1999年版，第75页。
② 王源：《左传评》卷首，《凡例》。

传》文法。所以，我们借鉴张著之分类及术语，对其所述诸法有取有不取，只对评点《左传》者论述较多，能见出左氏文法特点、具有较高理论价值者加以探讨，至于个别评点者偶一言之者，则不再论及。

一 篇法整齐论

古文与骈文、律赋、八股时文等对偶整齐的文体相比，最大的特点就是散句单行。但自明中后期"以古文为时文（即八股文）"之风盛行以后，评点《左传》者出于指点时文习作的需要，也往往喜搜剔《左传》中属对整齐之处。而冯李骅《左绣》最具代表性，他认为《左传》行文最大的特色就是散中有整，以整驭散。他在《读左卮言》中说："古文今文体裁各别，日来皆以参差论古文，固已。然乾奇坤偶，其不齐处正是相对处。愚观左氏片段，无论本当属对者，必两两对写，即极参差中，未尝不暗暗相准而立，相偶而行，散中有整，在作者尤精致独绝。盖参差者其迹，整齐者其神，读者慎勿以乱头粗服为古人也。"应该说，冯李骅此言有一定道理，天地间万物莫不有对，文章亦然。刘勰在《文心雕龙·丽辞》篇也说："造化赋形，支体必双；神理为用，事不孤立。夫心生文辞，运裁百虑，高下相须，自然成对。"所以即使如《左传》这样典型的古文作品，若细加寻绎，其行文运用比偶之处，亦在在多有。

冯李骅在具体评点中，对于《左传》以整驭散之法，亦三致意焉。如僖公二十三年，记晋公子重耳出亡始末，冯李骅以为重耳出亡凡历七国，其中有大关键存焉。盖前半写卫、齐、曹三国，以"卫文公不礼焉"提头，后半写郑、楚、秦三国，又以"郑文公亦不礼焉"作提，前后遥遥相对。《左传》记此六国之事都比较详细，却把宋国插于中间，写得极略，以作界画，所以冯李骅以为有"九重阊阖旋于径寸之枢"之妙，并批云："自来人好以参差论古文，鄙意独好以整齐论古文以此。盖于参差见古人之纵横，不如于整齐见古人之精细耳，敢以质之当世好古文者。"一般人读此文，会一气读下，若无冯李骅之抉发，很少有人能注意到其以中间为关键，前后两两相对之处，不论左氏最初行文之时，是否有此用心，仅就文章而论，冯李骅的分析还是不无道理的。又如闵公元年，晋大夫议论太子申生是否得立，众口纷纭，其线索似乎颇难把握，冯李骅却能于其中抉出两两相对之处。此篇开始先并提为太子城曲沃及赐毕万为大夫两事，下即分写诸大夫对二人之议论。冯李骅以为："申生主，毕万宾，两两相对；申生以逃为令名，毕万以魏为大名；申生之天祚，几幸于或然；毕万之天启，直决于见在。"全篇总提分应，直似后来八股文之两扇。而全文不仅整体上前后相对，即其细处亦无不一一照应，冯李骅批云："上段开口一句喝破，而以'位都'、'位卿'双承之，下段亦开口一句喝破，而以'盈数'、'大名'双承之；上陪一太伯，下陪一天子；上证一'谚曰'，下证一'占曰'，虽词意多寡不侔，文格未始不相配也。世人好以参差论古文，亦知参差之与整齐，其妙乃如此乎？'天祚'翻应'不立'，'复始'正应'必大'，各为起结，而笔法不同。"当然，左氏最初行文之时，未必有这样精细的考虑，但经过冯李骅这样的批点，全文从章法、句法以至字法皆两两相对，层次井然，既便读者欣赏《左传》艺术之美，又可指示初学为文之法。这种评点确实发前人所未发，无怪乎冯李骅屡以独得自诩了。

可以说《左绣》对《左传》的评点，基点就是以整齐论文，其对《左传》行文中篇法章法之对待，句法字法之比偶，无不加以抉发，其中如"参差中用整齐"、"整齐中藏参差"之类的说法多不胜数，此不备举。应该指出的是，当时以整齐之法论《左传》并不止《左绣》一家，与冯李骅大致同时的方苞也有相似言论。他在《左传义法举要》中称："叙事之文，最苦散漫无检局，惟左氏于通篇大意贯穿外，微事亦两两相对。"①李文渊《左传评》也强调于整齐中求变化，他以为左氏为文，往往以对待出之。如僖公二年"晋假道于虞"篇中批云："记言之文，左氏于一篇之中往往详述二次，多则四次、六次，取其整也。若详述三次，则难于对待而章法裂矣。"所谓"两两相对"、"对待"都是于散行中求整齐之法。方苞是桐城文派的初祖，李文渊也被刘声木列入桐城派之门墙。时人称方苞"以古文为时文，以时文为古文"②，所谓时文，即当时科举规定文体八股文，其八股是四组严格的对偶句，整齐是其显著特点。冯李骅亦自言："小时学为八股，好作驰骤文字，……或谓余何等《左传》于时文，则吾不知之矣。"③我们在第一章已经提到，"以古文为时文"在明末清初已成为一种风气，这也就无怪乎评点《左传》者多以整齐论之了。

---

① 方苞：《左传义法举要·城濮之战》篇批语；方苞于此篇具体之两两相对处亦分别指出，如谓："此篇言晋侯有德有礼而能勤民，所以胜；子玉无德无礼不能勤民，所以败。其大经也。中间晋侯能用人言，不独博谋于卿大夫，且下及舆人；得臣刚愎自用，不独荣黄之谏不听，楚众欲还不从，即楚子之命亦不受，又一反对也。楚子不欲战而得臣强之，晋侯疑于战而诸臣决之，又一反对也。晋侯之梦似凶而终吉，得臣之梦似吉而终凶，又一反对也。楚所爱者曹卫，晋所急者宋，鲁则阳从晋而阴为楚，郑则始向楚而终从晋，两两相对，所以杼轴而成章也。"

② 钱大昕《跋方望溪文》云："金坛王若霖尝言：'灵皋以古文为时文，以时文为古文。'论者以为深中望溪之病。"（《潜研堂文集》，续修四库，第1439册，第54页）

③ 冯李骅：《左绣》卷首，《读左卮言》。

二 错综

在评点《左传》者中，冯李骅喜言整齐，而王源则好论错综。谓："必错综而后可以言文，未有印板整齐而谓之文章者。"① 至于文章如何才能错综，王源揭示有以下诸法：

首先要多其头绪。王源认为："头绪愈多，文愈妙。盖多则错综、颠倒、分合、穿插，种种妙法，俱可施展。若头绪无多，便须分外生情，起炉作灶，所以多多愈善也。"② 如文公十一年，鲁叔孙得臣获长狄侨如，若只叙此事，则数语已毕，何来错综？左氏叙此事，则由侨如之获，连类而及缘斯、焚如、荣如、简如诸狄，并以鄋瞒之亡为结。王源谓其叙诸人："或先或后，或略或详，或分叙或合叙，层峦叠嶂，峥嵘逼人。"③

其次则是化整为散，变偶为奇。如僖公二十七年，楚子围宋，此篇凡分三节，前两节分言楚、晋之将，两两相对，末一节则叙晋文公返国后之政刑。王源曰："将晋楚之将，两两相形，因为城濮胜楚张本，所谓较之以计，而索其情也。故以前照后，后映前为章法。然一段楚，一段晋，本是两板文字，而作者化板为活，于两段后又复经营出一段，变两为三，灵奇生动。"④ 而尤妙者，末节晋文之示义、示信、示礼与楚子玉不可以治民相对，同时又收束全篇，既分映，又总结，所以王源谓其"错综尽致，妙匪一端"。

再次则是以整齐为错综。王源云："错综之法不一，以参差

---

① 王源：《左传评》，第 360 页。
② 同上书，第 229 页。
③ 同上。
④ 同上书，第 218 页。

为错综，固矣；亦有以整齐为错综者。整齐矣，乌得错综？曰：不应整齐而整齐，即错综也。"① 其例如昭公三十一年邾黑肱奔鲁，此传先写黑肱以地奔鲁，本不求名，但《春秋》却"书名"以罪之；又连类及卫齐豹杀卫侯之兄，因以求名，而《春秋》只书"盗"而不书其名。二者一则不欲"名"而名愈彰，一则欲"名"而名不得，最后以"《春秋》之称，微而显"云云作结。因齐豹事与黑肱毫无关系，王源认为此传本应只写黑肱，若如此则全篇即为单行，但《左传》却偏拉一齐豹事与黑肱形成对待，所以是不应整齐而整齐。其言曰："书名，主也，书盗，宾也。传黑肱耳，本以书名发义，乃正义既毕，却与书盗二义相并互发，一无参差，前则有主无宾，后则主宾莫辨，愈整齐愈错综，非以整齐为错综之法乎？"②

可见，王源所谓错综，实即整齐与散行间用，此与李性学所谓"一篇之中，有数行齐整处，数行不齐整处。齐整中不齐整，不齐整中齐整，间用之"（《拙堂文话》卷7引），正同一用意。

三 叙法

从文法角度评《左传》者大多为指导习文而作，故有些评点者会通过对《左传》具体篇目的批点，揭示行文的普遍规律。王源即谓所评："皆作文窍妙，一篇可旁通千百篇而无穷，非仅为此一篇说法也。"③《左传》编年纪事，其叙事艺术最为人所

---

① 王源：《左传评》，第361页。
② 同上。
③ 同上书，第167页。

称道，故评点者对其叙事手法也多所总结。冯李骅即谓："其中有正叙，有原叙；有顺叙，有倒叙；有实叙，有虚叙；有明叙，有暗叙；有预叙，有补叙；有类叙，有串叙；有摊叙，有簇叙；有对叙，有错叙；有插叙，有带叙；有搭叙，有陪叙；有零叙，有复叙；有间议夹叙，有连经驾叙，有述言代叙，有趁文滚叙，有凌空提叙，有断案结叙。"① 并各举例明之。其所述各种叙法，实依不同之标准得出。如以行文次序与事件发生时间之先后来分，有顺序、倒叙等；以同一篇中各事件之间关系来分，有原叙、正叙、陪叙、实叙、虚叙等；以线索之安置来分，则有簇叙、对叙、串叙、摊叙等；以文意本身之断续分，则有插叙、补叙等；以叙事与论断的安排来分，则有间叙夹议、述言代叙、断案结叙等。② 其分类虽失之烦琐，但亦约略可见左氏叙述手法之多样。从广义来说，评点者揭示的各种文法都属于叙事手法，在此主要就叙事学所常言之顺序、倒叙、插叙、补叙等，略作分析。

冯李骅只是提出了《左传》有哪些叙法，并未有明确界定，王源则对其中的顺序与倒叙作了区分。其于宣公二年《楚杀其大夫越椒》篇后，批云："有顺序法、有逆叙法。先提正传，追叙前事，复接正传而叙之，逆叙法也。从前事叙起，后入正传，顺叙法也。"此处"逆叙"即倒叙，所谓"先提正传"，实即先点明事件之结果，然后再追叙前事；而顺序则是按事件发生之先后叙述。不过，王源论文主于变化，认为若单用顺序难以使文章生色，所以接着说："然逆叙者，于正传后即可接入后事为

---

① 冯李骅：《左绣》卷首，《读左卮言》。
② 按：可参考蔡妙真《追寻与传释——〈左绣〉对〈左传〉的接受》第266页所论。

余波，以已有峰峦也。顺叙者，于正传后又必追叙前事，然后拖序后事，以尚无峰峦也。若前既顺叙，后又直接后事，先秦、西汉未有如此章法者。"① 就此篇而言，以叙若敖氏之灭为主，故至"遂灭若敖氏"，正传已完，王源于此句下亦以"结案"断之，其后又从子文之生叙至克黄之复，则为余波。全篇先从越椒之生，叙到越椒之灭，是王源所谓顺叙法。若只用顺序法，其后应直接楚子复封克黄，使若敖氏有后事，但若如此则文无波澜，故于灭越椒之后，复克黄之前，又追叙子文之生事，即王源所谓"追叙前事，拖叙后事法也"。

正是因为强调行文之变化，王源在评点《左传》时，更多注意其追叙法之运用。其言曰："追叙一法，乃文家之要诀也。"又言："追叙之法，谁不知之？但今之所谓追叙者，不过以其事之不可类叙者，置之于后作补笔耳。如此是一死套而已，岂活法乎？追叙之法，乃凌空跳脱法也。以凌空跳脱之法作一死套用，而曰我知追叙之法，岂不哀哉？"可见，即便追叙之法，也不是印板文字，而要能灵活运用。如何才能做到"凌空跳脱"呢？王源认为："叙事之法，往往先总叙大纲，即追叙前事一两段，然后复接正传详叙之。而总叙中却埋伏追叙之线，详叙中又顶针追叙之脉，使其前后似断实连，似连实断，然后方有峰峦，有章法。"② 以文公二年彭衙之战为例，全文先总叙秦、晋之胜负，然后追叙前此狼瞫为车右，却为先轸所黜之事，再接叙狼瞫以死报国，助晋师败秦事，最后以君子之赞作结。王源认为此篇主为狼瞫立传，因晋之胜，实由狼瞫之死敌。而狼瞫之所以死敌，乃因为先轸所黜，欲以死明志，所以说在总叙中

---

① 王源：《左传评》，第237页。
② 同上书，第225页。

已伏追叙线索。而叙狼瞫由被黜至死敌，则以事件发生先后为序，前后一贯，衔接无迹，所以谓之"顶针追叙之脉"。可以看出，王源所谓追叙，就是不按事件发生之自然顺序叙述。若为文势贯穿，将不宜于正文中叙述之事叙于篇末，则近于今人常言之补叙。若为使行文曲折，有意将前事追叙于篇中，从而造成行文线索之中断，则近于今日所说之插叙，此种方法，我们在谈"断续"时还会论及。至于逆叙，也即今人所言之倒叙，是将正传先提于篇首，然后再按事件发生之先后叙之。可以说，王源推崇追叙、逆叙等法，主要为了使文章"有峰峦、有章法"。关于此意，他还有一段更明确的说明，曰："叙事之法，切不可前者前，中者中，后者后。若前者前之，中者中之，后者后之，印板耳，如生理何？唯中者前之，后者前之，前者中之、后之，使人观其首，乃身乃尾，观其身与尾，乃首乃身，如灵蛇腾雾，首尾都无定处，然后方能活泼泼也。"①

应该说，多数评点《左传》者，对于其叙法，特别是倒叙、插叙、补叙等特殊手法的运用，都有所分析。不过大多是言及各篇具体运用之妙，而较少像王源这样作有意的总结，在此就不再介绍了。

四 伏应

《文心雕龙·章句》篇谓："启行之辞，逆萌中篇之意；绝笔之言，追媵前句之旨，故能外交绮文，内义脉注，跗萼相衔，首尾一体。"所言即首尾照应之法。《左传》为体裁所限，一事往往散见于数年，故除每篇自成首尾外，各篇之间也有前后呼

---

① 王源：《左传评》，第230页。

应之关系。杜预所谓"先经以始事"、"后经以终义",也是某种形式之伏应。如《左传》"惠公元妃孟子"一段,冯李骅即谓:"此篇为不书即位传,所谓先经以始事也。"而隐公元年云:"不书即位,摄也。"冯李骅认为"摄"字运用极妙,其语云:"只以一字解断,得力在前面预用伏笔。凡文之繁简,全在用笔先后间断之。"而评点《左传》者常言某事为某事张本,某事为某事收结等,所言多为事与事,或曰篇与篇间之伏应。也正因如此,所以才有学者视《左传》全书为一篇大文字。当然,此种伏应还只是《左传》这种特殊体裁所独有,评点者论述更多,也更具普遍意义的,还是首尾完具之单篇中的伏应。

林纾《左传撷华》曰:"左氏往往于远处埋根,后来绚烂之文,皆非不根之论。"① 真能洞见左氏伏应之妙。而诸家评点中,对《左传》伏应析分最细,论述最详的,则是冯李骅之《左绣》。其书归结左氏埋伏之法有八种:倒伏、顺伏;明伏、暗伏;正伏、反伏;因文伏事、因事伏文。② 试各举例明之:

通常而言,伏在前,应在后,此即所谓顺伏。有时因叙事或表意之需要,会颠倒之,因而又有倒伏之说。顺伏之例最为常见,如僖公十七年,齐五公子争立,前半历叙五公子所从出,而以"宠"、"嬖"等字伏祸乱之机,后半则叙易牙、寺人貂因内宠作乱以应之。所以冯李骅说:"叙齐乱作两截读。上半原叙,节节伏;下半正叙,节节应。"倒伏之例如僖公五年,宫之奇谏假道事,冯李骅以为此篇主意在明晋得虞之易,而此意实由文末"虞不腊矣,在此行也,晋不更举矣"一语见之,遂成倒伏之局。故云:"此篇传晋执虞公事,只一'易'字尽之。看

---

① 林纾:《左传撷华》,民国刻本,卷下《晋逐栾盈》尾批。
② 冯李骅:《左绣》卷首,《读左卮言》。

其前议后叙,处处伏一'易'字,至末一笔点出,绝世奇文。"

明伏与暗伏相对,所谓明伏是指伏应有文字线索之可循,故显然可见;暗伏则无字面之呼应。明伏之例如桓公六年,楚侵随事,冯李骅曰:"起手特详伯比一番策划,预为结处伏脉。左氏于各开话头,亦必令其彼相顾,章法所固然耳。'惧'字伏后'惧'字,'小国'伏后'兄弟之国'。"① 暗伏之例如昭公二十五年,昭公出奔事。此篇前半交代昭公出奔原因,后半叙其奔而不得回国之因,却于中间插叔孙昭子如阚一事。冯李骅云:"凭空插入'昭子如阚'一笔,前后无着,读至末段平子一番往复,乃知伏笔之妙,如国手布子,在数十着之先也。又冷着此句,见昭子若在家,必无鬷戾之谋矣,此暗伏法。"②

正伏是就所欲表达主旨作埋伏,反伏则指反文意作埋伏。所谓反文意,乃指文章语言层面所达之意与作者实际用意相反,近于吴闿生所谓"正言若反"。多数埋伏都是正伏,不再举例。反伏者如昭公元年,郑子南与子皙争妻,二人均有不是,《左传》却处处写子产处置子南事。冯李骅谓:"子产将诛子皙,却先放子南,字字偏枯子南,却正字字激射子皙,为绝隐秀可思也。"也就是说,此篇表面是写子南,实则处处为诛子皙伏脉。

因文伏事,是指为使篇章整齐或行文线索明晰,而有意择取某些事件以为伏笔;因事伏文,则是为了更好揭示事件发展,有选择地安插一段文字作伏笔,有时二者又可相互为用。如隐公三年,卫石碏谏宠州吁,冯李骅评云:"此篇特详石碏谏宠一番议论,为州吁弑君张本。起手从庄姜叙入,为六逆等伏笔也。石碏因其父子之间,趋便并论其夫妇嫡妾之际,本是暗讽,左

---

① 冯李骅:《左绣》卷 2,桓公六年眉批。
② 冯李骅:《左绣》卷 25,昭公二十五年眉批。

氏却先替他叙明来历，此最是史家伏案精细处，使后之读者不知为是因文而缀其事，不知为是因事而缀其文，但见其照应入妙而已。"此篇首叙庄姜身份及无子等事，本与州吁好兵事无涉，但若不叙此事，则石碏论"六逆"，所谓"贱妨贵"等说则无有照应，使文章线索不明，故首载之以为后文伏脉，就此而言可称"因文伏事"。而若就事件发展来说，庄姜为夫人，其收养之子即为太子，这是石碏所以谏宠州吁的原因，为使事件因果分明，故须于篇首有此一段文字作埋伏，就此而言，又可称为"因事伏文"。

五　过渡

文章若求语气自然，前后贯穿，则于章法结构之安排，必求过渡之法。林纾曰："左氏之文，无所不能，时时变其行阵，使望阵者莫审其阵图之所出。譬如首尾背驰，不能系继为一。则中间作锁纽之笔，暗中牵合，使隐渡而下，至于临尾一拍即合，使人瞀然不觉其艰琐，反羡其自然者。"所谓"锁纽"、"暗中牵合"，指的就是左氏行文之善于过渡。评《左传》者基本都会注意及其过渡之法，就中又以冯李骅《左绣》最具特色。

冯李骅评《左传》，极重视前后文的衔接，评语中如中枢、枢纽、关纽、转换、过接、转捩等语随处可见。其尤为用意，自以为得前人未窥之秘者，曰"两大笔诀"。他在《读左卮言》中说："(《左传》)有两大笔诀：一是以牵上为搭下……一是以中间贯两头……此两法处处皆是。盖得此则板者活，断者联，涣者聚，纷者理，不独叙事，即议论亦以此为机杼，乃通部极精极熟极得力极得意处。"据此，所谓两大笔诀就是要使叙事、议论板者变活，断者得续，散者凝聚，乱者统一，其目的就是力求文章前后一贯，形成统一之有机体。若加细分，二者又略有差别，下面分而言之。

"以牵上为搭下"是指文中某一部分具有呼应、收结前文的功效，同时又有带起下文的作用。试举例言之，鲁桓公二年、三年记曲沃伐翼事，此篇先叙当初晋穆侯为二子取名，名太子曰"仇"，名其弟曰"成师"，大臣师服进谏，以为太子之名不祥，其弟之名则能得众，故有"今君命太子曰'仇'，弟曰'成师'，始兆乱矣"之语，下文即言惠之二十四年，晋始封成师后人桓叔于曲沃，师服又有"今晋，甸侯也，而建国，本既弱矣，其能久乎"之语，此句言"建国弱本"是晋国内乱之始，与上文"成师兆乱"作呼应，相对成章法，是为"牵上"。但此处记晋始乱，下文惠之三十年、四十五年又记晋国祸乱的进一步发展，是则惠公二十四年"晋始封桓叔"一事又与三十年、四十五年诸事联类而叙，是为"搭下"，正是有了这一段"牵上搭下"的巧妙过渡，全文筋脉流通，势如贯珠。又如鲁宣公二年记晋灵公不君事，为《左传》叙事名篇，其末段以"亡不越境"承上赵盾"未出山而复"，"反不讨贼"起下"使赵穿逆公子"，冯李骅以为用笔如环，尤为"牵上搭下之至妙者"。

"以中间贯两头"则是指文中某一节为全篇关键或情节之转捩点，在全文处于枢纽地位，须得此一部分才能结构成篇。如宣公十二年晋楚邲之战一篇，冯李骅以为此篇虽分三大截十六转，但通篇只以"盟有日矣"四字为关捩，他以为此四字之前，"自桓子欲还，至晋人许成，中间虽作几番顿折，却已首尾一串；自此以后，便笔笔作战斗之势，你来我往，遂至不可收拾，而总此一笔为之倏忽幻化也。……楚之怀诈，晋之受欺，胜败全伏于此四字中。文即以此作通身枢纽，奇绝"。其实所谓"以中间贯两头"，与文家常山率然之说，又有相通之处，所谓"击其中则首尾皆应者"也。① 又如晋文公重耳出亡篇，其前后凡历七国，中间以宋襄公赠马一节为枢纽，前后相对，冯李骅以为有"九重闺阃旋于径寸之枢"之妙。

从上面所举例证可以看出，"以牵上为搭下"与"以中间贯两头"虽都意在全文之连贯统一，其间却又有区别。前者强调的是"牵"与"搭"，此种段落通常对上文的埋伏作出呼应，同时又带起下文，其作用是束上起下，故其位置或在全篇之中，或居某部分之间，要皆使其前后之文或承或转，文脉一贯；后者焦点在"贯两头"，故其位置必在全篇之中，此种段落（或句子）为全篇之枢纽，全文以此为关键，前后或对或转，后先相应。应该说，冯李骅所揭示此两种方法不必为《左传》所独有，后人为文诚能熟于此二法，则行文之时，大至全篇，小至章节，必能后先呼应，运转如环。

六 宾主

宾主是对文章层次的安排，一篇文章通常要涉及一个以上的人或事，相应的，其所表现出来的思想内涵也不止一个，这就要求作者在行文之时有主从之发落。所谓"主"，乃作者立意所在，或为主要人物，或为关键事件，全篇得此而能贯穿；

---

① 南宋陈善在《扪虱新话·下集》卷2中就曾说："桓温见八阵图，曰：'此常山蛇势也。击其首则尾应，击其尾则首应，击其中则首尾俱应。'予谓此非特兵法，亦文章法也。文章要宛转回复，首尾俱应，乃为尽善。"而常山之说亦成论文家之套语。胡仔《苕溪渔隐丛话》后集卷39云："凡作诗词要当如常山之蛇，救首救尾，不可偏也。"陆辅之《词旨》则谓："制词须布置停匀，血脉贯穿，过片不可断意，如常山之蛇，救首救尾。"毛批三国九十四回评："文如常山率然，击首则尾应，击中则首尾皆应，岂非结构之至妙者哉！"

此外之其他人与事则为"宾",其作用乃是衬托"主"。王源谓:"用宾之法,非与主相类,则与主相反,相类者以正映,相反者以反映,反正虽不同,未有不与主相映者。"① 冯李骅亦言:"宾主是行文第一活着,然不过借宾形主而已。"② 即是此意。既然主是一篇立意所在,所以宜少不宜多,王源即谓:"宾可多,主无二,文之道也。"③ 至于宾要怎样衬主,王源更有生动之比喻。其言曰:"宾主离合,步伐止齐,森然不乱,却极奇变纵横之致,如八阵六花,藏奇于正也。文有借景生情之法,辟画一人,岩壑以映之,花树以衬之,琴樽以佐之,皆景也。然岂人自人,景自景,判然不相属者乎?不过属其人之情,以写其生而已。既属其情以写其生,则凡此一人以外之物,虽十数倍于其人,皆此一人情之所属耳,岂有客胜于主之嫌耶!"④

不过,以宾衬主乃是正法,在《左传》中除此之外,尚有许多灵活之妙用,评点者往往以之为说,其中又以王源、冯李骅二人所论最为精彩。兹将诸家所述《左传》宾主运用之妙者,分述如下:

四宾主说:既然"宾可多而主无二",若遇一篇文章头绪纷繁,人物众多时,读者可能会眩于其文而难窥作者用意所在。

---

① 王源:《左传评》,第227页。
② 冯李骅:《左绣》卷首,《读左卮言》。按:行文须以宾衬主,不止见于评《左传》等古文者,如李渔论戏曲,于《一家言·闲情偶寄》中即云:"一本戏中,有无数人名,究竟俱属陪宾;原其初心,止为一人而设。"而金圣叹在批点《西厢记》时,也认为全书只为一人而作,一人者,即崔莺莺也,此外之许多人物,如老夫人、郑恒之流,不过为衬托莺莺"所忽然应用之家伙耳",所论实也是关于宾主之安排。
③ 王源:《左传评》,第194页。
④ 同上书,第178页。

所以评点者在遇到人物关系较为复杂时，往往用四宾主之说来加以区分。如王源在鲁庄公八年，《齐无知弑其君诸儿》篇后的批语中即云：

> 弑襄公者，连称、管至父也，故二人为主；无知虽被弑君之名，二人特借以作乱，故为主中宾；僖公、夷仲年，只引出无知，故为宾中宾；连称从妹二人，使以间公者也，故为宾；公子彭生与二人迥不相谋，却亦欲弑襄公者，故为宾；徒人费、石之纷如、孟阳三人，为公死者，故总为宾；二人立无知，鲍叔牙奉小白，管夷吾、召忽奉公子纠，又借来映带作结，鲍叔、管、召，陪二人者也，故为宾；小白、子纠，陪无知者也，故为宾中宾。宾主井然，却以神行，全不着迹，但觉缤纷错落，如疑城八面，千态万状，不可捉摸，何必千首千眼，而后谓之显神通也？

此篇文章不长，却涉及一十六人之事，王源按作者立意所在，把众多人物分为四类：主、主中宾、宾中宾、宾。当然，此处所说的立意只是王源的理解，他认为此篇主要是揭示以臣弑君之恶，而连称、管至父是弑君的倡导者与执行者，自然当以二人为主，《春秋》虽然书"齐无知弑其君诸儿"，其实无知不过是二人借以弑君的依托而已，其在文中地位略逊于二人，故为主中宾，至于宾与宾中宾，亦可作如是观，以其与文章立意的远近作区分。经他这样一批点，确实令人有层次井然之感。他在评点《左传》中人物关系较为复杂的篇目（如城濮、邲、韩原等大战的描写)时,多用此法。① 而冯李骅评点《左传》时,也有运用四宾主分析其头绪纷繁之篇目者,如文公十六年,楚灭庸事之眉批即是。

略主详宾:通常而言,"主"应是作者着墨最多的,但因特定题材或情景的需要,有时正面写"主"无从着笔,或不便直写,此时可以详写"宾",或衬托,或反映,使"主"更加鲜明突出。此种方法冯李骅称之为"略主详宾",其言曰:"大抵文字主详而宾略,此正法也。有时略主而反详宾,主即于宾中见也。"如僖公二十四年,狄人归季隗于晋,冯李骅以为此文立意在讽刺晋文公怜新弃旧。晋文公奔狄时,狄人曾赠以二女,文公娶季隗,赵衰娶叔隗,此篇写二人归国后,迎二女回国之事,但全篇写季隗只有一句,却详写赵衰迎叔隗始末。所以冯李骅以为"通身详写叔隗,而季隗只须起手一句,对面一照,无不了了"②。晋文公是春秋贤君,不便直写其薄情,故此篇把赵衰迎叔隗事写得极其热闹,反面一映,晋文公对季隗之冷落自然可见。又如宣公二年晋灵公不君事,冯李骅认为赵盾之贤为一篇之主,但全文于赵盾着墨不多,而详写士会、钮麑、灵辄等人。冯李骅谓:"此文中三段详写钮麑三人,而宣子(赵

---

① 按:王源虽以四宾主之说论文,不过对于四宾主相互间的关系,并未明确揭示,其友阎若璩在《潜丘札记》卷2中却有更形象的阐发:"四宾主者:一,主中主,如一家人惟有一主翁也。二,主中宾,如主翁之妻妾、儿孙、奴婢,即主翁之分身以主内事者也。三,宾中主,如主翁之亲戚朋友,任主翁之外事者也。四,宾中宾,如朋友之朋友,与主翁无涉者也。于四者中,除却宾中宾,而主中主亦只一见;惟以宾中主钩动主中宾而成文章,八大家无不然也。"此处的"主中主"即王源所说的"主","宾中主"即王源所称之"宾",而所谓"主中主亦只一见",也即王源"宾可多而主无二"之意。不过阎氏以生动的比喻来形容之,使人对文章中宾主的轻重一目了然,较王源之说实为简洁。阎氏年岁略长于王源,不知王源四宾主之说是否受到他的影响。

② 冯李骅:《左绣》卷6,僖公二十四年眉批。

盾）之贤自见，故并谏亦详写在士季甲里，所以成详宾略主片断。"此篇若正面写赵盾如何贤能，必难着笔，文中详写与赵盾交往各人之才能，而赵盾之贤又在诸人之上，则赵盾之贤自然可见，此亦所谓烘云托月之法。

宾主互用："宾主互用"是冯李骅所揭之法。就其所批来看，此法似只适用于《左传》这类依经立传的作品。所谓"宾主互用"就是"于事为主，于文则为宾；于事为宾，于文则为主"。如隐公元年，郑伯克段于鄢，冯李骅认为此文本为解释《春秋》"郑伯克段于鄢"一语而作，故于事自以"克段"为主，但全篇起手却从姜氏偏爱酿祸叙起，其精神所注全在母子之间，中间详写克段始末，结兄弟相争之局，最后又单收母子，与起呼应，故冯李骅以为"论事以克段于鄢为主，论文以寘母于颍为主"，"左氏最多宾主互用笔法"。又如隐公四年，卫人杀州吁，本为解释"九月，卫人杀州吁于濮"一事，所以于事自应以州吁为主，但全篇于起笔轻点州吁不能和其民一句，下面则接写石厚问计、从州吁赴陈等事，然后又写杀二人之事亦不分轻重，末后则以赞石碏为纯臣收结，故全篇"论事则吁主而厚宾，论文则吁宾而厚主"。王源对《左传》中这种文与事相离的情况亦有所见，不过他称之为"倒宾作主"法。如昭公三年《齐侯使晏婴请继室于晋》篇，其事以葬少姜、请继室为主，文却详写晏婴与叔向论齐晋之政，王源以为："左氏往往用倒宾作主之法，此传亦此法也。"

二主并立：此为左氏宾主运用又一妙招。通常而言，文章只可有一"主"，但在《左传》中，有时同写两事而难分轻重，王源称此为"二主并立"之法。其论闵公元年晋侯作二军事，曰："宾可多，主无二，文之道也，独此二主并列而互为宾，别开境界，大奇大奇，盖前为杀申生张本，申生主也；后为魏氏之兴张本，毕万亦主，不可以为宾也。前后联络以天，二主总摄于一主，彼此互相射映，二主又可二宾，奇变至此，所谓圣而不可知之神耶？"此篇所叙，一言申生之难立，一言魏氏之必兴，皆为后文张本，不分轻重，视之为二主可也，视之为二宾亦可也，是为二主并立之法。

要言之，宾主之道，不过借宾形主而已。但宾主判分则章法平，宾主淆乱则章法混，平则无奇，混则无正，故须奇正兼用，而其大要，王源以一言蔽之，曰："唯并举以为奇，单抽以为正而已。"①

七 离合

所谓"离合"，是指文章各部与主旨之关系，点明本旨谓之"合"，曲折达意谓之"离"，至于下笔千言、离题万里者，只可谓之跑题，不应在"离合"讨论之列。前人论文多有以"离合"为说者，如清唐世彪《读书作文谱》引周士安之言曰："世间文字，断无句句着题，句句不着题之理，其法在于离合相生。离合相生，谓将与题近，忽然飏开；将与题远，又复掉转回顾也。此之谓离合法。"而金圣叹所谓："文章之妙，是目注彼处，手写此处。若有时必欲目注此处，则必手写彼处。一部《左传》，便十六都用此法。若不解其意，而目亦注此处，手亦写此处，便一览已尽。"②讲的亦是离合之道。评点《左传》者也多论及其"离合相生"之妙，如杨绳武论城濮之战，即云："此篇以战作主，而未战之前，屡以不战作势，离合之妙也。文

---

① 王源：《左传评》，第185页。
② 金圣叹：《金圣叹全集》第3册，第12页。

章之道，欲合必先离，能离然后能合。以不战作势，所谓离也。不战而卒至于战，所谓合也。……，要其前此文字之离，正为后此文字之合也，明乎离合之说而文章之道思过半矣。"① 冯李骅评此篇谓之开合，其意则略同。各家之中，又以王源所论最为精彩。

关于文章离合之道，刘师永翔归结为四类：合不如离说；合不可离说；有离有合说；即离即合说。② 王源似主张"有离有合"，而尤重在"离"之一边。他在僖公二十八年城濮之战篇后批曰："文之妙，妙在离，离未有不合者也。顾一离变合，死规耳，曷贵乎？唯其将合复离，又将合又复离，几合矣，终复离，而后蹊径绝焉，局阵奇焉，变化生焉，光怪出焉，无定行焉，杳焉、冥焉不知其所之焉，此则离之妙境也。"③ 持此法以衡《左传》此篇，颇能见左氏行文用笔之苦心。晋文公取威定伯，端在城濮一战，则双方之战乃全文精神所注，然入手便叙一战，则文无波澜。王源谓左氏"于未战之前，叙晋欲战，楚却不战；楚欲战，晋又不战；晋用多少阴谋谲计，以图一战，及至将战，却又不战；楚负多少雄心横气，以邀一战，及至将战，却又不战。盘旋跳荡，如此数四，方入城濮，及入城濮，又生出无限烟波，只是盘旋，只是跳荡，只是欲战，只是不战，千回万转，方将一战叙出，使读者神荡目摇，气盈魄动，不知手之舞之，足之蹈之，而其实不过离中之妙境而已"④。非左氏不能写出如此妙文，非王源，亦不能抉发此离合之妙境。

---

① 杨绳武：《城濮之战》篇批语，《四库存目》集部第 408 册，第 38 页。
② 详见刘丈衍文、刘师永翔合著之《古典文学鉴赏论》下编第十七章《离合》，上海教育出版社 1991 年版。
③ 王源：《左传评》，第 222 页。
④ 同上。

王源论文，虽强调"离"，但并非不重视"合"，否则所述与主旨毫不相关，作者之意亦无从可见了。他在批点《左传》时即一再言明此意。如襄公二十六年《蔡声子复楚伍举》篇，王源批云："意之所在，下（笔）不可松、不可紧，笔笔皆与关注，却千回百折而后出，斯为善也。"所谓"不可松"者，要合题也；不可紧者，太切题也。襄公二十一年，《邾庶其以漆闾丘来奔篇》，其批曰："一纵一禽，且禽且纵，禽纵在手，方可言文。泻水于地，纵而不能禽者也；胶柱鼓瑟，禽而不能纵者也。"所谓禽者，切到本题也，所谓纵者，宕开一笔也。要皆于离合无所偏废，不即不离，若合若离，方能收虚灵不测之妙。

八　奇正

奇正本兵家之说，《孙子·势篇》着重探讨的就是奇正问题。其语云："战势不过奇正，奇正之变，不可胜穷也。"又言："凡战者，以正合，以奇胜。故善出奇者，无穷如天地，不竭如江河。"后世多有借以论文者，如元朝吴莱尝谓："作文如用兵：兵法有正有奇，正是法度，要部伍分明；奇是不为法度所缚，千变万化，坐作、进退、击刺一时俱起。及欲止，什自归什，伍自归伍，元不曾乱。"[1]

评点《左传》者也多以奇正论其文法，如杨绳武比较邲与

---

[1] 按：王文禄称吴莱之语为作文真诀，将其收入自己所撰《文脉》，表而出之。前人以兵法喻文法者颇多，如姜夔亦言："波澜开合，如在江湖中，一波未平，一波已作。如兵家之阵，方以为正，又复是奇；方以为奇，忽复是正；出入变化，不可纪极，而法度不可乱。"（《白石道人诗说》）杨载《诗法家数》亦言："七言古诗要铺叙，要有开合，有风度，要迢递险怪，雄峻铿锵，忌庸俗软腐，须是波澜开合，如江湖之波，一波未平，一波复起。又如兵家之阵，方以为正，又复为奇；方以为奇，忽复是正。出入变化，不可纪极，备此法者，惟李杜也。"

城濮二战写法之异同,即谓:"《城濮之战》文字全用奇,此篇文字全用正。"① 各家之中,亦以王源所论最称繁复。《左传评》中以奇、正论文者极多,即以卷一而言,隐公元年,郑伯克段于鄢;桓公二年,取郜大鼎;桓公五年,桓王伐郑;桓公九年,楚围鄾;桓公十三年,楚伐罗等篇皆是。而其论述最为酣畅淋漓的,无过于僖公十五年,韩原一战的批语:

> 文章之妙,不外奇正。奇正者,兵家之说也。堂堂正正,四头八尾,触处为首。大将握奇于中,偏裨分统乎外,旌旗以方,金鼓以节,昼行夜止,不履险,不临危,遇敌而战,进无速奔,退无遽走,于是锐兵不能破,突兵不能冲,伏兵不可陷,追兵不可蹑,当我者破,触我者碎,而我无毫发间隙之可乘,是谓正兵;或掩旗息鼓以误之,或变易服色以乱之,或伏于草莽山林以陷之,或佯北以诱之,或从间道疾趋掩其不备而袭之,或击其西而声其东以乖之,或形诸此而出彼以罔之,或以骁骑直冲中坚以摧之,或诈降内间从中以溃之,或断其归路饷道以困之,不以常律,不由轨道,以战则克,以攻则取,百战百胜者,奇兵也。虽然,此特以正为正,以奇为奇之说也。乃正之中有奇,虽正也,时忽宜于奇,则一变而为奇;奇之中有正,虽奇也,时忽宜于正,则一变而为正,奇正互变,敌则不知吾之正果为正,而乖其所之矣;不知吾之奇果为奇,而乖其所之矣。文章之道亦然,如叙一事,叙其起如何,结如何,成与败如何,忠与佞如何,始终次第,有条不紊,是非得失,判然以分者,正兵也;借宾相形也,反笔相射也,忽

---

① 杨绳武:《文章鼻祖》,《四库存目》集部第408册,第46页。

然中断突然离也，所谓奇兵也。然而正固人之所易见，奇亦人之所易知，若夫以正为奇，以奇为正，如雷电鬼神，变化不知其何自来，何自去，何自出，何自没，而能不为古人乖其所之者亦寡矣。

可以看出，王源"奇正"说的核心，主于变化，所谓"文章贵乎变化，变则生，不变则死，生则常新，死则就腐也"①。而左氏之文所以为世所共尊，也正因其行文之变化多端，不可方物。当然，曰奇正，曰变化，并非为奇而奇，为变而变，而是为更好传情达意服务。所以王源又言："欲辨奇正之分，先观作者之意。意即将也，兵无将，乌合之众耳，恶能正，恶能奇？文无意，杂乱之言耳，乌能正，乌能奇？"②文意不明，则宾主莫辨，奇正难分，所谓奇正之变，主客之倒，只能是愈变愈乱，使人如坠云雾之中。是以王源又着重拈出一"意"字，强调意在笔先，"古人为文，未落笔，先有意。意在笔先，文随意生，所谓心知其意者此也"③。

九 虚实

虚实是我国古代美学常用之范畴，刘师永翔于此亦有精到论述，他概括前人对虚实之常见用法有五：（1）以字论虚实；（2）以写景为实，传情为虚；（3）以结为虚，解为实；（4）以正面直接详写为实，以侧面、反面映带，或从人物口中简单说

---

① 王源：《左传评》，第173页。
② 同上书，第207页。
③ 同上书，第198页。

出，耳中约略听到为虚；（5）以叙写为实，抒情为虚，推理为实，翻空为虚。并认为最后一种"才属于传统美学观的正宗"①。不过评点《左传》者最常用及的还是第四种。

《左传》最多虚实互用之法，曾国藩谓其"每一篇空处较多，实处较少；旁面较多，正面较少"②。刘熙载亦言其文"虚实互藏，两在不测"③。评点《左传》者也多揭其虚实运用之妙，如杨绳武论邲之战，言："此文楚人事都从晋人看出，随武子德刑政事典礼，及栾武子楚自克庸以来两段也；晋人事都从楚人看出，伍参晋之从政者新一段是也。彼此一交互，则实者皆虚，虚者皆实，所谓实者虚之，虚者实之之法也。许伯御栾伯一段，吾闻致师者三层是虚说，而摩旌靡垒等语，却实行其所闻而复，是实事，而语却虚，又一虚者实之，实者虚之之法也。"④ 论鄢陵之战，亦言："'楚子登巢车以望晋军'一句领起，晋人事都从楚人目中看出，口中说出，便觉字字灵活，笔笔生动。此亦是虚者实之，实者虚之之法，而用笔之妙更写得花团锦簇，移步换形，真是奇外无奇更出奇也。"⑤ 冯李骅论楚屈瑕之败，曰："邓曼语自作一篇妙文读，先就大夫意中虚猜一遍，次就莫敖身上实说一遍。而首以一笔正写，末以一笔反掉，章法极整，笔法极松。"⑥

王源于此法，亦有精彩论述。如桓公十一年，楚斗廉败郧

---

① 详见刘丈衍文、刘师永翔合著之《古典文学鉴赏论》下编第十五章《虚实》，第467—477页。
② 曾国藩：《曾文正公全集》，中国华侨出版社2003年版，《日记》第1册，第376页。
③ 刘熙载：《艺概》，上海古籍出版社1978年版，第1页。
④ 杨绳武：《文章鼻祖》，第44—45页。
⑤ 同上书，第50页。
⑥ 冯李骅：《左绣》卷2，桓公十三年眉批。

师，此篇先详叙斗廉与屈瑕应对郧师的权谋方略，至于双方交战的过程，则只有"遂败郧师于蒲骚，卒盟而还"数语而已。叙谋略，是虚写，却甚详；败郧师，是实事，反甚略，王源以为此篇深得虚实互用之妙。其言曰："左氏叙战，每将权谋方略铺叙于前，而实叙不过一两言，简练直截，绝不拖带。总之，着神于虚，省力于实，所以虚实不测，灵怪百端，庸手反之，故详则失之繁，简则失之略，即无繁与略之病，而终不能有生气，以不能着神于虚而已矣。"① 应该说王源此类总结还是较合乎情实的，《左传》中除了城濮之战等少数篇目外，叙战大多详叙兵谋，略言战事，如隐公九年，郑败戎师；桓公五年，王师伐郑等皆是。而杨绳武则更进一步，谓："《左传》文字惯于题前作势，如邲之战，随武子、栾武子两番议论，便见楚之必胜，知庄子、伍参两番议论，便见晋之必败；鄢陵之战，孟献子一言，便见晋之必胜，申叔时、姚句耳两段，是从旁人见楚之必败，栾书、郤至两段，是从晋人见楚之必败。当未战之先，两国胜负情形已分写得了如指掌，直至交兵，胜负只如点睛一点，更不多着笔墨，《史》、《汉》以下便从正面直叙，不能如此曲折顿挫矣。"②

十 详略

《左传》叙事记言，或详或略，皆各如其是。马骕《左传事纬》谓："左氏文字，或简而备，或详而核，故寥寥数语而不觉

---

① 王源：《左传评》，第184页。
② 杨绳武：《文章鼻祖》，第49—50页。

其少，长篇累牍而不见其繁，此所以古今绝响也。"① 卢元昌《左传分国纂略》亦言《左传》："篇章繁简，各臻其妙，累百行不厌多，两三行不厌少，不以繁节，不以简置。"② 二人所谓繁简，实皆指左氏叙事之详略而言。不过，详略与繁简还是要略作区分的，因为详略是指文章的叙述方式，而繁简则指文章表现出来的效果。王源对详略与繁简有精彩论述，不过因传统文论用词之感情色彩问题，他是以详简与繁略对言。其于宣公十二年《邲之战》篇后，批曰："文欲详，繁则病矣；欲简，略则病矣。详而不繁，虽千万言，简也；简而不略，虽一二言，详矣。文必详而简，简而详，而无一字之繁之略，方为至文。此文可谓详而不繁。总之，句句精要灵动，绝无肤庸，虽千万言不繁也；隐括而无遗，含蓄而不露，虽一二言，不略也。今人只能繁与略耳，乌知详简之义哉？"③ 至于叙事中，何事须详，何事应简，王源又拈出"时"、"事"二端以为准绳。其言曰："叙事或以简，或以详。简之妙，在蕴藉；详之妙，在精彩。序一也，何以简，何以详？其故二：时也，事也。传闻不详于闻，闻不详于见，时矣；变详于常，急详于缓，明详于暗，事矣。要之，蕴藉中无漏义，精彩中无费辞，镕炼之妙，又未尝有二也。"④ 不管以时、事论材料之取舍是否赅备，至少其于详略与繁简之义的论述是颇为可取的。

而左氏文章所以能详略各得其宜，主要还因其善于剪裁，取所当取，弃所当弃。冯李骅谓："左氏有绝大剪裁。齐桓、晋

---

① 马骕：《左传事纬》卷10，《吴阖闾入郢》。
② 卢元昌：《左传分国纂略》，《四库未收书辑刊》本，北京出版社1998年版，第3辑第9册，第73页。
③ 王源：《左传评》，第245页。
④ 同上书，第281页。

文，孔子蚤为之分别正谲。传于晋文写来独详，然其铺张神王处，都暗暗露出诈伪本色。齐桓则老实居多，又生平全亏管仲提调，而管氏亦都不甚铺排，只一写其救邢，一写其服楚，一写其辞子华，一写其受下卿而已。简书之从、赐履之征是攘外，招携怀远是安内，让不忘上是尊王。只此四端，足以该括此公一生勋略。内政、军令等概从割爱，此何等眼界笔力。"又谓《左传》所载之人，"性情心术声音笑貌，千载如生"，所以能如此者，乃因左氏能把握人物性格之主要方面，详所当详，略所当略。冯李骅此论尚是就《左传》全书言之，其具体篇目之详略，可以方苞《左传义法举要》所述为例。

方苞论文尚简，认为"文未有繁而能工者"①，又言："柳子厚谓太史公书曰'洁'，非谓词无芜累也；盖明于体要而所载之事不杂，其气体最为洁耳。"②综而观之，其所谓"简"、"洁"，并非片面讲求文字之少，而是要求作者具有特识，能以"义"为准绳，去取材料，其评点《左传》即多用此法。如僖公十五年秦晋韩之战，于秦筮伐晋后，突接"三败及韩"，至于秦、晋三次交兵各于何地，与者何人，《左传》则无一语言及。方苞曰："方叙秦筮伐晋，忽就筮辞'败'字突接'三败及韩'，以叙事常法论之，为急遽而无序，为冲决而不安。然左氏精于义法，非汉、唐作者所能望正在此。盖此篇大指在著惠公为人之所弃，以见文公为天之所启，故叙惠公愎谏失德甚详，而战事甚略；正战且不宜详，若更叙三败之地与人，则臃肿而不中绳墨。宋以后诸史冗杂庸俗，由不识详略之义耳。"③又如

---

① 方苞：《方苞集·上》，《与程若韩书》，第64页。
② 同上书，《书萧相国世家后》，第56页。
③ 方苞：《左传义法举要》，《韩之战》夹批。

襄公二十七年宋之盟，《左传》赞子木、叔向善言，但于二人言辞只字未载，仅以"子木与之（按：指赵武）言，弗能对。使叔向侍言焉，子木亦不能对"一语括之，然后多记赵武言辞。方苞谓："此所称子木、叔向之能言也，传皆略焉。而后此所述，多赵武之言，何也？武之善言若此，则子木、叔向可知矣。盖备举前二享之文词，则拳曲臃肿而不中绳墨，而文体为之冗杂，故独详于终事。且自伯有而外，皆郑卿自托于晋之词，与楚无信而晋有信相应，又以见赵武能用叔向之言，务德以怀诸侯也。观此可知旧所载子木、叔向之言甚多，《传》尽剃删，而约言以包举之。"① 而方苞对《左传》"约言包举"之能分析最为细致，最能体现其"雅洁"说之特点的，还是《齐连称管至父弑襄公》篇之批语，故全录于下：

> 左氏之文，有太史公不能及者。如此篇谋乱之始，连称、管至父与无知交何由合，何以深言相结而为乱谋，连称如何自言其从妹，何由通无知之意于宫中，而谋伺襄公之间，若太史公为之，曲折叙次，非数十百言莫备，此但以'因之作乱'及'使间公'二语隐括，而其中情事不列而自明。作乱之时，连称之妹如何告公出之期，无知与连、管何以部署其家众，何以不袭公于外而转俟其归，何以直入公宫而无阻间，非数十百言莫备，此则一切薙芟，直叙公田及徒人费之鞭，而以走出遇贼于门遥接作乱，腾跃而入，匪夷所思。费人告变，襄公与二三臣仓皇定谋，孟阳如何请以身代，诸臣何以伏公于户下，费与石之纷如何相誓同命以御贼，非数十百言莫备，此独以伏公而后出斗

---

① 方苞：《左传义法举要》，《宋之盟》篇批语。

一语隐括，而其中情事不列而自明。其尤奇变不测者，后无一事及连称之妹，而中间情事皆包孕于间公二字，盖弑谋所以无阻，皆由得公之间也。

十一 断续

方东树谓："古人文法之妙，一言以蔽之曰：语不接而意接。"① 所论即是文法中之断续问题。周大璋对《左传》中断续之法，深为叹服，其言曰："左氏文间见似断，错出似乱。而究之断者不断，乱者不乱，寻其血脉，如藕断而丝牵。会全文读之，始知其妙。"② 评点者论《左传》断续之法，通常包括以下三种情况。

首先是《左传》中之解经语。《左传》有许多解经语是穿插于叙事之中的，如隐公元年，郑伯克段于鄢，于叙事中插入"书曰'郑伯克段于鄢'，段不弟，故不言弟；如二君，故曰克；称郑伯，讥失教也，谓之郑志。不言出奔，难之也"一段，然后以"遂寘姜氏于城颍"遥接上文。此类解经语，有的评点者，如吴闿生，认为乃后世经师伪托，主张删去，自不必论。多数评点者则认为解经语与全文圆融无间，使行文间断，能收横云断岭之效。我们前面已举过冯李骅的一些评论，再举金圣叹对上述解经语之评价，以见评点者对解经语造成文章间断效果之欣赏。金氏谓："看他叙事正极忙时，忽然折笔走出篇外去，另作训诂之文。落后却重折入来，再续上叙事。文极忙，笔极闲，

---

① 方东树：《昭昧詹言》，人民文学出版社1961年版，第28页。
② 周大璋：《左传翼》，僖公三年《盟楚人伐郑》篇批语。

千古绝奇之法。"①

其次则是在叙事中插入与主旨相关之他事，从而造成行文线索的间断，然后再接续前事，这也就是通常所说的插叙法。《左传》中运用此种手法者颇多，如宣公三年，郑伯兰卒，此传本叙郑伯兰一生事迹，却于叙事中插入群公子不得立事。王源曰："中间追叙群公子不立一段极妙，既见天意有属，兰梦非诬，又将上下文隔断，有横峰侧岭之奇。"② 又如庄公十四年，郑厉返国事，于正传中插入蛇妖一案。冯李骅谓："此夹叙法也。本叙郑厉入国诛贰，从傅瑕引入原繁。左氏好奇，便叙入蛇妖一案，令文字另换一番色泽。然安在篇首即不见其妙，妙在正叙事间，忽然夹入，篇法遂有横云断岭之奇。"③《左传》中同类用法尚多，不多举。

再次，还有一种情况，似更能体现"语不接而意接"之特点，王源谓之行文"有间"。闵公二年，狄入卫，王源批云："今人为文，以无间为工；古人为文，以有间为奇。韩信背水为阵，赵人望见大笑，非以其有间乎？不知兵法之妙，正在于此。此文自'卫侯不去其旗，是以甚败'而后，竟无一字及懿公。如以为死，观此二语，则懿公尚存；如以为存，何以后幅不及懿公，而竟叙戴公之立？非左氏之一间乎？孰知文章之妙正在于此。"此处所谓有间，乃借兵家之说，谓故意示敌破绽以诱敌也。为文之道，与此相似，于行文线索，故意泯灭其迹，令人生疑、生思，而后能收回环往复之效。如此篇前叙懿公甚败，则犹未至死，后则竟叙戴公之立，那么懿公何在？行文线索似

---

① 金圣叹：《唱经堂左传释》，《郑伯克段于鄢》篇批语。
② 王源：《左传评》，第236页。
③ 冯李骅：《左绣》卷3，庄公十四年眉批。

断。细绎全文，则前有"遂灭卫"之语，王源以为左氏之例，国亡君死曰"灭"，则懿公之死，固已隐然交待于前，此实有"断者不断"、"藕断丝牵"之妙。

上述第一种情况只有像《左传》这种依经立传的作品才会出现，真正对习文有普遍借鉴意义的，还是后两种断续手法，而又以第二种最为常见。

十二 互见

刘勰《文心雕龙·史传》篇论纪事之难，有云："或有同归一事，而数人分功，两记则失于复重，偏举则病于不周，此又铨配之未易也。"为了克服此种弊病，司马迁在《史记》中运用了"互见"法，即数人同做一事，则于主事者传中详叙其事，他人传中则略言之，此种用法在纪传体史书中颇为常见。王源认为在《左传》中也有"互见"之法，其于《晋人败狄于箕》篇后批云："史传文字，全要彼此互见。法则取其相间，义则取其相形，参错互交而至文生焉。此文本传郤缺，乃夹入先轸，遂有无限波澜情趣。然使脉络不贯，又无文矣。唯以'逞志于君'四字伏于前，而追叙郤缺一段，句句与之映，于是气势始相联络，深奇超忽，孰窥其微？"观王源之意，此役郤缺、先轸皆有功，若分叙则失之繁，故于传郤缺之时，夹入先轸，既免重复，又使文有波澜。不过，王源所谓"互见"，更多还是强调文法的变化，不及纪传体史书中之"互见法"典型。

方苞在评点《左传》时，还揭示了另外一种意义上的"互见"，其于《邲之战》篇批云："《公羊》、《穀梁》传及《国语》、《国策》皆篇各一事，而脉络具焉。《左传》则分年以纪事，而义贯于全经。前此城濮之战，楚杀得臣，后此鄢陵之战，楚杀公子侧，故林父请死，晋侯使复其位，不得不具书以志晋楚军法之宽严，又以晋文既胜而有后事之虑，与楚庄既胜而知前事之非，相映以为枢纽，义法之精密如此。"方苞在此主要是从"义法"角度，强调《左传》结构之紧密，但也可看出要知《左传》的确切意义，须要综合前后来看，这也可视为以"属词比事"见意。

当然，评点者对《左传》文法的揭示远不止以上所述诸项。如冯李骅对《左传》"提应"法之归纳，对《左传》"虚美实刺"、"美刺两藏"、"怒甲移乙"等褒贬法之概括，以及对《左传》起、结、分合、断结等法之分析等，都可谓别具慧心。① 而吴闿生对《左传》"逆摄"、"横接"、"旁溢"、"反射"等法之探讨，亦别具只眼。② 林纾对《左传》"锁纽"、"结穴"以及附传等法的分析，亦可谓有见。而王源对文法的总结，尤有可说者，如谓："文不过说理与叙事。吁！文有何奇，说得理出，便是奇文；序得事出，便是奇文。所谓辞达而已也。"③ 故强调行文须"因其自然，写其本然"④，但又不能废人巧之"惨澹经营"⑤。其论"加倍法"，谓："欲抑即抑，抑无力；欲扬即扬，扬无势。抑先扬也，扬先抑也，加倍法也。"⑥ 其论作短篇之法，则言："以曲以峭，短篇法也。曲则情致无尽，峭则章法离奇。"⑦ 其论文之起结，则曰："陡然起，不知其何来，瞥然过，

---

① 冯李骅：《左绣》卷首，《读左卮言》。
② 吴闿生：《左传微》卷首，《与李右周进士论左传书》。
③ 王源：《左传评》，第192页。
④ 同上书，第215页。
⑤ 同上书，第288页，此意又见270、318页等所论。
⑥ 同上书，第238页，此意又见203、232页等所论。
⑦ 同上书，第274页。

不知其何往，杳然去，不知其何终，皆文家胜境。"① 其论叙事，则强调："不可旁叙一事，又不可只叙一事，旁叙一事则笔法乱，只叙一事则笔法死。死则无文，乱则无章。然欲其不乱，不得不只叙一事；欲其不死，不得不旁叙他事。二者不可得兼，叙事者其穷矣乎？曰不然。所谓不可旁叙一事者，以精神只注在一事，不可又注在一事也。所谓不可只叙一事者，以精神虽注在一事，又不可不兼叙他事为衬贴也。惟其精神只注在一事，而衬贴却不止一事，衬贴虽不止一事，而精神只注在一事，所以断乱无端，而草蛇灰线，一笔不乱，精严紧密而离奇综变，一笔不死也。"② 其论记人，则谓："写此一人，必不止写此一人，而后能全神毕露，不必写此一人，但借他人以写此一人，而尤能使其全神毕露尔，此中机巧可语会心。"③ 他如所谓闲笔、点染、藏锋、时中等，都能因此一篇，而为千百篇说法，可取之处颇多，因篇幅所限，我们只能略举大端而已。

第三节 余论

由前两节分析可知，从文学角度评点《左传》者所涉及的内容是非常广泛的：既有对解经方法及经义的分析，也有从文章角度对各篇意旨的抉发，而以对《左传》文法的揭示最为精彩。应该说，这几方面内容在当时都有其意义，有些看法即使在今日，对我们仍有一定的启发作用。

---

① 王源：《左传评》，第252页。
② 同上书，第211页。
③ 同上书，第235页。

从文学角度评点《左传》者的最大贡献，是相当详细而精确地探讨了对于古文和时文都适用的写作法则，既有理论高度，又有可操作性，从而将古文及时文的创作置于理论指导之下，具有极为重要的文章学意义。桐城派是清代最大的散文流派，而很多桐城派作者往往通过对《左传》的评点来构建自己的理论。据刘声木统计，方苞、刘大櫆、姚鼐、曹一士、周大璋、李文渊、方宗诚、吴汝纶等桐城派作家都有《左传》评点著作，而王源与桐城派也颇有渊源，吴闿生为吴汝纶之子，论文亦谨守家法，林纾则私淑桐城派。可以说，桐城派"义法说"及"雅洁"的理论主张，在其对《左传》的评点中都有体现，亦可见《左传》评点对于我国散文理论的贡献。其实，评点者所揭示的创作法则，其作用似又不止于古文和时文，还可旁通于戏曲、小说。金圣叹评点《西厢记》及《水浒传》，就一再以《左传》文法为比。如《西厢记读法》即云："文章之妙，是目注彼处，手写此处。若有时必欲目注此处，则必手写彼处。一部《左传》，便十六都用此法。若不解其意，而目亦注此处，手亦写此处，便一览已尽。《西厢记》最是解此意。"又谓："文章最妙是先觑定阿堵一处已，却于阿堵一处之四面，将笔来左盘右旋，右盘左旋，再不放脱，却不擒住。……《左传》《史记》便纯是此一方法，《西厢记》亦纯是此一方法。"虽然金圣叹可能有以《左传》提升小说、戏曲地位的目的，但《左传》善于叙事，刻画人物各肖其面，能"以十分笔力，写十分人情"，此种笔法与小说、戏曲自有其可以相通之处。

从文学角度对《左传》的评点，对于评点这种批评体式的完善也起到了一定的作用。评点相较于其他批评最大的特点就是与文本紧密结合，具体展现阅读的过程，在把握全篇的基础上，对篇、章、段，甚至是句、字逐层加以分析，然后再回到对全文主旨的理解，通过这样一种由宏观到部分，再回到宏观的过程，实现对文本的更深刻理解。而许多《左传》评本往往前有解题，中有旁批或夹批、眉批，文末有总评，具体体现了这样一种"阐释学的循环"。而许多评点者，如冯李骅、余诚等，则是有意识运用这样的方法，尽管他们不会有所谓"阐释学"的概念，但他们有意识从总体到部分，再回归总体的解读本文，使这样的批评方式得到更多评点者的运用，无疑促进了评点体式的发展。

从文学角度评《左传》者，因为多数意在为初学应举提供指导，所以在经义发挥方面，多遵循儒家正统学说，不出传统经学的范围。当然，也有评点者能不囿于成说，得出一些富于启发性的见解，如刘继庄、林云铭，等等，可以参阅下编《提要》中相关内容，不再多言，在此想强调一下评点者从文法角度对《左传》中解经语的处理。《左传》中的释经语，在今文经学者看来，与上下文不顺，有后来插入的痕迹，并因而怀疑《左传》非为释经而作，更有甚者，竟因之谓《左传》出于刘歆之伪造。而《左传》评点者往往从文法角度来看释经之语，认为不仅没有割裂文势之嫌，而且能与文章密合无间，是叙事中点睛之笔，必不可少。我们在谈"断续"时已提到金圣叹对隐公元年"郑伯克段于鄢"中解经语的评论，他认为是叙事中穿插之闲笔。下面再举几家对此段解经语的评点：刘继庄认为："叙事未毕，乘便即释经，可见文无定格。"① 冯李骅则言："解经只四笔，而自成章法，首尾两'不言'，一倒一顺；中间一'故曰'，一'称'，亦一倒一顺，前两项先解后点，后两项便

---

① 刘继庄：《左传快评》卷1，《郑伯克段于鄢陵》"书曰郑伯克段于鄢"句篇批语。

先点后解，古今文无二作法，此其一般耳。"① 俞宁世则谓："此篇'出奔'以前是叙正文，'遂寘'以下是补叙后事，则书法自应间于其中，非有意凌乱他。"② 路润生曰："叙事至此断一段，后再叙事，章法玲珑。"③ 可见，本来为今文学者所诟病，古文经师亦未有合理解释的解经语，在评点者这里，反而成了左氏叙事之优长，其非后来插入自然可知。可惜古、今文学者都不以评点为意，若刘逢禄、康有为等人留意及此，不知又作何反驳。

另外，从文学角度对《左传》的评点，还在一定程度上促进了《左传》的普及。《左传》自唐代被确认为《春秋》的权威解释后，在相当长的时期内，是士人的必读书籍。但自明代科举以《四书》取士后，很多士子为了应举，往往只熟读《四书》及场屋时文，五经尚且不能遍读，更不要说各经之传注了。而在明代中后期，随着"以古文为时文"理论的提出，出现了许多对《左传》的评点，因此类作品多是为科举服务，所以质量并不高，但却能有较大的市场，在某种意义上也促进了《左传》的传播。而清末废除科举后，随着新式学堂的建立，开设了许多西学科目，而传统国学如《左传》等，士人则无暇究心。在这样的背景下，为了保存国学，刊刻了相当数量的《左传》评选本，因为这些评本没有传统经学烦琐的注释，便于阅读，所以较受欢迎，这也有利于《左传》的普及。

---

① 冯李骅：《左绣》卷1，隐公元年眉批。
② 高梅亭：《左传钞》卷1，引俞宁世语。
③ 魏朝俊：《批选左传》，古香阁刊本，卷1隐公元年眉批。

第四章 《左传》评点之内容与价值——经学篇
——以姜炳璋《读左补义》为例

在《左传》评点作品中，以研寻经义为主者并不太多，主要有凌稚隆《春秋左传注评测义》、王锡爵《春秋左传释义评苑》、姜炳璋《读左补义》等数家，其中凌稚隆与王锡爵的著作都属于集评性质，虽然也有个人见解，但对经义发挥并不太多。所以本章主要以姜炳璋《读左补义》为例，来探讨评点者对《左传》经义有哪些面向之发挥。

第一节 绪论

一 乾嘉考据学风下的浙东学术

王国维论清代学术，以为凡有三变。其言曰："我朝三百年间，学术三变：国初一变也；乾嘉一变也；道咸以降一变也。顺康之世，天造草昧，学者多胜国遗老，离丧乱之后，志在经世，故多为致用之学。求之经史，得其本原，一扫明代苟且破碎之习，而实学以兴。雍乾以后，纪纲既张，天下大定，士大夫得肆意稽古，不复视为经世之具，而经史小学专门之业兴焉。道咸以降，涂辙稍变，言经者及今文，考史者兼辽金元，治地理者逮四裔，务为前人所不为，虽承乾嘉专门之学，然亦逆睹世变，有国初诸老经世之志。故国初之学大，乾嘉之学精，道咸以降之学新。"① 此论颇为简明，治清学史者虽为学祈向多有不同，但基本都注意到清代学术这样一种演变轨迹。三期之中又以乾嘉汉学最能为清学之表征，乾嘉学人因内外环境之变化，多专注于经史考证之学，以求是为宗，不复以经世为念。梁启超即以考证学为清代之学术"思潮"加以表彰，谓："凡'思'非皆能成'潮'，能成'潮'者则其'思'必有相当之价值，而又适合于其时代之要求者也。凡时代非皆有思潮，有思潮之时代，必文化昂进之时代也。其在我国，自秦以后，确能成为时代思潮者，则汉之经学，隋唐之佛学，宋及明之理学，清之考证学四者而已。"并总括其特征为"厌弃主观的冥想而倾向于客观的考察"②。章太炎认为清儒除今文家外，大抵"不以经术明治乱，故短于风议；不以阴阳断人事，故长于求是"③。而刘师培论清儒与明儒之异同，也揭出"求是"二字，谓："明儒之学以致用为宗，而武断之风盛；清儒之学以求是为宗，而卑者或沦为稗贩。"④ 可见，乾嘉学术主流确实注重考据训诂，不重义理阐发，较少经世精神。此又可以验之于乾嘉学人对戴震学术的评价。戴震在乾嘉诸老中是一独特存在，他虽在考据方面成就斐然，但仅视其为求道之手段，所重者乃从字义、名物、度数以通经义，所谓训

---

① 王国维：《王国维遗书》，上海古籍出版社1983年版，第4册《沈乙庵先生七十寿序》，第25—26页。
② 梁启超：《中国近三百年学术史》，上海三联出版社2006年版，第10页。
③ 章太炎著，徐复注：《訄书详注》，上海古籍出版社2000年版，第116页。
④ 刘师培：《清儒得失论》，人民大学出版社2004年版，第268页。

诂明而后义理明，且在义理上多有发明。但是今人最为称许，戴震也自视甚高的言性理诸书，却不为时人所重。其《论性》、《原善》诸篇，时人以为"可以无作"①，其自视为"生平著述最大"，"正人心之要"的《孟子字义疏证》，洪榜乃谓："非言性命之旨也，训诂而已矣，度数而已矣。"② 洪榜撰东原行状，录其《与彭尺木书》，段玉裁谓："其书几五千言，有此而《原善》、《孟子字义疏证》之说愈明矣。"③ 朱筠则谓其书"可不必载，戴氏可传者不在此"④。然则戴震之所以为时流共仰，实由于他在六书、九数、名物、制度诸方面的研究业绩，其言性理者，固时人所鄙弃不屑道。观此亦可知其时为学之风尚。

但是，并非所有乾嘉学者都唯考证是尊，戴震而外，浙东一些学者也坚持着自清初以来的经世学风，与当时的主流思潮保持着一定的距离，章学诚对于考据学者"博古而不通今"之弊，持论尤为激烈。或出于反对当时考据学派、倡导学术经世学风的目的，章学诚有意构建了清代浙东学派的谱系。即"梨

---

① 章学诚《书〈朱陆〉篇后》后谓："戴著《论性》、《原善》诸篇，于天人理气，实有发前人所未发者，时人则谓空说义理，可以无作，是固不知戴学者矣。"（见《文史通义新编新注》，第132页）
② 江藩著、漆永祥笺释：《汉学师承记笺释》，上海古籍出版社2006年版，《与朱筠书》，第626页。
③ 段玉裁《戴东原先生年谱》谓："先生丁酉四月，有《答彭进士绍升书》。彭君好释氏之学，长斋佛前，仅未削发耳。而好谈孔、孟、程、朱，以孔、孟、程、朱疏证释氏之言。其见于著述也，谓孔孟与佛无二道，谓程朱与陆、王、释氏无异致。同时有罗孝廉有高、汪明经缙倡和其说。先生以所作《原善》、《孟子字义疏证》示之。彭君有书与先生，先生答此书，以六经、孔、孟之旨还之六经、孔、孟，以程、朱之旨还之程、朱，以陆、王、佛氏之旨还之陆、王、佛氏。俾陆、王不得冒程、朱，释氏不得冒孔、孟。其书几五千言，有此而《原善》、《孟子字义疏证》之说愈明矣。"（《清代徽人年谱合刊》，第297页）
④ 江藩著、漆永祥笺释：《汉学师承记笺释》，上海古籍出版社2006年版，《与朱筠书》，第620页。

洲黄氏，出自蕺山刘氏之门，而开万氏兄弟经史之学，以至全氏祖望辈尚存其意"。并特别突出了浙东学派重史的特点，谓："浙东之学，言性命者必究于史，此其所以卓也。"① 劭晋涵也应是章学诚学术谱系中的一员，而章学诚本人自是以表彰浙东学术为己任的。故章太炎论浙东学术，就明确点出二人，又增补黄以周、黄式三父子，在明确浙东学派重史的同时，又指出其汉宋兼采、并重礼学的特征。梁启超则未提黄氏父子，而以章学诚为浙东学术之殿军，并谓浙东学派"贡献最大者实在史学"，这实际上是对章学诚尊史的一种回应。显然，各家对浙东学派人员构成上存在一定的分歧，其背后当有更深的理论预设，不在本文讨论范围。但是他们都不约而同指出了浙东学派重史的特点，今天我们提到浙东学派最自然的反应是史学，不能不说是各家理论构建的功劳。而史学正所以经世，这是浙东学派显然有别于考据派之处。

但是，若考诸史实，浙东学派并非独尊史学，而是经史兼治，而经、史同归于经世。如黄宗羲就一再言及经史不可偏废，其言曰："学者必先穷经，然拘执经学，不适于用。欲免迂儒，必兼读史。"② 又曰："本之经以穷其原，参之史以穷其委。"③ 全祖望述黄宗羲治学，亦谓："先生始谓学必原本于经术，而后不为虚蹈；必证明于史籍，而后足以应务。"④ 又谓从黄宗羲受业者，"必先穷经，经术所以经世，方不为迂儒之学，故兼令读

---

① 章学诚著、仓修良注：《文史通义新编新注》，《浙东学术》，第 121 页。
② 清国史馆：《清史列传·黄宗羲传》，中华书局 1987 版，第 5439 页。
③ 黄宗羲：《南雷文定后集》，续修四库第 1397 册，卷 1《沈昭子耿岩草序》，第 406 页。
④ 全祖望：《鲒埼亭集外编》，续修四库第 1429 册，卷 16《甬上证人书院记》，第 616 页。

史"。而万氏兄弟同受学于黄宗羲，万斯同以史学显，而万斯大则以经学名于世。劭晋涵虽以史学名家，于经学也未尝偏废。① 章学诚虽力倡"六经皆史"之说，但一则曰"道备于六经"，再则曰"六经大义，昭如日月"，是则其亦未否定经学的地位，更不是要以史学取代经学，或以史学对抗经学。章学诚谓六经"皆先王之政典"，乃"先王得位行道，经纬世宙之迹，而非托于空言"，又谓"古之所谓经，乃三代盛时典章法度见于政教行事之实，而非圣人有意作为文字以传后世也"②，其意若谓六经本皆是史，为先王盛时治世之法，故六经本身非即是道。但若推原先王行事之迹，未尝不可因之以达大道，故曰"道备于六经"。因此，六经虽然不等于道，但却是载道之器，也就是史，可以即之以明道。道既然已备于六经，故孔子述而不作，但称述其事以明大道，"未尝离事而著理"。又言："道备于六经，义蕴之匿于前者，章句训诂足以发明之；事变之出于后者，六经不能言，固贵约六经之旨，而随时撰述，以究大道也。"③ 意谓道虽备于六经，但六经只是"迹"而非道，故后世事变固有六经所不能言者，须约取六经之旨，"以究大道"。然则不仅六经载道，即后世之史也可借以明道。观此可知，章学诚以六经为史，实出于其经世目的，反对空言义理，强调为学必切于人事。既然六经本来就是史，那么反之亦可说史即是经。"戴密微有见于此，故谓经即史若换过来说，便是史亦犹经，已将'史经化矣，不亚于黑格尔之神化历史'。倪文孙也认为，经既然是史，史犹经之可以明道，自应分享经之崇高地位"④。果如此，则章学诚所谓

---

① 按：劭氏经学著作有《孟子述义》、《穀梁正义》、《韩诗内传考》等。
② 章学诚著、仓修良注：《文史通义新编新注》，第77页。
③ 同上书，第104页。
④ 转引自汪荣祖《史学九章》，三联书店2006年版，第218页。

六经皆史，非但无意贬低经之价值，且有借经以提升史之地位的作用。

章学诚倡导六经皆史，实有史学经世的意思。从此目的出发，他一方面反对宋儒空言义理，不切人事。另一方面又不满汉学家专精于古，漠视现实，章太炎所谓"杂事汉宋"，盖得其实。章学诚著文，一再发明此意。如谓："史学所以经世，固非空言著述也。且如六经同出于孔子，先儒以为其功莫大于《春秋》，正以切合当时人事耳。后之言著述者，舍今而求古，舍人事而言性天，则吾不得而知矣。"① 又言："君子苟有志于学，则必求当代典章，以切于人伦日用；必求官司掌故，而通于经术精微；则学为实事，而文非空言，所谓有体必有用也。"② 又言："天人性命之学，不可以空言讲也。……故善言天人性命，未有不切于人事者。三代学术，知有史而不知有经，切人事也。后人贵经术，以其即三代之史耳。近儒谈经，似于人事之外，别有所谓义理矣。浙东之学，言性命者必究于史，此其所以卓也。"③ 以"言性命者必究于史"统括浙东学术，可见其治学祈向。又须指出的是，强调经世致用，重视近代文献，不仅仅是章学诚的理论预设，也是许多浙东学者的实际追求。黄宗羲本人经史兼重，并著《明儒学案》，显示出对近世文献的重视；万斯同几乎以一人之力撰成明史，可见其对当代文献之熟悉；全祖望也精于宋末和明末清初的史事，并以极大的精力采集东南一带乡邦文献，以碑传记序形式记录了大量晚明史实，表彰了明季忠义之士；邵晋涵重视对宋元明清史的研究，尤深知晚明

---

① 章学诚著、仓修良注：《文史通义新编新注》，第122页。
② 同上书，第271页。
③ 同上书，第121页。

清初史事。由此可见，浙东学者普遍重视史学，特别是近代史事的研究，保持着以史学经世的传统。

乾嘉时期，汉学极盛，学者多以经史考证为事，不复有经世之志。在此种大的社会风潮之下，浙东一些学者犹能保持清初以来的经世之风。此派学者多尊经重史，既反对空言义理，又不满于尊经复古，故治学多汉宋兼采，反对偏执一端，而始终以经世为指归。姜炳璋即生于这种具有极强经世意识的环境之中。

二 姜炳璋与《读左补义》

姜炳璋为象山丹城人，字石贞，号白岩。生于乾隆元年，卒于嘉庆十八年，基本与乾嘉汉学的鼎盛时期相终始。姜炳璋生而奇特，幼有才子之名，五岁入家塾，读书至"毋自欺"句，恍然有省，自是言止举动，一不敢苟，俨如成人；十岁能作文，议论警拔；十六岁补博士弟子员，试辄冠军，学使者皆以国士目之，宁化雷鋐誉为"东南一学者"；乾隆十九年成进士；二十九年授石泉知县，其间一度任江浦知县；三十三年谢病归，不再出仕，唯留心著述，于诸经史皆有讲解。年七十八卒，葬梅溪金钟山巅。[①]

姜炳璋生早章学诚两年，卒又后于章学诚，虽然还不知道两人有无思想上的交涉，但两人同受浙东学风熏染，都重视义理阐发，且反对托于空言，则是事实。两人虽然都重视经史，但章学诚更注重史学建设，而姜炳璋更侧重于经义的发挥。《象

---

① 姜炳璋事迹参见陈汉章纂《象山县志》，方志出版社2004年版，第1325—1326页，以及《大清一统志》卷304，《龙安府志·名宦》。

山县志》谓姜炳璋自"束发读书，即绝去帖括之习，经史以外，濂洛关闽诸儒书以及古诗、玉溪生诗，莫不贯穿融洽，得其精粹"①。又可见其为学汉宋兼采的特色。姜炳璋于《周易》、《周礼》、《诗经》、《春秋》等书，都有著作，且都重义理阐发，与其时之考据学风异趋。而其于《左传》用力尤深，其《读左补义》致力于《春秋》大义的探讨，而《春秋》被视为孔子救世之书，此又可见姜炳璋为学颇有经世之意。其实姜炳璋不仅有经世之志，亦有经世之才。其于石泉虽为政不到四年，却多有善政，民至有"慈父母"之称。后至江浦任知县，设施一如在石泉时；有旧县坝久废，谕民修筑，躬亲督之，堰成，开田数千亩，民因号为"姜公堰"。署任仅六月，复返石泉，而士庶送之，至伏道不能起，此皆可见其治世之能。②姜炳璋虽有经世之才，却未受重用，不能尽展其志。故一生仍以著作为事，所著共二十一种，凡一百八十五卷。《读左补义》即其较为重要之一种。

《读左补义》凡五十卷，据卷首毛昇《例言》，其书始事于乾隆二十一年（1756），至乾隆三十七年而书始成，其间因释《诗经》而中辍近一年，故其书凡历十五六年而始成，可见用力之勤。是书之评有眉批，有文末总评。其总评以求"义"为主，博采众说，裁以己意，实出于姜炳璋；而眉批则主论文法，由其弟子毛昇钞录众说而成，故本章所论以文末总评为主。

《补义》一书意在发明《春秋》大义，之所以名为"补义"者，盖欲"阐发先贤释经之义"③，其旧说未明者，则以己说补

---

① 陈汉章纂：《象山县志》，第1325页。
② 参见《一统志·龙安府志·名宦》中所论，见四库全书第481册，第50页。
③ 姜炳璋：《读左补义》，续修四库经部第122册，卷首毛昇序，第116页。

成之。相对而言，《公羊》、《穀梁》二家之说因较少史事的限制，故更易于探讨《春秋》微旨。与姜炳璋同时的常州学者庄存与治《春秋》学，即尊崇《公羊》家之说，其后更形成影响深远的常州今文学派。姜炳璋却认为最能揭示《春秋》之义者，非《左传》莫属。其序曰："《春秋》因鲁史以示义，而发明《春秋》之义者，则自《左氏传》始。左氏圣人之徒也，身为国史，亲见策书，因博采列国之记载会萃为传，以发明《春秋》之大义，使圣人之引而不发者，昭然于简策间。班氏所谓论本事而作传，明夫子不以空言说经也。然则即事为经者，圣人之义也。论本事而为传者，左氏发明圣经之义也。皆不欲空言说经也。"① 孔子因鲁史作经，左丘明采列国之史作传，此意虽前儒已多言之，但姜炳璋《读左补义》于此反复致意，正可见出浙东学者重视史事，反对离事而言理的特点。

治清代学术史者，多认为庄存与的《春秋》学是乾嘉学术的别派，因为他在重视考据的同时，更多注意对《春秋》大义的发挥。又因今文经学在晚清政治上产生的深远影响，而庄存与实为常州公羊学派的奠基人，所以言及清代《春秋》学中重视义理一派，多追溯到庄存与这里。据美国学者艾尔曼考察，庄存与治《公羊》学是在乾隆晚期。若其考证可信的话，我们可以说，姜炳璋治《春秋》学同样以阐发义理为主，而其时间要早于庄存与。而且姜炳璋探讨《春秋》大义，多采《公羊》、《穀梁》之说，持论之激烈，较庄存与等人有过之而无不及。特别是所谓的攘夷、复仇等说，都是许多学者认为在乾隆前、中期不应出现的言论，而姜炳璋却反复申说，甚至为了发明攘夷之意，不惜曲解《左传》事实。通过分析《读左补义》，或许

---

① 姜炳璋：《读左补义》，续修四库，经部第122册，卷首毛昇序，第113页。

有利于重新审视乾隆时期的政治学术氛围，使我们对清代的《春秋》学有更为全面的认识。

第二节 《读左补义》与《左传》之解经

《左传》与《春秋》的关系，自西汉以后，已众说纷纭。今文学者攻其不传《春秋》，古文学者则认为左丘明得孔子之真传。姜炳璋作《读左补义》，立足于古文家立场，认为《左传》乃为解释《春秋》而作，其解经的基本方式为"论本事而为传"。为证成已说，姜炳璋有一种基本理论预设：六经皆为孔子所作，《春秋》乃孔子就鲁史笔削而成；左丘明为鲁国史官，曾受教于孔子，并采列国史记以解释《春秋》，颇能得孔子之本意，故《左传》的思想倾向多同于孔子；《左传》本以事解经，但其本意已为汉儒以来的"凡例"说所淆乱，故须破除凡例说之穿凿；欲求《春秋》本义，当从《左传》纪事中穿凿求之，并断以孔子之意。《读左补义》揭示《左传》之解经方法，有破有立。其卷首有《纲领》上、下，其《纲领·上》专破凡例说之穿凿，《纲领·下》则举左氏解经十有二善，以见其最能得孔子本意。下面结合其《纲领》，略述其所揭《左传》释经之意。

一 《春秋》无例，左氏亦无例

春秋之世，礼崩乐坏，孔子思有以用世而不得，故退而求其次，希望以著作维系世道人心。但"载之空言，不如见之于行事之深切著明"，故因鲁史而作《春秋》。说《春秋》者，以为其书乃治世之大法,能"劝善"而"惧淫"。然观其书,实类编年之史事汇集,所谓《春秋》大义并不能一览而见。自司马迁以下,多谓其书涉及当世君臣,故"有所刺讥褒讳挹损之文辞,不可以书见",而由"七十子之徒口授其传指"(《史记·十二诸侯年表》)。但是,若其书仅直录旧史,无所笔削,则与旧史无异,真成所谓"断滥朝报"矣,又安见其为孔门圣经?故孔子于旧史必然有所去取改动,隐约其辞,借以传达自己的微意。此种曲折达意,与旧史不同之笔法,即所谓"《春秋》书法"。因其书叙事多委曲,故其微旨须经专门学者阐释始能得出,于是有"书法"、"义例"之学。《左传》所谓"《春秋》之称,微而显,志而晦,婉而成章,尽而不污,惩恶而劝善"(成公十四年)。《公羊》所谓尊王、攘夷、大一统、复仇、正名、拨乱反正等,都是解说《春秋》之义例。不仅说《春秋》者有"例",解《左传》者亦有"例"。《左传》不同于《公羊》、《穀梁》,二传皆依经释义,其为解经之体显然。《左传》乃以史事解说《春秋》,其中有经无传、有传无经、经传歧异者,在在多有,又有所谓续经、续传,这都与解经之体例相违,故多有攻其不传《春秋》者。为使《左传》取得官方认可,众多《左传》学者,如贾逵、服虔等,都致力于《左传》义例的探讨,杜预则是其集大成者。杜预发明《左传》释经之例,有正例、变例、非例之说。尤其是所谓"先经以始事,后经以终义,依经以辩理,错经以合异"诸说,能将《左传》与《春秋》歧异之处,巧为弥缝,故后世《左传》学者多遵从其说。

　　解读《春秋》,自然须求其"大义",但若穿求太过,谓其字字有义,则多见其扞格而难通。如《左传》称"诸侯卒,惟同盟例书名",则间有不同盟而名者;称"君出例书至",则间有出而不书"至"者；或谓称字为褒，书名为贬，则又有称字非褒，书名非贬者。朱熹谓其："今乃忽用此说以诛人，未几又用此说以赏人，使天下后世皆求之而莫识其意，曾谓大中至正之道而如此乎？"① 可谓深中其病。自朱熹以后，说《春秋》者对于"义例"说多有批评，至清初更成为多数《春秋》学者的共识。② 姜炳璋亦有见于此，承前人之绪，力斥"凡例"说之穿凿，而持论更为激烈。

前人驳"凡例"之说，多就《春秋》一端言之，于《左传》中涉及义例者，如"书"、"不书"、"先书"、"故书"之类，较少辩证。姜炳璋则更进一步，认为"《春秋》无例，《左氏》亦无例"。但是，对于《左传》中所载明显属于义例者，应如何解释呢？姜炳璋以一言蔽之，曰："传之例，皆史氏之旧例，非左氏自定之例也。"何以谓《左传》之义例皆史氏之旧？姜炳璋举例云："传曰'来告则书'，又曰'灭不告败，胜不告克，不书于策'。岂作《春秋》时告于夫子乎？曰'辟不敏'者，岂夫子作《春秋》而辟不敏乎？"③（按：来告则书之例发于隐公十一年，"辟不敏"见僖公二十三年及文公八年。）司马迁曾谓孔子因鲁史作《春秋》，"笔则笔，削则削，子夏之徒不能赞一辞"（《史记·孔子世家》）。因此，通过比较鲁史与《春

---

① 黎靖德辑、王星贤点校：《朱子语类》，中华书局2004年版，第2148页。
② 朱熹曾谓："《春秋》大旨，……何尝云某事用某法，某事用某例也？"（《朱子语类》，第2144页）自是而后，学者始多非义例之说，张洽、吕大圭等皆承朱熹之说。清初学者朱鹤龄谓："今之说《春秋》者，何其乱欤！则凡例之说为之也。……夫子作《春秋》，上明天道，下正人事，变化从心，安得有例？例特史家之说耳。"（《愚庵小集》卷7《左氏春秋集说序》）顾栋高亦称："看《春秋》，须先破除一例字。"（《春秋大事表》附录《读春秋偶笔》）姚际恒谓"自有例之一字，而《春秋》之义始不明于天下矣"。可见破除义例说之穿凿，已为多数学者之共识。
③ 姜炳璋：《读左补义》，第113—114页。

秋》记事的差异，可以窥见孔子之微意。但鲁国旧史早已亡佚，《春秋》如何笔削，何以"书"某事，"不书"某事？杜预等据《左传》隐公十一年所发之例，以为一条重要原则即来告则书。姜炳璋则认为"来告"乃告于史官，"辟不敏"也是史官所为，都与孔子无关，故此例当出于旧史。揆诸史实，姜炳璋所疑，较合情理。如僖公二十三年《左传》所发凡例，谓："凡诸侯同盟，死则赴以名，礼也。赴以名，则亦书之，不然则否，辟不敏也。"杜预注："敏，犹审也。"文公八年所发凡例曰："凡会诸侯，不书所会，后也。后至，不书其国，辟不敏也。"顾炎武《左传杜解补正》云："公既不及于会，则不知班位之次序，故不书诸国，以辟不敏。"然则所谓"来告则书"，本是出于谨慎，唯恐误书，此必为史官旧例无疑。[①] 姜炳璋所辨，又不止此。其《纲领·上》将《左传》中凡涉及"义例"者，一一指明其出于旧史之迹。并归纳为五类：一曰西周旧典；二曰东周迁后列国相沿之例；三曰鲁史自相传授之例；四曰霸国更定之例；五曰鲁君臣私定之例。并谓西周旧典，其"例也，即义也"，犹合乎礼；至东周迁后之例，则"名存而实亡"；霸国更定之例，则以势利为进退。而鲁史自相传授之例，犹"得失参半"，至其君臣所私定之例，则"详略无定理"。春秋各期时势不同，其"例"亦自有别，前后相沿，颇能见出世风之变。但此等义例都与左氏无关，更与孔子无关，不过不同时期的史官随时为进退而已。在此基础上，姜炳璋又谓《春秋》也有例，只不过也是取于旧史，非孔子所自订。其言曰："《春秋》书法，有义有例。有定者义也，故定哀之微词，即隐桓之大义；无定者，例也，

---

① 按：杜预认为所谓"凡"皆是周公旧典，此自然出于旧史，姜炳璋所驳似乎不太合情理。

故隐、桓之定例，非闵、僖之成法。"①

既然《春秋》大义不能从义例中求之，那么孔子之微意又如何得见呢？四库馆臣即因姜炳璋贬斥"义例"之说，而对其有所怀疑。谓姜炳璋："欲破说《春秋》者屈经从传之弊，谓《春秋》无例，《左传》所言之例，皆史氏之旧文。其凡有五：一曰西周旧典；二曰东迁后列国相沿之例；三曰鲁史自相传授之例；四曰霸国更定之例；五曰鲁君臣私定之例。杜预所谓'凡例皆周公之礼经，变例皆圣人之新意者'，未为定论。其援据颇典博，参考亦颇融贯。然谓史氏相沿有此五例，左氏遂据以推测圣经可也。谓《春秋》全因五例之旧文，则圣人直录鲁史，不笔不削，何以云'其义窃取'，何以云'知我罪我，其惟《春秋》乎'？"② 其实，这是馆臣未细读姜炳璋之书而产生的误解。姜炳璋虽反对以"义例"说《春秋》，但并不否认《春秋》经过孔子之手定，他认为孔子作《春秋》，有因乎旧史者，有自为立义者。其言曰："圣人有因乎史文者，有不从史文者，有删去史文者。晋董狐书赵盾弑其君，齐太史执简而书崔杼之弑，而经无异辞，因乎史文者也。温之会，晋侯召王，而书曰'天王狩于河阳'；宁殖谓其子曰：'名藏在诸侯之策，曰卫孙林父宁殖出其君'；叔孙昭子谓意如，亦曰'子以出君成名'，经乃为自奔自孙之辞，则圣人自为立义，不从史文者也。其余多据策书之文，而删其礼之常者，事之不足为法戒者。班叔皮所三杀史，见极平易正直是也。"③ 也就是说，姜炳璋认为孔子对旧史有所笔削，并通过此种笔削以表达自己或褒或贬之意。但是，

---

① 姜炳璋：《读左补义》，第120页。
② 《四库全书总目》卷31，《读左补义提要》。
③ 姜炳璋：《读左补义》，第136页。

此种笔削并不构成全书统一的"义例",孔子不过因具体之时事,或因、或改、或删而已。

旧例既然无从见义,孔子作《春秋》为何不加以更定以形成统一的义例?《左传》所揭义例既非孔子所订,左氏又如何解释《春秋》?《左传》既为解释《春秋》而作,为何不直言其大义,而仅录旧史之所书?姜炳璋以为孔子作《春秋》不裁定义例,有两层考虑。一是不欲托之空言,故因鲁国旧史见意,"即事而为经"。而鲁国旧史,"史不一人,则文非一手,事非一朝,则史非一例",其是非颇有异于孔子者,孔子备录而不加刊正,"存其文也,纪其实也,著其失也"①。也即朱熹所谓:"孔子当时,只是要备二三百年之事,故取史文写在这里,何尝云某事用某法,某事用某例也?"② 二是因《春秋》所据为"本朝之史,宗国之书",故但记其事以明王法,不便"显斥当时之君相而诛之"。孔子既然因事见义,左氏也就论本事而为传。姜炳璋云:"左氏圣人之徒也,身为国史,亲见策书,因博采列国之记载,会萃为传以发明《春秋》之大义,使圣人引而不发者昭然于简策间。班氏所谓论本事而作传,明夫子不以空言说经也。"③ 也就是说,左氏之不删旧例,正得孔子本意。再者,孔子本即事以明义,无所谓例。左氏作传,若尽删旧例,反而使人怀疑《春秋》之例真出于孔子所订,其误更甚。故左氏仅"胪列史氏之例而瑕瑜各不相掩,使学者深思得之。夫然后不得混于圣经之义,乃所以发明圣经之义欤?呜呼,《春秋》非圣人不能作之,非左氏不能述之。作之者即事而为经,述之者论本事而为

---

① 姜炳璋:《读左补义》,第114页。
② 黎靖德辑、王星贤点校:《朱子语类》,第2144页。
③ 姜炳璋:《读左补义》,第113页。

传,事举而义存焉。岂徒以其文而已哉?"①

要言之,《春秋》之作,虽必有"义",然汉以后经师纷纷以"例"说经,哗然于一字之褒贬,则多流于穿凿附会。其说往往此通彼窒,前后矛盾,求"大义"于正例而不可通,又纷纷为变例以弥缝之,"例"愈繁,而"义"愈非,故为有识者所病。朱熹而后,直至清初,反对以例说经者,代不乏人。姜炳璋承前人之绪,力主《春秋》、《左传》皆无义例之说。并非无例,盖谓《春秋》、《左传》所涉之义例,都出于旧史,非孔子、左氏所自订。并谓孔子乃即事明义,左氏则论本事而为传,借旧史书法之变,以观世风之迁,颇合孔子"见诸行事"之意。以例说经,往往流于附会。姜炳璋强调阐发义理须结合具体史事,正可见出浙东学者重史的特点,这也是其可取之处。但须指出的是,姜炳璋并不否认《春秋》中有孔子的特笔,并于评点时随文点明。但为何某处是沿袭旧史,某处是孔子笔削,姜炳璋之说也未必令人信服。故义例之说,固然失之穿凿,姜炳璋所补之"义"也难免有出于臆度者。

二 左氏所见多同于孔子

姜炳璋《纲领·下》发明左氏释经十有二善,以见《左传》是《春秋》经的最佳阐释者。其十二善为:(1)躬承圣教;(2)亲见策书;(3)尊王重霸;(4)寝兵息民;(5)羽翼六经;(6)表里《论语》;(7)属辞比事;(8)文缓旨远;(9)善善从长,恶恶从短,故其辞多恕;(10)言有不验,事有非详,故其说非诬;(11)小疵而大醇;(12)阐幽而微显。

---

① 姜炳璋:《读左补义》,第114页。

此十二善或证左氏见解不谬于圣人，或辨左氏非诬，或明左氏释经之善。基本可以思想取向与解经方法分为两类：（1）、（3）、（4）、（5）、（6）、（9）、（10）、（11）更多侧重思想取向，（2）、（7）、（8）、（12）则侧重于解经方法。

下面先就其思想取向方面略作分说：

（一）躬承圣教

《左传》之作者为谁？与孔子关系如何？自今日视之，都无损于其本身之价值。但在清以前却关乎《左传》是否传经，能否立于学官等，直接决定着其地位之升降，故每每成为学者争论之焦点。姜炳璋以为：《左传》作者乃左丘明，曾受经于孔子；其身份为鲁史官，得见鲁史策书。惟其师事孔子，故深谙《春秋》大义而笃信之；惟其身为史官，故能遍览策书、记载，"论本事而为传"，明孔子非以空言说经。姜炳璋此说或得之于杜预，杜氏《春秋经传集解序》明谓"左丘明受经于仲尼"，"身为国史，躬览载籍"①。因《论语》中孔子曾将左丘明引为同道，故其说颇有利于确立《左传》的地位，也因之为习《左传》者所常言。但是，《左传》本身有一些内证，使人怀疑与孔

---

① 司马迁最早言及《左传》作者，谓："鲁君子左丘明惧弟子人人异端，各安其意，失其真，故因孔子史记具论其语，成《左氏春秋》。"（《史记·十二诸侯年表》）然仅言其为鲁君子，并未言其为孔子弟子，更未言其为鲁史官。因《论语》有"左丘明耻之，丘亦耻之"之语，刘歆遂谓"左丘明好恶与圣人同，亲见夫子"（《汉书·楚元王传》），然亦未视之为孔门弟子，亦未及其身份。至后汉，陈元始谓："知左丘明至贤，亲受孔子。"（《后汉书·陈元传》）班固又谓："（孔子）以鲁周公之国，礼文备物，史官有法，故与左丘明观其史记，据行事，仍人道，因兴以立功，败以成罚，假日月以定历数，藉朝聘以正礼乐，有所褒讳贬损，不可书见，口授弟子，弟子退而异言，左丘明恐弟子各安其意，以失其真，故论本事而作传，明夫子不以空言说经也。"（按：《左传正义》引严彭祖之说，亦谓孔子曾与左丘明赴周室观书）然仅言孔子曾与左丘明同观鲁史，并未直指左丘明为史官也。而杜预则明言左丘明为鲁国史官，且受教于孔子。

子同时的左丘明不可能作《左传》。故自中唐啖助、赵匡以下，颇有学者否认《左传》出于左丘明之手，至少不出于与孔子同时之左丘明。① 否认左丘明作传者，其理由大致为：《左传》记事终于知伯，已在孔子卒后数十年，非与孔子同时之左丘明所能见；《左传》所载不更、庶长、腊祭等皆战国时之秦官、秦名，非左丘明所当记；《左传》中所载预言涉及战国时事者多应验，故左氏当为战国时人；《左传》记晋、楚事特详，或为楚左史倚相之后等。姜炳璋之前，许多学者对此已有辩驳。姜炳璋博采前人之说（用黄泽之说尤多），力证左氏即与孔子同时之左丘明，且曾受教于孔子。

姜炳璋首驳不更、庶长及腊祭为秦官秦爵之说（按：姜炳

---

① 《左传》作者为左丘明，自司马迁、刘歆、杜预而下，至唐初而无异辞。汉之今文经师虽斥《左传》为不传《春秋》，亦未否认左丘明之著作权。唐赵匡始谓左氏为孔门后人，非《论语》之左丘明，《论语》所言乃孔子以前之贤人。《左传》、《国语》其初但题左氏，言其为左丘明者，始于司马迁、刘歆，然迁多好奇，歆出私意，故其言不足信。又谓《左传》、《国语》非出一手，其作者或另一姓左名丘明者，"自古岂止有一左丘明姓左乎，何乃见题左氏，悉称左丘明？"（参陆淳《春秋集传纂例》）左氏是否左丘明，宋程子认为："传中无左丘明字，不可考。"（《二程遗书》卷20）叶梦得亦言《左传》不出于左丘明，其说谓古之史官，"左史书言，右史书动"，左氏或世为鲁史官，乃以官命氏者。又据《左传》有不更、庶长等官，又有腊祭之名，皆秦官秦制，且《左传》记事之下限，距孔子卒已数十年，如左氏与孔子同时，其寿不应如是之久，故《左传》当成于战国周秦间，左氏必非《论语》之左丘明，或即鲁史之后人。梦得又提出左丘明之姓氏问题，因司马迁曾谓"左丘失明，厥有《国语》"，则当以左丘为氏，以"明"为名；又班固有"丘明恐弟子各安其意"之语，则直以左为氏，以"丘明"为名，如以左丘为氏，则云《左氏春秋》似不恰当。（参叶梦得《春秋考》卷3）朱熹亦以不更、庶长及腊祭等，谓"《左氏》是后来人作"，"不必解是左丘明"；且以《左传》记晋、楚事较详，而谓左氏或即楚左氏倚相之后。又有题为郑樵之《六经奥论》，列左氏非左丘明之证八条。前述诸说，其大要谓《左传》叙事迟至孔子卒后数十年，且有涉秦官秦制者，此皆与孔子同时之左丘明所不及见，而《左传》中又未明言左氏为左丘明，故《左传》之作者当为战国时人，不必为左丘明，即便真姓左，名丘明，亦只是与《论语》所称同名同姓而已。

璋谓啖助、赵匡首揭不更、庶长为秦爵,此其疏处。二人仅言作传之左丘明非《论语》之左丘明,并未言及秦爵等问题),以为不更、庶长二官春秋时秦已有之,特至商鞅始增为二十;而腊祭据应劭《风俗通义》亦早已有之,故此等说法皆不足证《左传》成于战国,亦不能否定《左传》之出于左丘明。又驳左氏为楚左史倚相或其后人之说,姜炳璋以为春秋时各国皆有左史,不独楚国为然。且以官为氏,当云左史氏,如司马、司空之类,不当仅举左为氏。又举鲁有左师展,孔子弟子有左人郢为证,明鲁国也有以左为氏者,故左氏不必为楚人。又取黄泽之说,从文风论《左传》成于春秋时期,谓《左传》之文全无战国意思。战国之书,叙战事常用"拔某城"、"下某邑"、"大破之"、"即急击"等语,皆左氏所无,故左氏必为春秋时人可知。又采朱彝尊之说,认为左丘或为复姓,其单称左氏者,因左丘明师事孔子,周人以讳事神,故避师讳而不云左丘,此尤可见左丘明与孔子之关系。又谓孔子正乐,曾谋之乐官,其作《春秋》,事必征其可据,而国史非史官不得见,故作《春秋》非得鲁史官之助不可。而左氏作传,其叙事如此之详,必世为国史可知(按:此亦用黄泽之说)。姜炳璋又谓续经出于左丘明,哀公十七年以后文字则出于左氏后人。至于《国语》与《左传》文风不类,或亦出左氏后人补《左传》未足而作。因司马迁《仲尼弟子列传》未言左丘明为孔子弟子,这也是反驳者理由之一,姜炳璋认为左氏于孔子,但以师礼事之,并未列弟子之籍,故不为太史公所载。

(二)尊王重霸,表里《论语》

《左传》所记,实为齐、晋、楚等国之争霸史。左氏于书中既倡尊王之义,对霸者亦不吝赞美之辞,尊王重霸可称《左传》之主导思想。而孟子,作为《春秋》较早而有影响的阐释者,却倡尊王黜霸之说,与《左传》之思想取向显有不同。其言曰:"仲尼之徒无道桓、文之事者。"(《孟子·梁惠王上》)又曰:"五霸者,三王之罪人也。"(《孟子·告子下》)对于辅佐齐桓称霸之管仲,孟子则谓其"功烈如彼其卑"(《孟子·公孙丑上》)。因孟子在儒家中的特殊地位,后世学者多有据其说以黜《左传》者。若不能调适二者思想的差别,终不利于确立《左传》释经的正统地位。

孔子言行主要见于《论语》,其中对辅佐齐桓公称霸的管仲多所肯定,甚至许其为仁。姜炳璋即据《论语》对霸者之称美,认为《左传》尊王重霸,合乎春秋时势,得孔子之本意。当然,他也不反对孟子黜霸之说,认为孟子所论乃为长久人心而发,《左传》则就春秋时势立论,二者并不相悖。其言曰:"以万世之人心而论,则霸者当黜;以春秋时势而论,则霸者当尊。霸者之当黜也,为其于仁义而假之,阳为尊周室之名,阴遂其自私自利之实也。故孔子以为器小,孟子以为三王罪人。然假乎仁义者,犹知仁义之为美也。阳为尊周室之名者,犹知周室之当尊也。"① 又叙霸者之功,以为周室东迁后,无霸以前,周室不尊,郑庄至敢于射王中肩;无霸以后,七雄纷起,周鼎亦移,故桓、文视三王为罪人,于春秋诸侯则为功臣。春秋之有霸,诸侯官受方物,条其职供,周室犹能系乎人心;春秋之时,猾夏者为楚,赖霸者犹能力挫其锋;而霸者博尊周恤小之美名,亦不敢肆其欲以吞并小国。故桓、文实为春秋时政治稳定之功臣。应该说,孔子之许可管仲,主要在其尊王、攘夷之功。《左传》载管仲事虽不多,但处处见其尊王、攘夷、恤小之心,与孔子所赞若合符节。因此,姜炳璋此说既见左氏思想之同于孔

---

① 姜炳璋:《读左补义》,第137页。

子，又能适度调和与孟子说之矛盾。

《左传》与《论语》思想倾向一致，尚不止于尊王、重霸、攘夷等说。《左传》所载可与《论语》相发明者，如桓之正、文之谲，宁武子之愚，臧武仲要君等，最为治《左传》者所常举。姜炳璋又进而发明《左传》表里《论语》者数事，以见其是非颇不谬于圣人。《论语》一书极其重礼，《左传》于"礼"也多所强调，甚至以行事是否合"礼"判断人之祸福，所谓"有礼则安，无礼则危"。姜炳璋谓《左传》于此反复致意，然后"知礼让之可与为国"。孔子强调"知命"[①]，姜炳璋认为左氏于"变患之来，以天为断，不屑屑与小人争得失"，可与知命。孔子自谓志在东周[②]，姜炳璋以为左氏"低回于周之德，三代之治，如季札、如韩起、即佞如祝鮀，犹必备录其文"，处处以圣人之意为断。他如"治人必先立本"，"用民必先教民，书战败则不尽其情"，"本之节爱敬信时使以论政治"，"本之德性言语政事文学以品骘人物"等，[③] 无一不以孔子之心为心。

（三）寝兵息民

孔子思想以仁义为本，《左传》却多描写战争，而争战无有不残伤百姓者。《左传》叙谋略甚详，是以历代名将多喜欢读《左传》，而明代王长民、陈锡元等甚至有《左氏兵法》之作，直以兵书视之。姜炳璋以为这都是不善读《左传》之过，左氏虽善于描写战争，其本意则"不贵用兵，而在寝兵；不在残民，而在息民"。又举例以明之。如卫州吁好兵，弑君自立，又兴兵

---

① 《论语·尧曰篇》载孔子语，谓："不知命，无以为君子也。"
② 《论语·阳货篇》载孔子语，谓："如有用我者，吾其为东周乎。"
③ 姜炳璋：《读左补义》，第138—139页。

伐郑。左氏借众仲之口曰："兵犹火也，弗戢将自焚也。"而州吁终自祸其身。又如宋殇公即位，十年十一战，左氏谓"民不堪命"，而宋殇也因此为华父督所弑。又如陈桓公，郑庄公曾请与之交好，陈桓轻视郑国而不许，终至交兵，为郑国所败。左氏谓"恶之易也，如火之燎于原"，"为国家者，见恶如农夫之去草焉"。凡此之类，姜炳璋以为皆"以亲仁善邻为宝，以构怨残民为恶"者，与春秋无义战之旨吻合。而齐桓伐楚，召陵之役，不战而服楚；晋悼公伐郑，三以兵临之而不战，终得郑国心服。姜炳璋谓："攘楚者，霸之烈也，而以召陵为盛；服郑者，霸之事也，而以三驾为优，盖予其不嗜杀人也。"他如宋襄求霸，子鱼谓其薄德，而举文王为法；吴师救陈，季札谓"二君不务德而力争诸侯，民何罪焉？"遂退师以为其名。姜炳璋以为此皆当时所未有，而《左传》一一载之，正以见"《春秋》之法，信乎招携以礼，怀远以德，止戈为武，不杀为仁。盖寝兵息民，《春秋》之志也"①。姜炳璋于具体评点时，更于寝兵息民之说反复致意，以见左氏见解之不谬于孔子。

（四）羽翼六经

姜炳璋以为六经皆出于孔子手订，而《左传》中赋《诗》者三十一，引《书》者三十九，论《易》者十有四，其他言及礼乐者，不知凡几。故实足以羽翼六经，也可见左氏作传一以圣人之旨为依归。《左传》之有功于《易》、《诗》、《书》诸经，姜炳璋仅略言之。其言曰："自三《易》行而龟卜之说微，而《传》曰筮短龟长；自《周易》行，而《连山》、《归藏》之制废，而左氏犹存三《易》之说；自王弼注《易》而京房、焦赣、蜀才虞翻之说俱微，左氏则占主三《易》而兼用杂占之辞。

---

① 姜炳璋：《读左补义》，第137页。

于引《书》可知《古文尚书》之为后出，于有穷灭夏而知史迁《夏纪》之疏，于命晋以《唐诰》、命鲁以《伯禽》，而知《周书》之未备。于引《诗》可知《郑风》二十一篇绝无淫女之谑浪。于朝庙典章可知武王、周公之大礼大乐未尽泯于春秋。传且为功于群经，所谓五经之余派，而古圣人之羽翮也。"① 孔子极其重"礼"，其作《春秋》，即因其时周衰礼废，想恢复周礼以挽救乱世。姜炳璋也着重阐明《左传》与《周礼》相发明之处。认为《左传》发明《春秋》之义，"皆所以维周礼也"。进而从田制、军制、田猎、朝觐、征伐、司徒之封疆、十二荒政、司爟之禁、大行人之邦交、宗伯之典、冯相保章之职、五礼六乐之教等十数方面，阐明《左传》保存周礼之功。

（五）善善从长，恶恶从短，故其辞多恕

孔子作《春秋》，善善而恶恶，论者或谓"褒见一字，贵踰轩冕；贬在片言，诛深斧钺"②，故能使善者劝而乱者惧。左氏论人，则多恕辞，善善从长，恶恶则从短，此是否有悖于孔子之教？姜炳璋以为此等溢美之词，盖述史官之意，"第就其行事之迹，而不论其从来之心；但执其偏端之是，而不求其错见之谬"③。如隐公十一年，郑伯入许而不有，左氏许其"有礼"。后世论者或谓郑庄公心极险恶，左氏许其有礼是无识，被郑庄所欺；或为左氏辩诬，认为左氏许郑庄"于是乎有礼"，正见其平时处处无礼，貌似许之，实则贬之。而姜炳璋则谓郑庄虽本意在侵占许国，但因许国"不共"而伐之，入而不有，从其行事之迹看，是合乎"礼"的，故因史例而许其"有礼"，不为诛心之谈。又

---

① 姜炳璋：《读左补义》，第137—138页。
② 刘勰著、周振甫译：《文心雕龙今译》，人民文学出版社1981年版，第169页。
③ 姜炳璋：《读左补义》，第140页。

如宣公十年，夏征舒弑陈灵公，而孔宁、仪行父二人实导灵公淫乱，以致灵公被弑。楚庄王讨陈国之乱，杀夏征舒，而纳孔宁、仪行父二人，左氏亦许其"有礼"。姜炳璋以为楚庄讨征舒之罪诚是，但纳孔、仪二人则非，左氏所以许其有礼者，乃取其一端之是，而置其"错见之谬"。而《左传》中其他世人以为褒贬失当者，皆当作如是观。即姜炳璋所谓："善善从长，恶恶从短，身为国史，史例所在，从而述之。其于圣经之义，两不相与也。安得尽以义法求之。"①

（六）言有不验，事有未详，故其说非诬

孔子不语怪、力、乱、神，左氏论事往往归之天道，且好言灾祥，喜为预言，其事又多验。故范宁以为"诬"，韩愈以为"浮夸"。论者也多以此谓左氏思想取向与孔子异趣，并疑其记载之可靠性。其实，《左传》之预言虽多奇中，但不应验者也为数不少。左氏于《春秋》所涉之事多能原其本末，但不知者亦往往而有，左氏于不知者则阙以存疑，并不强为之解。姜炳璋据此云："有其不验，可以知其验者之非妄也；有其不能尽知，可以知其所知者非无据也。"② 逆向而推，颇合情理。左氏论事，归于天道者甚多。如于楚之兴，则谓"天方授楚"；于晋之霸，则言天将兴晋；于周之衰，则云天厌周德；他如陈氏篡齐，季孙专鲁，似皆有天意在。但是，姜炳璋以为如鲁昭公之闇劣，即使没有季孙，也会因他人而出奔；以齐景公之昏庸，即使没有陈氏，也难保齐国之不乱。因此，各国之兴衰实皆出于其国君相之所为，非尽由于天命。所以说："春秋之天，乱世之天也。天之为乱世之天者，春秋之君相为之也。《左氏传》以天为

---

① 姜炳璋：《读左补义》，第140页。
② 同上。

枢纽，其大旨如此。"① 姜炳璋又谓左氏所作预言，不外"见乎筮龟，动乎四体二语"。其中以天为断者较简，以人事为断者极详。故言天之同时，往往及于"君卿大夫言语动作威仪"，"及人事之治乱敬怠"。也就是说，在姜炳璋看来，左氏虽多言灾祥，但往往断以人事，强调吉凶由人，与孔子所谓"敬鬼神而远之"并不相悖。

（七）小疵而大醇

韩愈曾谓荀子"大醇而小疵"，姜炳璋也以此赞许左氏。认为孔子晚年始作《春秋》，卒后左丘明始为《春秋》作传，未曾一字一句亲聆孔子之教，故其大旨虽不谬，学问之小疵，词旨之失当者却未能免。如孔子曾以惠人许子产，《左传》载子产临终告子太叔之言，却谓当"为政以猛"，姜炳璋以为此殊失孔子"居上以宽为本"之旨，当是左氏误采《郑书》之失。又如左氏行文，下背上曰"叛"，上背下亦曰"叛"，如"王叛王孙苏"之类即是；背盟主曰"叛"，背蛮夷亦曰"叛"，如诸小国舍楚从晋，书曰"叛楚"之类。姜炳璋以为"一字不慎，大义有乖"，此皆左氏之小失。姜炳璋还认为《左传》中与大义有乖的言论，有出于后人润饰者。如《左传》于韩、魏多嘉予之词，于赵鞅多隐约之语，姜炳璋即谓或左氏子孙当七国之世，避祸而润饰之。但在总体上，姜炳璋认为《左传》"大义数十，炳如日星。后之言《春秋》者不能出其范围。其立论与圣人实相符契"，不可以一节之疵而疑其全体之粹。

---

① 姜炳璋：《读左补义》，第141页。

三 《左传》以事解经之方式

孔子作《春秋》，不欲载之空言，故取鲁国旧史笔削以示义。因此，欲知孔子寄托于《春秋》之微意，须知孔子于旧史有何去取、改动。姜炳璋以为左丘明为鲁国史官，亲见策书，又受教于孔子，故能采列国史记，论本事而作传，深得释经之体。《左传》于解释《春秋》之不可或缺，前人已多言之。① 杜预发明左氏以事传经之意，谓其或先经以始事，或后经以终义，或依经以辨理，或错经以合异，无不为经而发。观杜预之意可知，以事解经又不止于采择史料，还须对史料有恰当的安排，才能更好发明经义。姜炳璋发明左氏以事解经之处极多，对杜预先经、后经之说也多所采用，此不多讲。下面仅就其《纲领》中涉及以事解经者，略作介绍。

（一）属词比事

《礼记·经解》曰："比事属辞，《春秋》教也。"郑玄云："属犹合也，《春秋》多记诸侯朝聘会同，有相接之辞，罪辩之事。"孔颖达疏谓："属，合也，比，近也。春秋聚合会同之辞，是属辞；比次褒贬之事，是比事也。"姜炳璋认为孔氏以"会同"，"褒贬"分言，未得"比事属辞"之确诂。他说："属辞

---

① 东汉桓谭谓："《左氏传》于经，犹衣之表里，相待而成。经而无传，使圣人闭门思之十年，不能知也。"（《太平御览》卷610 "学部"引）唐刘知几谓："向使孔经独用，《左传》不作，则当代行事，安得而详者哉？"（《史通·申左》）明湛若水谓："《春秋》者，圣人之心也。圣人之心存乎义，圣心之义存乎事，《春秋》之事存乎传。"（湛若水《春秋正传》自序）都深明左氏以事释经之意。家氏炫翁曰："使左氏不为此书，后之人何所考据以知当时事乎？不知当时事，何以知圣人意乎？"（家铉翁《春秋集传详说·纲领·评三传下》）

者，聚合其上文下文之辞；比事者，连比其相类相反之事。"①也就是说，解读《春秋》，不能就辞论辞，即事言事，应通观全书，前后参看，才能得其本旨。元黄泽谓《春秋》"一事必与数十事相关"，"如不书即位，当与后面书即位参看；书会盟，当与凡会盟合而求之"等，正与姜炳璋之意相合。

"比事属辞"为理解《春秋》微旨的必要途径，此为《春秋》学者共识。自唐啖助、赵匡等开舍传从经一派，更视此为寻求孔子微意之不二法门。认为《春秋》对相同事件每每有不同措辞，其于不同事件又可以有相同之书法，通过对此等不同记载之相互比观，即可窥得孔子微意，而不必借助于三传。于是，《春秋》学者著书也多以"比事"为名。姜炳璋也认为解读《春秋》须用"比事属辞"之法，同时，又谓左氏作传也以"比事属辞"见义。《春秋》之义未明者，左氏以"比事属辞"见之；经之"比事属辞"而义显然可见者，传则舍其大而论其小，总以与《春秋》相发明为指归。如隐公三年，周平王崩，《春秋》、《左传》皆未书其葬，姜炳璋以为对左氏叙事比而观之，不书王葬，正所以贬斥诸侯之无王。其言曰："'天子七月而葬'一段，已为三年天王崩，武氏求赙作断案。仲子未卒，天子命赙，改葬惠公，卫桓亲会。而天子之崩葬，未闻如京师哭临，遣使索赙，同轨之义谓何？比事以观，嗣后王不书葬，不必有传矣。读者毋以一传止释一经也。"②隐公元年，左氏论丧葬之礼，以为天子之丧，天下诸侯都应赴京师吊唁。隐公三年平王崩，诸侯未有往者。而据此数年左氏所载之事，诸侯之丧葬相互间尚有赴吊，而鲁国夫人之丧，天子尚且"命赙"。比

---

① 姜炳璋：《读左补义》，第139页。
② 同上书，第146页。

事以观，其时诸侯之目无天子可知，而其时礼制之废亦可知。此等微意均由左氏之"比事属辞"，不劳辞费而毁誉显然。

姜炳璋《纲领》于《左传》之"属辞比事"，更有精彩描述，其言曰：

> 如周郑交质，大书王崩，又曰王未葬也。观其属辞而知取麦取禾，瘝生伐天子之丧也。晋悼服郑而骄，楚悼临没而悔，赵武之新政偷安，屈建之新政敏肃，此于比事而知楚强晋弱之故也。若夫经之属辞比事显然可见者，传每舍其大而论其细。如天王归赗，不言赗惠赗仲子之非，以属辞已明，而但以缓急为非礼也。澶渊之会，不以不讨蔡般弑君为非，以比事已明，而但议其无归也。若一传之中，彼此相形而得失见，一人之事，前后相絜而是非昭。晋楚俱用夹写，伤楚强之由于晋衰也。鲁郑每为并叙，伤季孙之不如郑臣也。抉盛衰之关，立事为之矩，莫不举一例余，而旁通四达。桓与文相比，襄、灵、厉、悼与桓、文相比，而升降可见，伯未兴之前与有伯相比，有伯之后与无伯相比，而世变可知。条理灿著，脉络贯通，触处皆属辞比事之旨也。（139页）

依姜炳璋之见，左氏属辞比事之特色，为前后参看，有无相较。其常用手法有夹写、并叙、正映、反衬、举一例余、小中见大等。其叙事手法与效果为"彼此相形，而得失见；彼此相絜，而是非昭"。左氏能以事解经，而得孔义本真，运用属辞比事手法，厥功至伟。

《左传》叙事，往往原始要终，颇见本末。评点《左传》者亦多能窥寻此意。如吕祖谦谓："看《左传》，须看一代之所以升降，一国之所以盛衰，一君之所以治乱，一人之所以变迁。"①而欲见出其中端倪，非用属辞比事之法不可。冯李骅论《左传》，言其有绝大线索，又将左氏全书，分为春秋前、中、后三期，通《左传》全书为一大属辞比事。至于一篇之中，左氏属辞比事之妙，诸家发明尤多，此不多举。②

（二）文缓旨远

杜预谓左氏叙事："其文缓，其旨远。"吕本中亦言："文章不分明指切，而从容委曲；辞不迫而意已独至，惟左氏为然。"③苏轼又谓，于《春秋》之义，"惟左丘明识其用，终不肯尽谈。微见端兆，欲使学者自求之，故不敢轻论也"④。姜炳璋以为，此数家之言，最得左氏之用心，故取"文缓旨远"为左氏解经一大特色。姜炳璋认为，左氏释经，"或长篇而余情自永，或只字而涵盖无遗"，总以不肯尽言，使人自得为妙。并归纳左氏文缓旨远之法：有似刺而实褒者，有似褒而实刺者，有补经所未备者，有略经所已明者，有言外见意者，下面分别举例明之。

似刺而实褒：如宣公九年，陈灵公君臣淫乱，泄冶因进谏而被杀，《左传》引孔子语曰："《诗》云：'民之多辟，无自立辟。'其泄冶之谓乎。"论者多以此谓陈国无道，为人臣者当危行言逊，不可独自立异，左氏引《诗》乃贬责泄冶。姜炳璋以为不当以《诗》之表层意思为断，此处似贬而实褒。其言云：

---

① 吕祖谦：《左氏传说》，《吕祖谦全集》，第 7 册，浙江古籍出版社 2008 年版，第 1 页。

② 如方苞、林纾、吴闿生等，皆有所论。可参见张高评《春秋书法与左传学史》，第 26—32 页。

③ 王构：《修辞鉴衡》，四库全书，第 1482 册，第 278—279 页。

④ 苏轼：《苏东坡全集·续集》，北京市中国书店 1986 年版，《答张嘉父》，第 203 页。

"引《诗》言上下邪辟，人臣无由立法，盖伤之也。昭公三年传云：'伯石之汏也，一为礼于晋，犹荷其禄。《诗》曰人而无礼，胡不遄死。其是之谓乎？'或议《传》以立辟贬泄冶之谏，则将以遄死贬伯石乎？"[①]（按：伯石即郑国之公孙段，平日行事多汏佟无礼。）但其于昭公三年，相郑伯如晋，却举动合礼，并得晋国之赏地。《左传》引《诗》，以无礼之人当遄死，反托礼之重要，非谓伯石当速死。姜炳璋举其例以明《左传》引《诗》之意不可仅从表面理会。

似褒而实刺：姜炳璋举襄公二十七年宋之盟及昭公元年虢之会为例。襄公二十七年，应宋国向戌之请，晋、楚等国于宋举行弭兵大会。盟会之时，晋、楚争先，楚国无信而终先歃，《春秋》却书晋于楚前。《左传》谓："书先晋，晋有信也。"昭公元年虢之会乃寻宋之旧盟，晋赵武侃侃以"信"自许，而《左传》亦直录其言。观此两篇文字，似皆赞晋之有信。姜炳璋独以为此乃似褒而实刺者，谓赵武、向戌等倡弭兵之计，乃为虚名，非真为民计。其于宋之盟后批云："'以诬道蔽诸侯'，是通篇断结；起处'欲以为名'，是通篇脉络。微特向戌以为名也，即赵武亦以为名。饰其畏楚之实，而以弭兵为名，且任其怀恶欺凌，而又美其名曰守信。后世史官亦以武为真能守信，而其实皆诬也。"又谓此次弭兵，使晋、楚之与国交相见，各小国"忽增倍赋，而取给于残喘之民，是不以兵杀之，而以赋杀之也"。进而认为此传："凡曰信曰德文辞之多，皆诬也。中原分崩，小国就灭，皆由于此。时有桓文，向戌可斩矣。将前六段言外之意归并'诬道'二字，而尽情呵斥向戌，以恶

[①] 姜炳璋：《读左补义》，第330页；又第187页，庄公六年，"王人救卫"事亦以刺为褒。

赵武也。"① 在姜炳璋看来，这两次盟会表面赞晋国有信，实则贬斥晋赵武等人偷安，贪图虚名而不能攘楚以庇护小国。应该说，历代学者对此会及赵武还是颇多赞赏的，而姜炳璋则独斥之不遗余力，究竟谁的理解更合乎传意，自可商量。此处想要说明的是，姜炳璋所发明《左传》释经之方法多带有个人解读的成分，虽能成一家之言，却不必执为定论。

补经所未备：《左传》叙事颇多经无传有之辞，论者或以此攻《左传》非解经之体。姜炳璋以为经无传有者，乃为解读《春秋》补充相关之背景，使人更好理解《春秋》之意。如晋于僖公二年始见于经，《左传》则自隐公五年始，已叙晋事，更于桓公二年，历叙曲沃兼翼本末。姜炳璋云："此一则曲沃世家，以补经之未备。"② 盖晋国初始之时，五世有内乱，或不及告赴诸侯，故鲁史不书，孔子据鲁史笔削，因亦不载。然晋于春秋时称霸最久，若不叙其所从来，难以见其称霸始末，故左氏采旧史以补《春秋》所未备。又如楚于庄公十年始见于经，《左传》则自桓公五年已记其事，盖春秋时与中原诸国相抗者主要是楚，故传亦多载其事以补经之未备。

略经所已明：《春秋》记事有较详明者，《左传》多略言之，以见其与《春秋》相发明之意。如庄公十三年，《春秋》书："十有三年春，齐侯、宋人、陈人、蔡人、邾人会于北杏。"《左传》则云："十三年春，会于北杏，以平宋乱。"《春秋》历叙与会之人，左氏因经所言已明，故皆略之，仅言会于北杏，并解释其目的是"平宋乱"。《左传》所载如此类者尚多，若不与《春秋》参看，则与会者为何人，亦使人思之"十年而不能

---

① 姜炳璋：《读左补义》，第469—470页。
② 同上书，第168页。

得",即此也可见出《左传》本为释经而作。

无文之文：姜炳璋认为左氏释经，"前有纲领，后有归宿，各为数十年之始终。而必举义精仁熟之言以为圭臬"。而其尤要者，则在"无文之文"①。所谓"无文之文"，实即文外见意、言在此而意在彼。姜炳璋发明左氏言外微意最为得意者，为宋公子鲍弑昭公，齐公子元弑懿公。他认为左氏通篇不言鲍、元，而"而元与鲍已隐跃于字句之间"。此举其一，以见姜炳璋钩深抉隐之能。文公十六年，《春秋》书："宋人弑其君杵臼（按：即宋昭公）。"《左传》一则云"昭公无道"，再则云："书曰：'宋人弑其君杵臼。'君无道也。"观此，弑昭公者非公子鲍，似可定案。但姜炳璋却从左氏叙事见出弑君者乃公子鲍，而非国人。《左传》虽言昭公无道，并未言其如何无道，反而多言公子鲍厚礼于国人。姜炳璋以为公子鲍上结夫人，下连诸卿，又厚施于国人，故宋昭公之失人心，全由公子鲍阴主之，鲍为乱贼之首。并谓："乱臣贼子，多以厚施篡国。陈氏用之数世，然后得志，而鲍乘饥施惠，不过七八年间，遂使国人如趋慈父母。君弑而犹告于诸侯曰君无道也。君受不韪之名，而贼若置身事外。传尽情叙出，以发明圣人讨贼之义。"②孔子作《春秋》本有讨乱贼之义，但书法多有讳饰。左氏虽不明言其指归，但于叙事中，却能曲折见出孔子褒贬之意。

总之，姜炳璋以为左氏"奉二百四十二年之经而疏之导之，一以贯之，使人悠然会其旨，皆所谓文缓旨远，而不肯尽言者也"。

（三）阐幽而微显

所谓"微显阐幽"，始见于《周易·系辞下》，其言曰：

---

① 姜炳璋：《读左补义》，第139页。
② 同上书，第313页。

"夫《易》彰往而察来，而微显阐幽。"韩康伯注谓："《易》无往不彰，无来不察。而微以之显，幽以之阐。阐，明也。"是以"微显"与"阐幽"为同义之词。孔颖达以为二词，一就《易》辞言，一就义理讲，而"其义一也"①。杜预取以为左氏释经之法，谓"其微显阐幽，裁成义类者，皆据旧史而发义，指行事以正褒贬"②。据孔颖达疏，对于此处之"微显阐幽"，有两种不同之理解。一谓孔子修《春秋》用此法，"微其显事，阐其幽理，裁节经之上下，以成义之般类"。也就是说，孔子于事之善恶彰明者，多微其辞，使与常文无异；于善恶之幽隐者，则使之宣露。二谓《左传》释经用此法，"经文显者，作传本其纤微；经文幽者，作传阐使明著"。也即若经文本身意义显明，传多发其微意；若经文叙事不明，传则阐其幽以显明之。③ 而此两说，"微显"与"阐幽"之意皆有不同。姜炳璋则认为"阐幽而微显"乃左氏释经之法，而且基本视两词为同义。所谓"阐幽微显"，在姜炳璋看来，《春秋》叙事有难知其所指者，而《左传》足以明其幽隐。并谓于《春秋》之义，"不读《公》、《穀》，犹可以意逆之。不读《左氏》，是犹入室而不由户也"④。并举多事以明左氏微显阐幽之功，如谓"州蒲之弑，自成九年伐郑之后，栾书并不见经，至十八年忽书晋人弑君，微《传》，

---

① 孔颖达谓："微显阐幽者：阐，明也，谓微而之显，幽而阐明也。言《易》之所说，论其初微之事，以至其终末显著也。论其初时幽闇，以至其终末阐明也。皆从微以至显，从幽以至明。观其《易》辞，是微而幽阐也，演其义理，则显见著明也。以体言之，则云微显也；以理言之，则云阐幽，其义一也。但以体、以理，故别言之。"(《周易注疏》卷20）

② 杜预注、孔颖达疏：《春秋左传正义》，再造善本，卷1《春秋左氏传序》。

③ 孔颖达疏谓："刘炫以微显阐幽皆说作传之意，经文显者，作传本其纤微；经文幽者，作传阐使明著。显者若'天王狩于河阳'，……幽者若'郑伯克段于鄢'……"(《春秋左传正义》卷1)

④ 姜炳璋：《读左补义》，第141页。

安知弑君之为书也？郑伯如会，卒于鄵，微《传》，安知为髡弑也？楚子麇以疾卒，微《传》，安知其为围弑也？"① 此法与"文缓旨远"所揭"补经所未备"意义相近，都是以叙事提供相关之背景，以加深对《春秋》之理解，只不过此是阐《春秋》所未明，彼则言《春秋》所未言，但其有功于解读《春秋》则一也。家炫翁云："使左氏不为此书，后之人何所考据以知当时事乎？不知当时事，何以知圣人意乎？"② 所见与姜炳璋正同。

总之，在姜炳璋看来，《春秋》为孔子经世之书，其中有许多微言大义在。但是，孔子乃因事见义，故其"义"每随事而变，全书并无统一之义例。因此，欲求《春秋》大义，不当求之于凡例，而须观孔子于旧史之裁择去取。而左丘明身为鲁国史官，又曾受教于孔子，故其采择列国史传，以事解经，实为《春秋》之最佳阐释者。《左传》之释经，也无凡例，而是补充《春秋》经所涉之史实，使人据以考知当时时势，进而窥寻孔子微意。当然，左氏以事解经，并非仅仅排比旧史。其对史料如何叙说，亦有精心安排，或属词比事，或文缓旨远，或微显阐幽，总以使《春秋》大义彰明为指归。

第三节 《读左补义》之取义

如前所述，《读左补义》意在发明《春秋》大义，其以"补义"为名，实欲"阐发先贤释经之义"，其旧说未明者，则

---

① 姜炳璋：《读左补义》，第141页。
② 家铉翁：《春秋集传详说·纲领·评三传下》。

以己说补成之。姜炳璋认为前人以例解经释传，失之穿凿，当据孔子"见诸行事"之意，从《左传》叙事中求孔子微意。其所揭左氏释经，颇能钩深抉隐，而又断以孔子之义。钱维诚云："姜子之读《左》也，通其言，并通其所不言，其言在此而义在彼，与言如此而意不如此者，皆一一深思而得其故，而要以是非不谬于圣人为宗，学者循是而探索之，而圣人笔削之意乃可窥也。"① 可谓深得姜炳璋本心。当然，姜炳璋虽自谓能得孔子微意，明左氏隐旨，究其实，也不过提供了自己对《左传》的一种解释而已。既是解释，就不可避免有解释者个人之"先见"在。所谓"言在此而意在彼"、"言如此而意不如此"，既不能起左氏于地下而面质之，充其量也只能是一家之言。姜炳璋理解《左传》有其基本前提，或曰"先见"，即左丘明为圣人之徒，《左传》为解释《春秋》而作，故其是非颇不谬于圣人，理解《左传》当以孔子之意为断。而所谓孔子之意，也即见于《论语》等典籍中之尊王、攘夷、爱民、重礼、斥乱等，若《左传》叙事于此等思想有不合者，姜炳璋即多求其文外之旨。因此，其所发明《左传》言外微意，并不见得合乎左氏原意，至少与多数学者习惯之理解不同。姜炳璋《读左补义》取义颇多，而于尊周室、攘夷狄、荣复仇、崇礼乐、亲民人、黜乱贼诸方面用力尤多。下面就此几方面分而论之。

一 尊周室

姜炳璋以为："一部《春秋》，不越尊周室，攘荆楚两

---

① 姜炳璋：《读左补义》，钱维诚序，第115页。

言。"① 之所以攘楚，是因其有僭王猾夏之罪。而春秋时伯主内有尊王之名，外有攘夷之功，故左氏尊王而重霸。尊王、重霸、攘夷本不可分，为叙述方便，在此以尊王、攘夷分言，而以重霸之说寓乎其间。《春秋》记事首云："元年春王正月。"姜炳璋以为鲁国旧史本云："元年春正月。"其中"元年"无关大义，是各国记事之通例，而孔子特增一"王"字，以表尊王之义。而《左传》则云"元年春，王周正月"。特增一"周"字，发明孔子尊王之义，且见其所尊者为周王也。姜炳璋发明左氏尊王之意有多端，下面分别举例明之。

（1）诸侯有朝王之义，不朝王则非之。姜炳璋曰："礼，诸侯于天子有朝觐宗遇之典。王十二年不巡狩，则六服尽朝。"鲁于周室最亲，而隐公在位十一年，未闻朝王。其间天子遣使至鲁四次，鲁又不报聘。隐公十一年，滕、薛来朝争长，羽父有"周之宗盟，异姓为后"之言，隐公又有"寡人若朝于薛"之语。姜炳璋以为，《左传》借此"示王朝亲亲大典，以著公为宗盟之长而不朝王，非天子不旅见诸侯，而公受旅见，所以发明经义也"②。

（2）各国立君不请于王则贬之：姜炳璋谓诸侯不得专封，新君当请命于王而后得立。隐公四年，卫州吁因弑君被杀，卫国无君，迎公子晋立之。《春秋》书"卫人立晋"，《左传》谓："书曰卫人立晋，众也。"也即立公子晋为国人之意。姜炳璋则谓："讨贼圣人所与也，贼讨自应立君。传曰'众也'，明其为众人所欲立。然立于众人而不立于王，则悖也。卫人既州（按：此字疑有误）州吁，当告于王，即以诸子当立者请，而后奉王

---

① 姜炳璋：《读左补义》，第172页。
② 同上书，第197页。

命立之,名正义顺矣。"又据《春秋》仅书"卫人立晋",其他各国嗣君之立皆不载,谓其时各国均不请命于王,相沿成俗,故孔子但存其一,其余则皆削之,"恶天下之无王也"①。

(3) 诸侯不赴天子之丧则贬之:隐公元年,《左传》有"天子七月而葬,同轨毕至"之说。姜炳璋据此谓诸侯当亲赴天子之丧,而《春秋》于天子之葬多不书,姜炳璋以为乃鲁国君不赴丧之故。襄公二十九年,葬周灵王,郑国以大夫行,鲁则无人会葬,《春秋》不书,《左传》则备载其事。姜炳璋曰:"首揭'葬灵王'三字,天下之事,惟此郑重;臣子之情,惟此哀激。而郑君不行,行以大夫,不以上卿,且以大夫之弱者。而鲁即大夫之弱者亦不行也。传盖发明《春秋》不书王葬之故,而罪在君父,无辞可加,因借郑事以明之。史公谓左氏为鲁君子,信哉!"② 此意又见隐公元年,庄公三年之评。

(4) 诸侯抗王命则罪之:天子无敌体,诸侯敢与天子相抗则罪之。桓公三年,周桓王率三国之师伐郑,郑庄公抗命,至射王中肩,又有不敢陵天子之语。姜炳璋谓:"以'陵天子'三字作断,从郑伯说出,即郑伯之爱书也。"又云:"呜呼!陵天子至此,而犹云不敢乎哉?传写王分三军,俨然盛世王师气象,而贼子乱臣,献谋布阵,瘝生之罪无可容。"③

(5) 诸侯上盟王臣则罪之:天子之臣当尊,尊王臣即所以尊天子。姜炳璋以为诸侯盟会,"凡世子、王子、天子之卿、大夫、士皆不与盟,尊王朝也"。僖公六年,《春秋》书:"夏六月,会王人、晋人、宋人、齐人、陈人、蔡人、秦人盟于翟

---

① 姜炳璋:《读左补义》,第152—153页。
② 同上书,第478页。
③ 同上书,第170页。

泉。"而《左传》谓："夏，公会王子虎、晋狐偃、宋公孙固、齐国归父、陈辕涛涂、秦小子憖盟于翟泉。寻践土之盟，且谋伐郑也。卿不书，罪之也。在礼，卿不会公侯，会伯子男可也。"观传之意，似以诸国之卿与鲁君盟为罪，故皆贬称人。而姜炳璋则认为《春秋》不书"公"，乃因各国大夫之上盟王臣。其言曰："今列国大夫奉伯主之命，上盟王臣，此春秋所未见，故讳公以正晋文之罪。义在责晋，其余皆非所及。"①

（6）诸侯从王则褒之：秦国于僖公十五年始见于经，而《左传》于桓公四年已载其事。谓："冬，王师、秦师围魏，执芮伯以归。"姜炳璋以为："春秋大国为诸侯患者，莫如楚，其次莫如秦。据《史记》，此秦宁公时也。秦自僖十五年韩原之战，始见经。盖自穆以前，告命不通于鲁。而传纪其事，实始于此，以其有从王之美也。"②

（7）诸侯用兵当请于王：哀公十四年，齐陈恒弑君，孔子请哀公讨之，有"以鲁之众，加齐之半"之语。程子疑非孔子之言，谓若孔子者必"正名其罪，上告天子，下告方伯，而率与国以讨之"③。姜炳璋以为孔子特就哀公惧齐，而以胜齐之道告之，并非不以义也。又有疑其时周室衰弱，晋久失霸，皆无力讨贼，程子之说为非。姜炳璋则谓"上告天子"正得孔子本心，其言曰："不知天王虽弱，而出师讨贼，自当请命，尊王之义也。晋虽失霸，不可不以讨贼闻之，同仇之义也。皆圣人之心也。"④ 而隐公十年，郑伯以王命伐宋，《左传》许其为"正"，亦是此意。

---

① 姜炳璋：《读左补义》，第 271 页。
② 同上书，第 169 页。
③ 黎靖德辑、王星贤点校：《朱子语类》卷 34 述程子之语，第 862 页。
④ 姜炳璋：《读左补义》，第 673 页。

（8）诸侯有尊王之名则予之：春秋时，霸主多外托尊王之名，内遂自利之实。姜炳璋以为能假尊王之名，犹愈于不知尊王之义者。如隐公十年，郑伯之以王命伐宋，姜炳璋云："郑伯之假王命，不可以欺五尺。而传曰'王命'，又曰'以王命讨不庭'，又曰'不会王命'，'讨违王命'，若真以寤生为能尊王者然。盖周衰极矣，得一人提起王命，则津津乎乐道之。其后齐桓、晋文假此以兴，托尊王名义，一呼而响应。"①

（9）诸侯有尊王之志则许之：若诸侯有尊王之志，而行事有乖于大义，则亦原其心而予之。如僖公二十八年，《春秋》书"天王狩于河阳"，据《左传》，旧史原本书为"晋侯召王"，孔子以重耳有尊王之志，故修之以掩其过。姜炳璋曰："重耳不明大义，轸、偃不能以道事君，徒知率诸侯见天子为尊王，而不知会天子为不臣。故鲁史直谓'晋侯召王'也。夫子以天子自狩为文，一则全天子之尊，非诸侯所得会；一则谅其尊王之志，而深讳其召王之名。传之释经精矣。"②

（10）诸侯能勤王室则与之：如僖公五年，齐桓会诸侯于首止，谋定太子之位。姜炳璋曰："先儒谓晋顷宁王室于已乱之后，不若齐桓能已患于未乱之先。传曰'谋宁周也'，足以发明经予齐桓之意。"③

（11）为尊王而私仇可泯：鲁桓公为齐襄公所杀，二国之仇不共戴天，而鲁庄公也往往因与齐国交往而为姜炳璋所讥。但是，庄公十三年，鲁国与齐桓平，因齐桓公有尊王攘夷之志，故传许之。姜炳璋谓："当襄之世而不能仇，舍襄而仇桓，

---

① 姜炳璋：《读左补义》，第161页。
② 同上书，第269页。
③ 同上书，第223页。

则俱也。传曰'始及齐平'，尊伯主，勤王室，恤中国，虽平可也。"①

姜炳璋虽强调尊王，但并不迂执，对于周王之自坏法度者，也颇有微词。如隐公三年，周郑交质，吕祖谦虽也认为平王有罪，但又言："并称周郑，无尊卑之辨矣。不责郑之叛周，而责周之欺郑，左氏之罪亦大矣。"②姜炳璋则谓左氏不过直叙其事，且有悯周之意。其言曰："《春秋》恶交质，而君臣交质尤为奇变。王政虽衰，何至于是？故《传》专咎平王，而郑不足责也。'王曰无之'四字，畏首畏尾，舍却交质，无可用心，君臣之名分久置矣，安得不言二国？……传有余慨焉。"③又如僖公五年首止之会，周惠王使郑伯从楚。姜炳璋曰："齐桓尊周攘楚，而惠王乃驱以从夷，周德之衰至此。"④

二 攘夷狄

攘夷狄为姜炳璋所揭另一要义，而在姜炳璋这里，夷狄主要是指楚国。因春秋时僭王、猾夏二罪兼之者唯有楚国。⑤而其时楚所以侵凌中原者，因王室之不振，能有尊王之意、收拒楚

---

① 姜炳璋：《读左补义》，第193页。
② 吕祖谦：《左氏博议》，《吕祖谦全集》，第6册，浙江古籍出版社2008年版，第8页。
③ 姜炳璋：《读左补义》，第149页。
④ 同上书，第224页。
⑤ 姜炳璋谓："一部《春秋》，不越尊周室、攘荆楚两言。楚何以攘，以其僭王猾夏而已。开端大书曰'楚武王侵随'，而二罪并著。……夫俨然居天子之尊，而日肆篡灭我诸姬，此乱臣贼子之虎而翼者也。故赤狄、白狄、北戎、姜戎、陆浑之属，有时窃发，而未尝称王；徐子、吴子、越子虽称王于海滨，而未尝篡灭小国如此之多，兼之者惟楚矣。而郝氏敬，毛氏奇龄谓圣人未尝攘楚，不亦谬乎？传著是篇，明其僭王猾夏之大旨如此。"（《读左补义》，第172页）

之效者唯有霸主，故姜炳璋又极力张扬霸者之功。姜炳璋所谓霸，主要是指齐、晋二国，而楚庄、秦穆等夷狄之君不得与，与习俗所谓春秋五霸者不同。① 而其为强调攘楚之志，抉发所谓"文外之文"尤多，下面略举数例明之。

（1）诸侯有攘夷之功则叙之：管仲辅佐齐桓，为召陵之盟，不劳甲兵而服楚。姜炳璋虽于其不能行王者之师，尚有微憾，于其攘楚之功，则未尝不极力张扬。其时楚势方张，姜炳璋云："孰有统八国之师以伐之者？管仲提出'命我先君'，天子命之也；'赐我先君'，天子赐之也。包茅责贡，侃侃而谈，曰是征是问，仿佛大司马张九伐之威，声罪致讨。楚使曰寡君之罪也，仿佛贼臣俯首伏罪。二百四十二年，列国犹知周室，管仲之力也。"而此役以德、礼服楚，尤为姜炳璋所赞许。其言曰："圣人至仁之心，不特八国之民，不忍伤残，即僭王猾夏之楚人，亦不忍戕贼。乃全军而还，敌人自服，在所亟予也。"又引董次公之语以赞管仲，谓："春秋以降之周，诚管子手延之历，虽战国以来之周亦管子神祚之基，而伐楚者并以惩秦，宁不功高一代之天下哉？"② 尤可见其于召陵一役之推服。

先轸佐晋文为城濮之战，挫强楚之锋，姜炳璋亦极力表其功。他说："斯时楚氛益恶，周室及列国岌岌矣，又不比齐桓之世，止争一郑也。城濮之战，楚师大创，而二百余年不受其并吞者，皆一战之力。传中语语归重先轸，轸为元帅，晋文尊攘之功所从立也。"又言："召陵之役，做得不甚满意，以敌手是子文；城濮之役，做得尽情，以主兵是子玉。夷吾、先轸虽有

---

① 按：赵岐《释孟子》谓五霸指：齐桓、晋文、宋襄、秦穆、楚庄；荀子《王伯篇》谓指：齐桓、晋文、楚庄、吴阖闾、越勾践。
② 姜炳璋：《读左补义》，第220页。

正有谲，而有功周室则同。"① 于是役犹有可说者，姜炳璋以先轸攘楚之功，谓其子孙有罪亦当宥之，尤可见其于拒楚之重视。②

他如晋厉鄢陵之战、晋悼三驾之功等，姜炳璋亦多极力铺张。而诸侯之失礼违德者，如有攘夷之善，姜炳璋认为《左传》亦不没之。如郑庄公与平王交质，又射桓王中肩，先儒多谓周室之衰，实由郑庄启之。但隐公九年，郑庄曾败北戎，姜炳璋曰："春秋戎狄大为中国患，故得臣败狄，经叙其功；郑伯败戎，传铭其烈。皆所以攘夷狄也。"③ 即此尤可见攘夷之为姜炳璋所重。

(2) 诸侯有攘夷之志，无功亦许之：宋襄公因泓之战，而成颇有争议之历史人物。从《左传》记载看，对宋襄似颇有微词。姜炳璋则发明文外之意，认为宋襄公无愧霸者之称。其言曰："宋襄之慆德，而许之为霸，何也？曰：此圣经之义也。齐桓既没，郑伯先朝于楚，小侯蚁附，楚遂与中国之盟。齐孝、晋惠坐拥大国，荼然无志也。而襄公乃毅然欲继齐桓之业，以攘楚为心，伐从楚之郑。此其志，非圣人之所节取者哉？……事虽无成，不可谓非烈丈夫也。故齐桓、宋襄、晋文，其霸不同，伐楚则一也。伐楚之利钝不同，讨乱贼则一也。桓文之霸以其功也，宋襄之霸以其志也。故战国之世能言距杨墨者，圣人之徒也；春秋之世，能言伐楚者，桓文之徒也。"④

---

① 姜炳璋：《读左补义》，第267页。
② 姜炳璋谓："舍林父之罪不问，而咎先縠，即林父亦咎之也。适赤狄伐晋，乃归罪杀之。其云先縠召之，即归罪之词。夫先轸有大功于国，当十世宥之，而使之不祀，以视楚之报子文，相去悬绝。"（《读左补义》，第341页）
③ 同上书，第161页。
④ 姜炳章：《读左补义》，第249—250页。

(3) 霸主无攘夷救患之心则罪之：文公四年，楚人灭江，晋师不救，且出兵伐秦。姜炳璋云："经书灭江于伐秦之前，见晋襄坐视江灭不为救患之师，而为报怨之师也。传移灭江于伐秦之后，而备记秦伯降服出次，是秦不邀击晋师，且有哀矜同盟之心，一若晋不伐秦，秦或救之也。若晋不能救而复致秦不能救也。皆发经深罪晋侯之意。"① 宣公十五年，楚庄伐宋，晋不救亦贬之。

(4) 诸夏而求平于楚则罪之：姜炳璋于《左传》多发其仁民之旨，强调其寝兵息民之意，但一涉及楚国，则兵绝不可弭，中原诸国有与楚平者，姜炳璋多痛诋之。如成公十一年，晋景公欲与楚讲和，宋华元为之牵合。姜炳璋曰："晋求楚成，而尊周攘夷之局坏，晋景、华元，皆春秋罪人也。"② 又如襄公元年，郑国助楚伐宋，姜炳璋云："楚纳叛人，而郑为之鹰犬，诸姬之耻也。不声其罪，无贵盟主矣。"③ 而对于克合晋、楚之成的向戌、赵武二人，姜炳璋尤贬斥不遗余力。

向戌、赵武皆号为春秋之贤大夫，《左传》于赵武为政亦颇多赞美之辞。姜炳璋则以二人合晋、楚之平，而发左氏"言外之意"，贬斥二人，几若一无可取。如谓向戌"鼠首两端，心术不正"、"春秋之罪人"④，又言"时有桓、文，向戌可斩"⑤，厌恶之情，溢于言表。而赵武因为霸国正卿，不思攘楚而为议和之计，尤为姜炳璋集矢所在。《左传》叙事凡及于赵武者，姜炳璋几乎无一不与平楚相连。襄公二十五年，赵武始为执政，

---

① 姜炳章：《读左补义》，第289页。
② 同上书，第371页。
③ 同上书，第391页。
④ 同上书，第462页。
⑤ 同上书，第469页。

尽革前任之贪政，重礼于诸侯，新政颇有可观。姜炳璋谓："新政改观，诸侯并睦，复桓文之勋不难也。乃不为攘楚而立意善楚，借弭兵之名，遂偷安之计，而诸侯益以不靖。传深恶之，故于此先发其端。"襄公二十七年，传言"诸侯睦于晋"。姜炳璋又言："盖晋平懦弱，以逸豫为安，赵武偷惰，以无事为福，所以为宋之盟，而伯业弃。传曰'诸侯睦于晋'，以见赵武之时，势正可为，而宋盟为失策也。"而同年宋之盟，则直谓赵武弭兵乃以诬道事诸侯，且以弭兵为名，"饰其畏楚之实"；且谓"赵武、向戌欲得其虚名，楚则显名厚实兼收之，而诸侯无一不受其实祸也。弭兵之罪，可胜言哉？"进而认为"中原分崩，小国就灭，皆由于此"。而昭公元年，于虢之会，又言弭兵是"神怒民叛"，于同年十二月传后，更总括弭兵之大罪九条。凡此皆可见姜炳璋于和楚之深恶痛绝。①

(5) 不许夷狄为霸：《荀子》及赵岐注《孟子》言春秋五霸，楚庄皆在列，《左传》于楚庄行事亦颇多推许。姜炳璋于楚庄则多否少可，于前人许其为霸尤致不满。宣公十一年，《春秋》书："夏，楚子、陈侯、郑伯盟于辰陵。"先儒以楚庄书爵，且先于陈、郑，故谓此盟初许楚庄为霸。姜炳璋力斥其非，谓："孟子曰：'五霸假之也。'假乎仁义也。何谓仁？安小国者是。何谓义？尊天子者是。若自称天子，而曰殄人祀，安得以为假？且所谓霸者，中国推为盟主，晋惟是年不盟，遽夺其霸；楚一盟而与之，万无是理。况其所盟止陈、郑二国，而复陈于晋哉？盖主盟与霸，自是两事。若以霸其国言，秦亦世霸西陲；若以有功天下言，则霸匪可以轻予也。于楚称爵者，犹僖二十一年

---

① 姜炳璋贬责赵武处，可参《读左补义》第 455、457、465、469、483、495、497、503、512 页所论。

书楚子也,彼宋主会,故先宋,此楚主盟,故先楚。"① 又于楚庄之卒,借方苞之言力诋之。其言曰:"望溪谓:'旅(按:楚庄王名)在楚为勤政之贤君,在春秋为犯上作乱之大盗。'旨哉斯言,实获我心。乃公、穀二子极力护庄,近日儒者犹以不取三国为有道气。夫周鼎且将取之,如其可取而无患,则岂惜此三国哉?或又谓圣人以霸予庄,则更谬矣。"② 其于荆楚切齿之情可见。

因春秋时僭王猾夏者主要为楚,在姜炳璋看来,为攘楚计,与秦、戎等平亦可许,吴亦为夷狄,因能敝楚而多可称。如谓:"春秋楚与秦皆为中国患,然秦可平而楚必不可平,平秦足以御楚,平楚则无王矣。"③ 而魏绛辅佐晋悼,力倡和戎,姜炳璋云:"魏绛扼定服陈威楚,而主于和戎,使兵力有余,此三驾之所托始也。"④ 昭公十七年,吴伐楚。姜炳璋谓:"楚人横行,晋人反为之役,中原列国无从逃死,而吴独奋伐之,虽未必有尊周攘夷之志,然制之使不得逞,功亦伟矣。"⑤

须说明的是,《春秋》重夷夏之辨,是三传学者都遵循的共同前提。但若从传文本身来看,《公羊》、《穀梁》有明确攘夷的内容,而《左传》攘夷的倾向并不强烈。因此,姜炳璋发明《左传》攘夷之说,就须抉取其"无文之文",不言之隐。由于是在预定目的下之有意寻求,故姜炳璋的理解,多有与《左传》叙事的表层意思明显相违者,这实际上是对文本的一种"过度阐释"。因此,姜炳璋虽自谓得左氏释经本意,究其实,也只能

---

① 姜炳璋:《读左补义》,第332页。
② 同上书,第348页。
③ 同上书,第276页。
④ 同上书,第398页。
⑤ 同上书,第564页。

是他个人的理解而已。而且,姜炳璋所强调的夷夏之辨,与《公羊》、《穀梁》也有显著不同。二传所强调的夷夏之辨,更多是一种文化概念,若夷狄有中国之行事,则进之;而诸夏若有夷狄之行,则夷狄之。由于有这样一种原则在,所以二传对于楚庄犹能有所许可。而此种理解方式,似乎也更易为清廷所接受。因为既然清人已入主中原,且以崇礼为事,自可以"夏"自居。而姜炳璋所谓夷夏之辨,更多是一种地域、种族概念,而且尤其指楚国。因此,对于楚君臣之行事,姜炳璋基本持贬斥态度,即使《左传》叙事明显赞许之楚庄,姜炳璋也以贬斥为主。[①] 而中原诸国,有与楚相交者,姜炳璋则多所贬责。在姜炳璋看来,似乎一为夷狄,即终身为夷狄。而其对夷狄之义形于色,似较《公》、《穀》二家有过之而无不及。当然,姜炳璋生值清朝鼎盛之乾嘉时期,又入仕为官。其强调攘夷,并不见得是如清初浙东学者那样,尚有恢复之志,或者对清廷有何不满。但在举世崇尚考证之时,能以义理为志,且多易触忌讳之论,在其时实属难得。

三 荣复仇

《春秋》重复仇之意,在《左传》叙事中并未明言,倒是《公羊》、《穀梁》二传屡屡言之。[②] 姜炳璋发明《左传》释经之意,也重复仇之说,似有取于二传,但具体主张又有不同。庄公四年,齐襄公灭纪,《春秋》书"纪侯大去其国"。《公羊传》

---

① 按:楚人为姜炳璋赞许者有楚昭、子囊等数人。子囊因其不与诸夏争,楚昭则因孔子有所赞赏。

② 可参杨树达《春秋大义述》第1—7页"荣复仇",上海古籍出版社2007年版。

以为经不书齐襄公灭纪,乃为襄公讳,大其能复九世之仇也。《左传》释纪侯之去国,仅曰"违齐难也"。姜炳璋因此谓复仇之说,不过齐襄公之借口,《春秋》变文,不仅不是为襄公讳,反而是恶齐悯纪。其言曰:"纪侯连姻王室,倚鲁、郑为援,桓王崩,突复党齐,遇垂以胁纪。故妻棺在殡,委之而行,圣人变文书之,闵纪也,恶齐也。传云'违齐难',发明经义尽矣。"① 姜炳璋对于公羊复仇之说虽有不同见解,但对于复仇之义仍多有发挥。

(一)能复君父之仇者则与之

僖公二十二年,宋襄公与楚成王战于泓,兵败身伤,于二十三年卒。僖公二十七年,楚成王又围宋,宋求救于晋而不降,卒有城濮之战,大败楚国,姜炳璋因许宋人为能复仇。其言曰:"宋被围六阅月,婴城死守,内外接应,必不肯与楚平也。观先轸曰,使宋舍我而赂齐、秦,想见此时玉帛皮币,辇载入晋,而于秦于齐,又不知凡几也。楚杀父之仇,创钜痛深,宗社之外,皆非所计。至城濮战后,颡不敢出,卒死于弑,而襄公瞑矣。"② 又如定公四年,蔡昭侯请师于吴伐楚,《春秋》书"蔡侯以吴子及楚人战于柏举,楚师败绩"。前此,昭公十一年,楚灵王诱蔡灵侯,杀之;又灭蔡,杀蔡世子有。故姜炳璋谓蔡侯与楚有不共戴天之仇,其请师报楚,为能复仇。其言曰:"蔡侯于楚,不共戴天之仇也。誓死必报,其志岂不伟哉?故吴入郢而经予蔡侯,以著国君复仇之大义。"又谓蔡侯是举:"庶几可慰乃祖乃父之灵,而实始于汉川沈玉一誓,是以君子予其志

---

① 姜炳璋:《读左补义》,第186页。
② 同上书,第261页。

也。"① 但若考诸《左传》，蔡昭所以请师伐楚，乃因其朝楚，楚令尹索贿而不与，被扣留三年，耻之而欲伐楚。其所欲复者，一己之耻，似与先君无关。而姜炳璋却以复先君之仇许之，可见亦是某种"先见"指导下的有意寻求。而姜炳璋于同传吴子胥之复仇亦颇许之。

（二）无志于君父之仇则贬之

鲁桓公为齐襄公所杀，庄公即位，无志于复仇，反而与齐侯狩，会齐伐卫，纵母与齐侯相会，欲平齐国之乱，又娶仇人之女，故姜炳璋于庄公极力贬之。如于庄公之娶齐女，姜炳璋曰："襄，鲁仇也，杀其父，而为之子者，不能枕戈复仇，反娶仇人之女，以为宗庙社稷主，有人心者必不肯为。"② 又如庄公八年，鲁与齐师围郕，郕独降于齐，庆父怒而请伐齐师，庄公以修德为言，下令还师，《左传》谓"君子是以善庄公"。姜炳璋则谓此时为复仇之机，而庄公不许，其后不久齐襄被弑，即欲复仇而无由，故深贬庄公。进而谓左氏不过述他人之词，并非真善庄公。其言曰："仲庆父，后来之贼臣也，讵知大义？乃于齐之独受郕降，勃然请伐齐师。斯一请也，五庙之灵爽所凭依，而桓公饮泣而默启之者。公乃以修德待时谢之，大书曰'师还'。呜呼，无复望矣！越四月而诸儿死，安所得仇人报之哉？连篇俱削不书公，伤之也。然则传何以善之？《春秋》于本国皆曰我，此云鲁庄公，盖述他国评论之词。此君子如《猗嗟》诗人之类也。"③ 或以其时齐、鲁国力不侔，庄公之事仇乃为社稷计，忍辱待时。姜炳璋又以齐桓公曾为鲁败于长勺，而公子

---

① 姜炳璋：《读左补义》，第622页。
② 同上书，第201页。
③ 同上书，第188—189页。

偃也败宋却齐。齐桓之能远在襄公之上,而鲁犹能败之,可见鲁非无复仇之人,特庄公不能用耳。应该说,《左传》于庄公行事,尚多所许可。而姜炳璋因其无复仇之志,而终始贬之,不惜曲解传意。

姜炳璋于有复仇之实,而未必有复仇之志者,则与之;有行事之善,而无复仇之心者,则并其善而没之,观此可知姜炳璋于复仇一义之究心。

四 诛乱贼

春秋之世,礼崩乐坏,孔子作《春秋》,欲"拨乱世,反之正"。故孟子谓:"世衰道微,邪说暴行有作,臣弑其君者有之,子弑其父者有之,孔子惧,作《春秋》。"(《孟子·滕文公下》)又言:"孔子成《春秋》,而乱臣贼子惧。"(《孟子·滕文公下》)司马迁则谓《春秋》之中,"弑君三十六,亡国五十二,诸侯奔走不得保其社稷者,不可胜数"(《史记·太史公自序》)。《左传》亦云:"《春秋》之称,微而显,婉而辨,上之人能使昭明,善人劝焉,淫人惧焉,是以君子贵之。"(昭公三十一年传文)可见《春秋》确有治乱之义,而姜炳璋发明《左传》释经之意,亦颇重讨乱贼。他用陈傅良之说,认为《春秋》托始于隐公,实托始于周桓王。而之所以托始于桓王,乃因前此平王之时,"中外帖然",尚有可为之机。而桓王即位后,由《左传》叙事可知,"楚横于南,晋乱于北,秦据其西,戎狄复窃发,鲁宋卫篡弑叠见,而庄公又跋扈于王畿肘腋之间,结鲁盟齐党宋,联贼臣为一气,而阴与王室抗,至繻葛之战而天地倾矣。《春秋》可无作乎？"① 世乱已极，形势大难，几于不可复救，故托始于桓，正以见《春秋》治乱之意。《左传》叙事于乱贼之人，已多寓贬责之意，而姜炳璋之发挥更有过之，略举数例以见之。

（一）有乱贼之行者则贬之

春秋之时，乱贼公行，姜炳璋于《左传》所载，随事讥评，此以其对鲁桓之评为例，见其恶贼之深。据《左传》，鲁隐公有让位于桓公之意，而桓公听信谗言，使人弑隐公而自立，故姜炳璋深恶之。桓公二年，取郜大鼎于宋而纳于大庙。姜炳璋云："纳贼赂于大庙，其如祖宗怨恫何？……以弑君之人，受弑君之赂，即不畏百官，岂不畏清议乎？周内史以'违'字坐桓公，可谓一字斧钺。"② 同年，桓公因杞侯来朝不敬，谋伐之。姜炳璋谓："弑君之贼，天王不敢问，诸侯不能讨，党羽既成，得意而骄，陵小侮弱，遂出于情理之外。"③ 三年，桓公娶文姜，前此齐僖曾欲以文姜妻郑忽，而忽拒之，而桓公终因文姜遇害。姜炳璋曰："文姜前欲妻郑忽，今欲妻鲁桓。忽去之唯恐不远，桓成之唯恐不速。盖盗据君位，故汲汲连姻于齐耳。"④ 十八年，桓公会齐侯于泺，因文姜之诉被杀。姜炳璋谓："方战于奚，忽会于泺，天夺之魄也。生平遇篡弑之人，必踊跃以定其位，乃身死贼手，孰过而问之？言恶于诸侯，微寓胁制之意。否则彭生之杀亦不可得也。"⑤ 举凡《左传》言及桓公行事，姜炳璋几无一不以贼称之，于其死，且谓"天夺之魄"，其于乱贼之恨入

---

① 姜炳璋：《读左补义》，第149—150页。
② 同上书，第167页。
③ 同上。
④ 同上书，第168—169页。
⑤ 同上书，第183页。

骨髓，昭然可见。

（二）党乱贼者贬之

如隐公四年，卫州吁弑其君自立，宋殇公首与之盟，而陈、蔡亦助其伐郑。《春秋》已言州吁弑其君，《左传》载众仲与隐公之问答，复言之。姜炳璋云："州吁弑君，列国不闻问罪之师，而宋殇首与之会伐郑，由郑欲纳冯，州吁以此投其欲也。传提清此旨，发明圣人罪宋之意。又补叙陈、蔡见助之故，为首为从，罪状分明。州吁书弑于前，不必复斥于后，而众仲再斥州吁，何也？曰即以斥三国也。州吁为贼，便见三国皆党贼之人。"①

（三）不予乱贼之人为善

姜炳璋论人，往往原始要终，一为乱贼之行，则始终贬之。即《左传》载其善行，姜炳璋亦能发其微意，以见传之似褒而实贬。如栾书、荀偃实弑晋厉公，而成公十六年鄢陵之役，栾书为主帅，败楚；襄公十六年，荀偃帅师伐楚，败之。攘楚本姜炳璋所重，但姜炳璋于此二役，却不许二人为有功。于鄢陵之战，姜炳璋曰："城濮之后，惟鄢陵之战，功为第一。否则楚挟郑以窥东诸侯，其流毒可胜言哉？故以晋主是战，予霸讨也。栾书将中军，力主伐郑、战楚，似功在书，然此时晋侯在军，书为固垒待退之计，迂而无当。郤至策敌甚明，步步促战。则是功晋侯主之，郤至成之，故节节出色写郤至。"② 而于荀偃，则以《春秋》未记其却楚之事，谓："夫弑君与猾夏，义孰为重？以中国之手刃其君者，帅诸侯而问蛮夷之猾夏，可乎哉？经所以削之也。宋襄伐楚欲继齐桓之略，虽败而圣人谅其志；

---

① 姜炳璋：《读左补义》，第152页。
② 同上书，第382页。

荀偃伐楚，不得为问罪之师，虽少胜而圣人略其功，此经之权衡也。"① 其实，从《左传》记事来看，对二人多有许可，即上述二役，从《左传》叙事看，亦难见出褒贬之意，孔子之不书，也未必有深意在。但姜炳璋因痛恨乱贼之人，故深责之，而不与其为善。

（四）乱贼之人必有"人祸天刑"

乱贼为姜炳璋所深恶，故在其看来，凡为恶者，必有天讨，即便祸不及其身，亦必于其子孙报之。所谓"乱臣贼子，未有不人祸天刑随之者也"。如襄公十九年，荀偃病卒，而目不能合。据杜预注，桓谭以为偃病而目出，初死其目未合，尸冷乃合，非其有所知也，传因其异而记之耳。先是，荀偃梦与厉公讼，不胜，厉公以戈斫其首。姜炳璋据此谓："荀偃目出，桓谭之说非也。盖上是著荀偃之逆报，下是写士匄之无能。弑君之贼，至今漏网，队首见梦，厉公之灵赫矣。"② 同弑厉公之栾书，虽得善终，但至其孙栾盈，却无罪而被族灭。姜炳璋云："传见栾氏积恶，有可亡之道，而范匄专杀，有可诛之罪。无如王纲不振，任其肆行也。有罪之魇，原不足以庇子孙，即输力之书，害赵宗三郤，并弑其君，世稔其恶如此，岂足以保族而长世？天不过取偿于盈，而假手权臣以诛之。读过周一段，追叙所及，传之微意，隐跃可思。"③ 他如鲁之桓公、齐之崔杼、庆封、楚之灵王、宋之华、向等，凡有弑乱之罪者，在姜炳璋看来无不遭受果报，于此益见其于贼臣之痛恨。

---

① 姜炳璋：《读左补义》，第428页。
② 同上书，第433页。
③ 同上书，第439页。姜炳璋又谓："盖栾书、荀偃实弑厉公，偃则队首出目，天已显示其戮；惟书考终，几谓天不可凭，乃不于其身，于其子孙。虽以无罪见逐之栾盈，卒蹈叛逆，死无噍类，天道昭昭，岂不信哉！"（同上书，第445页）

（五）谋弑君而未亲行其事者，则罪其首谋

此主要于赵盾见之。宣公二年，《春秋》书"晋赵盾弑其君夷皋"，据《左传》，弑君者实为赵穿，而所以书赵盾者，以其"亡不越竟，反不讨贼"。姜炳璋则发其微意，认为赵穿行凶，实由赵盾主之。故曰："盾未尝弑君，何以弑归之？盖言盾不弑君，而实弑其君之故，以发明经义也。……末段桃园之弑，虽出于穿，而消息相通，早有成算。弑君者穿，命之弑者盾也。"① 其实，就《左传》所载看，赵盾也不失为春秋名卿，但姜炳璋于赵盾，亦因其有弑君之谋，认为《左传》叙事始终在贬责赵盾。如文公十七年之评，谓："传历叙盾事，俱为桃园张本。使盾秉国钧，于弑君必讨，于赵穿无昵，则弑在穿，安知其由于盾也？而竟不然，是无待忘不越竟、反不讨贼，而已知其有弑君之心矣。"② 宣公八年，《左传》言"郤缺为政"，《春秋》经传皆未言赵盾何时卒。姜炳璋认为："缺代赵盾，则盾已死，传不叙明，以逆恶绝之也。"③

（六）能讨贼者与之

如卫州吁弑君，石碏以计杀之，《春秋》书"卫人杀州吁"。姜炳璋云："夫子书'卫人杀州吁'，以表卫国臣民讨贼之心，以著石碏至公无私之美。曰'于濮'，则陈人之功亦著矣。"④ 尤可注意者，姜炳璋认为，乱臣贼子，人所共诛，故不论何人，出于何心，如能讨贼，即在可许之列。如齐无知弑君自立，雍廪以私怨杀之，而《春秋》书"齐人杀无知"。姜炳璋谓："经书齐人杀无知，而传云雍廪杀之，明圣人以讨贼之义

---

① 姜炳璋：《读左补义》，第321—322页。
② 同上书，第313页。
③ 同上书，第329页。
④ 同上书，第152页。

予雍廪也。雍廪挟私怨，非能声大义，而书法不异卫人杀州吁者，盖无知席齐宠，弑君有国，其党盛矣。而廪以一大夫杀之，故圣人重其讨贼之义，而恕其有为而为之心。"① 又如陈夏征舒弑君，楚庄王杀之，本意在利楚，非为讨贼计，而《春秋》书"楚人杀夏征舒"。姜炳璋谓："然则讨贼者其名，讨贰者其实，而因以利之耳。圣人书楚人杀陈夏征舒者，何也？斯时弑君叠见，总无一问罪之师，有能取贼臣毂之，则不必问其为何人何心，乱臣贼子，人人得而诛之，虽楚人亦得而杀之也。"② 以僭王猾夏之楚，怀自利之心，一旦诛贼，犹能许之，即此尤可见姜炳璋于乱臣贼子之深恶痛绝。

五 亲民人

孔子重仁，强调仁者爱人。《春秋》虽未言"仁"，但先儒多谓其有善善恶恶之效。其恶恶，则在黜乱贼，能使乱臣贼子惧；其善善，则在寝兵息民，使善者劝。左氏虽多言争战，却颇有以民为本之思想，强调"民为神主"，人君为政，听于民则国兴，听于神则国亡。是以强调为政者要"视民如伤"、"养民如子"③。

---

① 姜炳璋：《读左补义》，第190页。
② 同上书，第333页。
③ 《左传》中表明此意者颇多。如桓公六年，季梁云："忠于民而信于神；夫民，神之主也。"僖公十九年，司马子鱼谓："祭祀以为人也。民神之主也。用人，其谁飨之？"庄公三十二年，虢史谓："吾闻之，国将兴，听于民；将亡，听于神。"昭二十三年，沈尹戌谓："民弃其上，不亡何待？"陈逢滑云："臣闻国之兴也，视民如伤，是其福也；其亡也，以民为土芥，是其祸也。"襄公十四年，师旷曰："良君将赏善而刑淫，养民如子，盖之如天，容之如地。民奉其君，爱之如父母，养之如日月，敬之如神明，畏之如雷霆，其可出乎？夫君，神之主而民之望也，若困民之主，匮神乏祀，百姓绝望，社稷无主，将安用之？不去何为？"然明谓："视民如子，见不仁者诛之，如鹰鹯之逐鸟雀焉。"

姜炳璋因而谓《左传》有寝兵息民之意，合乎孔子春秋无义战之旨。其读《左传》，亦多发重民之意。如前所述，姜炳璋以为霸主之中，齐桓、晋悼最为可称，盖一不战而服楚，一不战而服郑，皆有不嗜杀人之意。前于"寝兵息民"条已略言姜炳璋所揭左氏重民之意，此处再补数例，以见其重仁德、恶残民之心。

（一）兴作扰民则贬之

《春秋》于庄公二十八年冬，书"筑郿"、"大无麦禾，臧孙辰告籴于齐"；二十九年春，书"新延厩"；秋，书"有蜚"；冬，书"城诸及防"。姜炳璋认为《春秋》连书此数事，有讥鲁君兴作不时、不知恤民之意。其言曰："经书'冬，筑郿'于前，'无麦禾'、'告籴'于后，明年又书'新延厩'，若曰工役繁兴，正大无麦禾，告籴于齐之时也。胡氏以为费用广，故仓廪竭，若因筑郿而致无麦禾者。"① 于"新延厩"，则谓："饥年兴作，虽时亦谬，而况不时之役乎？厩有肥马，恐民有饥色矣。"② 于城诸及防，则曰："大无麦禾之后，有蜚为灾，又城诸及防，虽时亦书，为玩灾厉民之戒。"③（按：据《左传》，兴作各有其时，以不扰民为准。说《春秋》者据以谓凡有兴作，不时则书，以示贬责，若时则不书。）而此处"新延厩"在春，不时，《春秋》书之；城诸及防在冬，时，《春秋》亦书之。姜炳璋认为之所以时与不时皆书，乃因鲁君无恤民之意，所以书以讥之。

（二）有恤民之心则予之，否则贬之

如僖公三十二年，秦穆公欲袭郑，蹇叔进谏，而穆公不听，

---

① 姜炳璋：《读左补义》，第206页。
② 同上书，第206页。
③ 同上。

终致有殽之败。姜炳璋认为《左传》着力写蹇叔,意在发明孔子不忍残民之意。其言曰:"此为灭滑败殽张本,当连下二篇读,皆力写蹇叔也。春秋凡讲信修睦,不忍残民者,圣人予之。蹇叔之言,圣人之所予者也。穆公不用,兵连祸结。夫子录《秦誓》,一则为悔过用人之法,一则为愎谏弃师之戒。左氏体此义,故处处归注蹇叔。"① 相反,于不纳谏言之秦伯,姜炳璋则深致不满。谓:"此释经败殽之义,归重蹇叔,以深罪秦伯也。"秦穆于是役之后,能始终用败军之孟明,终雪前耻,《左传》于此多所许可。姜炳璋则谓:"孟明恃勇贪功之徒,过周超乘,见其无王;无故灭滑,见其不义;三年拜赐,见秦穆构怨残民,皆由此辈怂恿。此秦之所谓良臣,孟子之所谓民贼。"②尤可注意者,姜炳璋因攘夷之故,于楚之君臣多否少可,子文、子囊、子庚则因不与诸夏争而为姜炳璋所许。其言曰:"吾于楚得知几之士二人焉,一为子文,一为子囊。子文召陵受盟,而成齐桓九合之功;子囊不与争郑,而成晋悼三驾之烈,皆知彼知此,忧国息民,故传并以为忠。然子文猾夏自肥,囊惟少挫于吴。观其以知过为共,则痛惜于鄢陵之残民也。以城郢告子庚,不欲其争中国也,殆高出子文一筹。"③ 又谓子庚"奉教于子囊,而置郑不争,诸侯无事,传之所以深予也。故特书曰'以靖国人',所予在靖民,则所贬在残民,皆体经义为之"④。

(三)以人为殉者罪之

孔子曾言:"始作俑者,其无后乎!"以土俑殉葬,犹切齿如此,其于以真人殉葬之痛恨可知。《左传》中载有春秋时以人

---

① 姜炳璋:《读左补义》,第 276 页。
② 同上书,第 278 页。
③ 同上书,第 425 页。
④ 同上书,第 426 页。

为殉者数事，姜炳璋皆痛加贬责，而于宣公十五年总叙其事。其言曰："《传》志列国以人殉葬者，有秦穆公、宋文公，即晋景公命杀小臣，皆殉也。不特大国之君也，邾庄公遗命殉五人，则知小国之君亦用人殉矣。又不独诸侯也，魏武子命其子杀二妾，季武子谓正常曰无死，《檀弓》载陈乾昔命二婢夹我，则知此时大夫，往往以人殉矣。盖王楚不明，杀人如戏，至秦武公用六十六人，秦穆公用百七十七人之多。传特书获杜回事，以为用治命之获冥佑，则知妄杀人者之必受天诛也。虽不免启因果之说，而其挽人心而扶世道，用心为已善矣。"①

可以说，在姜炳璋看来《春秋》有寝兵息民之意，《左传》叙事亦处处体经义，以残民为贬，以重民为褒，而是否重民也成姜炳璋评价褒贬人物之重要标准。

六　崇礼乐

礼乐是维系周代社会安定之重要基石，然自西周末年，随着乾纲解纽，礼崩乐坏，社会亦陷入动乱。孔子作为西周礼乐制度的崇奉者，目睹世乱，想以礼乐之教，重新恢复社会的安定，因此有《春秋》之作。礼乐在孔子思想体系中占有重要地位，他一再强调要"立于礼"，"不学礼，无以言"，并认为"天下有道，则礼乐征伐自天子出；天下无道，则礼乐征伐自诸侯出"（《论语·季氏》），处处可见其于礼乐之重视。至于《左传》更堪称礼义之大宗，全书言及礼者，有四百六十余处，并以礼为"人之干"，时常以行事是否合礼断人之吉凶。姜炳璋认为："一'礼'字，为一部《春秋》主脑。天泽之分，中外之

---

① 姜炳璋：《读左补义》，第345页。

防，治乱之故，皆于礼辨之。"① 而《左传》对礼之阐发，多可与《周礼》相印证，合乎孔子重礼之旨。姜炳璋于纲领中已多言之，此不多言。而前述诸义，如尊周、攘楚、黜乱、亲民等，或因违礼而斥之，或因合礼而褒之，都属于崇礼之一端，亦不再言。在此仅就姜炳璋于《左传》所载礼与非礼等事的褒贬态度，略举数例，以见其崇礼乐之意。

（一）僭礼乐者贬之

如隐公五年，鲁于仲子之宫始用六佾之舞。姜炳璋以为于仲子言"初献六羽"，可见其他各宫仍用八佾。以八佾舞只有天子用之，而鲁竟然僭之，故姜炳璋因之而痛贬僭礼乐者。其言曰："春秋之世，礼崩乐坏，僭乐者不止于鲁。传述众仲之言，绝大名分。凡肆夏、彤弓、歌雍、八佾，皆圣世所必诛也。又云节八音而行八风，见大乐与天地同和，晋之歌钟、齐之康乐、郑之淫乐，皆圣世所必绝也。十二公所载乐官、乐律、乐舞皆以是为准。"② 又如文公二年，鲁人逆祀，跻僖公。姜炳璋云："鲁秉礼之国忽为逆祀，父子祖孙之大伦澌灭尽矣。《传》引禹汤文武，引《颂》引《诗》，三引君子，层层批驳，而结以仲尼之断，皆发明经文'跻'字之义也。"③ 他如齐桓公之征朝于郑、鲁僖之僭郊禘、晋文之召王、晋之作六军等，凡有违礼制者，姜炳璋多致讥贬。

（二）能重礼者则与之

如昭公七年，孟僖子相昭公如楚，而不能相礼，深以为病，回国后，颇以习礼为事，临终又遗命二子，使学礼于孔子。姜

---

① 姜炳璋：《读左补义》，第 490 页。
② 同上书，第 155 页。
③ 同上书，第 285 页。

炳璋谓："此于僖子归自楚之后，深病不能相礼，统叙一生学礼工夫，只二语已尽。至其将死，讲学已成，其曰礼人之干，无礼无以立。一言扼礼之要，而体用无不包举。因命二子学礼于圣人，推及圣人先世，皆深于礼者之言也。"①

至于礼之功用，在姜炳璋看来，"克己复礼，在上智是作圣全功，在下愚，亦回生要旨"②。其切于人之身心性命有如此者。而齐景公时，陈氏已现代齐之兆，晏子告景公，欲逃死于万一，唯有行"礼"一途，并进而谏"君令臣共"等十事。姜炳璋谓此"正礼之条目，孔子所谓君君臣臣父父子子，修德格天下之大原也"③。若能行之，则陈氏代齐之祸可免。凡此皆可见其于礼之重视。

从上文所述可以看出，姜炳璋是把《左传》当作《春秋》的最佳解释者来读的，他解读《左传》，实际上是要发挥所谓的《春秋》大义，以达到其经世的目的。由于有这样一种"先见"的存在，为了弥缝《左传》语言层面所见出之意义与孔子思想体系相违异之处，他运用"比事属辞"等各种方法，有意寻求《左传》叙事的深层意义，也即所谓"言外微意"。也正因为这样，虽然他本来是要寻求经典的原意，但最后得到的仍是一己之私见。与其所批评的前人释经多失圣人之旨，正同一失。在这样的意义上，很难说其解释有多大的价值。但是，从解释学的角度看，经典一旦形成，其意义即处于不断的建构过程。不同时代的解释，往往反映了特定时代、特定群体的诉求。若从《读左补义》之取义及同时人对其之评价，来反观当时的政治环

---

① 姜炳璋：《读左补义》，第 530 页。
② 同上书，第 546 页。
③ 同上书，第 599 页。

境与学术风气，亦自有其意义。

第四节 余论

到目前为止，学界多视评点为一种文学批评手法，而《春秋》与《左传》显然属于经学范围，故研治《春秋》及《左传》学史者，多不涉及《左传》评点著作。但是，如本章所述，《读左补义》虽是评点著作，其所探讨的却是经学范畴的内容。虽然姜炳璋所用方法，如"属辞比事"等，及所发挥各种大义，如"尊王"、"攘夷"等，都不出传统《春秋》学的范围，但他在对《左传》具体事件的解读上，还是得出了许多不同以往的"创见"，即便这些见解可能是一种无意识的"误读"。而姜炳璋在乾嘉汉学极盛之时，因受浙东经世传统的影响，治《左传》不重考据训诂，而致力于义理发挥，在学术史上也有一定价值。下面就其研究意义略谈几点看法。

首先，《左传》以事解经，能补《春秋》所未备，为理解经义提供相关背景，故为世所重。先儒释《左传》之解经，除强调其补充史事的功用外，主要是发明各种凡例。而姜炳璋等评点《左传》者，则认为《左传》不仅仅补充史料，还有对史料的精心剪裁。何事先叙，何事后叙，某事为何这样叙，而不那样叙，都有其"深意"，是为了更好地阐明经义。当然，杜预发明左氏凡例，已有先经、后经、依经、错经等说，也属于史料的安排。但是他更多是从传文与经文的先后关系，以见其不与《春秋》相违。而姜炳璋则能从《左传》叙事本身寻出"微意"。如其于宋殇公被弑，即从材料的叙述方式，见左氏发明《春秋》之义。其言曰："或曰宋殇连年黩武，民不聊生，何以不从此叙起？愚谓正贼臣假以为辞者。其无君之心，不系乎此也。若先叙此，似其君自取，于贼臣反宽。故先说督之淫凶，令读者发指。孔父生而存，公不可得而弑，孔父死而空无人矣。皆体经义为之也。"① 在姜炳璋看来，此传主旨在贬责华父督弑君之恶，宋殇虽有不是，并非重心所在，若从宋殇叙起，则华父督弑君之罪反轻，不合孔子之意，因此才从华督之恶叙起。而前述姜炳璋取义，其于人物、事件之褒贬，往往有与《左传》语言层面所传达之意义相悖者，也多是从材料的叙述见出。当然，姜炳璋虽自谓有发覆之功，我们并不认为其所得就是左氏原意，只能说是对《左传》所蕴含意义的一种可能解释。凡是解释，都不可能绝对客观，不可避免要受解释者所处时代、环境以及学术背景等因素的影响。即以《春秋》三传而言，都自谓得孔子本真，而其解释已歧异百出，更遑论后世解释者了。在此想说的是，评点者对于《左传》之释经，能够提出可能的理解，在其各自的时代，自有其意义。而且，由于评点者多于叙事中求言外之意，因此对于《左传》看似与孔子思想不同之处，也能巧为弥缝。孔子罕言天命、神怪，而《左传》则往往有之。姜炳璋即谓左氏虽多言天道，实未废人事，而且正是要借天以警诫人。如前所述，姜炳璋认为《左传》所载，凡乱贼者多有人祸天刑，而为善者，或受阴报，其目的乃在于挽救世道人心，此正与孔子亲民、黜乱之意相合。

其次，通过对《读左补义》的研究，能使我们更全面地了解当时的政治学术氛围。目前学者普遍认为乾嘉时期治《春秋》学者多关注《左传》，且多致力于考据、训诂及旧说之辑佚。即便有发挥义理者，也会回避"攘夷"等容易触犯忌讳的说法，

---

① 姜炳璋：《读左补义》，第166页。

并认为最主要的原因是康、雍、乾时期残酷的文字狱政策。常州学者庄存与治《公羊》学，因多言义理，当时即被视为旁枝别派。今之研究者也多以之为说，且谓庄氏虽言义理，其实多用汉学方法。艾尔曼研究常州今文学派之兴起，认为常州学者自明以来一直有经世传统，今文学派在常州兴起有其学术渊源。他通过考证，认为庄存与转向《公羊》学在晚年，即1780年前后。因为当时乾隆宠信和珅，而和珅结党营私，庄存与认为是国之大害，欲与之斗争，又不能直言朝政，所以才借《公羊》黜乱贼之说以与和珅相抗。艾尔曼认为，庄存与之《公羊》学多用考证方法，其目的在斥乱，而于攘夷之说则有所回避。如此看来，乾隆时期思想控制极其严密，以致《春秋》学者均不敢言及义理，似乎确定无疑了。但是，如前所述，姜炳璋《读左补义》成书于乾隆三十七年，远比庄存与治《公羊》学要早，而其书实以探讨义理为主，对攘夷、复仇等说尤反复致意，持论激烈程度更在庄存与之上。而官修《四库全书》却予以收录，虽置于存目，但并未因其倡攘夷等说而加以禁毁，此又作何解释呢？当然，一种可能的解释是四库馆臣并未细读其书，从四库馆臣所撰提要看，这是事实。但若其时思想控制真的那样严酷，姜炳璋又怎敢昌言其说，且以其书进献呢？更为合理的解释是当时的思想控制，并非如今人想象的那样可怕。至少有关"夷狄"的说法，我们可以找到相关的佐证。乾隆曾一再言"内中国而外夷狄"乃作史常例，不过"以中国之人载中国之事"[①]。而道光年

[①] 按：《御制文集·二集》卷9，《命皇子及军机大臣订正通鉴纲目续编谕》曰："如内中国而外夷狄，此作史之常例，顾以中国之人载中国之事。"同集卷18《通鉴纲目续编内发明广义题辞》亦云："大一统而斥偏安，内中华而外夷狄，此天地之常经，古今之通义。是故夷狄而中华则中华之，中华而夷狄则夷狄之，此亦《春秋》之法，司马光、朱子所为亟亟也。"

间，越南贡使入京，谕旨中有"外夷贡道"之语，越南使臣不悦，请改"外夷"为"外藩"，刘逢禄据《周礼·职方氏》之文，辩称"夷"比"藩"更为亲近，卒使越南使者无话可说。由此看来，至少在道光之时，清廷已以"夏"自居，而视周边小国为夷狄。那么，《春秋》学者讲夷夏之别，正是扬清廷之威，又有何不可呢？① 那么，乾嘉时期，学者们群趋于考证一途，又作何解呢？其实，只要考虑到学术的发展，既受外在因素的制约，又有自身发展的内在理路。必须承认，学者们转向考据，最初肯定有文字狱迫害的刺激。但在形成既定的学术氛围后，又会形成一种学术发展的内驱力，而政治的稳定，经济的繁荣又提供了合适环境，于是才成就了堪称清学代表的乾嘉学术。

再次，对《读左补义》等评点著作的研究，可以启示我们注意新材料的发掘，扩大《春秋》学的研究范围。就清代《春秋》学而言，当今几部学史著作，如沈玉成、刘宁《春秋左传学史稿》、赵伯雄《春秋学史》、戴维《春秋学史》等，在分期上虽有差别，所用材料则大致相同。而且从总体上看，除了清初，他们在材料选择上，乾嘉以前多选有关《左传》之著作，重考据和训诂；乾嘉后多选有关《公羊》之著作，主于义理发挥。这无疑是受清代学术史分为三期之说的影响，我们承认，这样安排确实能见出清代《春秋》学发展的大趋势。但是，若我们反复用相同的材料，得出相近的结论，这样的研究又有何意义？其实，从我们前文对《读左补义》的分析，可知清代治《左传》学者并不都主于考据，同样，治《公羊》学者也不见

---

① 当然此一问题仍须进一步考察，因为在《四库全书》中确实又有许多对于夷狄等说法的删改，如四库馆臣所辑之《左氏传续说》即有多处删改。

得都主于义理，若采取过于简单的分法，很难见出清代《春秋》学的丰富性。清代传世《春秋》学文献未经研究者尚多，若能着眼于新材料的整理分析，必能使我们的研究更有价值。

总之，将《左传》评点纳入《左传》学的研究视域，自有其重要意义。进一步说，到目前为止，有关《左传》之文献未受到关注者，尚不知凡几，治《左传》学者若能致力于新材料之发掘与研究，其意义当远在重复前人成说之上。张高评谓经学研究要注重分工，"人所易言，我寡言之；人所难言，我易言之"，正可为今日《左传》研究之指南。

第五章 《左传》评点之内容与价值—史学篇
—— 以吕祖谦论《左传》三书为例

以《左传》为史书，从史的角度对其加以评点者，多侧重于史用角度。在他们看来，士大夫今日所处之形势，多为前人所已经。虽其具体情势或有差别，至于修身之要，应变之方，其理则古今未有不同。因此，通过对《左传》之评点，为士人提供修身、行事之道，为执政者提供治世之法，是多数以史论《左传》者的共同取向。在这方面，吕祖谦有关《左传》三书颇具代表性，且对其后以史评《左传》者影响甚深。因此，本章拟以吕祖谦为例，分析对《左传》进行史评者所关注之主要面向。

第一节 绪论

全祖望论南宋学术，谓："宋乾、淳以后，学派分而为三：朱学也，吕学也，陆学也。三家同时，皆不甚合。朱学以格物致知，陆学以明心，吕学则兼取其长，而复以中原文献之统润色之。门庭径路虽别，要其归宿于圣人，则一也。"① 其中吕学一派实由吕祖谦启之。吕祖谦字伯恭，婺州（今浙江金华）人。生于宋高宗绍兴七年（1137），孝宗隆兴元年（1163）中进士及博学宏词科，官至秘阁著作郎、国史院编修。孝宗淳熙八年（1181）卒，年四十五，谥曰"成"，后人多称"成公"。因其曾祖吕好问被封为东莱郡侯，故学者又称"东莱先生"。又因其伯祖吕本中亦称"东莱先生"，故或谓吕祖谦为"小东莱先生"，但后世凡称"东莱"者，以指吕祖谦为多。

全祖望论吕祖谦之学，又谓："小东莱之学，平心易气，不欲逞口舌以与诸公角，大约在陶铸同类，以渐化其偏，宰相之量也。"② 认为吕祖谦兼取朱、陆之长，润以中原文献之统，足见其为学规模之阔大。吕祖俭于乃兄学术，甚为推崇，谓："公之问学术业，本于天资，习于家庭，稽诸中原文献之所传，博诸四方师友之所讲，参贯融液，无所偏滞。"③ 朱熹亦谓吕祖谦能兼取陈傅良、陈亮诸人之长。④ 可见吕祖谦治学之宽宏函容、兼收并蓄，颇能得学者之共识。

吕祖谦能于南宋开吕学一派，天资而外，则诚如吕祖俭所言，一则由于家学之熏染，能得中原文献之传；再则得诸师友

---

① 全祖望：《鲒埼亭集外编》，续修四库第1429册，卷16《同谷三先生书院记》，第609页。
② 黄宗羲撰、全祖望补：《宋元学案》，中华书局1986年版，卷51《东莱学案》，第1652页。
③ 吕祖俭：《东莱集附录》卷1，《圹记》（续金华丛书本），黄宗羲《宋元学案》谓："先生文学术业，本于天资，习于家庭，稽诸中原文献之所传，博诸四方师友之所讲，融洽无所偏滞。"（《宋元学案》，第1653页）即本诸祖俭所论。
④ 朱熹谓："其学合陈君举、陈同甫二人之学问而一之。永嘉之学，理会制度，偏考究其小小者。惟君举为有所长，若正则则涣无统纪，同甫则谈论古今，说王说霸，伯恭则兼君举、同甫之所长。"（《宋名臣言行录》，外集卷13，四库第449册第800页）。

之讲习。吕氏为天水一朝望族，一门七世十七人见于《宋元学案》，足见家学蕴蓄之深。吕祖谦之师友，更多一时之隽。所师事者，如林之奇、汪应辰、胡宪等，皆当代之大儒；相与讲习者，如朱熹、张栻、陈亮、陈傅良、陆九渊等，更多能开宗立派之人物。吕祖谦既得家学之传，又获交同时诸贤，博采深探，不立崖异，故能成其学之大。可惜天不假年，未及中寿而逝，否则难见其止。

吕祖谦为学，博采多通，于经学、史学、文学、理学等都能独树一帜，而于经史尤称精诣。全祖望认为吕氏一族独得中原文献之传，其家学之特征"在多识前言往行以蓄德"①。所谓"多识前言往行"，正可见吕氏于经史之究心。而这亦可见于吕祖谦之言论："看史非欲闻见该博，正是要识前言往行以蓄其德。"② 又云："人之一心方寸间，其编简所存，千古之上，八荒之间，皆能留藏，则知天在山中为大畜，有此理也。君子观此，则多识前言往行以蓄其德，于古圣贤之言行，考迹以观其用，察言以求其心，如是而后，德可蓄也。不善蓄者，盖有玩物丧志者矣。"③ 不过，吕祖谦教学者"多识前言往行"，其目的尚不止于蓄德，更在通古今事势之变以达于当今之治体，我们将在下文论之。吕祖谦之重史，又可见于其对史官地位之推崇上。他认为，有无伦理纲常等是夷、夏得以区分的重要表征④，而春秋之时，乱贼相循，三纲堕坏，诸夏几与夷狄无别。

---

① 黄宗羲撰、全祖望补：《宋元学案》卷36，《紫微学案》，第1233页。
② 吕祖谦：《东莱集》，金华丛书本，卷20《杂说》。
③ 吕祖谦：《东莱集》，金华丛书本，卷13《易说·大畜》。
④ 吕祖谦谓："观此见夷狄之与中国本不同，大抵中国之所以为中国，以其有三纲，夷狄之所以为夷狄，只缘无三纲。三纲者，君臣、父子、夫妇也。"（《左氏传说》，《吕祖谦全集》，第7册，浙江古籍出版社2008年版，第49页。）

其时因史官能"世守其职",使文武周公之典制不废,而乱臣贼子亦有所畏,不敢公行其恶。其言曰:"然一时之史官,世守其职,公议虽废于上,而犹明于下。以崔杼之弑齐君,史官直书其恶,杀三人而书者踵至,身可杀而笔不可夺。钺钺有敝,笔锋益强。威加一国,而莫能增损汗简之半辞,终使君臣之分,天高地下,再明于世,是果谁之功哉?呜呼!文武周公之泽既竭,仲尼之圣未生,是数百年间中国所以不沦于夷狄者,皆史官扶持之力也。"① 认为史官能起到接续道统的作用,虽或有过夸之嫌,而其于史学之重视亦由此可见。

吕祖谦对史学之重视,却招致了朱熹的批评。朱熹谓:"伯恭动劝人看《左传》、迁《史》,令子约诸人,抬得司马迁不知大小,恰比孔子相似。"又曰:"伯恭于史分外子细,于经却不甚理会。"② 又言:"伯恭无恙时,爱说史学。身后为后生辈胡涂说出,一般恶口小家议论,贱王尊霸,谋利计功,更不可听。"③ 可见,朱熹所以不满于吕祖谦,是认为吕祖谦重史轻经,其后果可能导致学者"贱王尊霸,谋利计功",从而使人心败坏,与儒家所倡王道之治不合。其实,考诸吕祖谦言论,不但不曾轻视六经,反而置经于诸史之上。如谓:"读经多于读史,工夫如此,然后能可久可大。"④ 只不过因吕祖谦重史,主张"多识前言往行",不曾于"要约"处下功夫,在朱熹看来,其弊或流于"博杂"⑤。

---

① 吕祖谦:《左氏博议》,《吕祖谦全集》,第6册,浙江古籍出版社2008年版,第183页。
② 黎靖德辑、王星贤点校:《朱子语类》,第2951页。
③ 朱熹:《宋名臣言行录》,四库第449册,外集卷13,第800页。
④ 吕祖谦:《东莱集》,续金华丛书本,外集卷6《与叶侍郎》。
⑤ 朱熹谓吕祖谦:"似目前只向博杂处用功,却于要约处不曾子细研究,病痛颇多,不知近日复如何,大抵博杂极害事。"(《晦庵先生文集》卷31,《与张钦夫》,第17册第5页,再造善本)

而吕祖谦又有视经为史的倾向,他说:"观史先自《书》始,然后次及《左氏》、《通鉴》,欲其体统源流相承接耳。"① 此乃以《尚书》与史并列。其论《诗经》,则曰:"看《诗》即是史,史乃是实事。如《诗》甚是有精神,抑扬高下,吟咏讽道,当时事情,可想而知。"② 则又以读史之法读《诗》了,至于《春秋》,本据鲁史删削而成,吕祖谦以之为史,更无论矣。可以说,吕祖谦虽未明言"六经皆史",但已有以经为史之意,此与朱熹重经之意不合,所以朱熹才会"痛与之辩"。不过,由朱熹之批评,也可从反面见出吕祖谦于史学之重视。

吕祖谦不仅是重视史学,而且还身体力行,作史、论史,成果颇丰。他曾任国史院编修、实录院检讨官,与修《徽宗实录》。又奉诏编选《皇朝文鉴》,朱熹以为:"此书编次,篇篇有意……其所载奏议,皆系一代政治之大节,祖宗二百年规模,与后来中变之意思,尽在其间,读者着眼便见。"足见吕祖谦之史识。吕祖谦读史,又有《十七史详节》、《历代制度详说》等作,朱熹编《伊洛渊源录》,吕祖谦也曾与其事。而吕祖谦史学著作中,最为人称道的,是其未竟之作《大事记》十二卷,其书另附《通释》三卷,③《解题》十二卷。吕祖谦盖有接续孔子《春秋》之意,故上起周敬王三十九年(即鲁哀公十四年)鲁人获麟,下则欲修至五代,因天不假年,故仅作到汉武帝征和三年。此书颇有体例,其自言曰:"《大事记》者,列其事之目而已,无所褒贬抑扬也。熟复乎《通释》之所载,则其统纪可考矣。《解题》盖为始学者设,所载皆职分之所当知。非事杂

---

① 吕祖谦:《东莱集》,别集卷7《与张荆州》。
② 同上书卷5,《己亥秋所记》。
③ 按:陈振孙《直斋书录解题》及马端临《文献通考》均作1卷。

博、求新奇，出于人之所不知也。至于蓄德致用浅深大小，则存乎其人焉。次辑之际，有所感发，或并录之，此特一时之所及者，览者不可以是为断也。……凡所记大事，无待笺注者，更不解题。"可见《大事记》、《通释》、《解题》实为有机之整体，三者相辅相成，共同体现吕祖谦之史学见解。其《大事记》类于《春秋》，为编年之大事，但吕祖谦于每一事下各标所出，体例严谨。如周敬王四十一年，"夏四月，孔子卒"，其自注云："以鲁史、《左传》修。"全书条条如此，一丝不苟。《通释》则"如说经家之有纲领，皆录经典中要义、格言"。《解题》则"如经之有传，略具本末，而附以已见"。仍以上条"孔子卒"为例，其解题云："鲁史、《左传》皆书'己丑'。杜预曰：'四月十八日乙丑，无己丑；己丑五月十二日。日、月必有误。'孔子生于鲁襄公二十二年，至是年七十三。"朱熹于吕祖谦之博涉史学，每致不满，但于此书，则谓"虽非全书，而实有益于学者，有补于世教"①，又言《大事记》"甚精密，古今盖未有此书，若能续而成之，岂非美事？"并以读书不多，年老体衰，不能续之为憾，②尤可见是书之价值。

正因吕祖谦在史学上有独到见解，又成就颇多，所以本章才以他为例，分析《左传》评点中之史学方面。吕祖谦有关《左传》三书，《东莱左氏博议》、《左氏传说》、《左氏传续说》，基本都属于史论方面。其中《东莱左氏博议》成书最早，凡百六十八篇，多系假借春秋时事，发挥义理之见；《左氏传说》评论人物、解说义理之笔调略少，转而注意名物训诂；《左氏传续说》成书最晚，已不再析理虚论，而呈现经制实学之面貌。在

---

① 朱熹：《晦庵先生文集》，第33册《答沈叔晦》，第48页。
② 同上书，第15册《答詹帅书》，第24页。

正式探讨吕祖谦对《左传》的论说之前，还有必要再作几点说明。首先，关于左氏与孔子之关系，吕祖谦前后看法似有不同。在《左氏博议·齐侯见豕》篇，他说："左氏与子路而同遊夫子之门者也。"是以左氏曾受教于孔子。而于《左氏传说》及《续说》中，吕祖谦则一再言左氏生当战国，非孔子之徒。① 不过，即便其早期以左氏为孔门弟子，视其书为解释《春秋》而作，亦不妨碍其从史之角度解读《左传》。其次，本章无意全面分析吕祖谦之史学成就，而是意在探讨他从史的角度，对《左传》作了哪些面向的批评？其用意何在？因此，在材料选择上，以其左氏三书为主。再次，吕祖谦之《东莱左氏博议》成于早年，且意在为场屋而作，故刻意求新求奇者往往而有，吕祖谦晚年于此书也颇有不满。如谓《博议》是"少年场屋所作，往往浅狭偏暗，皆不中理。若或诵习，甚误学者，凡朋友间者，幸遍语之"②。其《左氏传续说》也认为《博议》所论，"却是太率"，特"旧日一时间意思耳"③。而《博议》与《左氏传说》及《续说》对同一事之评价，往往有所不同。我们对于其不同时期的说法会略作比较，以见其思想发展之脉络。

第二节　观《左传》之方法

胡昌智论吕祖谦史学，曾言："（吕祖谦）仅援据典制风俗，

---

① 吕祖谦曾谓："左氏于定哀之间，载孔子事甚多。其间多传闻之失实，以此知左氏本不曾登圣门。"第157页，"左氏虽近，然未入圣门。"（《左氏传说》，第205页）又谓："盖左氏之生，适当战国之初。"（同上书，第21页。）

② 吕祖谦：《东莱集》，别集卷10《答聂与言》。

③ 吕祖谦：《左氏传续说》，《吕祖谦全集》，第7册，浙江古籍出版社2008年版，第34页。

而于小学、天文、舆地、金石、板本诸专门学问,未加以利用,加以旁征博采,且未以归纳法寻求史籍义例,以演绎法解释史实,是其所短。"① 吕祖谦有无利用小学、天文、舆地等方面之学问,还可商榷。② 但谓其未以归纳法寻求史例,以演绎法解释史实,至少从吕祖谦有关《左传》三书来看,还是合乎事实的。其实,这也是多数以史评点《左传》者的共同特点,评点者多强调致用,而不太重视史学理论的探讨。不过,吕祖谦在评点之时,往往涉及观史之法,逆向而推,他强调以某种方法寻求史意,必定认为作史者以同样方法在叙述中寄托了寓意。因此,如何观史,在某种意义上也可理解为吕祖谦对如何作史的一种要求。

一 统体与机括

吕祖谦认为,读史须"先看统体","统体盖为大纲",大至一代、一国,小至一君、一人,皆有其统体。如观一代统体,须合"纲纪风俗消长治乱观之",秦之暴虐,汉之宽大,即其统体。既识统体,"须看机括"。所谓"机括",即指"国之所以兴、所以衰,事之所以成、所以败,人之所以邪、所以正,于几微萌芽,察其所以然"③。可以看出,吕祖谦所谓统体、机括,实际都是要从整体把握历史。以统体言,一代统体在宽,则虽有一二君稍严,亦不害其为宽。以机括言,虽要求读者能见"几微萌芽",似是微处,但此"几微萌芽"乃一代、一国或者

---

① 胡昌智:《吕祖谦的史学》,见《书目季刊》卷10第2期。
② 吴怀祺:《中国史学思想通史·宋辽金卷》,第375—377页。
③ 吕祖谦:《东莱集》,别集卷14《读史纲目》。

一人兴衰成败之转关处，又何尝不是大者？因此，所谓统体与机括，既可以是对读史者的一种提示，也可看作对作史者的要求，要其具有史学、史才与史识，能把握对象之全体，洞彻其成败之关键。吕祖谦之所以要读者看统体、识机括，盖因大者既得，则小事易举。其言曰："看史要识得时节不同处：春秋自是春秋时节，秦汉自是秦汉时节。看史书须是先识得大纲领处，则其余细事皆举。譬如一二百幅公案，但是识得要领处，方见得破、决得定，切不可只就小处泥。"

吕祖谦论《左传》即多用此法。如谓读《左传》须"先立乎其大者"，能看出"一代之所以升降，一国之所以盛衰，一君之所以治乱，一人之所以变迁"①，一代之升降是"统体"，其所以升降则是"机括"。吕祖谦又言《左传》"上既见先王遗制之尚存，下又见后世变迁之所因"，此盖《左传》一书之统体。吕祖谦以五霸之"未兴"、"迭兴"与"既衰"将《左传》分为三节，② 实亦对其统体之概括。至如"机括"，亦为吕祖谦所究心。如隐公三年，《左传》载周郑交质事，并借君子之口曰："信不由中，质无益也。"吕祖谦认为由此事可以见出，《左传》始于隐公，实托始于平王。盖平王以天子之尊而与诸侯交质，而左氏号为君子，竟直书"周郑交质"，等天子为列国。王不自以往王，而诸侯遂亦不以王视之，吕祖谦以为此乃天下之大变，是周之所以不能复振，而终变为春秋之关键。所以说："周不自卑，人未敢卑之也。无王之罪，左氏固不得辞，周亦分受其责可也。"又谓："戎狄不知有王，未足忧也；盗贼不知有王，未足忧也；诸侯不知有王，未足忧也；至于名为君子者，亦不知

---

① 吕祖谦：《左氏传说》，第1页。
② 同上书，第14—15页。

有王，则普天之下知有王室者，其谁乎？此孔子所以忧也，此《春秋》所以作也，此《春秋》所以始于平王也。"① 可见，吕祖谦实视此事为由周变而为春秋之"机括"。又如其论楚之所以亡于吴，谓："大抵观一国之兴亡，有枢机关纽处。楚之所以亡，执政众而乖，莫适任患，其机关枢纽在此。虽以六千里，无一个担当国事人，安得不亡？"② 则以其时楚之执政者不以国事为念为其"机括"。

大抵而言，吕祖谦之论《左传》，不论是一代、一国，抑或一人、一事，多综其前后终始，而能察其转折之关键，既能见统体，又可知机括。

二 旁观与抉隐

隐公十一年，《左传》载息侯伐郑之事，并未言及楚国。吕祖谦却由此事看出其时楚尚未强盛。因息国为近楚小国，若楚已极盛，则息国必忧惧楚之灭己，而无心参与中原之事。所以，吕祖谦云："楚衰则边楚之国必强，楚盛则边楚之国必弱。大抵看《左传》，须旁看方可，若一事只作一事看，不可。"③ 又言："学者观古今之变，时俗之迁，亦当如此看。若看一事止见得一事，看一人止见得一人，非所谓旁通伦类之学。须当缘一人见

---

① 吕祖谦：《东莱左氏博议》，第 8—9 页。
② 吕祖谦：《左氏传说》，第 176 页。
③ 按：吕祖谦谓："此段须就息上看得楚之盛衰，当时如息、如蔡，尚与中国相通，皆会盟征伐。及楚一盛，则与中国绝矣。盖息、蔡皆近楚之国，楚既盛则必有吞并之意，彼朝夕自救之不暇，何暇及其它？看此可见是时楚未强盛也，何故？盖楚衰则边楚之国必强，楚盛则边楚之国必弱，大抵看《左传》须旁看方可，若一事只作一事看，不可。"（《左氏传说》，第 5 页）

一国风俗，如闵子马可也。"① 吕祖谦此处所谓"旁看"，是指《左传》仅据实记录某事，并未寄寓某种深意，而读史者则须触类旁通，由此知彼。如桓公十三年，楚伐罗，《左传》云"楚师尽行"，因罗为小国，所以吕祖谦亦谓其时楚"未甚大"②。吕祖谦之读《左传》，大多能"别着一只眼"，如由"诸侯败郑徒兵"，则见三代兵制大沿革，"盖徒兵自此立，而车战自此浸弛也"。由臧僖伯谏观鱼，则见当时财赋之制，盖"当时惟正之供，其经常之大者，虽归之公上；而其小者常在民间，此所以取之无穷，用之不竭也"。由"武氏子来求赙"，则见"天子之权不振，不能使诸侯自来贡，而反求之"③。如此之类，在其论《左传》三书中颇多有之。

旁观还只是旁通，其实吕祖谦在读《左传》时，还时时抉发左氏不言之隐。也就是说，左氏行文中隐寓某种微意，而未明言，吕祖谦往往能窥寻得之。此种读法，实即要求读者善得作者言外之意，我们姑以"抉隐"名之。如《左传》开篇云："惠公元妃孟子，孟子卒，继室以声子，生隐公。"左氏于此事无所褒贬，吕祖谦则认为左氏在此句中寓有隐公当立为君之意。其言曰："左氏'继室以声子，生隐公'一段，须便见得隐公当立底意。古者诸侯继世，虽以適而不以长，然元妃苟无適嗣，则庶长当立，自先儒皆有是说，此理甚明。今惠公元妃既无適子，则继室之子，虽非適子，却是庶长。左氏首载孟子卒，即载继室以声子，生隐公一句，而隐公之当立，焕然无复可疑。……左氏载下面仲子为鲁夫人事，则曰：'有文在其手，曰

---

① 吕祖谦：《左氏传说》，第150页。
② 吕祖谦：《左氏传续说》，第34页。
③ 吕祖谦：《左氏传说》，《看左氏规模》，第4页。

为鲁夫人。'言其有文如此耳，实非夫人也，桓公亦均之为庶子耳。叙事至此，则隐公之当立与否，益易见矣。只此一段，正如法吏断案，善叙陈其事而法意自在其中。此左氏具文见意处，所以学者要看得详细。"① 又如桓公十七年，郑昭公恶高渠弥而不能去，卒为所弑。左氏借君子之口曰"昭公知所恶矣"，似有赞昭公知人之意。吕祖谦则谓："此一句是左氏讥昭公处，言其特能知之耳，而不能去之意自见于言外。此正是'恶恶而不能去也'。《左传》中如此处，皆左氏笔高，含不尽意。"② 在吕祖谦看来，善作史者，往往能通过巧妙叙事，不着一词，而是非自见，此即"具文见意"之法，而被称为《春秋》之教的"属辞比事"，可称此法之典范。吕祖谦论《左传》，也多综括一人、一事之终始，或比类相同相反之事以见意。如昭公二十二年，王子朝为乱之事，左氏先写王子朝及宾起有宠于王，见其势焰之张。接着即写刘献公之庶子伯蚠，见其为庶子、为家臣，极写其微。而王子朝之乱，终得伯蚠之力而平。吕祖谦以为左氏如此叙事极有法："左氏先如此叙时，见得他初间虽微如此，然所助者正，故其后终能以定其乱。"③ 也就是说，通过比次双方身份、地位及实力之差别，更能反衬出名分正者能成功之意。

须说明的是，求左氏言外之意，不可避免会有解读者之主观因素，其所得亦不必为左氏原意。

三 书法缜密

吕祖谦认为诸史之中，具有史法，须"精熟细看，反复考

---

① 吕祖谦：《左氏传续说》，第1—2页。
② 同上书，第40页。
③ 同上书，第296页。

究"者,只有《左传》、《史记》与《前汉书》,而于左氏及太史公尤为推崇。于太史公,赞其"识见高远";于《左传》,则谓其"字字缜密"①。左氏书法如何缜密,吕祖谦并未加以归纳,但我们从其评论中亦能窥测一二。

吕祖谦《左氏传续说》纲领云:"一部《左传》,都不曾载一件闲事,盖此书是有用底书。学者看得《左传》熟时,以下诸史条例亦不过如此。"可见所谓"缜密",首先在所载之事,件件有用,非泛然采录者。桓公十八年,桓公与夫人姜氏如齐,左氏载申繻谏语。吕祖谦曰:"左氏所以载申繻谏辞一段者,便要见得姜氏是第一次如齐处,言前此未尝如齐,至此方往。故申繻以未曾有此,遂入谏耳。故左氏因以谏辞系之。大抵作史之法皆如此。后来文姜如齐,不知其几,而都不载者,何故?以此看来,此是第一次尤分明。"② 也就是说,在吕祖谦看来,《左传》每载一事都有其用意,极具史法。《左传》史法之缜密,还表现在其措辞上。庄公二十五年,陈女叔聘鲁,《左传》谓"始结陈好也"。吕祖谦认为此处用"始"字,"盖十九年,陈与齐人、宋人伐我西鄙,至此始结好。看《左传》如这般处,便考他前后事迹曾有甚断绝处,方见得来历子细。如前无事可考时,只是未曾往来,此是看《左传》一条例"③。也就是说,《左传》每用一字,亦必谨密。如用"始"字,则可考此前《左传》所载,或前此双方未曾往来,或因有矛盾而关系"断绝",二者必居其一,其措辞之不苟如此。左氏之缜密,还在其呼应之密。如文公十三年,今本《左传》中有"其处者为

---

① 吕祖谦:《左氏传续说》,第1页。
② 同上书,第40—41页。
③ 同上书,第66页。

刘氏"句，吕祖谦谓："此一句本无谓，恐西汉人添入。盖左氏一书本无闲句，设有此句时，后面必有事相应，后面无一事应，所以见此句是添入。盖西汉时惟《公》、《穀》列于学官，左氏不曾立学官，到后汉因此立学官。"① 又言："大凡左氏载事，虽小小事，皆前后相应。"② 可见在吕祖谦看来，《左传》无有虚辞，每载一事，多有与之呼应者。由以上所述，可以略见吕祖谦所谓"缜密"之含义，这也可视为对作史者所提之标准。

《丽泽论说集录》卷八《史说》还言及对史体之看法，其言曰："大抵史有二体，编年之体，始于左氏；纪传之体，始于司马迁。……然编年与纪传互有得失，论一时之事，纪传不如编年；论一人之得失，编年不如纪传，要之，二者皆不可废。"虽不出于《左氏》三书，因涉及吕祖谦之史学观点，故附识于此。

第三节　论《左传》之内容

刘昭仁论吕祖谦研史之要项，有"官制、兵制、财赋、刑法、政事、君德、相业、国势、风俗诸端"③。足见吕祖谦史论内容之丰富，在此不拟对其所涉内容作全面探讨，仅介绍其论述较多，又对其后之《左传》评点产生较大影响者。本节拟从四个方面：以史学明理学、谨礼法明因革、尊王攘夷、评人论

---

① 吕祖谦：《左氏传续说》，第134页。
② 同上书，第149页；另第306页谓："此见得左氏无虚辞，又应前面子常贿而信谗处。"
③ 刘昭仁：《吕东莱之文学与史学》，台北文史哲出版社1986年版，第202页。

事，对其内容略作分说。

一 以史学明理学

吕祖谦为学，经史兼治，以经为史，以史明理，有将哲学与史学合而为一之倾向。章学诚论浙东学术，谓"言性命者必究于史"，此言实可验之于吕祖谦。刘昭仁曰："受理学之影响，宋代史学多强调义理精神，期使史学经学化，并进而将经史合为一体，使之同归于理学之领域。故宋代史学中有浓厚之义理观念。"观吕祖谦左氏三书，特别是《东莱左氏博议》，可知其言不诬。天人相与之际是宋代理学家之大题目，吕祖谦论《左传》之时，即时时发其对天人关系之思考。在吕祖谦这里，天理、天、理、道等基本是相同之概念；气与道似即一体之两面，形而上者谓之道，形而下者谓之气；万物与人皆得气而生，故气实有联系天人之作用。

吕祖谦认为，天下只此一"道"，"无精粗，无本末"[1]，相应的，"气"也只此一"气"，故曰："通天地一气，同流而无间者也。"[2] 正因天下只此一"道"，所以其存在无待于外物，因有待必有彼此，而天下无有能与道相对者。故曰："道无待，而有待非道也。待之名乌乎生？以彼待此曰待，以此待彼亦曰待，一彼一此而待之名生焉。未有彼待彼者也，未有此待此者也。"[3] 亦因天下同此一"道"，所以"道"不会因外物而增损。郑庄公因怒而寘母于城颍，似失天理，吕祖谦曰："（庄公）忿

---

[1] 吕祖谦：《东莱左氏博议》，第483页。
[2] 同上书，第180页。
[3] 同上书，第239页。

戾之时，天理初无一毫之损也，特暂为血气所蔽耳。血气之忿，犹沟浍焉，朝而盈，夕而涸，而天理则与乾坤周流而不息也。忿心稍衰，爱亲之念，油然自还而不能已。彼颍考叔特迎其欲还之端而发之耳，其于庄公之天理，初无一毫之增也。"① 因天理不会因外物而增损，所以吕祖谦对人欲灭天理之说，颇不以为然。谓："世皆以人欲灭天理，而天理不可灭。"② 人欲不仅不能灭天理，天理实常在人欲中，"未尝须臾离也"③。当然，此处人欲只是合理的欲望，若是过度之私欲，在吕祖谦看来还是应该摒弃的。

既然天下只此一"道"，为何万物纷纭，各有不同呢？吕祖谦以"理一分殊"解之，言天下虽只有一气，万物因禀受不同，而有万千之别。"理之在天下，犹元气之在万物也"，其"遇亲则为孝，遇君则为忠，遇兄弟则为友，遇朋友则为义，遇宗庙则为敬，遇军旅则为肃，随一事而得一名，名虽至于千万，而理未尝不一也。气无二气，理无二理"④。既然万物与人同禀天理而生，那么又何以有物我之别呢？吕祖谦认为："物得气之偏，故其理亦偏；人得气之全，故其理亦全。"⑤ 正因人独得理气之全，所以人心与道为一，二者不可相离。吕祖谦谓："举天下之物，我之所独专，而无待于外者，其心之于道乎？心外有道，非心也；道外有心，非道也。心苟待道，既已离于道矣。待道且不可，况欲待于外哉。"⑥ 又言："心即天也，未尝有心

---

① 吕祖谦：《东莱左氏博议》，第5—6页。
② 同上书，第97页。
③ 同上书，第281页。
④ 《东莱左氏博议》，第58页。
⑤ 同上书，第58页。
⑥ 同上书，第239—240页。

外之天；心即神也，未尝有心外之神。"① 又曰："万物皆备于我，万理皆备于心，岂以想而有，岂以不想而无哉？"② 正因为人同此心，心同此理，所谓历史不过是具有同样本质的人的对象化活动而已。"史，心史也；记，心记也"③，正因历史不过是"心"之记录，所以我们了解历史才有可能，"旷百世而相合者，心也；跨百里而相通者，气也"④。也正因为理气古今无二，所以研究历史对于当下才有意义。

但是，人既然同得理气之全，为何又会有善有恶、有成有败呢？吕祖谦认为，人虽同禀一气，因后天之涵养不同，遂有种种差别。善养其气者，可以为尧舜禹汤，不善养其气者，或为桀纣幽厉。也就是说，"天下之事，未尝不由己者"。如卫宣公之子伋与寿，吕祖谦以为其所禀受于天者，不下于舜，而舜能善处于顽父嚚母之间，二子则终至杀身以成父母之恶。究其原因，以其"充养而广大之者，不如舜耳"。所以说："观二子之生，则知天理之不可灭；观二子之死，则知天资之不可恃。是道也，非洞天人之际，达性命之原，何足以知之哉？"⑤ 吕祖谦又谓："浩然之气与血气，初无异体，由养与不养，二其名尔。苟失其养，则气为心之贼，苟得其养，则气为心之辅。亦何常之有哉？愤乱散越，临死生而失其正者，是气也；泰定精明，临死生而得其正者，亦是气也。"⑥ 正因理气本无"异体"，因人之养与不养，遂有万千差别，是以吕祖谦极言天理之可畏。

---

① 《东莱左氏博议》，第 107 页。
② 同上书，第 373 页。
③ 同上书，第 241 页。
④ 同上书，第 303 页。
⑤ 吕祖谦：《东莱左氏博议》，第 98—99 页。
⑥ 同上书，第 108 页。

其言曰："天下之甚可畏者，莫大于理。……尊之者王，畏之者霸，慢之者危，弃之者亡。"①

由以上所述可以看出，吕祖谦虽因早逝，未及构建严密的理学体系，但对于理学中的一些基本问题，他实际上已有较为成熟的思考。总其要点，则有理气一元、理一分殊、天人合一等项。吕祖谦虽强调道为本体，但似乎并不把道视作终极存在，认为道未尝离于心，亦未尝离于物。在强调道起决定作用的同时，又不废人事，认为事之成败，未尝不由己者。因道与心为一，只要善于涵养其元气，似亦有人皆可以为尧舜之意。吕祖谦有关理学之讨论，远不止于以上所述，在此不过撮其大要，略发其端而已。

二 谨礼法、明因革

在吕祖谦看来，社会若欲长治久安，须有良好的风俗、制度，或曰礼法，以维持之。隐公元年，《春秋》书"郑伯克段于鄢"，左氏释曰："段不弟，故不言弟。如二君，故曰克。"吕祖谦认为："此见当时风俗制度皆坏处。夫兄弟相戕，此是天下大变。盖君臣、父子、兄弟是内治，制度、纪纲是外治。内外相维持，皆不可欠缺。今以兄弟之间相戕相贼如此，则当时天下可知。"②《左传》为礼义之大宗，载当时典制甚详。吕祖谦论《左传》，举凡"内治"、"外治"皆有分说。"内治"之根本在三纲五常，他说："自古所建立国家，维持天下，大纲目不过数

---

① 吕祖谦：《东莱左氏博议》，第105页。
② 吕祖谦：《左氏传续说》，第4页。

事，如三纲五常、天叙天秩之类。"① 并认为周平王东迁之初，先王典制尚存，若平王能振作奋力，则可望复西周之盛。然而所以不三代而春秋者，乃因平王不自振，堕坏三纲之故。其言曰："郑庄公为卿士，当用则用，当废则废，何必以虚言欺之？此全失人君之体；曲沃庄伯本出孽，正当助翼伐曲沃，今乃助曲沃伐翼，此附臣伐君，全不是天讨，君臣之纲乱矣。仲子，惠公之嬖妾也。今乃以天王之尊，而下赗诸侯之嬖妾，则夫妇之纲乱矣。以至祭伯非王命而私交，武氏子非王命而求赗，及郑伯怨王夺政，而有交质之举，若敌国然。则王纲解纽，委靡削弱，因以不振，皆是平王自坏了。"② 而中国与夷狄所以为别者，在吕祖谦看来，主要也在三纲之有无。凡此皆可见"内治"对维系社会之重要。

至于"外治"，吕祖谦对《左传》所涉礼法，如官制、军制、祭祀、会盟、征伐、行聘、财赋、田制、荒政、刑法、地理等，多有论述，因内容过多，在此不再一一举例。想要说明的是，吕祖谦论典制，不喜作静观的考察，而常从因革损益中见其特点。司马迁作《史记》，欲"通古今之变"。吕祖谦极重《史记》，故也喜以"通变"之法观史，谓："不自古考之，无以知古之略，今之详。合古今，尽详略，然后可以继为万世法。"③ 并认为《左传》所以好看，乃在于上可见"先王遗制"，下能见"后世所因"，实为历史转关之枢纽。吕祖谦常由《左传》见典礼之变迁，如论井田制，认为其废不自商鞅，而兆端于郑子驷等为田洫。其言曰："郑子驷为田洫，而当时司氏、堵

---

① 吕祖谦：《左氏传续说》，第4页。
② 吕祖谦：《左氏传说》卷首，第1—2页。
③ 同上书，第149页。

氏、侯氏、子师氏，何为许多人皆丧田焉？以此观之，盖周之井田废坏，至此已见其端。……子产欲复郑田制，民谤以为'取我田畴而伍之'，此又见井田渐坏。人皆谓商君开阡陌，大坏井田之制，曾不知其来之渐已久。若使元不曾坏，商君亦未能一旦尽扫去先王之制。不独田制如此，而先王之乐，亦莫不然。"① 其强调各种制度之变迁，皆非一朝之力，或有告诫执政者要谨本始，防微杜渐之意。又如三公之官制，吕祖谦云："司空无骇入极。注云：'鲁司徒、司马、司空，皆卿也。'古者天子六卿，诸侯三卿，而实各兼六卿之事，故三卿皆取天子之次者。司徒，冢宰之次；司马，司徒之次；司空，又司寇之次。至后汉，三公所谓司徒、司马、司空，却只用了诸侯制度。"② 吕祖谦论典礼因革之例尚多，亦不多举。

整体而言，吕祖谦论史，极重典章制度，尤重其因革，其目的则在于"合古今，尽详略"，以为"万世法"。

三 尊王攘夷

春秋之时，王室不振，外有夷狄之凭陵，内有诸侯之侵削，这也是孔子为何有《春秋》之作的原因。北宋学者惩于唐代藩镇之祸，故说《春秋》者多倡尊王之义。南渡以后，士大夫怀故国沦陷之耻，于攘夷复仇之说尤所究心。吕祖谦生当孝宗图治，有意北伐之时，故其论《左传》对于尊王攘夷之义也多有发挥。春秋时，霸主内有扶持王室之名，外有攘除夷狄之功，故吕祖谦有关王霸之论亦可于此并说。

---

① 吕祖谦：《左氏传说》，第91页。
② 吕祖谦：《左氏传续说》，第6页。

夷狄与中国何以为别？或以种族血统，或以文化礼俗，吕祖谦即持后者以为断。在他看来，礼之大本，在于伦理纲常。吴、楚等国，原其所始，本诸夏之苗裔，其所以降为夷狄者，即由于三纲堕坏。其论"楚国之举，常在少者"，曰："楚子立商臣为太子，令尹子上曰：'楚国之举，常在少者。'观此，见夷狄之与中国本不同。大抵中国之所以为中国，以其有三纲；夷狄之所以为夷狄，只缘无三纲。三纲者，君臣、父子、夫妇也。以楚甲兵之众，土地之广，固足以抗衡中国，至于传国立嗣之际，则失其大伦，乱其大本，所以多有戕弑之祸，正缘无三纲，故如此。观其上有天王，而僭称王号，则无君臣之纲矣；立嫡以长，而常在少者，则无父子之纲矣；息妫绳于蔡哀侯，而息遂见灭，以息妫归，则无夫妇之纲矣。三纲既绝，此《春秋》所以降楚于夷狄也。"① 既然以礼法分别华夷，那么华夷之间便无定名，诸夏"一渝礼义，旋踵夷狄"；夷狄若向慕中国文化，能进于礼法，则亦可升之于诸夏。所以吕祖谦说："居夷而华者，必变夷为华；居华而夷者，必变华为夷。物物相召者，未尝不以其类也。"②

须说明的是，吕祖谦认为华、夷可以互变，并非要为夷狄出脱。刘昭仁云："宋代理学家饱受异族欺凌之馀，讨论夷夏问题，仍依其学说立论，不作大言空论，立异鸣高，殊为可取。"③ 此言虽不错，但于吕祖谦之意仍未达一间。宋之理学家大多强调由内圣开出外王，吕祖谦亦莫能外，其论事之成败

---

① 吕祖谦：《左氏传说》，第49页。
② 吕祖谦：《东莱左氏博议》，第302—303页。
③ 刘昭仁：《吕东莱之文学与史学》，第185页。

多强调自为。① 应该说，吕祖谦不畏夷狄之进为诸夏，而惧中国之沦为夷狄，所以才会有"吾心之夷狄"最为可畏之说。② 吕祖谦还反复强调夷狄与中国迭为消长，如谓："夷狄之强弱，常由中夏之盛衰。中国，元气也；夷狄，邪气也。元气全则邪气不能入，元气丧则邪气乘之。"③ 又谓："大抵中国与蛮夷，君子之与小人，国家之有权臣，常为消长。蛮夷盛则中国衰，权臣强则王室弱。……此中国不如蛮夷，皆中国之过，非蛮夷之过。"④ 其意盖告诫统治者要自振自强，若中国强盛，则彼夷狄自弱。当然，吕祖谦在强调诸夏自强的同时，对于华夷之辨还是严加区别的。如因孔子《春秋》能"还人心于既迷，遏夷狄于方炽，泾渭华戎于一言之间"，而赞其功，谓可"与天地并"⑤。

吕祖谦严夷夏之防，还可见于其对霸者之功的重视。春秋之时，天下犹知有王，不至于遽变为战国者，因有霸者扶持之力，故吕祖谦对霸者攘夷之功再三致意。如论管仲，即云："当齐桓未霸以前，戎狄横行于中国，灭卫、伐鲁、伐周之类甚多；自管仲相桓公之后，方能攘之。所以孔子有'微管仲，吾其被

---

① 吕祖谦此类议论如论随叛楚事，其言曰："君子忧我之弱，而不忧敌之强，忧我之愚，而不忧敌之智。国为敌所陵，而不能胜者，非敌之果强也，罪在于我之弱也；为敌所陷而不能知者，非敌之果智也，罪在于我之愚也，强者弱之对也，我苟不弱，则天下无强兵；智者愚之对也，我苟不愚，则天下无智术。天下之事，未有不由己者。善者，己也，极其善，则为尧舜禹汤者，亦己也；败者，己也，极其败，则为桀纣幽厉者，亦己也。……位天地，育万物，无不由己。"（《东莱左氏博议》，第291—291页）其他如论平王不能复西周，郑忽出奔之类皆是。
② 吕祖谦：《东莱左氏博议》，第304页。
③ 吕祖谦：《左氏传说》，第7页。
④ 同上书，第184页。
⑤ 吕祖谦：《春秋讲义·二年春公会戎于潜》，见《东莱集·别集》卷13，续金华丛书本。

发左衽'之叹。须看当时事体，然后知圣人之语不妄发。"① 在吕祖谦看来，霸者虽也有"败王法、灭小国、搂诸侯以伐诸侯"等罪，但若以战国"争地以战，杀人盈野；争城以战，杀人盈城"之局面反观，则霸主维持之功，"固不可厚诬"②。所以说，如何评价霸者，关键要看"当时事体"，唯孔子为能知其功。

也正因为出于对攘夷之强调，对有名无实，如宋襄公者，吕祖谦摈之于霸者之列。其言曰："宋襄本不足以预五霸之列，人见他亦曾会诸侯，故列之于五霸。夫宋襄尚且不识霸者题目，霸者欲尊周、会诸侯，大要在摈楚。……宋襄欲成霸业，反求诸侯于楚，便不能攘夷狄、尊中国，与齐、晋皆异，此霸业所以不成。"③ 至于躬为夷狄之楚庄，吕祖谦就更不许其为霸了。④

王霸之辨为宋儒之大题目，事功派如陈亮等，倡尊王重霸之说，谋功计利。而朱熹等则极诋功利说之害人心术，故黜霸而尊王。相较而言，吕祖谦所论，较能持平。他首先承认王霸之别，在德与力。其言曰："大抵王霸之分，王以德，霸以力。以德为尚，则终始如一，以力为尚，未有始盛而终不衰者。"⑤ 但又认为霸者未尝专恃力而行，其言曰："自古论王霸，皆曰王以德，霸以力。德与力，是王霸所由分处。然而霸亦尝假德而行，亦未尝专恃力而能霸者。"⑥ 正因霸者亦尝"假德"，故其行事犹有可观，而吕祖谦论霸者之功，又一再强调要结合"当时事体"，故所论往往能近乎其实。

---

① 吕祖谦：《左氏传续说》，第 28 页。
② 吕祖谦：《东莱左氏传说》，第 147 页。
③ 吕祖谦：《左氏传说》，第 37 页。
④ 同上书，第 66 页。
⑤ 同上书，第 48 页。
⑥ 同上书，第 139 页。

四　评人论事

　　吕祖谦论人论事，极有笔力。朱熹谓其揭公孙宏、张汤奸狡处，"皆说得羞愧杀人"①，又谓其"论说左氏之书，极为详博，然遣辞命意，亦颇伤巧"②。虽语涉不满，然吕祖谦笔锋之颖利亦可概见。吕祖谦论《左传》为后世评点者引用最多的也是此类评论。

　　吕祖谦《左传》三书对人事之评论亦略有不同，《博议》乃早年为诸生课试之作，故其立论大多务于新奇，人之所善者，我独求其不足；人之所非者，则抉其隐德，颇有人弃我取之意。其对一人一事之评价，也喜于是中求非、非中求是。而《传说》及《续说》虽也着力求新，但较《博议》，已多平实之论，故一再言《博议》所论之非。姑举二例，一见其立论之刻意求新，二见其前后持论之不同。

　　吕祖谦立论之求新者，以颍考叔为例。隐公元年，郑庄公因与其弟叔段相恶，并绝其母，此乃人伦之大变。颍考叔见庄公，于饮食间啜羹、舍肉，遽回庄公念母之心，左氏赞其为"纯孝"，论者亦多以此称之。吕祖谦却谓考叔此举虽是，但犹有遗憾。在他看来，考叔应在庄公悔心初萌之时，遽斥其非，使庄公能去私情，得天理。而"考叔乃曲为之说，俾庄公阙地及泉，陷于文过饰非之地。庄公天理方开，而考叔遽以人欲蔽之，可胜叹哉？不特蔽庄公之天理，当考叔发阙地及泉之言，考叔胸中之天理，所存亦无几矣，故开庄公之天理者，考叔也，

---

① 永瑢等：《四库全书总目》卷27，《春秋左氏传说》提要。
② 朱熹：《晦庵先生文集》，再造善本，卷33《答吕伯恭》。

蔽庄公之天理者，亦考叔也。向若庄公幸而遇孔孟，乘一念之悔，广其天理而大之，六通四辟，上不失为虞舜，下不失为曾参，岂止为郑之庄公哉？惜夫！庄公之不遇孔孟而遇考叔也"①。吕祖谦还解释考叔所以不如孔孟者，乃因力量不足。其言曰："盖人各有力量，极不可勉强。颍考叔非不知正论，然至此力量加不去，只得如此说。如孟子则不然，其曰：'如知其非义，斯速已矣，何待来年！'其力量大矣。凡人之进言，多故为委曲迁就之语，亦以此耳。"②

吕祖谦立论前后不同者，以郑庄公、叔段事为例。《博议》论庄公之克段，谓其用心极险，处心积虑，不置叔段于死地不已。其言曰："庄公雄猜阴狠，视同气如寇雠，而欲必致之死，故匿其机而使之狎，肆其欲而使之放，养其恶而使之成。"所谓逆其机云云，实指叔段之初封于京及其后命二鄙贰于己、收二邑为己有，庄公之臣如祭仲、子封等一再进谏，而庄公都不之问。吕祖谦以为："庄公之心，以谓亟治之，则其恶未显，人必不服；缓治之，则其恶已暴，人必无辞。其如不闻者，盖将多叔段之罪而毙之也。"所以说："吾尝反复考之，然后知庄公之心，天下之至险也。"③ 他还认为庄公心术之险，又不特此，还在其心机之深，不仅能欺其臣、抑且能欺其国，不特欺其国，又且欺天下，甚而又欲欺后世之人，此所以见其用心之险恶。至于《传说》论此事，虽仍谓庄公有存心杀弟之意，但措辞已不如《博议》之激烈，且谓庄公所以待叔段罪大而伐之者，乃因有曲直之见横于胸中，而不以心险讥之。④ 至若《续说》论

---

① 吕祖谦：《左氏博议》，第6页。
② 吕祖谦：《东莱左氏传续说》，第5页。
③ 吕祖谦：《左氏博议》，第2—3页。
④ 吕祖谦：《东莱左氏传说》，卷首《看左氏规模》，第2—3页。

此事，则已能原事之始末，平心论之了。首先认为，庄公与叔段之相恶，乃因其母"爱恶"之偏，并谓："大率人所以致骨肉不睦者，多缘此两字。"是以祸端之始归于武姜了。武姜为叔段请制，庄公不许。吕祖谦以为："庄公当时所以不与他时，亦是初间好意，未必是难控制而不与之也。"封段于京，祭仲谏词有"君之宠弟"一语，吕祖谦谓："'宠弟'二字，便见得庄公之意犹未露竟，不曾分明说破。惜乎当时殊无调护兄弟底情意，便只就利害上说去。"也就是说，此时庄公尚无害弟之心，若其臣子善于调护，则兄弟未始不能相睦，可惜祭仲之徒不知大义，唯以利害动庄公。至公子吕再谏，已有"请除之"之语，形势至此，渐难回转。所以吕祖谦说："看得庄公初间亦未便有杀弟之意，只缘事势浸浸来了，此所以遂成了克段底事。如公曰'姜氏欲之，焉辟害'，此等语亦是狠愎者之常谈，至说'多行不义，必自毙'，与后来'不义不暱，厚将崩'之语，其意却不可回矣。学者能细看此段，亦仅见得人情物理。"①由吕祖谦对同一事前后不同之论说，亦可见出其学问之渐趋成熟。有趣的是，吕祖谦对此事三段不同的评论都成为了经典，而为后世评点者所引用。

以上从四个方面对吕祖谦《左传》三书所涉内容略作了介绍，须说明的是，此四方面并非严格的分类，其内容完全有可能相互涵盖，而且每一类也仅举其大端，使我们知其所论有此一面向，至于细处则不暇论及。而吕祖谦所论之内容，也远不止此，如风俗移易、世事变迁、君臣名分等，吕祖谦也多有论及。因其所涉内容甚多，非此一节文字所能涵涉，就不再多言了。

---

① 吕祖谦：《左氏传续说》，第3—5页。

第四节　习《左传》之功用

吕祖谦之论史，并非要发思古之幽情，而是有其现实之目的。他说："看史非欲闻见该博，正是要识前言往行以蓄其德。"又曰："大抵看史，见治则以为治，见乱则以为乱，见一事则止知一事，何取观史？当如身在其中，见事之利害，时之祸患，必掩卷自思，使我遇此等事，当作如何处之。如此观史，学问亦可以进，知识亦可以高，方为有益。"① 可见吕祖谦之读史，有两方面之目的，一指向自身，即"多识前言往行以蓄其德"；二指向社会，欲通古今事势之变以达于当今之治体。下面就从修身与应变两个方面分别加以讨论。

一　多识前言往行以蓄德

前面已经提到，吕祖谦认为天理虽不会因外物而增损，却易为血气所蒙蔽，所以学者之是非成败，端视其治心养气之效果如何。因此，他一再强调学者要在"里面"下功夫，如谓："大凡学者最怕外面加添，里面初不长进。"② 又曰："大率要得言语动人，须是自里面做工夫出来。"③ 所谓自"里面做工夫"，即是要治心养气以蓄德。齐桓公霸业积数十年之功始成，因桓公之骄，一日而坏，吕祖谦认为其原因，即在管仲只就事上下

---

① 吕乔年：《丽泽论说集录》，续金华丛书，卷8《史说》。
② 吕祖谦：《左氏传说》，第10页。
③ 同上书，第54页。

功夫，于君心却不理会。而晋灵公初始亦未甚恶，所以终至篡弑之祸者，也因其臣不能"正君心、养君德，自里面作工夫"，而一味"谋人城，攻人国"，都去外面作了。① 为君者一失其德，或致于祸身亡国，为臣者若德有不修，也难以"言语动人"，即此可见蓄德之重要。

蓄德之要，在于治心养气，从里面做功夫，具体又要如何实施呢？《左传》成公十三年，载刘康公之语曰："吾闻之：民受天地之中以生，所谓命也。是以有动作礼义威仪之则，以定命也。能者养之以福，不能者败以取祸。是故君子勤礼，小人尽力，勤礼莫如致敬，尽力莫如敦笃。"吕祖谦认为，由"闻之"可知，此非刘康公私意，乃"尧、舜、禹、汤、文、武相传之妙旨，力学之根本"。学者为学，"当致力于此数句上观之"。故吕祖谦释此段以为学者修身之法，其义甚精，全录于下：

> 其曰"民受天地之中以生，所谓命也"：此在《中庸》便是子思"天命之谓性"，在《大易》即是太极一判，品物流形，各正性命。万物得天地之偏，人乃得天地之全。夫天之生物，同一气耳，人与物在偏全之间，故民者天地之心也。此"中"即命之所在，即《诗》所谓"维天之命，于穆不已"，便是此命也。"是以有动作礼义威仪之则，以定命也"：须看"是以"两字，人之所动履适，亦举止得节，皆不自外来，无所勉强，无所矫拂，皆自然而然，不可差一毫之过，亦不可差一毫之不及，此见是以有则处。所谓"以定命"者，此心操之常存，则与天地流行而不息；一或舍之而不存，则便堕于私意人欲中，天命便至于壅遏

---

① 吕祖谦：《左氏传说》，第60页。

而不流行。"能者养之以福，不能者败以取祸"：福则不言取，而祸言取者，何故？此心常操而存，则心广体胖，怡愉安泰，福本自内有；若一欲败度、纵败礼，则祸自外来，故祸言取，而福不言取。"是故君子勤礼，小人尽力"：今之所谓学士大夫皆是君子，所谓农工商贾皆是小人，论其"中"，本无君子小人之别，盖君子小人各自有则。所谓"勤礼莫如致敬"，最是下工夫处。人能致敬，则动作威仪皆合于礼，便是有则处。所谓"尽力"，如今或从事于畎亩，或服劳于商贾，就小人尽力处，便是君子勤礼处。勤礼莫如致敬，如《曲礼》三百，威仪三千，苟泛然无统，则无以行，必有根本，自我一心之敬发出，则动皆合礼。尽力莫如敦笃，如勤畎亩以奉父母，如服商贾以致孝养是也。此一段最要就"动作礼义威仪之则"一句下工夫，"中"者一身之大本，下面一句却是入道之门户，而今人多把作闲看了。不知此一句最是用工夫端的处，如成王作诰，"思夫人自乱于威仪，尔无以钊冒，贡于非几"。至于曾子，临终亦得孔子之深旨，说君子所贵乎道者三：动容貌、正颜色、出辞气。而今学者正要用力在如此。一步之速，以事考之，亦未害事，不知当时此心是定与不定？一言之悖，以事考之，亦未害事，不知当时此心，还是存与不存？正心诚意之事，学者当随力深浅行之，其始虽若勉强，其得味，自有不可已者。①

观吕祖谦此论，可知其所谓蓄德，大要只在存天理，去私欲。人就地位而言，有君子、小人之别，就受于天者来说，则同得

---

① 吕祖谦：《左氏传说》，第79—80页。

天地之"中",为天地之心,故人本身已得道之全体,所谓修身只是要慎守所得于天者而勿失。不过,人处于世,难免为"私意人欲"所侵,欲守其"心",又须有以定之者,此即所谓"动作礼义威仪之则",简言之,就是"礼"。在吕祖谦看来,礼亦本于天,无过亦无不及,自然而然,无所勉强。欲使举动不失礼,则莫如"致敬"。可见,吕祖谦讲修身,不外要学者时刻保持诚敬之心,守礼勿失,以防堕于私意人欲之中,此亦即《大学》所谓"正心诚意",也即要在里面做功夫。

不过,吕祖谦集中论述修身之道者,亦大段有数。其论《左传》,更多还是由历史人物之是非成败,为自己修身之鉴,也即"考迹以观其用,察言以求其心"。春秋霸者,每到功业成就之时,未有不自满者:齐桓葵丘之盟后而骄,晋文践土之盟后自满,秦穆焚舟之役后亦骄,楚庄聘使不假道时也满,晋悼萧鱼之会后亦然。各家自满之时,也就是霸业衰歇之日,他如楚灵王、吴夫差等,莫不如此。所以吕祖谦认为,学者修身,要时刻保持警戒,戒骄戒盈,于功业有成时,尤宜保持谦损,否则,一旦自满则败亡随之。① 又如宋国华、向之乱,初始之时,宋元公本不欲逐华貙,因华多僚之谏而变,华貙初亦不欲作乱,又因与多僚相遇,不胜其怒,终至为乱。(事见昭公二十一及二十二年)吕祖谦由此事观之,认为:"大抵人初心之发,未尝不是。惟其临事移夺,多不能保此心,故其初虽是,往往终入于不善。……大抵欲验人之良心,须于其初心之发观之,此时未为事物所移夺,故初心之发,即良心所在也。"② 而人之

---

① 此意又可见《左氏传说》卷5,宣公十三年,"邲之战";卷7,襄公十年,"同盟于亳";卷11,昭公十三年,"楚子为令尹";卷? 定公十四年,"於越败吴于檇李"。

② 吕祖谦:《左氏传说》,第158—159页。

初心所以能为外物所移夺，大多因其事关于切身之利害，所以他又言："盖天下之事，旁观之时，无不精审，及自临事时，利害切于己，私心难克，所以如此。"① 此亦可见私欲之所以必须去之处。吕祖谦又认为，即使在良心为私欲蒙蔽之时，天理未尝不时时发见，其由梁伯溺土功，欺民之时而有"慊心"见之，由郑庄绝母之后，遽生悔意见之。故曰："是心或一日而数起也，是心既起，有以继之，则为君子；无以继之，则为小人。继与不继，而君子小人分焉。故学者不忧良心之不生，而忧良心之不继。"② 也就是说，人为私欲所蔽，良心发露之时，即"改过之门"、"复礼之基"，此时若能继之，则为君子；不能继之，则为小人。而人之能不能保其良心，在吕祖谦看来，又要视其"志"之有无。其言曰："志者，气之帅也。……圣贤君子以心御气，而不为气所御，以心移气，而不为气所移。"③ 也就是说，人只要有志，则能守其初心，而不为气所乱。也正是从此意义上说，吕祖谦认为人之为圣为狂，全在于己，所谓："天下之事，未有不由己者。善者已也，极其善，则为尧为舜为禹为汤者，亦已也；败者已也，极其败，则为桀为纣为幽为厉者，亦已也。前无御者，欲圣则圣；后无挽者，欲狂则狂。"④ 人苟能立志，不仅可以持身，于事功亦可有得。如定公八年，晋赵鞅使其臣盟卫灵公而辱之，卫灵公遂立志叛晋，以卫之小，晋之强，晋终未能如之何，且杀其臣以求成于卫，吕祖谦以此知："天下事，近而用兵，大而修身、齐家、治国、平天下，立志在

---

① 吕祖谦：《左氏传说》，第73页。
② 吕祖谦：《东莱左氏博议》，第282页。
③ 同上书，第107页。
④ 同上书，第292页。

先，所谓三军可夺帅，匹夫不可夺志。"① 可见，是否有"志"，也是学者修身能否有成的关键。

从以上所述可以看出，吕祖谦在读史时对于"蓄德"之关注。其所谓"蓄德"，基本就是儒家常讲的"内圣"之学，不过吕祖谦并非蹈空言之，而是就前人之得失成败，"考迹观用"、"察言求心"，以为个人修身之助。因其所言多见诸行事，此实孔子作《春秋》以来之优良传统，故虽不成体系，却能感人至深，较空言义理者更易为人所接受。

二　通古今之变以达当今之治体

如果说"蓄德"是内圣之学，那么通变则近于儒家所谓"外王"之说。吕祖谦认为："士君子要识微虑远，有高见远识，而能推原存亡之所以然，方谓之通达国体。"② 又言读史要能"合古今、尽详略，然后可以继为万世之法"。可见吕祖谦读史，欲把当世置于历史的链条之中，察古以观今，其立足点虽在过去，所关注的却是现实与将来，致用才是其目的。吕祖谦通过评《左传》，为当政者所提供的借鉴颇多，下面择其要者略作介绍。

（1）明世变。吕祖谦认为为政者须明察世变，因各时代之时势不同，其政治风俗亦异，若不因时制宜，则其为政或如"王莽行井田之类"③，难以收效。所以吕祖谦屡屡强调读史要

---

① 吕祖谦：《左氏传说》，第 195 页。
② 同上书，第 127 页。
③ 《丽泽论说集录》卷 3，《诗说拾遗》（续金华丛书本）谓："常人之情，以谓今之事，皆不如古。怀其旧俗而不达于消息盈虚之理，此所谓不达于事变者也。达于事变，则能得时措之宜，方可怀其旧俗，若唯知旧俗之是怀，而不达于事变，则是王莽行井田之类也，《序》中此两语亦有理。"

注意时节之不同，如谓："看史要识得时节不同，处春秋自是春秋时节，秦汉自是秦汉时节。"① 唯有如此，才能对历史作客观之考察。如孔子于春秋时只言要尊王，而孟子于战国时却劝诸侯自为王，此何故？吕祖谦认为此即因孔、孟所处之时节不同，"孔子之时，周虽衰，天命未改，先王德泽尚在，诸侯尚有尊王室之心，孔子出来多说尊王，至作《春秋》，以尊王为本。到孟子时，分周为东西，天命已改，孟子出来劝诸侯以王者，盖缘时节大不同了。大抵后世不考其时节不同，欲解说孟子不尊王，强取孟子一二事，终不能胜议论者之口，孔子时尚可整顿，天命未改，孟子时不可扶持，天命已去了，须如此看方公平"②。正因能从世变而论，故吕祖谦对春秋时霸者之兴，亦视为时势当然，并因霸者外能攘夷，内能尊王，而谓其功"不可厚诬"，并谓孔子"微管仲，吾其被发左衽矣"，最能灼知管仲之功。③而为政者若能如此观史，洞彻当今之时势，则其为政必能时措得宜，而无泥古之患。

（2）厚风俗。吕祖谦《左传》三书，用"风俗"五十余次，用"风声气习"者十余次，并时常以春秋与前代及后世之风俗并观，由风俗之变迁，见国运之盛衰，从而强调良好风俗之重要。吕祖谦认为善观人国者，当先观其俗，后察其政，其言曰："观政在朝，观俗在野，将观其政，野不如朝；将观其俗，朝不如野。政之所及者浅，俗之所持者深，此善觇人之国者，未尝不先其野而后其朝也。"并认为："善政未必能移薄俗，美俗犹足以救恶政。"此可由鲁庆父之难见之，庆父与鲁庄公之

---

① 吕祖谦：《左氏传续说》卷首，第 2 页。
② 吕祖谦：《左氏传说》，第 175—176 页。
③ 同上书，第 146—147 页。

妻哀姜相通，欲得鲁国，故庄公卒后，弑太子般而立闵公，仍有自立之意。闵公元年，齐仲孙湫赴鲁省难，归国后，语齐桓公曰："庆父不死，鲁难未已。"桓公欲因鲁乱而取之，问仲孙如何，仲孙对以犹秉周礼，尚不至于亡国，桓公乃止。吕祖谦论此事，谓由庆父及哀姜之行事，可知犹秉周礼者，必非在朝之政，而是观之其野之俗，正因举国尚行其礼，故虽有仲父等一二人之乱，而国本犹在。而鲁人所以皆行周礼者，乃因自周公、伯禽以来，数百年涵养之功。所以吕祖谦说："周公、伯禽培其风俗于数百年之前，而效见于数百年之后，其规模远矣哉。子孙之不能常贤也，国之不能常安也，法之不能常善也，固也，虽圣人亦未如之何也。是数者既未如之何，独有养其礼义之风俗，以遗后人，使衰乱之时犹可恃之以复振，四邻望之而不敢谋，其虑后世亦深矣。"也就是说，若政乱于上，而俗清于下，则奸雄之人犹有所畏而不敢遽取，吕祖谦又联系汉朝之事，谓汉禄至桓、灵之时已尽，而于建安时所以犹能延数十年之祚者，"非汉之力也，实流风遗俗扶持之力也"①。凡此皆可见，为国者当以"养风俗为根本"。吕祖谦论培养风俗，尚由齐太史书崔杼弑君事，联系及本朝，谓："自太祖、太宗、真宗以来，朝廷之上养成一个爱君忧国、犯颜逆耳底风俗，故一时忠臣辈出。当时如青苗、如市易、如保甲、如户役，争者殆未以一二计，固不可悉数。止以一事论之，李定以资浅入台，而宋敏求从之而去，李大林继之又去，苏颂又去，黜者相踵，而争者方切，当是时天下有三舍人之号。齐之三太史，即我宋之三舍人也。观三太史之事，当知文武成康涵养风俗之所致；观三舍人之事，

---

① 本段所引俱见《东莱左氏博议》卷8，《齐仲孙湫观政》（闵公元年）。

当知我祖宗涵养风俗之所致，学者不可不知。"①

（3）能"依己"。大抵国家兴盛，须是人才众多，但若人才众多而上无所统，则各自为政，反而适成其乱。因此，为上者须通达治体，"中有所主"，使权归于己，否则，大权旁落，则有可能为臣下所代。此可于晋国之盛衰见之，春秋之时，晋国称霸最久，其兴由于人才之盛，其衰亦因人才之多，此何故？盖因在上为君者才力之不同。晋文公识见高远，通达治体，其从亡诸臣，如子犯、赵衰等，皆一时之隽，而文公于臣下之言，或从或不从，皆断于己，故能君臣同心，而成创霸之局。如秦、晋围郑之役，秦背晋而与郑盟，且戍之，子犯请击之，而文公不许。吕祖谦云："人君虽有腹心谋臣，须是自识得治体。若使晋无子犯，霸业未必成，见得人才须要多。然人才虽多，亦要人君自理会得，若使文公从子犯之言，与秦战，便是蹈惠公覆辙。举前一段，谋臣不厌多，举后一段，人材虽多，须是人君自识安危治乱之大体。"② 晋襄公即位后，败秦于殽，号为能继霸。但在吕祖谦看来，襄公之时，先有先轸不顾而唾，已有无君之心；后有阳处父改易中军，已暗夺主上之权，而襄公都不理会，遂使君权下移，驯至有六卿分晋之事。所以至此者，则由于君弱臣强，而臣之所以强，则因为君者心无所主，导致君权旁落。③ 所以吕祖谦才会强调"成败未有不由己者"，希望人君能"自立"，所谓："为国者，当使人依己，不当使己依人。己不能自立，而依人以为重，未有不穷者也。"④

（4）谨本始。大抵人之行事，若初始不正，其终未有不反

---

① 吕祖谦：《左氏传说》，第102页。
② 同上书，第39页。
③ 同上书，第57—58页。
④ 吕祖谦：《东莱左氏博议》，第80页。

受其害者，故为政者行事须谨其本始。此可由正反两方面之例见之，如齐庄公借崔杼之力，得国不以其正，故终为崔杼所弑。吕祖谦论此事云："庄公得国，皆是崔杼之力，其终何故见杀于崔杼之手？当时立得不正了，所谓以此始，亦必以此终。得之始初不正，国柄自然归崔杼。灵公既废庄公，庄公乃乘君父危笃之时，却私与强臣深结，杀戎子而即位，得之不以其道，惟其得之非正，故杼恃援立之功，而不可制。方庄公即位未几，杼遂杀高厚而兼其室，便是崔杼弑君履霜坚冰之渐在此，使庄公虽不贪淫亦被杀，缘庄公初立之时不正故也。古之人，行一不义、杀一不辜而得天下，皆不为，正此之谓也。"① 相反，晋栾书等迎立悼公，而悼公初不以得国为幸，入国之先，先收君柄，谓："群臣用我今日，不用亦今日。"故入国后能逐不臣者七人，终成三驾之功。吕祖谦曰："大抵天下之事，须是初时做得是。若太阿倒持，已授他柄，那时如何正得。"② 观此两君一正一反之行事，人君可知谨始之义。

（5）正君臣之分。儒家自来极重名分，如孔子即谓："名不正则言不顺，言不顺则事不成，事不成则礼乐不兴，礼乐不兴则刑罚不中，刑罚不中则民无所措手足。"（《论语·子路篇》）而孔子作《春秋》所以托始于平王，在吕祖谦看来，乃因天下皆不知有王之故。前述谨礼法、重纲常等，已可见吕祖谦于名分之重视，在此特提出君臣之分者，盖国之兴，恒由君臣名分一定，各尽其职；国将乱，则君不君，臣不臣，名分隳坏，所以吕祖谦对君臣之分尤为究心。如左氏以周、郑并称，吕祖谦

---

① 吕祖谦：《左氏传说》，第99页。
② 同上书，第84页。

认为无尊卑之辨,而以之为左氏之罪;① 左氏于楚庄颇多称许,吕祖谦则因楚庄问鼎,有篡逆之心,谓左氏称其小善而忘其大恶,实不知大义。② 齐桓、晋文同为春秋霸主,因"齐桓专在于扶名分,晋文则适以坏名分"③,所以吕祖谦谓桓公霸业远盛于晋文,凡此皆可见其于君臣名分之强调。不过,吕祖谦论君臣名分所以可取,还在于其不仅仅责臣以忠,而且还要君臣各守其分。如周平王之与郑伯,吕祖谦认为:"当用则用,当废则废,何必以虚言欺之?此全失人君之体。"④ 凡春秋时人君之失其权者,吕祖谦未尝不痛惜之,所以说:"大抵为人君者,不(能)逃其责。君职不尽,荒政不举,不当专责乱臣贼子侵上之权,何故?上失其道,乱臣贼子,何世无之。"⑤ 人君能尽其责,还须择老成之君子以居上位,⑥ 如用非其人,亦难免有败亡之祸,如楚之亡于吴,即由群臣之莫肯任患。而人臣之责,在吕祖谦看来,以格君心、养君德为上,而攻城略地次之。其言曰:"大抵国之大臣,在乎养其君德,保其君体。"⑦ 齐桓霸业之及身而止,晋灵之终至为弑,在吕祖谦看来皆是为臣者不能格君心、养君德之故,故深惜之。

吕祖谦读《左传》,意在为当世君臣提供借鉴,其说并不止于以上所述,即如前述修身方面,如立志、戒满等,亦可为执

---

① 吕祖谦:《东莱左氏博议》,第7—8页。
② 吕祖谦:《左氏传说》,第66页。
③ 同上书,第30页。
④ 吕祖谦:《左氏传说》卷首,第1页。
⑤ 同上书,第61页。
⑥ 同上书,第72页谓:"古之人所以四十而仕,五十而为大夫,盖欲涵养积习,使威望在人已熟,然后可以从政。若是养之无素,骤然居人上,鲜有不败事者。"又第102页谓:"古之人君,必使朝廷之上,蔼蔼然多吉士,皆无一愫人厕于其间。"
⑦ 同上书,第119页。

政者行事之针砭，在此只是期于见其说之大概，至于其所涉其他方面就不再多言了。

第五节　吕祖谦论《左传》三书之价值

从以上四节所述可以看出，吕祖谦基本是把《左传》作为史书来评的，但因其理学家的背景及经史并重的治学取向，其论《左传》时并不是仅仅就史论史，而是以理学统史学，借史学明理学，而以蓄德致用为其归宿，既有其兼收并蓄之特色，亦能见出南宋理学大背景下《左传》学研究的特点。吕祖谦精于《左传》，又善于评点，两方面之兼长足以奠定其在《左传》评点学方面之地位，其对后世《左传》评点的影响，我们在第一章已有论述，在此不局限于评点方面，而对此三书之价值，略提几点看法。

其一，吕祖谦对如何阅读《左传》，甚至是如何阅读史书，都提出了有益的看法，对我们今天仍有借鉴意义。如读《左传》，须先识其大纲，对一代、一国、一君、一人等都应先通观前后，从总体上加以把握。又如读史须持通变观点，注意时节之不同，唯其如此，才能对历史作出客观的审察，其论《左传》，即以霸者未兴、迭兴、既衰分为三节，无疑是对春秋历史的一种合理把握。又如观史要能"旁通伦类"，不能就事观事，而要从一事、一人见出一国、一代之制度风俗。又如读史须能识其"机括"，也即历史兴衰转关之关键，既要知道历史之变迁，又要能察其何以如此变迁等。可以说，按照吕祖谦所示之法读《左传》、读史书，才能增长识见，才能为自己之应变提供有益借鉴，也只有如此读，观史才有意义。

其二，吕祖谦评《左传》所揭"蓄德致用"之法，亦有其意义。如由《左传》史事，见出人之成败皆出于己，故强调人须能"自立"、"依己"，要能"立志"，使"中有所主"。又如由《左传》中霸主之兴，皆由平时能儆惧戒慎，而其衰则皆因功成后而志得意满，故谓学者须戒骄，不能自满，尤其是于功业有成之时，更应时刻保持谦损。又由《左传》中一些祸患之成，其始未尝不起于忽微，如华元之御羊斟不与而败宋师，郑公子宋因不得鼋食而弑灵公之类，故告诫学者立身行事须察"几微"，谨本始等。吕祖谦书中如此等议论，对我们今天之修身未尝不有所帮助。

其三，吕祖谦在理学方兴之时，不事空谈，致力于有用之实学，亦殊可贵。他因孙叔敖筑城之事，而言及今古之学风，谓："当时风声气习，近于三代，其人皆是着实做工夫，皆为有用之学，非尚虚文也。今人为学多尚虚文，不于着实处下工夫，到临事之际，种种不晓，学者须当为有用之学。"[①] 以有用之学为当世尚空谈者之针砭，而其本人不仅言理必借史事以明之，对《左传》中所涉典章制度及其沿革也多有论说。以《左氏传续说》隐公年间为例，元年，于"郳子克，未王命，故不书爵"下，讨论"附庸"之制；二年，"司空无骇入极"，讨论三公六卿之制；三年，"秋，又取成周之禾"，讨论成周与王城之地理分布；"宋宣公可谓知人"，讨论宋国君位继承之制；五年，"春，公将如棠观鱼……讲事也"，讨论蒐、苗、狝、狩等讲事之礼；"公问羽数于众仲"，讨论左氏所载之礼是否可信；六年，"九宗五正"，讨论周封建亲戚之制；八年，"无骇卒，羽父请谥与族"，讨论姓、氏之来历、变迁；十一年，"郑伯使卒出豭，

[①] 吕祖谦：《左氏传说》，第68页。

行出犬鸡",讨论行卒之制;"王与郑人苏忿生之田",讨论采地之制。于隐公十一年之间,而有如此多对典制的讨论,可见其提倡有用之学,并非空言,而是力行。

其四,吕祖谦对《左传》中一些人、事的评价颇为精彩,颇有可读性。如《左氏传说》卷首对郑伯克段事之评价,卷九《吴季札聘列国观人材》、《郑子皮授子产政》、《郑徐吾犯之妹美》等对季札、子产形象的分析,都有可取之处。而《博议》一书,本身即是精彩的论说文,对后世产生了深远的影响。

其五,吕祖谦论《左传》三书,不仅对其后的《左传》评点产生了较大影响,其本身在《左传》,甚至《春秋》学史上都应有一定的地位。当今言《春秋》、《左传》学史者,基本会提到吕祖谦之书,但大多是泛泛而论,因此还有更进一步研究的必要。

下编

《左传》评点系年提要

一　凡例

（1）本编年收录《左传》评点作品110余种，始于南宋，终于民国初年。包括两类：一为《左传》专书评点，就中又有全本与节本之别；一为收录《左传》文章之古文选本。

（2）本编年所收以具备评点基本体式者为主，然其中如吕祖谦之《东莱左氏博议》、《左氏传说》及《左氏传续说》诸书，虽不具评点之体式，却于嗣后之《左传》评点影响深远，故仍予收录。至如王夫之《续东莱左氏博议》之类，则不复入选。

（3）是编所收，皆现存且为作者亲见之本，其有目无书者，概不之录。知有其书而尚未见者，则置于附录，以待今后之补阙，且便读者之考览。

（4）是编于一人而有多种评本者，取其成书最早者排序，其余各本附见，并于提要中注明其刊刻之年。既使一人之书便于考索，又使整体之序不致紊乱。

（5）坊刻多有各家集评之本，如孙鑛、钟惺合评本，孙鑛、钟惺、韩范三家合评本等，此皆坊贾为谋利计，集诸家之评题于《左传》眉端。其常用底本有杜预《春秋经传集解》、林尧叟《左传句解》、朱申《左传详节句解》等。此类评本，刊刻甚多，其名不一，其实不异，故不再选录。

（6）本编年之排序，不依现存之版本，而以各书之始成为断，其依据则为其书所收之序跋题署。其年代不明者，则以评点者年代之先后略为断定。其大致年代亦难以断定者，亦置于附录。

（7）是编提要之内容大略为：题署、版本、评点者、评点形态及主要内容、价值与影响，于稀见评本则有较为详细之介绍，其富于理论价值之内容则尽量抄录。

二　正文

卷一　形成期之《左传》评点
（明万历元年1573以前）

南宋
乾道四年
东莱左氏博议二十五卷

宋吕祖谦（1137—1181）撰。祖谦字伯恭，婺州金华人，卒谥"成"，世称东莱先生。隆兴元年（1163）进士，复中博学宏词科。官至秘阁著作郎、国史院编修，事具《宋史》本传。其著作有《古周易》一卷、《书说》三十五卷、《春秋左氏传说》二十卷、《春秋左氏传续说》十二卷、《东莱左氏博议》二十五卷、《大事记》十二卷、《吕氏家塾读书记》三十二卷、《古文关键》二卷及《十七史详节》二百七十五卷，与朱熹合编有《近思录》十四卷，又编纂有《宋文鉴》一百七十五卷。

是编本为诸生课试之作，因吕祖谦善于为文，其议论精警，考辨得失，如老吏断狱；其为文讲求起承转结，结构谨严，笔法雄奇，且每每于语竭意尽处，另起话头，有山重水复之妙，颇便举业家之揣摩文法。故书成之后，影响极大，而刊本亦因之而多（按：冯春生有《吕祖谦经学著述目录版本考述》一文，考证甚详，可参看。见《浙江师范大学学报社科版》，2002年第6期），要言之，有足本与节本之别。足本凡一百六十八篇，就中又有二十卷与二十五卷之分。《直录书斋解题》、《文献通考》、《宋史·艺文志》皆作二十卷。明正德六年书林刘氏安正堂刻本、《四库全书》本、《金华丛书》本等皆为二十五卷。四库馆臣谓二十五卷本，"每题之下，附载传文，中间征引典故，亦略为注释，故析为二十五卷"。其说近是。此书节本更多，瞿镛《铁琴铜剑楼书目》载元刊《精选东莱先生左氏博议句解》十六卷，明弘治甲寅新城蔡氏复雕，计文八十六篇，仅原刻之半，是其书之删节，自元代已始。据《经义考》，杨士奇所藏有十五卷本。又有十六卷本，如明弘治七年蔡绅所刻《精选东莱先生左氏博议句解》即是。四库馆臣谓坊间所刻多为十二卷，如万历九年书林源泰堂所刻《新刻翰林批选东莱先生左氏博议句解》即是。此外尚有八卷、六卷、四卷等节本。其书且远播日本，亦颇有传本，足见其影响之深且广。

是编类于科举之程文，非评点之体。然四库本各篇题下皆附《左传》原文，又据《金华丛书》本之凡例，谓宋本于篇目下皆详载左氏传文。若是书之体例本如此，则吕祖谦之论说，亦未尝不可视为后世评点之文末总评。且吕祖谦取"左氏书理乱得失之迹"，疏解于下，为说多求新求奇，发前人所未发，又能言之成理，非如后世之妄为议论者。故后之评点《左传》者，或明或暗，鲜有不用及其说者。如《郑庄公共叔段》篇，吕祖谦谓庄公处置叔段，用心极险，"庄公雄猜阴狠，视同气如寇雠，而欲必致之死。故匿其机，而使之狃；肆其欲，而使之放；养其恶，而使之成甲兵之强、卒乘之富。……庄公之用心亦险矣。庄公之心以谓亟治之，则其恶未显，人必不服；缓治之，则其恶已暴，人必无辞。其如不闻者，盖将多叔段之罪而毙之也"。且谓庄公之术甚深，能掩饰无迹，不唯欺其朝臣，欺其国家，且以欺天下，欺后世。又如《周郑交恶》篇，吕祖谦有周郑交讥之说，谓："周天子也，郑诸侯也。左氏序平王、庄公之事，始以为周郑交质，终以为周郑交恶，并称周郑，无尊卑之辨。不责郑之叛周，而责周之欺郑，左氏之罪亦大矣！吾以为左氏信有罪，周亦不能无罪焉。……平王欲退郑伯而不敢退，欲进虢公而不敢进，巽懦暗弱，反为虚言以欺其臣，固已失天子之体矣。又其甚至于与郑交质。交质，邻国之事也。今周降其尊而下质于郑，郑忘其卑而上质于周，其势均，其体敌，尊卑之分荡然矣。未交质之前，周为天子，郑为诸侯；既交质之后，周与郑等诸侯耳，然亦何所惮哉？温之麦、洛之禾，宜其稛载而不顾也。"书中诸如此类议论，后世评点者，或节引数语、或隐括大意，或推阐发明、或翻驳立论，虽不必当于吕祖谦之本意，然多不能出乎其影响。

春秋左氏传说二十卷

宋吕祖谦撰。是编今本多为二十卷，如《四库》本、《通志堂经解》本、《金华丛书》本等。而陈振孙《直斋书录解题》、马端临《文献通考》皆作三十卷，朱彝尊《经义考》谓"《通考》三十卷，今本二十卷"，则其所谓三十卷本者，久已不传。四库馆臣谓三十卷者，乃兼《续说》十卷而言，亦可备一说。论者或以四库著录《续说》为十二卷，合《左氏传说》二十卷，与《解题》所著录，仍未吻合，故颇疑其说。然《续说》本馆臣从《永乐大典》中辑出，卷数亦其厘定，不必为其本来卷数。

考吕祖谦《年谱》未言有此书，《解题》谓吕祖谦于左氏一书多有发明，而不为文，似一时讲说，门人所抄录者，其说良是。是编如比事之例，先列经文相类者数条，而后为之解说。其持论与《博议》略同，而推阐更为详尽，清周中孚誉为"无懈可击"。是编于《左传》评点影响最巨者，在其卷首之《看左氏规模》一文。吕祖谦谓："看《左传》须看一代之所以升降，一国之所以盛衰，一君之所以治乱，一人之所以变迁。能如此看，则所谓先立乎其大者。然后看一书之所以得失。"后之评点《左传》者，多视《左传》通部为一篇大文字，其端或肇始于此。而文中论《郑伯克段于鄢》，谓："（左氏）序郑庄公之事，极有笔力，写其怨端之所以萌，良心之所以回，皆可见。始言亟请于武公，亟之一字，母子之相仇疾，病源在此。后面言姜氏欲之，焉辟害，此全无母子之心。盖庄公材略尽高，叔段也在他掌握中，故祭仲之徒愈急，而庄公之心愈缓，待段先发而后应之。前面命西鄙北鄙贰于己，与收贰为己邑，庄公都不管，且只是放他去，到后来罪恶贯盈，乃遽绝之，略不假借。命子封帅师伐京，段奔鄢，公又亲帅师伐鄢。于其未发，待之甚缓，于其已发，追之甚急。公之于段，始如处女，敌人开户；后如脱兔，敌不及拒者也。然庄公此等计术，施于敌国则为巧，施于骨肉则为忍。……此左氏铺叙好处，以十分笔力，写十分人情。"此亦影响深远，而为后世评家多所撷取者。冯李骅《左绣》，于处女、脱兔之喻，尤为倾心。题为王世贞所作之《左传文髓》，又将此说归之王氏，此皆可见其影响。

春秋左氏传续说十二卷

宋吕祖谦撰。是编久已不传，《四库》本，《续金华丛书》本，以及劭晋涵等各家钞本，皆出于《永乐大典》，其中自僖公十四年秋八月至三十三年，襄公十六年夏至三十一年，各本皆阙。四库馆臣于钞辑时，凡遇"夷狄"之类，触清廷之忌讳者，多径行删改，故所录多非其旧。如卷二《北戎伐齐》条，"戎狄横行于中国"句，是编易"横行"为"大盛"；卷七《楚子不筑京观》条，"东坡作王者不治夷狄论"二句，是编易为"东坡作论"四字；卷十《使狄人守之》条，"又恐只是夷狄"句，是编易作"又可不必拘泥"；卷十二《三夷男女及楚师盟于敖》条，"三夷无君长，男女混皆与盟"句，是编易为"言男女，盖略之也"七字。凡此皆观其书时不可不审处。

是编乃继《左氏传说》而作，故谓之《续说》。然二书体例亦有不同：《传说》近比事之体，多取经文相类者数条，并置于首，而后为之解说。是编则随文衍义，句为之说，颇类评点之夹批，特是编仅录相关之文句，不及《左传》全文耳。是编持论多有与《博议》相左者，如《郑伯克段》条，是编谓庄公于段，初无相害之意，而《博议》则谓其用心极险，必欲置叔段于死而后快；又如《宋宣公可谓知人》条，是编谓宣公之传位穆公，乃是殷商旧制，原无不是，而《博议》则谓宣公之让，乃出于慕名好奇；又如《莫敖屈瑕》条，谓《博议》论得"却是太率"，特"旧日一时间意思耳"。书中如此类者甚多，四库馆臣谓是编作于晚年，甚是。冯春生谓是编词如语录，与《丽泽论说集录》相类，而《丽泽论说集录》群经皆有，独无《春秋》，此书或即《集录》之一种，抽出别行者，可聊备一说（按：见《博议》提要）。

是编于《左传》评点，关系亦甚大。其卷首之《纲领》，谓《左传》三十卷，其大纲领只有三节：自第一卷至第三卷庄公九年齐桓初出时，是一节，此时霸者未兴，权尚未专在一国；庄公九年以后，直至召陵之盟，凡二十四卷，又为一节，此五霸迭兴之际；自召陵以后，直至卷末，为末一节，此戎狄（按：此指吴越）主盟中国之时。此本孔子政出天子、政出诸侯、政出大夫之意，而略为变通。吕祖谦又谓左氏有三病：不明君臣大义，一也；好以人事附会灾祥，二也；纪管晏事则尽精神，才说圣人事便无气象，三也。此虽不必当于《左传》，而后世评点者却多所采择。而文中之评，如谓桓公非嫡，隐公当立；谓庄公兄弟致隙，由武姜爱恶之偏；谓庄公于叔段，初无相害之意；谓卫桓公遇弑之时，即位已十五年，传特先经以始事，读书不可草草；谓孔父使人见其妻于路，乃冶容诲淫，其遇祸乃自取。凡此之类，亦多为后之评点者所习用。

吕祖谦《博议》、《左氏传说》及《续说》三书，于《左传》评点影响甚巨。后世之《左传》评点，分研经、论史与析文三途，其中论史一途之规模，实由吕祖谦奠定。朱熹谓其："论说左氏之书，极为详博，然遣辞命意，亦颇伤巧。"馆臣谓："朱子所谓巧者，乃指其笔锋颖利，凡所指摘皆刻露不留余地耳，非谓巧于驰辩或至颠倒是非也。"此虽不必当于朱熹本意，然以之论吕祖谦左氏之说，却甚为惬当。而后世之评点《左传》者喜引吕祖谦之说，亦因其"笔锋颖利，凡所指摘皆刻露不留余地耳"。故序《左传》评点之书，而以吕祖谦为首。

绍定五年（1232）
文章正宗二十四卷

宋真德秀（1178—1235）辑评。真德秀字景元，后改景希（一作希元），浦城（今福建建安）人。庆元五年（1199）进士，曾入为翰林学士，拜参知政事，卒谥文忠，学者称西山先生。事迹具《宋史·道学传》。

是编凡二十四卷（按：四库本为二十卷），其选录始于《左传》、《国语》，下迄唐末，分为四类：辞令、议论、叙事、诗赋。又有《续集》二十卷，皆北宋之文，阙诗歌、辞命二门，仅有叙事、议论，而末一卷议论之文又有录无书，盖未成之本，附前集以行。是书所录《左传》之文（按：附论者未计），辞命类三十九篇；议论类凡六十九篇，其中论谏三十一篇，论说三十一篇，褒贬之辞七篇；叙事类二十一篇；诗歌二首。卷首有真氏《文章正宗纲目》，略述编选之旨，并总论四体之起源、流变与特色。其批语有眉批、旁批与夹批，其夹批上题"按"字，以别于夹注。今存之刻本多无圈点，黄宗羲《南雷文定》凡例云："文章行世，从来有批评而无圈点，自《正宗》、《轨范》兆其端，相沿以至荆川《文编》、鹿门《八家》，一篇之中，其精神筋骨所在，点出以便读者，非以为优劣也。"是则其书本有圈点。又据徐师曾《文体明辨·序说》所载，真德秀之圈点计有四种，即"点"：句读小点（语绝为句，句心为逗），菁华小点（谓其言之藻丽者，字之新奇者），字眼圈点（谓以一二字为纲领）；"抹"：主意，要语；"撇"：转换；"截"：节段。

是书明太祖时即已颁于学宫，是以有明一代刊本甚多，仅上海图书馆所藏即有明初、正德、嘉靖、万历、明末等刊本，足见流布之广。明末刻本卷首依次有顾锡畴、盛符升、李开邺序，又录《宋史》真德秀本传，次为真德秀《文章正宗纲目》，次又录明嘉靖、正德两刻本之序，先为曹三旸序，末署"嘉靖甲子夏五月，督视学政宜兴曹三旸撰"，次为崔铣序，末署"正德庚辰春二月，侍读安阳崔铣序"。其目录书名下题"宋学士真德秀景希镂选，明太史顾锡畴瑞屏重订，后学李开郏尔侯、盛符升孺旭评较"。

真德秀之评选是书，盖以前此之选本，如《昭明文选》、《唐文粹》之类，皆不得"源流之正"。故其于《文章正宗纲目》中云:"正宗云者,以后世文辞之多变,欲学者得源流之正也。"又谓:"所辑以明义理切世用为主,其体本乎古,其指近乎经者,然后取焉。否,则辞虽工亦不録。"因其持论过严,是以多不为能文之士所宗。然是书于《左传》评点实大有干系,盖前此之人,虽多歆艳左氏之文章,其选文则罕及左氏,自真德秀是编以《左传》入选,嗣后之选录古文者,始多以《左传》居首,此其一;是编所选《左传》各篇,皆为拟题,嗣后之选《左》者亦多效之,且多有从其说者,此其二;是编之评《左传》,间录前儒之说,如贾逵、刘炫、二程、胡安国、朱熹、吕祖谦等,虽非集评之体,实已兆其端绪,此其三;真德秀于《左传》之文法,仅于旁批点明其章法、句法,颇为简略,然已开以文法批点《左传》之风,此其四;其于事义之评价,多能独出己见,是以后之评《左传》者多加采择,此其五。其于《楚屈完对齐侯》评管仲之语,即多为后之论者所采,姑录于下,以见其概:"按荆楚僭王,罪之大者也;包茅不入,罪之小者也;昭王之不复,则非其罪矣。管仲不以僭王责之,而举此二罪,是舍其所当责而责其不必责也,仲岂懵乎哉?呼!此其所以为霸者之师也。禹之征苗,汤之伐桀,皆明征其辞,盖有诸己而后可求诸人,无诸己而后可非诸人。齐桓之霸,所谓以力服人而非心服者也,内嬖如嫡,同产不嫁,内之失德者多矣;灭谭灭遂,迁阳降鄣,外之失义者多矣。楚大国也,僭王其大恶也,我以大恶责之,彼肯弭然受责者哉,必斥吾之恶以对。方八国之师云集,而为敌人指数其恶,岂不为诸侯羞?攻之弗克,围之弗下,将何词以退师乎?故舍其所当责者,而及其不必责者,庶几楚人之为辞也易,不尽力以抗我;我之服楚也亦易,不劳师而有功。仲盖计之熟矣,呜呼!此其所以为霸者之师欤!"

四库馆臣于是书之论断，尚属中肯，附录于下：是集分辞令、议论、叙事、诗歌四类。录《左传》、《国语》以下至于唐末之作。（案总集之选录《左传》、《国语》，自是编始，遂为后来坊刻古文之例。）其持论甚严，大意主于论理而不论文。《刘克庄集》有赠郑宁文诗，曰："昔侍西山讲读时，颇于函丈得精微；书如《逐客》犹遭黜，辞取横汾亦恐非；笙笛焉能谐雅乐，绮罗原未识深衣；嗟予老矣君方少，好向师门识指归。"其宗旨具于是矣。然克庄《后村诗话》又曰："《文章正宗》初萌芽，以诗歌一门属予编类，且约以世教民彝为主，如仙释闺情宫怨之类皆弗取。余取汉武帝《秋风辞》，西山曰：'文中子亦以此辞为悔心之萌，岂其然乎？'意不欲收，其严如此。然所谓'怀佳人兮不能忘'，盖指公卿扈从者，似非为后宫而设。凡余所取，而西山去之者大半，又增入陶诗甚多，如三谢之类多不收。"详其词意，又若有所不满于真德秀者。盖道学之儒与文章之士各明一义，固不可得而强同也。顾炎武《日知录》亦曰："真希元《文章正宗》所选诗，一扫千古之陋，归之正旨。然病其以理为宗，不得诗人之趣，且如《古诗十九首》，虽非一人之作，而汉代之风略具乎此，今以希元之所删者读之，'不如饮美酒，被服纨与素'，何异《唐风·山有枢》之篇？'良人惟古欢，枉驾惠前绥'，盖亦《邶风·雄雉于飞》之义；牵牛织女，意仿《大东》；兔丝女萝，情同《车舝》。十九作中无甚优劣，必以坊淫正俗之旨严为绳削，虽矫昭明之枉，恐失国风之义；六代浮华固当刊落，必使徐、庾不得为人，陈、隋不得为代，毋乃太甚，岂非执理之过乎？"所论至为平允，深中其失。故真德秀虽号名儒，其说亦卓然成理，而四五百年以来，自讲学家以外，未有尊而用之者，岂非不近人情之事，终不能强行于天下欤？然专执其法以论文，固矫枉过直，兼存其理以救浮华冶荡之弊，则亦未尝无裨。藏弆之家，至今著录，厥亦有由矣。续集二十卷，皆北宋之文，阙诗歌辞命二门，仅有叙事议论，而末一卷议论之文又有录无书，盖未成之本，旧附前集以行，今仍并录焉。

淳祐元年
妙绝古今四卷

宋汤汉撰。汉字伯纪，饶州安仁（今江西）人，以荐授信州教授，度宗时官至工部尚书，谥文清，事迹具《宋史·儒林传》。《四库全书》著录其《东涧集》一卷。是编凡四卷，七十九篇，选《左传》八篇。卷首有汤汉自序，又有赵清腾序。是书于明代刊本似甚多，程敏政《书汤东涧妙绝古今文选后》谓："凡得十数本，皆未尽善，近得矣匏庵家本校之始完。然予家所藏闽本四卷，吴所藏浙本无卷，行欸次第多不同，批点论断亦有详畧。予家本有赵东山跋语，号得东涧去取之意，而吴本无之。意当时未尝入梓也。"可略知其概。

汤汉之选是编，虽自云"千载之英华萃矣"，然实不足概古今之至文。考其选文，似有深意，赵汸《东山存稿》有《题妙绝古今篇目后》，推阐其微旨甚详，可以参观。是书以训释为主，间有评论，如《国语》"韩宣子忧贫"篇，其评云："合求玉、忧贫二事观之，宣子盖多欲矣。居则赖叔向以存其亡，出则因子产以免其忧，而韩子卒称君子，且令终焉，人其可无法家拂士乎哉。"又间引前儒之说，如"晋文公请隧"篇，即引真德秀之评。是编所选《左传》各篇，皆无评论，于《左传》评点无甚影响。

附《四库提要》：不著编辑者名氏，前有嘉靖乙卯南赣巡抚谈恺刊书序，后有南安知府王廷幹跋，但称为宋人所选，而不得其本末。《宋史·艺文志》亦无此书之名，今以元赵汸《东山存稿》考之，盖汤汉所编也。汉有《东涧遗集》，已著录。是编甄辑古文，起《春秋左氏传》，讫眉山苏氏，凡二十一家，七十九篇。卷首原序有称东涧书者，即汉之自题，其称紫霞老人者，则赵汝腾所题。赵汸谓曾见鄱阳马公文，有《妙绝古今序》，后于书肆见是书，卷首不载马公之序，今此本亦无之，而马廷鸾《碧梧玩芳集》，世已失传，唯《永乐大典》间存一二，亦无此序，则其佚久矣。书中所录，代不数人，人不数首，似不足概古今作者。赵汸称观马公词意，若无取焉者。独汸以宋代衰微之故，与汉出处大概，推阐其旨。以为南渡忍耻事仇，理宗容奸乱政，故取左氏、《国策》所载之事以昭讽劝。而并及于汉、唐二代兴亡之由，又取屈原、乐毅、韩愈《孟东野序》、欧阳修、苏子美诸篇，有感于士之不遇，而复进之于道，以庶几乎知所自反。其去取之间，篇篇具有深义，因作为题后以发明之，凡一千四百余言，而汉著书之意始明。乃知以阙略议之者，由未论乎其世矣。书中间有评注，当亦出汉原本，今并录存之。自序称壬寅，乃理宗淳祐元年，盖犹其未出仕时所选定云。

南宋末期
古文集成前集七十八卷

是编以文体分类编排，凡二十门，即序、记、书、表、劄、论、铭、箴、封事、疏、状、图说、解、辩、原、辞、议、问对、设论、戒，以实用文体为主。其中仅"书"类《吕相绝秦书》出于《左传》，对《左传》评点无甚影响，但因其为现存较早之古文选本，且为较早之集评体，故仍列之于此。并附四库馆臣《提要》于下：

旧本题庐陵王霆震亨福编。不著时代，观其标识名字，魏征犹作魏证，而宋人奏议于朝廷国家诸字皆空一格，盖南宋书肆本也。卷端题新刊诸儒评点字，凡吕祖谦之《古文关键》、真德秀之《文章正宗》、楼昉之《迂斋古文标注》，一圈一点，无不具载，其理宗时所刊乎？集以十干为纪，而自甲至癸皆称曰前某集，则有后集而佚之矣。凡甲集六卷、乙集八卷、丙集七卷、丁集九卷、戊集八卷、己集八卷、庚集八卷、辛集七卷、壬集八卷、癸集九卷，所录自春秋以逮南宋，计文五百二十二首，其中宋文居十之八，虽多习见之作，而当日名流，其集不传于今者，如马存、程大昌、陈谦、方恬、郑景望诸人，亦颇赖以存，所引诸评，如槐城松斋、敩斋、郎学士、戴溪笔议、东塾燕谈之类，今亦罕见其书，且有未知其名者，宋人选本，传世者稀，录而存之，亦足以资循览也。

音点春秋左传详节句解三十五卷

宋朱申撰。申字周翰，其事迹未详，里贯亦无考，又有刻本称申为元人，然则其生或当宋、元之交。朱申另有《周礼句解》行世。

是编凡三十五卷，据《千顷堂书目》及《经义考》，此书又名《春秋左传节解》。据上海图书馆所藏明正德年间刊本，其每卷书名下题"鲁斋朱申周翰注释，进斋刘端仁寿卿校正"，其卷首有明正德癸酉王鏊之序，次有杜预《春秋经传集解序》，次为凡例七条，书后有《左传详节后序》。是书多节取《左传》首尾完具者为之解，不录经文，句解而外，间有按语。全书依朱熹《通鉴纲目》之例，以六十甲子列于诸年之首；又详注周王及列国纪年于鲁君元年之下，其有易世者，则各注于本年；至其一事而首末别见者，各附注本文之下，端委甚详。

　　此书以注释为主，评点体式亦不完备，其文中及篇末间有按语，颇类嗣后之夹批、尾批。是编于嗣后之《左传》评点亦颇有关系，试略言之：其一，是书为较早而有影响之《左传》节本，其后之《左传》评点，多有以此书或此书之节选为底本者，如题为孙鑛批点之《春秋左传狐白句解》、《春秋左传详节句解》，题为汤宾尹选辑之《左传狐白》，题为韩敬辑评之《春秋左传句解汇隽》等。前此虽有罗文恭《左传节文》，因其多移易左氏篇第，以一事首尾共载一处，非左氏之旧，故为学者所不取，今其书已不得而见。其二，朱申此选，以文为主，所选多首尾完具，王鏊《序》亦言"近世学者莫不为文，而未知为文之法"，故刻是书以示之，而后世之批点《左传》者，多揭示其文法，与是书之用意相合。其三，朱申于各篇之后，间有按语。其中有考证，如隐公四年，石碏语中提及"陈桓公"，朱申云："此时陈桓公尚存，未有谥号，石碏不应称为陈桓公，此左氏之误也。"又有评论，如隐公三年，宋穆公传位于殇公，朱申云："宣公逊国于弟而使之逐其子，穆公逊国于侄而使之杀其身，然则何百禄是荷之有乎？《公羊传》曰：'君子大居正，宋之祸，宣公为之也。'斯言当矣。"又间引前人之语，如桓公二年，臧哀伯谏纳郜鼎，其篇末即云："东莱曰：'桓公亲为弑逆而不惧，岂惧取乱人之一鼎乎？羽父为桓公画弑逆之谋，哀伯为桓公画守成之策，正名定罪，不当置哀伯于羽父之下。'"而朱申论事之语，又多为后世评点者所引用，可以说此书实已开后世评点风气之先。

　　朱申《凡例》言他人《左传》选本，多"妄有刊削，识者痛之，今并载其全文，以见左氏删润之工"。然考其所选，为使文章首尾贯穿，删改之迹亦往往而有。如隐公四年，"公问于众仲曰"句前，本有"卫州吁立，将修先君之怨于郑……围其东门，五日而还"之语，而是编则改为"卫州吁弑桓公而立"。隐公十一年，"反潜公于桓公而请弑之"句后，有"公之为公子也……不书葬，不成丧也"数语，而是编则易为"使贼弑公于蔿氏"。若此之类，虽使文意连贯，但以己意任改原文，实不足为训。

明代
洪武三十一年（1398）
文章类选四十卷

是编为明庆靖王朱㮵所选，分体编排，其中卷十二论类，卷十四书类，卷二十论谏类，选有《左传》之文二十余篇，无有评点，间有注释。附馆臣《提要》于下：不著编辑者名氏，前有洪武三十一年凝真子序，并庆府图章，以史考之，庆王㮵也。为太祖第十六子，好学有文，洪武二十六年就藩宁夏，三十年始建邸。是书刊于三十一年，则在建邸后矣。序称暇日会诸儒，将昔人所集《文选》、《文粹》、《文鉴》、《翰墨全书》、《事文类聚》诸书所载之文，类而选之，分五十八体。然标目冗碎，义例舛陋，不可枚举。如同一奏议也，而分之为论谏、为封事、为疏、为奏、为弹事、为劄；诗不入选，而曲操乐章仍分为二类；又如序事类载《左传》"隐桓本末"，"郑庄公叔段本末"，及"子产从政"，凡三篇，而《战国策》"范雎见秦王"反刊于前，颠倒失次，其甄综之无识，又概可知矣。

明嘉靖三十五年（1556）
文编六十四卷

明唐顺之编选。顺之字应德，一字义修，世称荆川先生，武进人。嘉靖己丑进士，官至右佥都御史，巡抚淮扬（见《明史》卷二百零五）。其作品有《荆川先生文集》十七卷、《文编》六十四卷、《左编》百二十四卷、《右编》四十卷、《武编》十卷、《稗编》百二十卷、《两汉解疑》二卷、《南北奉使集》二卷等行世。是编乃分体编选，所录以先秦两汉及唐宋八家为主，其中选《左传》六十余篇，以辞命类居多，凡二十九篇。是编卷首有唐顺之序，末署"嘉靖丙辰夏五月既望武进唐顺之应德甫书"。其批语极为简洁，以旁批为主，间有尾批，多标举脉络，揭示文法。如谏疏类《臧哀伯谏纳郜鼎》篇，于"将昭德塞违"之"昭"字旁，批曰"昭字作眼目"；又于"夫德，俭而有度"之"德"字旁，批云"收拾"；又于"国家之败，由官邪也"句旁，批云"过接"；"武王克商"句旁，批云"生意"，寥寥数语而文章之脉络清晰可见。唐顺之又多于篇题之下，指明读者须留心之处。如谓《臧僖伯谏观鱼》篇，当学其"谨密"，《郑公孙侨对晋征朝》当学其"叙事"，《臧孙论诘盗》当学其"转"，《子产论尹何为邑》当学其"多喻"，《晋叔向诒子产论蔡铸刑鼎书》当学其"古"，《鲁展喜齐师》当学其"直"。其圈点极简，仅施于文章之眼目关键。盖唐顺之深于古文，所批动中窾要，故要言而不烦。

四库馆臣于明清评点之书，多否少可，于荆川《文编》尚略有所取。录附于下：明唐顺之编，唐顺之有《左编》，已著录。是集取由周迄宋之文，分体排纂，陈元素序称以真德秀《文章正宗》为稿本。然真德秀书主于论理，而此书主于论文，宗旨迥异，元素说似未确也。其中如以庄、韩、孙子诸篇入之论中，为强立名目。又不录《史记》、《汉书》列传，而独取《后汉书·黄宪传》冠诸传之上，进退亦多失据。盖汇收太广，义例太多，踳驳往往不免。然唐顺之深于古文，能心知其得失，凡所别择，具有精意。观其自序云："不能无文，即不能无法，是编者文之工匠，而法之至也。"其平日又尝谓："汉以前之文未尝无法，而未尝有法。法寓于无法之中，故其为法也密而不可窥。唐与宋之文不能无法，而能毫厘不失乎法，以有法为法，故其为法也严而不可犯。"其言皆妙解文理。故是编所录虽皆习诵之文，而标举脉络，批导窾会，使后人得以窥见开阖顺逆，经纬错综之妙。而神明变化，以蕲至于古，学秦汉者，当于唐宋求门径，学唐宋者，固当以此编为门径矣。自正嘉之后，北地、信阳，声价奔走一世；太仓、历下，流派弥长。而日久论定，言古文者，终以唐顺之及归有光、王慎中三家为归。岂非以学七子者，画虎不成反类狗，学三家者，刻鹄不成尚类鹜耶？阎若璩《潜邱劄记》有《与戴唐器书》，述宋实颖之言曰："荆川才大如海，评书有详有略，惟《文编》出陈元素者，非其原本。"又称两本舍下俱有，他日呈寄自知之云云。今世所行，唯此一本，其为原本、陈本不复可考，要其大旨，固皆出于唐顺之也。

嘉靖四十四年（1565）
文章指南不分卷

明归有光（1507—1571）撰。有光字熙甫，又字开甫，别号震川，又号项脊生，昆山人。明嘉靖四十四年进士，官至南京太仆寺丞（见《明史》卷二百八十七）。有《震川文集》三十卷、《别集》十卷、《三吴水利录》四卷等行世。其所批《史记》亦久为世所重，另有《易经渊旨》、《诸子汇函》、《文章指南》等，四库馆臣皆疑为伪托。

光绪二年刊本不分卷（按：四库著录为五卷），全书分为五集，以"仁、义、礼、智、信"分题各集，选文百十八篇，其中《左传》四篇。卷首有詹仰庇序，末署"时嘉靖乙丑一阳日吉赐进士知南海县事咫亭詹仰庇书"；又有《归震川先生总论看文法》、《归震川先生论作文法》；文末有吴应达跋，末署"古歙吴应达颍泉氏述"；又有《重辑文章指南跋》，末署"光绪二年岁次丙子闰五月古歙许佐识于皖江节署幕府"。是编凡分六十六则，每则之下选文数篇。其选文既无批注，亦无圈点，仅于该则之下总论之。吴应达跋云："原版毁失，刊本杳不可得。余仅获其论次条目，汇钞成帙，而评隲圈点缺如，深惧日久并此而就湮也，乃附刊于塾课集益中。"是原书本有评点。而许佐之跋，谓重刻之时，并应达之刻亦不可得，足见其书辗转相失，已非有光之旧。

是编乃取便举业而作，所论止于文法。詹仰庇于序中言其旨意甚明，其谓古文、时文，"其名虽异，其理则同，欲业时文者，舍古文将安法哉？"倡以古文为时文之法，颇与有光之主张相契合。然是书卷首之总论文法，多袭取吕祖谦《古文关键》之说，仅于"看文法"中，增出看左氏、司马氏、班氏、阳明氏四家而已。其谓左氏"浮夸"，"当学他用字用句妙处"，亦袭取成说，无所发明。归有光所为，似不应如是之陋，四库馆臣讥其伪托，亦非无因。然是编分门别类，推阐文法甚详，不仅于时人习文有益，即今日之研究古代文法者，亦可取以为资。略录数则于下，以见其概。如"通用义理则"，其论云："文章以理为主，理得而辞顺，文章自然出群拔萃。如伊川先生《周易传序》、阳明先生《博约说》，此皆义理之文，卓见于圣道之微者。"又如"通用养气则"，谓"为文必在养气，气充于内而文溢于外，盖有不自知者。如诸葛孔明《前出师表》、胡澹庵《上高宗封事》皆沛然从肺腑中流出，不期文而自文，谓非正气之所发乎"。又如"造语苍劲则"，谓："学文之初，先学炼句，虽不贵于诘屈聱牙,使人不可句读,亦要脱去稚笔方妙。如编内所录左氏及秦汉唐宋名家之文,虽各有所取,味其词法,皆劲健者。后生能随篇逐句以求其妙,作文自无弱句矣。扬子云《解嘲》、孔德彰《北山移文》,此二篇不惟语句老练,而议论亦高古,故表而出之。"

附馆臣《提要》:旧本题明归有光编。有光有《易经渊旨》,已著录。是书前有旧序,称原无书名,有光登第后授其同年南海知县詹仰庇,仰庇以授其友黄鸣岐,鸣岐校而刻之,为题此名。然此实钞本,非其原刻,凡分六十六则,由《左传》以下,迄于明,录文百十八篇,每则每篇皆有评说,而以总论看文字法冠于卷端,间杂以骈体,如《北山移文》、《归去来兮辞》之类,盖乡塾教授之本,殊不类有光之所为。考旧本《震川集》末有其族孙泓跋语,称有光选韩柳文有刻本,为俗人搀改,非复原书。又王懋竑《白田杂著》有《跋归震川史记》一篇,称所见武陵胡氏、桐城张氏诸本迥乎不同,且称有光文集为其后人删改,至见梦于坊人翁某,况此点次本子,独存其家,岂无所增损改易云云。是有光手定之书,尚且全非其旧,则此晚出选本不足为信,更不待深诘矣。

卷二 发展期之《左传》评点
(万历至明末,约 1573—1644)

万历 6 年 (1578)

古文隽十六卷

明赵燿选。燿字文明,山东掖县人,隆庆辛未进士,由庶吉士擢御史,以忤张居正归。后擢兵部郎,历藩臬清正,率属巡抚保定，时朝鲜有倭变，经略备倭十事，上言欵贡不可轻受，后事坏，人服其先见云（见岳浚等修《山东通志》卷二十八）。崇祯元年刻本乃据万历六年徐中行本重刻，卷首录赵燿自序，末署"万历戊寅秋日赐进士第巡按江西监察御史前翰林院庶吉士东莱赵燿譔"；又有《重锓古文隽序》，末署"崇祯元年岁在著雍执徐玄月之吉赐进士及第巡按福建兼理盐法清军监察御史不肖男赵胤昌谨书"。其每卷书名下题"进阶通议大夫巡抚畿南都察院右副御史东莱赵燿文明选，江西布政司左布政史吴兴徐中行子舆订，巡按福建兼理盐法清军监察御史不肖男赵胤昌世茂重梓，福建布政司右参政越东朱大典延之重订"。是编正文分上下格，上格为注音，下格录正文。有夹注，无圈点，间有按语，然多无甚创见。如《楚屈完对齐侯》篇，其尾批云："按屈完之对，才数语耳，足以折服齐侯之心，盖善于辞令者也。"其评大多类此。是编之特色，乃在其选文。是编为较早以时代为序之古文选本，始于春秋，迄于宋末。又选录诸子之文，然似仅以儒、道二家为子，其末卷"六子文"，即老子、庄子、列子、荀子、杨子与文中子六家，至如孙武、韩非、吕不韦诸人，仍列于战国之文。其选唐宋之文，八家而外，尚选有司马光、范仲淹、王禹偁三家。考其编选之体例及选文之范围，与嗣后之古文选本已颇相近。

万历十年（1582）

左传鸿裁十二卷（清华大学图书馆藏）

明穆文熙（1528—1591）辑评。文熙字敬甫，号少春，东明人。嘉靖四十一年进士，授行人，历吏部员外郎，以拥护石星，廷杖罢归，后起郎中，官至广东副使，卒年六十四（见雍正间《畿辅通志》卷七十九）。有《七雄策纂》、《四史鸿裁》、

《阅古随笔续》及《逍遥园集》等书行世。

是编为穆文熙所辑《四史鸿裁》之一，凡十二卷（按：余三种为《国语》八卷、《战国策》八卷、《史记》十二卷）。全书首有万历十年穆文熙《左传序》，次为万历庚寅刘怀述《刻四史鸿裁序》，次为万历己丑朱朝聘《四史鸿裁序》，次为万历十年石星《刻左氏引》。其《左传》部分，每卷卷首题"四史鸿裁×卷，左传×卷，明魏博穆文熙敬甫批辑，同邑刘怀述士行校正，东郡朱朝聘希尹阅梓"，其版心上题"四史鸿裁左传×卷"，下题页数及国名。穆文熙《左传序》自言，左氏一书依经编年，列国之事，"鳞次綦集，错乎难解"，是以其书"易编年为世家体"，所谓"世家体"，实即分国纪事。全书隶《左传》之事于十五国之下，其一、二卷为周、鲁，三、四、五、六卷为晋，七、八卷为楚，九卷为郑，十卷为齐，十一卷为秦、吴、卫，十二卷为宋、陈、虢、虞、曹、邾。全书正文分上下两格，上格为穆文熙及所辑各家批语，下格为《左传》正文，间有注释。其圈点有联圈（。。。）与联点（、、、），施于辞句精彩及前后呼应处。

《四库提要》于此书，颇致不满，以为"略注字义，无所发明，批点尤为舛陋"。而穆文熙以《左传》与三书并称"四史"，馆臣亦谓"杜撰无稽"，似其书一无可取者。盖四库馆臣多汉学出身，推崇考据，穆文熙是编则以论事析义为主，自不为馆臣所取。考穆文熙自言独嗜《左传》，寝馈其中，积十余岁，凡五十余观，始成是书，其用力之勤可想；且其书易编年为"世家"，使一国之事，首尾相贯，颇便观览。至其评语则以论事为主，虽多迂阔，然其大要则教人以史为鉴。如《椒举如晋求诸侯》篇，其评云："凡人持己所长，则易于忘备；虞人之所难，则怠于修德。斯二者，皆取败之道也。"其书又多采汪道昆《春秋左传节文》之说，标示《左传》之章法、句法、字法，颇便初学。然则其书虽于考证无所发明，于初学则不无所助。王穉登谓朱申《春秋左传详节句解》"无裨左氏，裨夫学左氏者耳"，是书亦然。

左传钞评十二卷（华东师范大学图书馆藏）

明穆文熙辑评。是书为高丽刻本，每卷书名下题："明吏部考功司员外穆文熙批辑，南太仆寺卿石星校阅，长洲知县刘怀恕刊刻。"全书无有序跋，书尾题"崇祯后□□甲辰锦城午门刊刻"，其两字模糊难辨者，依字形似为"再度"。据黄建国、金初昇所编《中国所藏高丽古籍综录》，台北中央图书馆藏有《左传钞评》十二卷，称为朝鲜景宗四年（1724）锦城刻本，又延边大学图书馆藏有《左传钞评》十二卷，为"清雍正二年"（按：此或为著录者转为清朝年号）（1724）朝鲜刻本。清廷入关之初，朝鲜尚不奉其正朔，是以仍沿用明朝年号，而崇祯后第二个"甲辰"，正是雍正二年（1724），若所论不差，则此书当亦刻于1724年。是编不依《左传》编年之体，而是分国钞评，以"礼、乐、射、数、书、术"分为六册十二卷，一、二卷为周、鲁（周不足一卷）；三卷至六卷为晋；七、八卷为楚；九卷为郑；十卷为齐；十一、十二卷为秦、吴、卫、宋、陈等国。全书正文分上下两格，上格为穆文熙及所辑各家评语，下格录《左传》原文，略为注释；其各篇之眼目关键，则于其旁加"△"表出。

复旦大学图书馆亦藏有《左传钞评》十二卷，首卷书名下题"明吏部考功司员外穆文熙批辑，南太仆寺卿石星校阅，长洲知县刘怀恕刊刻"，与朝鲜刻本略同。其卷首有穆文熙自序，末题"万历十年八月中元日魏人穆文熙著"，实即《四史鸿裁》

中《左传鸿裁》之序，《钞评》之内容亦与《左传鸿裁》无异，特《鸿裁》各篇未立题目，是编则每篇各为之题，又每卷自为编目，条理更为清晰耳。然则《左传钞评》实即《四史鸿裁》中《左传》之单行本，而朝鲜刻本又据此书翻刻而成。

春秋左传评苑三十卷

明穆文熙辑评。是编为明万历二十年郑以厚光裕堂刻本，其每卷卷首题："春秋左传评苑卷之×，尽×年。晋当阳侯杜预经解，宋鲁斋朱申周翰传释，明吏部考功员外穆文熙编纂，明瑞冈顾梧芳校正，太子少保工部尚书石星重校，河南道监察御史刘怀恕参校，江西道监察御史沈权同校，武林张文爟重校，武夷彭栋重阅，崇安李春辉同阅"，据书末郑以厚识语，是书之刻，乃为举业之助，故其书多借助时贤之名，以图易售。全书首有《新刻春秋左传评苑序》，其下题"晋杜元凯序，林唐翁解"，实即杜预之《春秋经传集解序》；次为《东坡指掌列国图说》；次为《春秋提要》。书末有郑以厚识语。是书正文分上下两格，上格列穆文熙及所辑各家评语，下格为正文及注释。

据《四库提要》，穆文熙有《左传国语国策评苑》六十一卷，其中《左传评苑》三十卷，而朱彝尊《经义考·春秋类》著录有穆文熙《春秋左传评注测义》三十卷，其卷数相同，不知是否为同一书。另穆文熙《四史鸿裁》有石星《刻左氏引》，其中云："（《左传》而外）敬甫又有《国语》八卷，又以二集评语散置二全书，更密比之，为左氏二传提评，其功愈钜，将次第耿于世矣。"考穆文熙《左传鸿裁》之批语，与此书多同，是编盖即其续出者。

春秋经传集解三十卷

明穆文熙辑评。是编不知何人所刻，其卷首题"春秋经传集解卷第×，尽×年，晋当阳侯杜预注，明吏部考功员外穆文熙编纂，兵部左侍郎石星校阅，河南道监察御史刘怀恕参阅，江西道监察御史沈权同阅"，与穆文熙《左传评苑》所题略同。全书亦首载杜预《春秋经传集解序》，次为《春秋列国东坡图说》，次为《春秋提要》及《春秋名号归一图》。其正文亦分上下格，上格列穆文熙及所辑各家评语，下格为杜预《春秋经传集解》原文。但二书卷端所载各家评语，略有参差。是书未见著录，盖亦书坊主为射利计，取穆文熙之评，分置于杜预《春秋经传集解》之上而成。

又：山东省烟台市图书馆藏有《春秋左传评林》三十卷，亦题穆文熙辑，盖穆文熙之评，颇为时人所重，故翻刻者多，其各本内容亦略有参差。

万历十二年（1584）

春秋左传节文注略十五卷

明汪道昆（1525—1593）撰，周光镐（1536—1616）注。道昆字伯玉，号南溟、太函，明歙县人，嘉靖二十六年（1547）进士。工诗文，擅戏曲，为明"后五子"之一，与同在兵部任职之王世贞并称"南北两司马"（《明史》卷二百八十七有传）。著有诗文集《太函集》百二十卷、《南溟副墨》二十四卷，杂剧集《大雅堂乐府》等。一般认为托名"天都外臣"之《水浒传序》亦汪道昆所作。光镐字国雍，号耿西，潮阳峡山乡人，隆庆五年进士，官至大理寺卿。与明先贤薛侃、翁万达、郭之奇合称为明代潮州四家。有《明农山堂集》行世。

是编凡十五卷，其中僖公、宣公、昭公各两卷，其余各公人皆一卷。万历甲申刻本首有陈文烛、次有周光镐《春秋左传节文注略叙》；康熙丙午贻谷堂重刻本首有汪道昆自序，次有吴雯清重刻序；四库采进本则有托名欧阳修之序。是书取《左传》之文略为删削，选文以经统传，不另立题目，其无传及未选传文之经不具列，其无经者，则上标"别传"以别之。康熙本于篇首、句旁分标叙事、议论、词令诸目，又标神品、能品、真品、具品诸名，及章法、句法、字法诸字。与《四库提要》所言合。据汪道昆之序，"三体则取诸真氏，诸品则倣画史以为差，其法则不佞窃取之"。是其书本有"体"、"品"与"法"诸目，而万历本则无诸品之题，当以康熙本为近原貌。至其圈点，万历本较密，有联圈（。。。）与联点（、、、）；康熙本则仅有联点（、、、），施于文句精彩处，不知孰为道昆之旧。

元、明两朝，胡《传》独尊，而汪道昆则谓近世桃左氏而跻康侯，所见者小。是以独津津于左氏，其序托名观者，谓是选"犹旅弊之有特达也，戎行之有选锋也，故登简璧则庭实下陈，建前茅则五兵受命，藉第令取节，其谁曰不宜"，是其初衷本在张扬左氏。然考其所论，止于文法，于《左传》事义则无所发明，特便致力场屋者所取资而已。然亦职是之故，明清之际，选《左》评《左》者，如梅之焕《精选左传神驹》者流，多采撷汪道昆之说，以为初学之助，是以其书颇有影响。

万历十六年（1588）
春秋左传注评测义七十卷（湖北省图书馆藏明万历十六年刻本）

明凌稚隆辑著。稚隆字以栋，号磊泉，浙江乌程人（见光绪间《乌程县志》卷十四）。是编外，又有《史记评林》、《汉书评林》、《五车韵瑞》等行世。

是编凡七十卷，《明史·艺文志》、《千顷堂书目》俱作《左传测义》，《四库总目提要》、《浙江通志》（雍正）、《续文献通考》作《春秋左传评注测义》（按：《浙江通志》作三十卷，似误），唯朱彝尊《经义考》所载与今名同。其每卷卷首署"春秋左传注评测义卷之×，明吴兴后学凌稚隆辑著"。全书首有王世贞序，末署"吴郡王世贞撰"，次有陈文烛序，末署"万历戊子秋日五岳山人沔阳陈文烛玉叔撰"，次有范应期序，末署"万历戊子月正人日夫容阁主人范应期伯桢父述并书"，其后依次有《春秋左传世系谱》、《春秋左传名号异称便览》、《春秋左传地名配古籍》、《春秋列国东坡图说》、《春秋左氏注评测义引用书目》（按：凡一百零二种）、《春秋左传注评测义姓氏》（按：凡八十家）、《春秋左传总评》（按：辑录自庄周至明陈文烛总论《春秋》、《左传》之说凡三十三家）、凌稚隆《读春秋左传测言》、《辑春秋左传凡例》、全书目录等。

四库馆臣称是书"诠释《左传》，以杜预注为宗，而博采诸说增益之，其于左氏之不合者，亦间有辨正。又取世次、姓氏、地名、谥号、封爵标于卷首，以便检阅，然皆冗碎不足观"。究其实，是编不仅释传，亦且释经。凌稚隆《史记》、《汉书》诸作皆曰"评林"，是书独以"注评测义"为名者，王世贞以为"曰注曰测义，则进于评矣"。盖以注、评进而测《春秋》之义，故有是名。凌稚隆于是书用力颇勤，沉溺其中，凡五阅岁而始成，其"悉本成说者什而二三，参酌胸臆者什而七八"。其所辑如"名号异称"、"世系谱"、"古今地名"等，要皆为读《左传》所必不可少者，凌稚隆汇为一编，颇便观览。其所采诸家之说，上下今古，折中持衡，去取一本《春秋》，"令后之习左氏者，不必索诸简帙之繁，参错诸义例之变，一开卷而二百四十二年之事瞭然如在目中矣"。固不得以冗碎而弃之。

凌稚隆自言是书之作，以"其（按：指《左传》）章句未及节分，注释未尝统贯，而诸儒博议散佚载籍者，蒐从麇萃一楮而会通之，俾读者一目无遗憾也"。故其着力之处，一在分章分节，一在汇通注释，一在采择诸儒议论。是书之分章，以事为断，一事一章，其有经无传者，从杜预之例，于经下标明无传，其有传而无经者，从《大全》之法，于传文上注曰附录；旧本之注释，多一句一解，是书则分节而注，"或其一说之竟，或其一事之终"，殊少鄙琐割裂之病。凌稚隆于各家之说，亦非妄取，其或注或评，皆有义例：其于义例之说，从程颐"时措从宜"及朱熹"自将义意折衷"之说，既谓《春秋》之中有大义微言在，又反对"一字轩冕，片言斧钺"之穿凿；其于三传，则从黄泽之说，"据左氏事实而兼采《公》、《穀》大义"；其于经文，则取《左传》而黜《公》、《穀》；若《春秋》与《左传》有相违者，则从经而黜传；又以《春秋》为有阙文，不必曲为之解；又以《左传》为多有误字，不必尽从；其于《左传》所载孔子与君子之语，则疑为左氏假托，不必尽信；其于左氏以"利害成败论人而先为异说"，虽致不满，但于《左传》所载妖祥梦卜、鬼怪神奇，世皆以为诬者，独以为或出旧史，不必尽为左氏造作；又其注释虽以杜预为本，而不盲从，于杜预之失多所纠正。凡此种种，皆可见出其立论持平之处。

王世贞序言及凌稚隆是书之价值，亦可称中肯，录之于下："凌以栋少习《春秋》，而于左氏尤称精诣。中年以来，乃尽采诸家之合者而荟蕞之，发杜预之所不合者而鍼砭之，诸评骘左氏而嫩者，皆胪列之，左氏之所错出而不易考者，或名或字或谥或封号，咸萃之编首，一开卷而明之。不惟左氏之精神血脉不至阙索，而吾夫子之意，十亦得八九矣"。

万历十八年（1590）

左传释义评苑二十卷

明王锡爵（1534—1614）撰。锡爵字元驭，号荆石，明嘉靖四十一年进士。授翰林院编修，累迁至祭酒、侍讲学士、礼部右侍郎等职。万历十二年拜礼部尚书兼文渊阁大学士。后为言官所攻，乃自劾乞罢，不许，改吏部尚书，卒谥文肃（见《明史》卷二百一十八）。有《王文肃集》及《疏草》等行世。

是编《明史·艺文志》、《江南通志》、《千顷堂书目》、《经义考》均有著录，皆作二十卷，其中《书目》与《经义考》作《左氏释义评苑》。全书首有申时行序，末题"时万历庚寅孟秋穀旦大学士瑶泉申时行撰"，其后依次录有《左传总评》、《列国图说》、《世系谱》、《地名配古籍》、《名号便览》等。是编正文分上下格，上格录王锡爵及所辑各家评语，下格为经传正文。其注释则取杜预与林尧叟，而以杜氏为主。不甚重圈点。

是书卷首所列总评、图说、世系、地名、名号等，其体例全同凌稚隆《春秋左传注评测义》，特次序略有不同。而凌稚隆所辑之内容远较此书完备，凌稚隆又有引用书目及评论者姓氏，以见其所采录之范围，亦为是书所无。颇疑其卷首诸项皆从凌稚隆书中摘录而来。可提供一佐证，是书总评辑有郑樵一则，云："又曰，或问《左传》可信否？曰：'不可全信，信其可信者耳。某看《春秋》有两句法云：以传考经之事迹，以经别传之真伪。'又问《公》、《穀》何如？曰：'又次于左氏。'问左氏即是左丘明否？曰：'传中无邱明字，不可考。'"此条见于《二程语录》，当为程氏论学之语，凌稚隆即置于程子名下。而是书所以列于郑樵名下者，盖凌稚隆书中程子之前乃郑樵，后为朱熹。而郑樵之生年后于程子，凌稚隆或以程、朱为一脉，故以二者之论并置一处，而郑樵之说则提于程子之前。是书摘录之时，误以凌稚隆皆依年代先后为序，郑樵后当即朱熹，是以未加深考，即以此语属之郑氏。申时行《序》谓王锡爵"文词经济，当世斗山，而甫弱冠即用麟经魁天下，于内传不啻秦越人之隔垣洞五脏然者"，以王锡爵之于《春秋》、《左传》精熟若此，而明代科考又以程朱之论为依归，必不至于不识程子之语。是故此书或亦坊刻托名之作。而是书之作用，亦不过用为博士弟子之资。而申时行谓其"疏明激宕，照耀篇简，自序事议论辞命以迨天文兵法祲祥筮卜、人与事之忠邪利钝，一一中窾，操觚家得是编为铅椠助，且与司马班掾鼎存"。不过作序者例为虚美而已。

万历十九年（1591）
文章正论十五卷，绪论五卷

明刘祜编。祜，莱州人，嘉靖癸丑进士，由推官擢兵科给事中，慷慨言事，无所曲挠，累升至大同巡抚，告养归，年七十二卒（见清乾隆二十三年刊张思勉修《掖县志》卷四）。是书录历代古文，自《左传》讫于元季。其编排，先录宋人五经序文，后及各家，又以"明义理切世用，是非不谬于圣人者"为正论，其辞胜而理未足者为绪论。全书卷首有钟化民序，末署"巡按山东监察御史庚辰进士武林文陆钟化民书"，次有刘祜序，末署"万历辛卯春王正月赐进士出身都察院右佥都御史奉敕巡抚大同地方赞理军务前兵科左给事中东莱刘祜撰"，又有徐图序，末署"巡按直隶监察御史癸未进士东莱徐图书"。每卷书名下题"巡抚大同都察院右佥都御史东莱刘祜选，巡按直隶监察御史东莱徐图校"。其评有眉批、尾批，又有夹注，圈点较略，仅有密圈（。。。）施于眼目关键处。

是编正论选《左传》两卷，绪论选《左传》近一卷。刘祜自谓是书之选，取法于真德秀《文章正宗》及崔铣《文苑春秋》，故其批语亦多关涉世教，期为世道人心之助。又多比附后世之事，期读之者能览而知戒。如《石碏杀州吁》篇，谓"石碏能以父杀子，王导不能兄制弟，乃至假手除憾，尤托灭亲之义以欺天下，幽冥之中良负碏矣"。《臧僖伯谏观鱼》篇，谓："观鱼细事也，僖伯箴之以不轨不物。宋之君天下者，大率赏花钓鱼，侈为圣美，滥赋诗篇，即英贤满朝，未闻一言及此。噫，轨物之废也久矣。"《狐突不教子贰》篇，谓"狐突以从亡教子之忠，唐怀光以身畔成子之忠，二父之死有邪正，而二子亦有幸有不幸焉"。《臼季请用冀缺》篇，谓："古人取士观其一节，故夫妇敬而臼季并，茅容危坐树下，郭有道识之。世之衰也，且以一眚弃大德。"书中批语大多类此。要言之，是编之选，托体甚高，持论亦严，于初学之立身行事亦不为无助。特以编选颇多失当，故深为四库馆臣所讥，谓是编"持论未尝不正，然以李密《陈情表》列诸绪论，义颇未安。又以宋人五经之序，升诸《左》、《国》之前，亦涉标榜之习。真德秀姑无论，恐尚未能逮铣也"。虽或过刻，然亦深中其病。

万历时期

镌侗初张先生评选左传隽四卷（上海图书馆藏明刻本）

明张鼐选评。鼐字世调，号侗初，明万历三十二年进士，松江府华亭人。历官南京吏部侍郎，兼詹事府詹事，谥文节（见清宋如林等修《松江府志》卷五十四）。有《吴淞甲乙倭变志》、《馣堂考故》、《宝日堂初集》等行世。

是编凡四卷。卷首题："镌侗初张先生评选左传隽卷之×，云间侗初张鼐选，秣陵宾王张榜阅，温陵见宇杨文奎校。"其中缝题"左传隽，×公卷×"。全书首有张榜《左传隽序》，次有

《左传隽凡例》十一则,次为采用书目,书目后有张榜识语。全书不录经文,其所选各篇,先经后传者,即以经为题;后先经文或无经者,则遵真西山《文章正宗》之旧题。全书注释用杜预者十之七八,又斟酌众说以补其不足,颇为简明;其所辑批语,"俱儒先确语、今方家定评",有眉批与尾批之别,眉批多论文法,尾批则详论事义;其凡例又谓"间附愚管,补遗塞漏",考其按语,多比辑与所选传文相关之史事,或为前因,或为后果,绝少对事义之评价。如桓公十三年《鬭伯比知屈瑕必败》篇,言屈瑕因骄而败,其按语则叙前年之事,谓:"传十二年楚伐绞,莫敖屈瑕曰:'绞小而轻,轻则寡谋,请无扞采樵者以诱之。'从之,绞人获三十人。明日,绞人争出,驱楚役徒于山中,楚人坐其北门而覆诸山下,大败之。"点明其致骄之缘由。全书圈点较略,其凡例谓:"传中语之精确,文之英华,学者自有只眼,坊刻每旁填圈点,行无留白,令读者无复容笔之地。兹刻平叙者,则句点之,其精华者,则句圈之,略加表识,特留素地,以待学者自家欣赏之豪兴。"

是书题名为"隽",据卷首张榜序,以为张榜癖嗜《左》、《国》诸书,"缘博归约,汇流溯源,拔其尤者命之曰左隽",其旨趣乃"为成学治古文者要删"。而张榜识语亦以"暗度金针"为言,是则其书亦以揭示文法为主。

明末坊刻之书,粗制滥造者颇多,又喜托之名人以求易售。张榜于此深有所见,故于卷首指斥其失云:"近坊刻《左传评林》、《左国奇观》等书,或藉为汤选,或藉为梅辑,中多混淆舛错,有难尽信。如《吴败夫差于夫椒》,哀公元年传也,《吴将伐齐》,哀公十一年传也,而并次于定公十一年。又如《周郑交质》,传有评云'周天子郑诸侯也'云云,此吕东莱议史的评也,而改为杨维桢。又如《士蒍筑城》篇评云:'启献公残忍之心者,士蔿也;教献公离间之术者,亦士蔿也。'此亦吕金华语也,而改为林伯子。兹如此类,不可枚举。篇次既倒,评题又混,至于亥豕鲁鱼,又连衼而是,得无徒供识者一哄堂乎?"有鉴于此,张鼐之辑是书,用力颇勤,其所参考征引之书达七十种;其所选各篇,一仍左氏之旧,不妄为增改;书中所辑各家评语,必标明其人名氏;其雠校又多用古本,颇称精核。是以其书在诸多《左传》评本中,可称较为严谨之一种。

左传文苑八卷（上海图书馆藏明刻本）

明张鼐评选。是书卷首有钟惺序,末署"景陵钟惺伯敬父书于武夷精舍";次有魏浣初序,题"海虞魏浣初仲雪父拜手謑言";次有张鼐序,题"华亭居士张鼐世调父书于永思斋";次有《左传凡例》六则,依次为义例、纪载、简阅、注释、评核、按断,皆以四六为之。如"义例"下云:"撰立编年,法昭标义,阐微情于隻字;史例独裁,约大旨于片言,匠心共印。"他皆类此。每卷卷首题"左传文苑×卷,云间张鼐世调父评选,华亭陈继儒仲醇父注释,景陵钟惺伯敬父参阅"。其所选各篇题下皆有按语,略释一篇主旨,如首篇《郑伯克段于鄢》题下语云:"按叔段之恶,乃庄公纵之也。纵其恶而复攻之,君子谓之不友;寘姜氏于城颍,君子谓之不孝。解经旨只'郑志'二字尽了。"全书批语有尾批与眉批之别,其字体皆用行草;圈点较略,有密圈(○○○)、密点(、、、)施于文句关键处。

是编当为伪托之作。四库馆臣每以明人著述引用不标所出为讥,而是书实蹈此病。观其批语,皆辑录各家而没其名氏。如隐公元年《郑伯克段于鄢》,其尾批云:"郑伯处心积虑成于杀弟,始言'姜氏欲之,焉避害',此全无母子之心。后言'必自毙'、'无庸'、'将自及'、'厚将崩',此分明逆料其罪恶贯盈，故都不管，所以祭仲之徒愈急，而庄公之心愈缓，吕东莱谓公此等技术施之敌国则为巧，施于骨肉则为忍，信是确论。然则为庄公则若何，缓追逸贼，亲亲之道也。"此评出自孙鑛；隐公四年《卫州吁弑君》篇，其尾批云："方庄公之宠州吁也，碏能谏之；及州吁之篡桓公也，碏又能诛之，可谓社稷之臣矣。"此评实出真德秀，而此书则直用其语而已。是书眉批以用孙鑛为多，兼采他人，然亦不标所出；此选较张鼐所辑《左传隽》多出四十余篇，其选文相同者，尾批亦多为张书所有（按：或为示有别，其前数篇之批语不同），特张鼐所引多较完备，且标明所出，而是书则于引文屡有删节。且张鼐所辑往往不止一家，而是书则多取其一说。又是书各题下之按语，似亦用人成说，如隐公三年《石碏谏宠州吁》篇，其按语有"自古宠臣骄子未有不败，故爱子朝者景王，而奔子朝者亦景王"云云，此与该篇尾批全同，皆为施仁之语。据《中国善本书提要》，王重民所见之本，其书衣题"广云馆藏板"，又有庆云居主人告白两则，其一则云："班、马、汉、秦、六朝诸子，唐贤椽笔，宋哲鸿裁，续即鸠工，以成全锦。"是则庆云居主人所拟为文苑者甚多，是编特其先出者。然则此书或为庆云居主人参稽张鼐与孙鑛之书而成，特托名于张鼐而已。

古文正宗十卷（华东师范大学图书馆藏）

明张鼐评选。是编凡十卷，选文始于先秦，迄于宋末，其中选《左传》一卷，凡三十篇。卷首有张鼐序，末署"侗初张鼐题"，次有周宗建序，末署"门人周宗建顿首书"。每卷书名作"必读古文正宗"，下题"华亭张鼐评选，门人曾楚卿，周宗建同较"。是编之目录，于篇题下，多有该篇作者或所涉人物之介绍。其评有眉批、旁批、尾批及夹注，旁批与眉批多揭示文脉，尾批多论事义，或引前儒之说，或断以己意。其圈点有密圈（。。。）、密点（、、、）、空心点、重圈（◎）及外圈内点（⊙），其用法似不一律。

张鼐之选是编，盖谓"世间有必不可读之书，有必读之书"，其不可读者，谓释、老二氏之书，其必读者，谓"圣贤经传、左史、六朝、韩柳欧苏之文"。若不可读而读之，或至于'泡影人世，土苴民物，学业流为二氏'；可读而不读，或至于"问道于盲，问津于聋"。又以初学识力有限，其可读者或不能尽读，故"拣其必读者以为后学津梁"。周《序》又谓是书为举业家要诀，观此，则其书之宗旨可知。张鼐又有《左传隽》一书，是编所选《左传》之文，皆见于该书，其评语多有不同。且是编旁批、眉批及圈点于文法之推阐更为详尽，亦取便初学之意。然是书之选，似不及《左传隽》严谨。如《周郑交质》篇，其尾批云："郑庄之恶，至于质王子，射王肩，贽牺其君，无臣甚矣。然身没未几，而庶孽夺正，公子互争，兵革不息，忽、仪、亹、突之际，其祸莫（按：当为"蔓"，《左传隽》所引就无误。）延。呜呼！天之报施乱贼，信乎丝粟不爽矣。"此实穆文熙之评，而是书作丘琼山。该篇又有"周天子也，郑诸侯也"云云，本吕祖谦之语，而是编引作杨廉夫。又《僖伯谏观鱼》篇，其尾批谓："僖伯所陈，皆先王之典法，人君之一游一豫，其可轻也哉？后世本纪书曰'某日畋于某所，某日猎于某地'者，其得罪于先王甚矣。"此实真德秀之语，而是书作王凤洲。此数则《左传隽》所引皆无误，观此而其全书可知。然是编似亦颇为时人所重，金圣叹即谓《才子必读书》之取名，乃依是编旧名，而加"才子"二字。其他之选古文者，亦多有取张鼐之说者。

名文化玉六卷（国家图书馆藏）

是编题明张鼐评选，凡六卷。选文始于《古商书》，迄于宋末。选《左传》近一卷，二十二篇。卷首有《名文化玉弁言》两篇，皆署"宣城汤宾尹嘉宾父撰"（按：此两序，语意相同，语句亦颇有重复者，似本载于不同刊本，而是编刊行时，则并录之）。每卷之首书名作"鼎镌张侗初先生评选名文化玉"，其下题"书林师俭堂梓行"。而其书名页又题"奎璧堂郑思鸣绣梓行"，或即郑思鸣据师俭堂本重刻而成。是编有眉批、旁批、尾批，又有夹注，旁批眉批多推阐文法，尾批以论事为主。圈点则有密圈（。。。）与密点（、、、）。是编以"名文化玉"为名者，盖取孔子昔日作《春秋》既毕，有"赤虹化玉"之说。其题为张鼐评选者，或出于伪托。张鼐有《必读古文正宗》，其选文与是编颇有不同，其篇目相同者，批语亦多不同。且是编批语，多袭取前儒之说，而少发明，又多引前说而不标所出（按：亦有标明所出者）。如《石碏谏宠州吁》篇，其尾批云："明年州吁弑桓公完，石碏卒能杀州吁，以复君之仇，又并其子杀之，故君子曰石碏纯臣也。恶州吁而厚与焉，大义灭亲，其是之谓乎，方庄公之宠州吁也，碏能谏之，及州吁之篡桓公也，碏又能诛之，可谓社稷之臣矣。"此语实出于真德秀，而是编则直加"按"字而已。是编之作，盖亦取便初学，无甚理论价值。

万历二十七年（1599）

古今旷世文渊评林三十卷

明徐宗夔选评。宗夔字儆虞，自号姑孰野史，苏州人，始末不祥。是编凡三十卷，首卷选《檀弓》文；二卷选诸子文，屈原、宋玉与焉；三、四卷为《左传》、《公羊》、《穀梁》；五卷以后，选西汉至明之文，集末附以己作。全书首有陈璧序，末属"万历己亥孟夏吉旦赐进士第大中大夫湖广承宣布政使司左参政前奉敕提督广东学校礼刑二科给事中福清陈璧撰"。次为徐宗夔自序,末属"万历己亥岁月之吉书于金陵嘉宾堂"。次有凡例一十八则,略谓选文贵持独见,修辞最嫌假借,录文在关世教,取文贵定长短,阅文贵知取舍,录文务辨可否,选汉切忌俳语,文章忌杂歌辞,文格拟唐诗选,异才另自分卷,取文最嫌袭故,明文取不过多,录文不定人品,选辑不载元文,选文先叙世系,序次先定君臣,批评四品篇中(按:是编选文定为四品,即希品、奇品、妙品、神品),评文在识大旨。凡例后有诸家评林姓氏。是编每卷书名下题"姑孰徐宗夔儆虞甫评选,东海屠隆长卿甫批释,西吴章嘉祯元礼甫参定"。其卷首有总目,各卷又有子目。于作者多标明世系,于各篇又有解题,甚便读者。其评有眉批、旁批、尾批,又有夹注,圈点形式较多。是编为集评之体,所录各家,多注明所出,其出于己意者,尾批多冠以"野史氏评",眉批多不另标明。

徐宗夔于是编,用力甚勤,其所裁定,亦多有可取者。如其卷二录诸子之文,今之论者多以《古文观止》不收诸子文为憾,而是编已能先免此病。其谓"录文不定人品",取君子不以人废言之意,颇为有识。其于各篇作者,多为立小传,各篇题下,又略叙其原委,颇便读者。其所谓选文"忌俳语"、"忌杂歌辞",重唐人格调等,可为桐城派论文之先声。此皆其可取者。然徐宗夔持论亦多有可议者,如所选不收元文,谓:"元虽夷习,其间亦有留心文翰者,然尚淫词而邈正学,在宋末文已染头巾矣,况重之以夷风,而望其比隆于两汉间人文,不亦难乎?间有一二号称史学者,名虽博雅而乏风骨,所以宁置勿取也。"今之论者,多讥《古文观止》不收元文,谓不能备通代散文之史,不知其端实已兆始于明。是书又谓"异才另自分卷",

其所谓异才，不过司马迁、班固、干宝、华峤、范晔五家，配以明之李梦阳、何景明、李攀龙、王世贞诸人，此乃明人标榜之习，实不足多。是书之评，所引诸家之说，亦多有考之未明者。如《臧僖伯谏观鱼》篇，其尾批云："僖伯所陈，皆先王之法典，人君之一游一豫，其可轻哉？后世本纪书曰'某日畋于某所'，'某日畋于某地'，其得罪于先王甚矣。"此本真德秀之说，而是书谓出于胡安国。又如《石碏谏宠州吁》篇，其批云："碏纯臣也，恶州吁而厚与焉，大义灭亲，其是之谓乎？方庄公之宠州吁也，碏能谏之，及州吁之篡桓公也，碏又能诛之，可谓社稷之臣矣。"此评亦出于真德秀，而是编谓出于吕祖谦。要言之，是编之选，有得有失，然不失为较有特色之古文选本。

万历三十四年（1606）

左传神驹八卷

明梅之焕（1575—1641）订选。之焕字彬父，号长公，别号信天居士，湖北麻城人。明万历三十二年进士，官至右佥都御史，巡抚甘肃（《明史》卷二百四十八有传）。有《梅中丞遗稿》行世。

是编凡八卷，以金、石、丝、竹、匏、土、革、木分题各卷。其书名页题"明选古文神驹六种二十八卷（按：《左传神驹》八卷、《国语神驹》四卷、《战国策神驹》四卷、《秦汉文神驹》四卷、《史记神驹》四卷、《三苏文神驹》六卷），眠羊题于绛雪斋"。全书首有孙承宗序，末署"万历丙午二之日，年弟孙承宗稚绳父谨题"；次有《读左谭薮》五则，录韦昭、宋庠、黄省曾、孙应鳌、姜南对《左传》之评介；次有左丘明考实。卷首题："精选左传神驹卷×，麻城梅之焕彬甫父编次，直隶孙承宗稚绳父校阅。"全书不施圈点，有夹注，有眉批。其眉批博采众说而又断以己意，以论事为主，间能自出新意。如《郑伯克段于鄢》篇，批点者多以郑伯乃处心积虑，欲置叔段于死地，而梅之焕则谓："庄公之于叔段，意未有他也，然不为置良师傅，是以段之恶日四（按：当为"肆"）。而祭仲、子封辈交以为言，故庄公之私亦日长。曰子姑待之，曰将自及，曰可矣，于此始有执其罪而取之之意矣。甚矣！天理极微，私欲易长，曰如此矣。"是编校雠不精，且其所采各家之说，如吕祖谦、真德秀诸人，尚标明所出，其余则多付阙如，如隐公十一年，滕侯薛侯来朝，其批云："周先同姓而后异姓，周有定盟，已不可违，且隐公之言谦逊而不迫，此薛侯之不得不从也。"此杨道宾之语；桓公五年，周桓王伐郑，其批云："庄公以不朝见讨，不知服罪请命，而敢抗王师，至于射王中肩，其见君不道，甚不臣矣。杜乃谓郑志在苟免，王讨之非也，毋乃未之思与？"此为穆文熙之评；僖公五年，骊姬谮太子申生，其批云："以骊姬之爱幸，而其说又借二五为之，盖言不由己，则可从中赞之，献公自不得不从耳，《国语》又有优施通于姬，其人愈下，其谋（按：似缺"愈"字）深，何其谋之多乎？"此亦穆文熙所评。书中引用他人之说而未注明者，在在多有，此亦四库馆臣所讥明人刻书之陋习，实不足为训。此书或即张萧所讥之托为"梅辑"者。

万历三十六年（1608）

左传芳润三卷（河南大学图书馆藏）

明吴默（1554—1640）撰。默字因之，吴江人。万历二十年进士，授礼部主事，历官至太仆寺卿，年八十七卒（见清李铭皖等修《苏州府志》卷一百零五）。

是编为《左国芳润》之一，凡三卷，所录始于《郑庄公叔段本末》，迄于《白公胜作乱》，凡九十八篇。首有吴默《题左国芳润》，末署"时万历戊申春王正月穀旦松陵因之吴默题"，卷首书名作"新刻吴无障先生评注利用举业芳润左传"，其下题"松陵会元无障吴默因之父评注，二酉居士养虚王世元惟良父校雠"。全书不施圈点，有旁注与尾批。

是书乃为取便举业而作，其序言"自古纪传文章，有裨举子业者，无轶于《左》、《国》、《史》、《汉》矣"，其意甚明。观是书之旁释，或略注地名、人名，或疏通文句，皆无所发明。其尾批杂采各家之说，又皆没其名，仍明人著书之陋习。如《郑庄公叔段本末》篇，其尾批"庄公之遇叔段，其人伦之不幸乎"云云，乃穆文熙之语；《周郑交质》篇，"周天子也，郑诸侯也"云云，乃吕祖谦之论；《石碏谏宠州吁》篇，"自古宠臣骄子未有不败"云云，则为施仁所发；《州吁弑君自立，石碏杀州吁》篇，"方庄公之宠州吁也"云云，则为真德秀所论。是编之批，似皆不出吴默之手。考吴默为明万历二十年之会元，以制艺名于世，是书或亦书贾托名之作。

万历三十八年（1610）

左传狐白四卷（华东师范大学图书馆藏）

明汤宾尹（1568—？）辑，宾尹字嘉宾，号霍林，宣城人，万历二十三年进士，廷对第二。授编修，仕至南京国子监祭酒，以制举业名于世。有《睡庵集》行世（见清嘉庆二十年鲁铨等修、洪亮吉等纂《宁国府志》卷二十九）。

是编书名页题"增补三刻左传狐白，余泰垣梓"，每卷卷首署"重锓增补汤会元遴辑百家评林左传狐白卷×，相国九我李廷机重校，会元霍林汤宾尹遴辑，玄冥子林世选增补，自新斋余泰垣重梓"。书前有万历庚戌林世选《重刻汤先生左传狐白引》一篇，序中称原书"画朽字湮……主人谋所以更新之，予因润饰其所不逮"云云。是则汤书原板已没，此书为林世选增补后之重刻本。书中正文分上下两格，有眉批、旁批、尾批与夹注，尾评非篇篇皆有。个别篇目后有考实。其圈点以"○"、"、"、"◎"为主，大抵于眼目关键处用"◎"，如《臧哀伯谏纳宋鼎》篇，于"昭德塞违"四字旁即标"◎"。而"○"与"、"则施于字句精彩处。

林世选序言："狐白之贵，不在于能聚，而在于善用。"又言："先生之辑斯集也，会之以心思，得之于神髓，非一朝一夕之故矣。故一用而步月阙，再用而甲春闱。"而书中圈点多标明眼目关键及词意精妙处，又用汪道昆《春秋左传节文》之说，于字法、句法皆予指出。其所辑各家评语，以论事为主，皆持论正大，不悖儒家正统之说，观此可知其书亦为场屋而作。

是编虽题汤宾尹辑，然观书中之评，似皆与汤宾尹无涉，其所引各家，亦考核不精，其间有按语，亦不知出自何人。盖自明中叶以后，评点盛行，书坊刻书，为牟利计，其书多假之名人。其取便场屋之作，又喜托之科举中式之状元、榜眼等，是书盖亦其类，当即张鼐所谓藉为"汤选"者。书中考核不精者，如周郑交质为隐公三年事，是编题曰"二年"，其篇尾批"周天子也，郑诸侯也，左氏并称周郑，无尊卑之辨矣"云云，本吕祖谦语，而题曰杨维桢。又如僖公九年《晋里克弑君》篇，其尾评云："穀梁子曰：其君之子云者，国人不子也。民至愚而神，是非好恶靡不明且公也。周幽王尝黜太子宜臼，子伯服矣，而犬戎杀其身；晋献公亦杀其世子申生，立奚齐矣，而大臣杀其子，以此防民，犹有欲易太子而立赵王如意，致夫人之为人彘者。"考《穀梁传》，自"民至愚"以下皆不之见，当是后人引其语而申之者，而是书则尽归之于《穀梁》。又如隐公元年

《郑伯克段于鄢》篇，其眉批有"庄公之遇叔段，其人伦之不幸乎？方其母之请制，一违已甚，其况敢复违京乎？……余独谓之不幸矣"云云，是书题为玄冥子（按：刊刻者林世选）所评，《春秋左传评苑》则题为穆文熙，后之引用者亦多以为穆文熙语。考是编亦多引穆文熙之语，是《评苑》其书稍前，此语当出于穆文熙无疑。其书之失如此类者甚多，不多举。

万历四十二年（1614）

左氏始末十二卷

明唐顺之编，徐鉴评。鉴字观父，丰城人，万历进士，官监察御史，提督应天学政（见清徐清选修、毛辉凤纂《丰城县志》）。作品有《诸书考録》四卷、《诸经纪数》十四卷等行世。

《左传》一书，依经编年，其事或散见错出，颇难窥寻。唐顺之乃取左氏所传《春秋》二百四十二年行事，及《国语》、《史记》所错出者，合其始末而次序之，以为一书，凡十四目，为卷十二，"起自后妃，终于礼乐方技，人系其事，事归其汇"，使首尾血脉贯通若一。是编卷首有徐鉴序，末署"万历甲寅冬十月剑江徐鉴观父书"，每卷书名下题"毘陵唐顺之编纂，剑江徐鉴评训"。唐顺之仅排比《左传》事实，未有批点，且取于《国语》、《史记》者，亦未标明所出，徐鉴则皆注明其出处，又施以批点。其评有旁批与眉批，旁批多注释、疏通文意，眉批则以论事为主。然多泛泛而论，少特出之见。如评晋骊姬之谮，云："以骊姬之馋，犹借二五优施为本，计祸之作也，有自来矣。夜半而泣，以危言劫献公，里克徒能强谏献公帅师之故事，不能深明择嫡之是非。闻死枯之歌，克曰中立，丕郑曰君为我心。晋无良臣，申生终以不免，悲夫！然克以中立祈免，自谓知矣，而终以不能免。等死耳，不死于世子而死于弑君，是亦不知命之敝也。"其批语大多类此。

万历四十四年（1616）
闵氏家刻分次春秋左传十五卷

明孙鑛评点。鑛字文融，号月峰，浙江余姚人，万历二年会试第一，官至南京兵部尚书，加太子少保，年七十二卒（见清唐若瀛修《余姚志》卷二十九引万斯同《明史稿》，乾隆四十三年刊本）。有《孙月峰评经》、《今文选》、《书画跋》，《孙月峰全集》。

是编为闵氏家刻朱墨印本，全书分十五卷，其中襄公两卷，昭公三卷，其余各公人皆一卷。其首卷卷端题"春秋左传，孙月峰先生批点"，每卷末题"万历丙辰夏吴兴闵齐华、闵齐伋、闵象泰分次经传"。全书首有万历丙辰韩敬序，次为闵齐伋自定凡例。其凡例云："旧刻凡有批评圈点者，俱就原版墨印，艺林厌之，今另刻一板，经传用墨，批评以朱。"是则孙鑛所评，原有刻本，此本更为施以朱墨耳。孙鑛批语有眉批与旁批两种，其圈点有圆圈（。。。）、圆点（···）、及顿点（、、、），其联圈施于眼目关键，圆点及顿点施于文句精彩照应处。

是编所谓"分次"者，盖分经附传，始于杜预，其后宋林尧叟复于传内每事加圈以别之，使览者殆如列眉。然其特列一年之经于前，而传则总系于后。闵齐伋谓一年之经传相丽，不若一经一传之相附，能鳞次栉比，无复浑淆。故此书正文依经之次第，分缀《左传》之文，传文较经文低一格；其有传无经者，于其上加一圈以别之；其有经无传者，则以他经另起；其数经一传者，则联书相接，但每经空一字以隔之。是书仅列《春秋》及《左传》原文，不杂以注释，其凡例言另为《左传音释》，附录于后，又言有《名号归一图》附于后，今并未见。

孙鑛批点著作甚多，遍及四部，且其批评多以揭示文法为主。四库馆臣谓《孙月峰评经》"乃竟用评阅时文之式，一一标举其字句之法，词意纤仄，钟谭流派已兆其先声矣"，虽语涉讥讽，却亦道出其批评之旨趣。孙鑛是编所评，亦重格调，讲文法，于《左传》行文之章法、句法、字法，皆细为抉出，堪为后学指南。历来评《左传》者，于左氏行文之法，多赞不容口，而孙鑛独能指其行文未惬之处，是尤为可贵者。如庄公十年长勺之战，孙鑛批云："錬甚，然亦觉太方。"又襄公二十五年子产论秦罪，其批云："此是有名文字，高浑苍劲，然大约以质胜，于精巧似尚未足。"又如季札观乐，"为之歌颂"以下数句，其批云"太排可厌"；又如王子朝告诸侯，其批云："是辞命大篇，平平铺去，亦有音节，第尚未入妙境。"他如"亦觉太实"、"觉重拙"之类批语甚多。世人恒言爱而知其恶，孙鑛于《左传》之批点，庶几可以当之。

左氏芟评二卷

明孙鑛批点。是编卷首题"左芟，勾馀月峰孙鑛评定"，其中缝则题"左氏芟评"。全书首有李维桢《左芟序》，次为姚士麟《左氏芟评序》，卷末有卜立三《书左氏芟评后》。据李序，此书为盐官郑思雍所刻。全书有眉批、旁批、尾批，用语皆极简练。其圈点有密圈（。。。）、密点（···）及顿点（、、、）三种。

姚士麟《序》称孙鑛所评，"篇有旨，节有断，句有品赏，字有提掇点唤，拈条指格，攻瑕奏新"，能令左氏"千年心血，犹之初染毫翰"，是以孙鑛为能尽得左氏之神髓。观孙鑛所批，实以格调与文法为主，至于篇旨事义，则非所重。闵齐伋刻有孙鑛批点《春秋左传》十五卷，考其所录孙鑛之批语，基本不出是书之范围。李维桢《左芟序》云："汪司马伯玉，抱杜武库之癖，则有《节文》；孙司马文融则有《左芟》，伯玉先生文步骤左氏，故其取节者多，文融先生文不名一家，故其芟《左》者多。余家居时，尝合《左》与《公》、《穀》、胡四传，去取以授犹子辈，名之曰《童习》。盖左氏一字一句之佳必收，觉《节文》为刻，而《芟》更甚矣。"度杨维桢之意，似孙鑛所订，本为删节之本，然闵氏刻《春秋左传》，亦自言亲受于孙鑛。第不知孙氏先有《左芟》之选，后又散其评于全集；亦或先有全集之评，又删削而成是编耳。

重订批点春秋左传狐白句解三十五卷（河南省图书馆藏）

明孙鑛批点。是编为河南省图书馆所藏，其每卷卷首题"重订批点春秋左传狐白句解卷之×，宋朱申注释，明孙鑛批点，顾梧芳校正，钟惺重订"。全书首载崇祯十年魏邦达之序，次为正德癸酉王鏊序，次为孙鑛、钟惺合批杜预《春秋经传集解序》，次为凡例。全书眉批、旁批多用孙鑛之语，其正文则与朱申《春秋左传详节句解》同，殆取朱申之书而施以评点者。其个别篇目后贴有纸条，上首书"××篇批"，次引用前贤之说，似为藏其书者所为。观其书所引诸家之说，亦多为嗣后题为韩敩之《春秋左传详节句解汇隽》所引，《汇隽》一书影响颇广，不知是据此书删削而成，亦或其时别有一书，类于凌稚隆《左传注评测义》者，为是二书所本。

春秋左传详节句解三十五卷

是编凡三十五卷，为国图藏高丽刻本。全书首有震泽王鏊叙，次为凡例七条。其卷首书名下题"宋朱申注释，明孙鑛批点，顾梧芳校正，钟惺重定"。此书虽题为孙鑛批点，但全书正文既无批语，亦无圈点，而其卷首之序，首句云"《春秋左传狐白》三十五卷，宋鲁斋朱申周翰注释"，是则其书盖据孙鑛所批《左传狐白》而成，特删去其批语耳。其仍题诸人之名氏者，盖亦求易售而已。

重定批点春秋左传详节句解六卷（首都图书馆藏）。

明孙鑛批点。是编为清乾隆四十九年崇德堂刻本，其书名页题"崇德堂批点春秋左传句解，孙钟两先生合评"，其每卷卷首题"重定批点春秋左传详节句解，宋朱申注释，明孙鑛批点，明顾梧芳校正，后学周光霁重校，后学邱超群参阅"。全书首载王鏊《春秋左传详节句解》原序，次为凡例九则，次为孙鑛、钟惺二人合评之杜预《春秋经传集解序》。其正文批语有眉批与旁批，以眉批为主，间有圈点。

此书似据题为孙鑛所评之《重订批点春秋左传狐白句解》而成，该书分节全依朱申《详节句解》，为三十五卷，其凡例有八，与是编前八则全同，此书多出一则，云："原书分卷太繁，今并为六卷，庶便装潢。"又《狐白》卷首所载王鏊及孙、钟合批之杜《序》，亦与是编同，特其书多出崇祯十年魏邦达《序》一篇；又是编正文之批语出自孙鑛，其内封页却题孙、钟合评，而卷首书题下批点之人，又无钟惺；考《狐白》一书，其批语亦出孙鑛，其书名下题"宋朱申注释，明孙鑛批点，顾梧芳校正，钟惺重订"，是则其批点之人本无钟惺，是编之以孙、钟二人为说者，盖以二人于明末皆以批点名世，特借其名以为重耳。

天启、崇祯时期
历代古文国玮集一百四十一卷

明方岳贡编。岳贡字禹修，又字四长，榖城人。天启壬戌进士，官至东阁大学士（《明史》卷二百五十一有传）。是编《明史·艺文志》、《千顷堂书目》俱作五十二卷，《四库提要》及《清文献通考》作六十一卷。四库馆臣谓书前有张采之序，又谓据岳贡凡例，"盖所录自秦汉以迄南宋，即《公羊》、《穀梁》二传及陆贾《新语》、贾谊《新书》、桓宽《盐铁论》诸子书，班、范以下诸史赞，亦皆摘钞。此本仅有唐文二十八卷，宋文三十三卷，殆刊刻未全之本，或有散佚欤？"今本一百四十一卷者，其八十卷自为一编，所收之文，始于《左传》，迄于隋末。卷首有徐沔序，又有方岳贡自序，又有凡例及参校者姓氏。又六十一卷自为一编，卷首有张采序，所收为唐宋文，与四库馆臣所见本合。又据徐沔序，谓所选"断自西汉，迄于六朝，掺其鸿制，裒为一帙，颜曰国玮"。此八十卷本选西汉文十四卷、东汉文十三卷、三国文六卷、晋文十卷、刘宋文四卷、萧齐文一卷、梁文三卷、陈文一卷，计五十二卷，又与《明史》及《千顷堂书目》所载合。然此本尚选有《左传》八卷、《公羊》一卷、《穀梁》一卷、《国语》四卷、《国策》六卷、《史记》四卷，北魏、北齐、北周、隋文各一卷，与卷首徐序亦不合。据其凡例，岳贡所拟收者，实起于先秦，迄于宋末。特其所选，卷帙浩繁，故成非一时，刊非一次，是以有各家著录之歧异。是编选历代古文，体例间有不可取者，如《史记》既为司马迁所撰，自当归之于汉，是编则取其所纪汉以前事，入于先秦，殊难见各代文风之别。其评有眉批、旁批，间有注释，西汉后之文多有尾批。圈点较略，多施密圈于文句关键处。

是编选《左传》之文凡八卷，所评以论事为主，间有可取。如《晋文图霸》篇，谓："晋文晚年返国，其诸臣亦欲乘时以取功名，故未思报德而急欲树威。"《晋重耳播迁列国》篇，谓："以块土为天赐，似诬。特以公子播迁流□，壮气几尽，故为是语以鼓舞之。"《秦师败于彭衙》篇，谓："国家于功成之臣，必不可用，以其有生之乐，无死之气耳。故楚昭阳不攻齐，为其屡胜也；秦孟明卒胜晋，为其屡败也。善哉，秦穆之用人！"但其评有为求新而失之过刻处，如《秦输晋粟》篇，谓"秦之输粟，非好晋也，其君臣寔欲阴携晋民耳。韩之捷得力在此"。《管子平戎于王》篇，谓："桓公拒子华于郑而独私于子带，管仲不能谏，又为之平戎于王，君臣胥失，区区谦让小文，不足多也。"

奇赏斋古文汇编二百三十六卷

明陈仁锡编。仁锡字明卿，号芝台，长洲（今江苏苏州）人。天启壬戌进士，官至南京国子监祭酒，卒谥"文庄"（《明史》卷二百八十八有传）。陈仁锡著述颇丰，有《系辞》十篇、《易经颂》十二卷、《重校古周礼》六卷、《四书考》二十八卷及《考异》一卷、《史品赤函》四卷、《古文奇赏》二十二卷、《续奇赏》三十四卷、《三续奇赏》二十六卷、《明文奇赏》四十卷、《苏文奇赏》五十卷、《皇明世法录》九十二卷、《漕政考》二卷、《潜确居类书》一百二十卷等。

是编分经、史、子、集四部编排，四库馆臣谓其"所分多不当理，如《水经》属地理，当列之史，《太元》当列之子，乃因其以经为名，遂列于经。而《左氏春秋传》反列诸史。又芟削《周礼》，而颠倒其六官，体例庞杂，无足观者。考仁锡尝刻《古周礼》，不应此选自乱其例，其讬名欤？"考是书卷首之《纪略》，多取于陈仁锡《古文奇赏》。然因《奇赏》不收《左》、《国》诸书，故前两则略有参差。《奇赏》谓："子、史、《左》、《国》已成全书，不复录置，其《仪礼》、《周礼》、《山海经》、《水经注》等别辑行世。"又谓："《越绝书》、《新语》、

《繁露》、《新书》、《太玄经》、《易林》、《新论》、《白虎通》、《风俗通义》、《论衡》诸书,或繁或讹,稍有节文,余并全篇。"此书则合二为一,谓:"《仪礼》、《周礼》、《山海经》、《水经注》、《越绝书》、《新语》、《繁露》、《新书》、《太玄经》、《易林》、《新论》、《白虎通》、《风俗通义》、《论衡》诸书,或繁或讹,稍有节文,余并全篇。"殊失仁锡本意,然则四库馆臣谓其书出于伪托,或亦近是。

是编选《左传》凡四卷,列于史部之首。其评有眉批与旁批,间有夹注。眉批多引孙鑛之说,所论以文法为主。圈点则有密圈、密点与抹。其《纪略》论文间有可取者,如谓:"有痴癖、有酒肠、有诗喉,渐染文字,便伤大雅。"又谓:"交太杂,文太多,僧道女妓皆作题目,骨董诗画俱烦跋题,文安得佳,佳亦奚贵?嘻,欧与苏皆不免。"又谓:"李白、王维义极佳,正为各带诗赋气,未为大作手。"又谓:"白居易不精炼处,太逢迎老妪也。"此实即桐城派雅洁说之先声。

左传文髓二卷

明王世贞(1526—1590)撰。世贞字元美,号凤洲,又号弇州山人,太仓(今属江苏)人。嘉靖进士,官至南京刑部尚书。早年与李攀龙同为"后七子"领袖,攀龙死后,独主文坛二十余年(《明史》卷二百八十七有传)。

是编为东北师范大学图书馆所藏,凡二卷,卷首有残缺。其卷首书名作"新刻王凤洲先生课儿左传文髓",其下题"弇州山人王世贞删辑,闽省青阳翁正春校注"。其评以眉批为主,间有旁批及尾批,有夹注,不重圈点。

是编或为坊贾伪托之作。考其评,于评点者姓氏,或注,或不注,似皆与王世贞无与。其注明非王世贞所为者,可以不论。其不注所出者，如《州吁弑兄自立石碏杀州吁》篇，其评云："方庄公之宠州吁也，碏能谏之，及州吁之篡桓公也，碏又能诛之，可谓社稷之臣矣。"此评实出真德秀，与王世贞无涉。其评如能品、具品之类，则出于汪道昆，亦皆未注明。即其明标为王世贞所为者，亦多不出其手。如《郑伯克段于鄢》，其尾批云："王凤洲曰：'此篇叙郑庄之事，极有笔力，写其怨端所以明（按：当为萌），良心所以回，皆可见。始言亟请于武公，亟之一字，母子之相仇疾，病原在此。后言姜氏欲之，岂人子之言也？盖庄公材略尽高，叔段在其掌握中。于其未发，待之甚缓，于其已发，追之甚急。公之于段，始如处女，敌人开户；后如脱兔，敌不及拒者也。然此施之敌国则为巧，施于骨肉则为忍。此左氏铺叙好处，以十分笔力，写十分人情。'"此即吕祖谦之说（按：见前《左氏传说》提要），而题为王世贞者。以王世贞之才与学，似不应浅陋至此，此其出于伪托可知。

崇祯二年（1629）

批点左氏新语二卷（国家图书馆藏）

明郝敬（1558—1639）撰。敬字仲舆，号楚望，京山（今属湖北）人。万历十七年进士，累迁户科给事中（《明史》卷二百八十八有传）。通经学，著述颇富，有《山草堂集》、《山草堂集外编》行世。

是编为《山草堂集外编》第一种，凡二卷。卷首书名下题"京山郝敬删，男洪范录"。全书首有《山草堂集外编题辞》，末署"时崇祯二年己巳孟秋二十二日，郝敬识"；次有《左氏新语题辞》。各篇不拟题目，依年代先后节录。其批语仅有旁批，且甚略，圈点亦略，仅有密点（、、、）施于眼目关键处。

郝敬《山草堂集外编》乃其批点《左传》、《史记》诸史及唐诗之作，凡十二卷。其《题辞》云："僭为题评，未必尽中肯綮，儿曹以为发蒙便，录附《山草》后，命曰《外编》。"是则其书乃为初学指示文法而作。其评多揭示文法，如《郑伯克段于鄢》篇："制，岩邑也"，于"岩邑"旁加圈，批曰字法；"姜氏欲之，焉避害"，旁批曰："以下历叙怨母怨弟，情境如见，结之曰郑志，文势警拔。""公语之故，且告之悔"，旁批曰："约而尽。""遂为母子如初"，旁批曰："向来许多不孝不弟事，如此结案，自觉典雅，亦作文之一法。"书中之评，多为此类。世之评《左传》者，多于其文赞不容口，郝敬独颇有微辞，其所评或非确论，要亦能独抒己见。其于《左氏新语题辞》云："左之为文，堂堂不足，而鼎鼎有余。其纵横不如《国策》，扬榷不如庄周，洸洋不如史迁。叙事纤曲旁引，妆缀细琐而时或散漫不收，修饰边幅而踟蹰伤气，牵帅附会而浮夸少理。无长风扶摇万里之势，有翩翩游冶顾影自怜之情。故人喜之，修辞采者采华焉。余束发受读，今老矣，犹执偏见，不敢谬为恭，而重违古今人之通好。窃谓以冠冕群史不足，而方诸后世《新序》、《新语》，不啻脍炙人口矣。割取禁脔，剪裁支蔓，题曰《新语》，以授儿曹。嗟夫！世之习《左》者几同敝帚已，而余乃今美新，昔人谓左为太官，能使人歆艳属厌，则可云尔已矣。若夫《春秋》大义，圣人盛德，君子温故，古善士不敝之成，左皆未能有与焉。"

又，郝敬是书于《左传》原文多有删改，严格来说，其所评已非左氏之旧。如《郑伯克段于鄢》篇，开篇云："初，郑武公娶于申，曰武姜，生庄公及共叔段。庄公寤生，惊姜氏，故名曰寤生，遂恶之，爱共叔段，欲立之，亟请于武公，公弗许。及庄公即位，为之请制。公曰：'制，岩邑也。虢叔死焉，他邑惟命。'请京，使居之。"此段交待郑庄公兄弟相争之缘由，于后文关系甚大，而郝敬则改为："初，郑武姜生庄公及共叔段，欲立之，武公弗许。庄公即位，为之请制，公曰：制岩邑也，他邑惟命，请京，使居之。"删改之后，虽文势尚能一贯，其文章前后之因果照应则已全失，故实不足取。其他各篇删改甚多，此不备列。

崇祯四年（1631）
春秋左传三十卷

明钟惺（1574—1624）评。惺字伯敬，号退谷，湖北竟陵人。明万历三十八年进士，官至福建提学佥事（《明史》卷二百八十八有传）。精经史，工诗文，有名于时。有《诗归》、《史怀》、《隐秀轩集》等行世。

是编为毛氏汲古阁所刊，凡三十卷。全书首有杨鼎熙序，末题"辛未重阳前一日京山杨鼎熙题于古虞公署之喜雨亭"，次有毛晋序，末题"辛未七月古虞毛晋漫题于华山僧舍"，次录杜预《春秋序》。是编批语有眉批与旁批，圈点有密圈、密点，其正文则全用杜预《春秋经传集解》。

钟惺因与谭元春合评《古诗归》、《唐诗归》，倡竟陵诗派而名重于时。钟惺又喜好评点，其所评《公羊传》（复旦大学图书馆藏）卷首有陶珽《钟伯敬评公羊、穀梁二传序》，言于竟陵得钟惺所评《公羊》、《穀梁》、《国策》、《国语》、前后《汉》、《三国史》、《通鉴》等书一十八种，犹未及《四库提要》所载《诗归》等作。陶珽与钟惺为同科进士，与钟惺相友善，又为钟惺《史怀》作序，若此序不伪，则钟惺评点之富可知。亦因此之故，明末托名钟惺评点者甚多。四库馆臣已明证《名媛诗归》等作出于伪托，其于《左传》，则曰："是编为毛晋汲古阁所刻，惟录杜预《左传集解》，较坊本兼刻林尧叟注者，特为近古，然缀以钟惺评点,改其名为《钟评左传》,殊为蛇足,惺撰《诗归》,别开蹊径,尚能成一家之言,至于诂经,则非其所长也。"虽致不满,仍谓其评出于钟惺。

杨鼎熙《序》言读是书有三快:"其赏识也,字句间新抉己意,拈出未喝之棒,似冷泉浸背,令人陡惊,一快也;其抹斥也,取尘套而直笔之,严不少讳,俾人如听黄鹂音,足箴去秽肠,二快也;至品诸侯大夫行谊,屏人牙慧,独陈鼠狱,使触解者觉冰蚕造茧,丝丝见奇,三快也。"虽不无作序者夸饰之嫌,然亦约略道出是书评点之特点。

是书批点颇能独出手眼者,首在人物之品评。如《郑伯克段于鄢》篇,其眉批云:"庄公之狠,叔段之痴,姜氏之愚可谓三绝。请制请京,目中无叔段久矣,克段如笼鸟釜鱼耳。祭仲、公子吕、左氏一伙腐人,盖犹以晋武公之流待段也。岂不为庄公所笑哉!颍考叔差强人意,然庄公此时意快而兴阑矣。是瞑眩后僧粥平胃散也。"虽多只言片语,然颇能传人物之神,是以此数语屡为后之评《左传》者所引用。又如僖公三年,齐桓公与蔡姬荡舟湖上,"(姬)荡公。公惧,变色,禁之,不可。公怒,归之,未绝之也,蔡人嫁之"。钟惺批云:"公惧,惧得无胆,公怒,怒得无趣,败千古风流之兴,为姬人所笑,被左氏数语形容得尽。"用语风趣,而齐桓之霸主威严亦荡然无存。钟惺是编又多致力于文风章法之揭示,如庄公八年,钟惺于"瓜时而往,及瓜而代,期戍,公问不至"诸句,旁批曰:"叙得简古。"眉批云:"碎事委曲凑泊而又极简,马迁无处著手。"又如僖公十五年,晋阴饴甥答秦穆之问,钟惺批云:"妙在章法整整中颠倒奇变,莫知端倪。"又如僖公二十七年,芮贾"苟入而贺,何后之有"句旁,钟批云:"无此一语不波澜。"又如宣公十二年,邲之战,其眉批云:"历历叙事议论,看他碎而能完,板而能灵，乱而能整，可悟作长篇之法。"书中如此等处甚多，不备举。钟惺之评，又有指斥左氏之失者。如庄公二十二年，陈敬仲奔齐，备言其占卜与日后之应验，其评云："以下一一如事后追叙语，丝毫奇中，不能不疑。"又如文公十二年，秦西乞术聘鲁，应答征引典礼。钟惺批云："《左传》如此等处，人皆称之，其实平平。"凡此之类，皆中其失，亦所谓爱而知其恶者。

要而言之，钟惺是编，批语甚为简洁，其品评人物、揭示文法、指明不足，皆有所见。是以此书颇为世所重，是后之批点《左传》者多引用其说。而坊刻中钟惺、孙鑛合评本，钟惺、孙鑛、韩范三家合评本，则一刻再刻，足见其影响之广。

崇祯六年（1633）
永怀堂古文正集十卷，续集不分卷

明葛鼒、葛鼐评辑。鼒字靖调；鼐字端调，鼒之弟，崇祯庚午举人，吴县人。兄弟皆力学，互相策励。夏月共帐卧，彻夜论故事，误者罚驱蚊，又戏仿师生礼，取诸经疏高坐问难以为乐。明崇祯三年，鼐领乡荐，公车报罢。益购所未备书，编次唐宋诸家文集，美而无讥，论而不议，梓成，风行海内。鼎革后，有司迫上公车，故违例，放归，不再赴（见清李铭皖等修《苏州府志》卷九十五，光绪九年刊本）。

是编选文以时代为序，正集选《左传》、《国语》、《公羊传》、《穀梁传》、《檀弓记》、《战国策》、《史记》、《汉书》、《后汉书》、唐宋八家及李翱之文，先秦两汉与唐宋并重，似受秦汉及唐宋二派复古之影响。二集则选唐宋元二十二家之文（正集唐宋九家而外），以补正集之未备。《正集》卷首有陈仁锡序，末署"癸酉孟冬长洲陈仁锡书于白松堂"；次有《送葛生南归序》，末题"方水郑以伟书"，序后有葛鼐识语，略述相交始末，末署"癸酉冬日葛鼐端调父记"；复次有葛鼎自序，末题"崇祯癸酉秋日葛鼎端调甫书于永怀堂"，其后有全书总目及葛氏世系。是编有旁批、尾批，以尾批为主，无有注释，不甚重圈点，有密圈施于文句关键处。其尾批或引他人之说，或断以己意，皆于评后标明姓氏，略近集评之体，特其每篇只用一人之说，不似他本可以多家并观。是编每篇题上有圈，似以圈之多少，示文之优劣。如《郑伯克段于鄢》标三圈，《周郑交质》则为两圈。

是编不似多数坊选古文专为举业而订，葛鼎似颇以制艺为累，故其序言："天下有转时文之智于古文者，吾与之。"其序又痛言幼时得书之难，读书之苦，故有是编之选，欲为读者学古之助。然观其评，或论文，或论事，以泛泛者居多。如葛鼎之评，《周郑交质》篇，谓："天子而与诸侯并称，无尊卑之辨矣。文之光采议论，自不可及。"《宫之奇谏假道》篇，谓："婉切事情，言言棒喝，谏而如此，不听可以去矣。谁谓其不能强谏也？"《展喜犒齐师》篇，谓："既以大义感之，又以尽职歆之，令人乐从而无难，且忘其言之为说之也。"又如葛鼒之评，《荀息不食言》篇，谓："合济与不济，度时量力而言也，后世顾命之臣鲜有及之者。"《秦用孟明》篇，谓："叙事极严约有法。"《季文子去莒仆》篇，谓："文品贞栗，于左氏为堂堂之阵，正正之旗。"二人之评，多为此类。

崇祯十三年（1640）
周文归二十卷（明崇祯刻本）
是编旧题明钟惺编，然卷首胡撰《序》谓："陈子爻一，思有以反之，辑自《周礼》以下，迄于屈《骚》，书凡十三种。

割腋烹蹯，章研句栉，集成得卷二十，仍汉选之颜曰归。余及范子建白、蒋子仲光获襄事焉。"陈淏子于《凡例》亦言，以"上古坟而太质，诸子肆其不经"，故嗣另为编订，是书则独取周文。其每卷书名下题"竟陵伯敬钟惺选，武林爻一陈淏子辑，灏西仲衍胡揆参，古婺建白范德建阅"。然则是书或为陈淏子所辑，胡揆、范德建、蒋仲光三人助成之，书中四人之评语甚多，而钟惺之评十不二三，亦可为证。其所谓钟惺评选者，亦因惺之文名甚著，托其名以求易售。且淏子又谓："读书本在于吾徒，论文何假乎伯敬？今借钟名鼎望以罔利者，先生不少，不可信也；今稽谈《诗》议汉而评周者，先生诚多，可不观乎？乃于是纂，评宗伯敬，标佐月峰，参错名家，附愚管见。私，自条也，公，求正也。至如圈点，悉本钟、孙。"是其论文本不主钟惺一家，特于其评择取略多而已。灏子字爻一，一名扶摇，别号西湖花隐翁，武林人（今杭州）。其所著《花镜》为清代著名园艺作品。

是编所选：卷一至三为《周礼》，卷四为《考工记》、《仪礼》，卷五为《檀弓》、《尔雅》，卷六为《孔子家语》，卷七至十为《左传》，卷十一至十三为《国语》，卷十四为《公羊传》，卷十五为《穀梁传》，卷十六至十八为《战国策》，卷十九为《楚辞》，卷二十为《逸周书》。其卷首有顾锡畴序，末署"崇祯旃蒙单阏阳月鹿城顾锡畴书于棲水之焕纶堂"，次有胡揆序，末署"介园居士胡揆谨书"，次有包士瀛序，末署"东海伯登包士瀛沚聿"。次有凡例，末署"大明崇祯庚辰春王闰正月古杭陈淏子谨识"。是书实为集评之体，有眉批、旁批与尾批，又有夹注。圈点有密圈、密点与空心点。四库馆臣于是书颇为不满，谓其"以时文之法评点之，明末士习，轻佻放诞，至敢于刊削圣经，亦可谓悍然不顾矣"。究其实，特以其对钟、谭一派，疾之太过，《四库提要》中，凡涉钟、谭之说者，率多否少可，是编亦然。是书并非全无足取，其眉批、尾批博采众说，用力甚勤，令学者可不劳而获睹众家之解；所引之说，又各注所出，态度亦称严谨。其以时文之法论文，亦间有可取者，如《秦用三良殉葬》篇，引仲衍之说，论文之离合，谓："文字必先善离，后乃善切。离法不一，有推进一层而离者，有拓开一步而离者。如此章本论殉葬也，乃将先王诒法后人之精意美行，畅衍一番，顾母处只用'而况'、'而又'字面一跌便醒，此又推进一层离法，极离处正其极切处也。然'先王违世'，'王者知命之不长'，及'而后即命'等语，非不步步回顾，字字吃紧。必入此境，乃可撒手悬岩耳。"

崇祯十七年（1644）

春秋左传五十卷

明韩范评。范字友一，华亭人。明诸生，工制艺，尤长于诗。与王玠石、金天石等七人合称云间七子，有《云颂堂诗集》，又著《左传测要》，谓是谈兵之书，而因推测其事迹，非徒在文义字句间也，惜其书已不存（按：事见清宋如林等修《松江府志》卷五十六。其所谓《测要》者，揆以其旨趣，或即是编）。

是编凡五十卷，书名页题"春秋左传"（光绪乙酉夏五融经馆重校刊，稷山居士署检）。卷首书名下题"晋杜陵杜预元凯、宋梅磎林尧叟唐翁注释，明华亭韩范友一评阅"。中缝有"八杉斋校本"字样。全书首有韩范自序，末署"云间韩范友一氏题于云颂堂"，次有王光承序，末署"同盟弟王光承玠石题"，次有王烈序，末署"同盟弟王烈名世题"，次有杜预《春秋左传序》，次有林尧叟《春秋左传纲目》，次有春秋凡例五则，末署

"崇祯甲申仲冬朔旦，云间韩范友一识"。又依次录《诸侯兴废》、《春秋提要》，目录后有鉴阅者姓氏。全书不施圈点（按：别有一本，有朱笔圈点，似为藏书者所为，非原刻），其注释全采杜预、林尧叟，已有所感则附于其下，以"韩范曰"别之。

韩范是编似有为而作。王烈序谓："韩子友一弱冠慷慨，同人以管、乐期之。方今西有未平之盗，北有方张之虏，抚剑攘袂，岂能宴然？于是取左氏而论定之，发挥秘奥，渊錬雄达，将欲造阔清之烈焉！是其时与杜氏同，而阐扬之功遂不亚杜氏。呜呼，战国之权变亦有可颇采者，况《春秋》经传谁不尊配？而又得韩子错综其间，以计代战，一当万，吾于是役也，预卜之哉！"而韩范亦自言"徒恃俎豆干戚可以为治，而不讲于荆尸鱼丽之阵，二陵三河之险"，必致边疆摇荡、国家倾覆。又谓"左氏者，谈兵之书，定乱之书也。况今日之事，惨痛已极，原其所繇，皆起于诸君子讳言兵战"。其凡例亦言春秋之时，"人治泯阕，王法荡遗"，故因是编而指陈所繇，因之示鉴云。故是书所论，"多语事而寡言文"。然考其所评，亦多迂阔之论。如隐公元年，"非制也，君将不堪"句，其批云："此数言，遂为后世封建宗藩之本，魏以之疑，晋以之败，猜与任皆不合也。"隐公三年，"又焉用质"句，其批云："此论甚正，然非所施于君臣之间，用之齐晋诸国则可也。"于"先君若问与夷，其将何辞以对"句，批云："为人后者，皆存此意，安有太宗德昭之事？"隐四年，"弗戢，将自焚也"句，批云："祖龙既并天下而征役不休，虐用其民，所以身死未几，普天同叛。今州吁强不若秦，才不若始皇，而即位以后，称兵无已，安得不败？"隐公六年，于"衷戎师，前后击之，尽殪"句，批云："兵若腹背受敌，未有不败者也。故轻进必蹶，大将当务持重。"且其所论亦有及于文法者，如隐公三年，"不书姓，为公故，曰君氏"句下，其批云："连用七不字，如叠峦层岭，转景变势，处处改观。"隐公六年，"为国家者，见恶如农夫之务去草焉"句下，其批云："行文欲事情明悉，全在于喻，苏端明一生之长，从此出也。"要言之，韩范生当明末，内忧外患交作，故为是书，意欲"以计为战"，其志诚可嘉，然所论多泛泛而谈，切于实用者不多。

卷三　全盛期之《左传》评点
（清初至乾隆末年，约 1644—1795）

清朝初年

唱经堂左传释不分卷（金圣叹秘书七种）

清金圣叹（1608—1661）撰。圣叹原名采，字若采，明亡后改名人瑞，圣叹乃其字。吴县（今属江苏）人，明诸生。入清后，以哭庙案被杀。所批《水浒传》、《西厢记》，久为世人所重，所著有《沉吟楼诗集》、《唱经堂才子书汇稿》行世。（清廖燕有《金圣叹先生传》，见《二十七松堂文集》卷十四）

金圣叹以批评名世，是我国评点，尤其是小说、戏曲评点，定型与成熟之关键人物。其于《左传》一书尤为推崇，曾谓："临文无法，便成狗嗥，而法莫备于《左传》。甚矣，《左传》不可不细读也。"其批点《西厢》、《水浒》时，多与《左传》相较，如谓："文章之妙，是目注彼处，手写此处。若有时必欲目注此处，则必手写彼处。一部《左传》，便十六都用此法。若不解其意，而目亦注此处，手亦写此处，便一览已尽。《西厢记》最是解此意。"又如："文章最妙是先觑定阿堵一处已，却于阿堵一处之四面，将笔来左盘右旋，右盘左旋，再不放脱，却不擒住。……《左传》《史记》便纯是此一方法，《西厢记》

亦纯是此一方法。"(《西厢记》读法)

金圣叹批点《左传》，是书而外，又有《贯华堂才子古文》，选录《左传》文四十八篇。是书虽名曰《左传释》，而实不释左氏全书，计其所释，不过《郑伯克段于鄢》、《周郑始恶》、《宋公和卒》、《卫州吁弑其君完》及《阴饴甥对秦伯》五篇，疑与释《小雅》、释《孟子》等，同为草创未完之本。金圣叹批点，贵得作者深意，曾谓"读书如断狱，务要判得明尽"，又谓"读书人须要眼光穿出纸背"。故其于此五篇，节分句解，细为演绎，颇似今人之文本细读。金圣叹之批，首在寻求语脉，推阐左氏文法。如《郑伯克段于鄢》，首句即求全篇结构，其批云："此是二初三遂之文，首句特标'初'字，只贯到'娶于申，曰武姜，生庄公及共叔段'便止，以下便转入'遂'字科内。"又颇讲求闲笔，如"书曰郑伯克段于鄢"句，其批曰："看他叙事正急忙时，忽然折笔走出篇外去，另作训诂之文，落后却重折入来，再续上叙事。文极忙，笔极闲，千古绝奇之法。"金圣叹又颇好句读，且时有出乎人意者。如"遂寘姜氏于城颍"，其谓当于"城"字下点断，并释曰："寘城之法，筑墙如城，四面无门而处罪人于中。盖是论成弃市而不便加刑，故不得已而行此法，以示深恶痛绝之至也。秀才不识，却将'城'字连下'颍'字，谓之'城颍'，而又自为注曰：'城颍，郑地名。'如卿幸自无事，那复须读左氏也。"然其点断又时有求之过深之病。如"小人有母皆尝小人之食矣"，其谓当于"皆"字下断，似以"皆"为"偕"，并谓"小人有母皆"五字最妙。其批曰："读书人都会说《陈情表》'臣无祖母'四句好，却偏不会说这五个字好。一篇《陈情表》，只就这五个字化出来，然而其间繁精雅俗，真乃不啻河汉，人都不知得。夫天下岂有无母之人哉？天下之人，岂有不与母皆之日哉？"金圣叹于人、事之评价，亦往往有独出新意者，此不备举。要言之，金圣叹之批以寻求语脉为主，虽时或有过深过凿之病，而其灵心妙舌，开人眼界，启人心思者，正复不少，不得以其穿凿而病之。

天下才子必读书十五卷，补遗一卷

清金圣叹批。金圣叹于《西厢记读法》中曾谓："仆昔因儿子及甥侄辈要他做得好文字，曾将《左传》、《国策》、《庄》、《骚》、《公》、《穀》、《史》、《汉》、《韩》、《柳》、三苏等书，杂撰一百余篇，依张侗初先生《必读古文》旧名，只加'才子'二字，名曰《才子必读书》，盖致望读之者必为才子也。"是其书本为初学指示文法而作。然其刊行时，又有调整，今本未选《庄》、《骚》、《公》、《穀》、《汉》之文，而篇目有所增加，凡三百五十二篇。其中选《左传》两卷四十五篇，合补遗三篇，凡四十八篇。是编灵兰堂刊本卷首有陈枚《增补才子书引》，末署"时康熙丁巳孟春望日，西泠陈枚简侯氏识"，有正书局重刊时删去。其评有题下总评，有文中夹批。其圈点则有密点（、、、）、句点（···）与句圈（。。。）。

金圣叹是编为其所批《水浒》、《西厢》之名所掩，不甚为世人所重。然其评亦自有特色，且可与《水浒》、《西厢》之批点相发明，欲构建金圣叹完整之批评理论，此书亦不可不读。兹就其所批《左传》，略举数则，以见其概。金圣叹论文主于理，如谓："一篇奇妙文字，却是一片平实道理。故先贤每教人未提笔作文字，必须先将道理讲得稀烂于胸中，盖道理为文字之准绳，而平实乃奇妙之祖祢也。"（《穆子不受鼓降》）又谓文须出于至诚，方为妙文，如："欲作缠绵帖肉之文，须千遍烂读此文，非贵其文辞，贵其心地也。此文只是一片心地。"（《子产论尹何》）又谓行文贵乎"照事用笔"，如谓："事险，便作险语。看其段段俱是陡笔健笔，更不下一宽句宽字，古人文必照事用笔，每每如此。"（《宫之奇谏假道》）又谓："此为无风起波之文。只是穆叔如晋，晋侯享之，何处却有此一篇文字？某读之，因悟今人日用平常，语言动静之中，无处无时不有妙文，特是人不会写出来。"（《穆叔重拜鹿鸣》）其谓写人须各肖其面，如："写秦伯语，又如骄奢，又如戏谑，又如真恳，妙！写晋群臣语，满口哀求，又并不曾一字吐实，妙！写穆姬语，无限慌迫，却只说得一片瓜葛何至于此，并不是悍妇要求，妙！"（《秦伯不食言》）其论结构，重前后之呼应，如谓："看他先说无以示子孙，次又说不成武功，次又说不是京观，总是前幅有几句几字，后幅必须句句字字与他发放，若后幅不拟发放者，即前幅不得漫然着一句一字也。"（《楚子不筑京观》）又重前后之关锁，如谓："分明一段写舍郑之难，一段写陪晋之有害，而其文皆作连锁不断之句，一似读之急不得断者。妙在其辞愈婉，其说愈晓畅。"（《烛之武退秦师》）其论文风，求前后之一致，如谓："文带喜色，须彻底皆喜色；文带怒色，须彻底皆怒色。此文，彻头彻底皆带怒色，读之使人战栗。"（《宾媚人责晋人》）金圣叹是编又颇重音节，喜句读，且时时能启发人意，此不备举。

批点春秋左传纲目句解汇隽六卷

清韩菼（1636—1704）重订。菼字元少，号慕庐。清康熙十二年（1673）一甲一名进士，江南长洲（今苏州）人。累官至礼部尚书，卒谥文懿，曾充《大清一统志》总裁官。以诗文名世，有《有怀堂诗文稿》行世（《清史稿》卷二百六十六有传）。

是编刊本颇多，善成堂刊本书名页题"诸名家批点，长洲韩慕庐先生校正，春秋纲目左传句解，善成堂梓行"，每卷卷首题"太史张天如详节春秋纲目左传句解卷之×（按：他刻皆无"太史张天如详节"诸字），长洲韩菼慕庐甫重订"。全书首有《重订春秋左传句解原序》，末署"苍山魏邦达题"；次有凡例八条，其前七则与朱申《春秋左传详节句解》同；次有"诸名家评点《春秋纲目左传句解》姓氏"（按：其他刻本皆无）。全书厘为六卷，体例略仿朱熹《通鉴纲目》之式，以六十甲子列于鲁君逐年之首，于其下列周王及列国纪年，然后选录传文。是编盖节录朱申《春秋左传详节》而成，其评有眉批及文末总评，乃集评之体。据其所列姓氏，所辑评语出于二十七家。然考其各篇按语，多出于朱申《句解》，其评语又多引胡安国《传》，又有引及钱希声者，此皆不在评点姓氏之列，是其所辑实不止二十七家。其征引较多者，则为吕祖谦、真德秀、孙鑛、钟惺等人。

是编题为韩菼重订，细考全书，似与韩菼无涉。全书既无韩菼之评，又无其序跋。其卷首题为魏邦达之序者，与明刻朱申《春秋左传详节句解》卷首王鏊之序内容全同。考河南省图书馆所藏《春秋左传狐白句解》一书，先录明正德癸酉王鏊之序（按：其内容与《句解》题为魏邦达者全同），次录崇祯十一年苍山魏邦达之序。盖《句解》刊刻之时，以魏氏之名，署于王鏊序文之下，又略去其年号，不知是刊刻者失察，亦或有意为之。考是编凡例，前七则与朱申《左传详节句解》同，仅增多一则，云："批点《左传》之佳，文不加点，缘我明孙月峰先生原有批本，此尤著其佳者也，但标其字法、句法、套句、可删等语，诚左氏暗刻中一炬。今合而重订之，其于蒙士未必无少补，又于本书庶成其大全云。"韩菼为清人，当不至有"我明"之说。且是书之刻，并未载孙鑛字法、句法、套句、可删等说，则并此条凡例亦非刊刻者所加。又，是编文中间有按语，不知者或以为韩菼为之，然核之《左传详节句解》，其语实多出于朱申。如宣公二年《赵盾弑其君夷皋》篇，其按语云："孔子于《春秋》，书'赵盾弑其君夷皋'，不应有此言论。乃本朝欧阳公疑之，是也。"既称与欧阳修同朝，则按语出自朱申更无可疑。然则是书之刻，当与韩菼无与。盖明清之时，以八股取士，坊贾多选刊古文、时文，揭示文法，并托以名人批点以求易售。韩菼为殿试第一，其时文又擅名当世，其为人所托自亦在情理之中。考《春秋左传狐白句解》亦辑录各家评语，是编殆约取其书而成。要言之，是编所选皆《左传》名篇，篇幅适当，所录各家评语又极简洁，颇便观览。是以其刻虽陋，刊本却多，清末民初尚一刻再刻，足见其流传之广，韩菼之名，或亦不无助焉。

左传快评八卷

清刘继庄撰，金成栋辑。《续修四库提要》云"继庄始末未详"。考河南大学所藏之本，有眉批云："继庄名献廷，字君贤，继庄其号，大兴人。"而继庄曾谓王源："吾生平知己，舍子其谁？"（见王源撰《刘处士墓表》）而全祖望又谓："继庄之才极矣，顾有一大不可解者，其生平极许可金圣叹，故吴人不甚知继庄，间有知之者，则以继庄与金圣叹并称，又咄咄怪事也。金圣叹小才耳，学无根柢，继庄何所取而许可之？乃以万季野尚有未满，而心折于金圣叹，则吾无以知之。然继庄终非金圣叹一流，吾不得不为别白也。"（见全祖望撰《刘继庄传》）王源与金圣叹皆继庄所深交者，而二人皆有批点《左传》之作。而刘继庄之学，主于经世，曾谓学者"知古而不知今，纵博极群书，只算半个学者"，又言"圣王之治天下，自宗法始，无宗法，天下不可得治"，其所论与《快评》之主旨亦相合。然则是编之作者，或即大兴之刘献廷也。继庄名献廷，字君贤，别号广阳子，有《广阳杂记》行世（《清史稿》卷四百八十四有传）。成栋字天三，海阳人，尝从学于继庄之门，始末未详。

是编凡八卷，为康熙间蕉雨闲房刊本。所录始于《郑伯克段于鄢》，迄于《楚子西不惧吴》，凡一百零五篇。不分门类，唯以原书次第胪列，多摘取各篇篇首一二句以为标题，标题之下，各注年月，以原文载于其下。全书首有金成栋题词，末署"岁在游兆阉茂海阳金成栋天三氏拜手题"，其卷首书名下题"刘继庄先生评定，宜堂金成栋辑，同学诸子参校"。全书不施圈点，其评有夹批与尾批，尾批尤详。

《续修四库提要》称是书之评："大抵竟标藻采，务撚空论，或杂采旧说，而断以己意。详其评论，几全如批撰时文之式，以之评经论史，殊乖体例。按自南宋以来，最重词科，士大夫多节录古文，妄加评论，以妃青俪白相高。是编之作，殆其遗风。"又言是编"泛然抄录，议论空疏，于经史之学，了无关涉"，盖犹拾四库馆臣之唾余，不足为是编定评。考是书之评，论事多于论文，其所论多宗法孔子，强调经世之用，且多独得之见，虽不必为定论，要亦能自圆其说。如《宋穆公属孔父》篇，自《公羊传》倡"宋之祸，宣公为之"之说，世多从之。而是编则独归罪于穆公，其批云："群讥宋之乱，自宣公废太子而立弟，国以不宁者十世。不知兄弟相及，不必传子孙者殷礼也。宣公贤穆公而舍与夷，知与夷之不足立也。乃穆公以己之私心度宣公之心，终立与夷而舍其子。穆公不知与夷而立也，是不知人也；知与夷而立之，是遂其私心也。图能贤之名而失知人之哲，危其社稷而诬其先君，穆公特好名之人耳！故左氏以知人之美独归之宣公也。"他如《郑伯入许》篇，谓"君子谓郑庄公于是乎有礼"乃以赞为骂，郑庄所有者特"礼之利"；《齐侯辞子华》篇，论管仲之遇齐桓为不幸等，皆发前人所未发，而能启人之深思者。

文章练要左传评十卷

清王源（1649—1710）撰。源字崑绳，号或庵，直隶大兴（今属北京）人，康熙癸酉举人。晚年因李塨师事颜元，为颜李学派重要人物（《清史稿》卷四百八十有传）。有《居业堂文集》行世。

是编本为《文章练要》之一种，据卷首程城之序，王源曾手订六宗百家之文，总其名曰《文章练要》。所谓六宗，指《左传》、《孟子》、《庄子》、《楚辞》、《战国策》与《史记》；百家则有三类：《公》、《穀》、《管》、《韩》诸家，一也；《汉书》以下诸史，二也；汉魏诸名家集，三也，六朝而下不与焉。其所选简练精要以为规矩准绳，其所评尽文之变而通乎神，故有是名。然据程茂《公穀评》之序，其成书者，六宗仅有《左传》，百家亦唯《公羊》、《穀梁》二传而已。此书每卷卷首题"文章练要卷之×，大兴王源评定，颍州宁世簪、桐城戴名世仝校，歙县程城参正"，版心有"文章练要，六宗"字样，又标明其为《左传》某公某卷。全书首有程城《文章练要序》，次有王源《左传评序》，次为王源自定凡例一十二条。其评眉批、旁批、夹批与尾批皆有，而以篇后总评及文中夹批为主。圈点形式亦较完备，计有十种。大抵凡主意用双钩，眼目用大圈（〇），大段落用大画（—），小段落用半画（—），案用联虚点或单虚点，精彩与奇变处用联圈（…），次单圈（。），闲情点缀句法用联点（、、、），字法用双点。

观王源是书之命名，其用意已较然可见，其凡例亦言"特论文耳"，又言所评"皆作文窍妙"，其意愈明。然王源晚年执贽颜元，习斋之门，崇尚实学，不以文辞教人，而王源却以文章为事，此又何故？颜门高弟李塨于此书亦颇称许。其意略谓：文者载道之器。古文之道，自东汉以降，为骈丽时文所杂。虽唐韩昌黎特起振之，宋有欧苏遵之，然第遵其文从字顺，而其变化离奇者，惮于步趋，遂染以策论时文，而气格亦卑。降及明代，如归震川茅鹿门辈，皆学欧苏者也，却以八比时文为根柢，运以散行古文之法，虽曰古文，而实不古。李沧溟王弇州辈，以饾饤秦汉字句求胜，亦非真能古文者。幸有王源特起，谓"古文不在字句，而在章法，以断以离以变化"，而古文之道得以复明（见李塨《张昆崖左传评林序》）。王源亦云"文章之妙，全在无字句处，近代作者论者，皆不过于字句求之，所以去古日远，而古道几乎熄矣"，又言所评唯"欲得古人真面目，真精神而已"。然则王源盖以复振古文为意，非如坊贾之以评点射利者。

王源所评，首贵立意。其凡例云："知其意而后知其章法，知其章法而后知其文之所以妙。"其文中之评，亦三致意焉。一则云："古人为文，未落笔，先有意。意在笔先，文随意生。"再则云："欲辨奇正之分，先观作者之意，意即将也，兵无将，乌合之众耳，恶能正，恶能奇？文无意，杂乱之言耳，乌能正，乌能奇？"（僖公十五年《韩原之战》）又言"意得而局得，意得而文得，意得而古人不传之秘无不得矣"（昭公十二年《郑子产卒》）。是皆其贵意之说。至于行文，则特重变化。其首篇批语即云："文章贵乎变化，变则生，不变则死，生则常新，死则就腐。"（隐公元年《郑伯克段于鄢》）然讲变化又非不求法度，王源于《左传》行文之法，诸如宾主、离合、擒纵、伏应、错综、断续、转折之法，皆有独得之见。而其最为自诩者，乃以兵法论文。王源生当明清易代之际，其父曾为明锦衣卫指挥，明亡后随父流寓江淮间，是以幼时即"任侠喜言兵"。曾自言于古人，"上之北面武乡，希冀其万一；下则与陈同甫并驰而争先"（见《居业堂文集》之《与方灵皋书》），对兵法之偏爱，使其在论文之时往往与论兵相结合，喜以兵法论文法。其批点《左传》时亦一再言："千古以文章兼兵法者，惟《左传》；以兵法兼文章者，惟《孙子》。"其批点《左传》，喜以奇正、虚实论文，又喜以战阵喻文法，贵意贵势，凡此种种，皆使其评点呈现出与他人不同之特色。

左传义法举要（抗希堂藏板）

清方苞（1668—1749）讲述，门人王兆符、程崟传录。苞字凤九，一字灵皋，晚年号望溪，安徽桐城人，寄籍上元（今江苏南京）。康熙四十五年进士，累官礼部侍郎，以事落职。论学以宋儒为宗，其说经皆推衍程朱之学，尤致力于《春秋》、《三礼》。文学韩、欧，严于义法，非阐道翼教，有关人心风化者不苟作，为桐城派之初祖（《清史稿》卷二百九十有传）。所著有《望溪文集》、《周官集注》、《春秋通论》、《礼记析疑》、《丧礼或问》、《仪礼析疑》、《春秋比事目录》、《左传义法举要》等。

是编书名页题"望溪讲述，左传义法举要，抗希堂藏板"，卷首题"望溪先生口授，王兆符、程崟传述"。全书首有程崟《记受左传六篇要旨始末》。其批语有夹批与尾批，圈点仅有连圈。是书所评，仅有六篇，即《齐连称管至父弑襄公》、《韩之战》、《城濮之战》、《邲之战》、《鄢陵之战》与《宋之盟》。

方苞论文，倡义法之说，立论托本于《春秋》书法，其于

《又书货殖传后》云："《春秋》之制义法，自太史公发之，而后之深于文者亦具焉。义，即《易》之所谓言有物也；法，即《易》之所谓言有序也。义以为经，而法纬之，然后为成体之文。"以为"义法"之说创自孔子，经司马迁而发扬光大。方苞以为"序事之文，义法备于《左》、《史》"，"记事之文，惟《左传》、《史记》各有义法"，而《左传》一书尤为方苞所推重，其于《韩之战》后批云："叙事之文义法精深至此，所谓出奇无穷，虽太史公、韩退之不过能仿佛其二三，其余作者皆无阶而升。"故其阐明"义法"说最为深切者，又在其《左传义法举要》与《史记评语》。方苞"义法"之说，分言之，则涵盖"义"与"法"，义即"言有物"，指文章之内容，实即要阐明程、朱一脉之义理；法即"言有序"，指行文之章法结构，"义"统率"法"，文章采取何种形式，全视其要表达之"义"而定。合而言之，则"义法"即指文法。方苞论文主张以"义"统"法"，程崟于序中引方苞之语，批评王源《左传评》所论"特为文之义法耳，学者宜或知之，而非所急也"，又言此书所论"是吾之赘言也，以生等迫欲闻此而偶发之，何必传之人世，使敝精神于謇浅乎？"足见其于"义"之重视。然因慑于清廷文字狱之严酷，又身受戴名世《南山集》案之株连，故其论文之时，多讳言大义而专求修辞谋篇之文法，是编亦不脱此病。程崟于序中言各篇所论大旨，颇得其要，引录如下："明于四传（按：《左传》四大战）之脉络，则凡首尾开合、虚实详略、顺逆断续之义法，更无越此者矣；观于宋之盟，而纷赜细琐包举贯穿之义法，更无越此者矣；观于无知之乱，而行空绝迹诸法之奇变，为汉以后文家所不能窥寻者，具见矣。在先生以为学者不急之务，而在文章之家，则为濬发心灵之奥府，苟能尽心于此，不亦大远于俗学矣乎？"

方氏左传评点二卷（光绪十九年癸巳刊本）

清方苞撰。是编虽名《左传》评点，其实仅有圈点而无批语。卷首有光绪癸巳金匮廉泉题记，云："果亲王刊本《左传》，望溪方氏奉教所点定也。泉尝于荣城孙佩兰先生处得读其书，顾原本传印甚稀，海内学者未能家有其书。今援马平王氏辑归、方《史记合笔》例，摘录起迄，为方氏《左传评点》二卷，以附《左传义法举要》之后。"此本盖金匮廉泉据果亲王刊方氏评点本辑录而成。全书凡上下两卷，不录《左传》全文，唯仿马平王氏辑录归、方评点《史记》之例，摘录起迄，以墨色点法，附注其下。大抵词义精深处用丹笔，叙事奇妙处用绿笔，脉络相灌处用蓝笔，又分坐点、坐角、坐圈三种，以示遣词造语炼字诸法。方苞《左传义法举要》一书，不重圈点，是书则专以圈点指示文法，两相合观，庶几得见方苞"义法说"之全。

山晓阁左传选

清孙琮评选。琮字执升，号寒巢，又号礼庵居士（按：此据《山晓阁全集》序后孙氏自署），嘉善人（今属浙江嘉兴）。性孝友，有名诸生。早自高隐，居山晓阁读书。藏书万卷，手不停批，每选一书出，人争购之。有《山晓阁诗》、《山晓阁古文选》等行世（见清江峰青等修《嘉善县志》卷二十四）。

是编为其评选古文之一种。书名页题"山晓阁全集，孙执升先生精选，遗经堂藏版"，每卷卷首题"山晓阁选古文全集卷×，吴郡孙琮执升手评"。全书凡三十二卷，选文始于先秦，迄于宋末，"宗周汉而魏晋名篇间亦采取，宗八家而后先伟制兼为遴择"。卷首有孙琮自序，末署"吴郡礼庵居士孙琮执升谨题"。

是书录《左传》凡四卷，其所录各篇有经者即以经为题，无经者则从习称。其批语有旁批与尾批，旁批多点明文章之转折呼应；尾批则总论事义，兼及文法，多先引他人之说，后断以己意。圈点则仅有密圈（。。。）施于眼目关键处。

孙琮所评《左传》颇为时人所重，冯李骅《左绣》即多引其说。孙琮于是书用力颇勤，其自序言："息心静气，往复沉潜，殚一己之精力，以与诸家相晤对。未尝敢易而置之，惧以轻心而致荒忽也；未尝敢易而登之，惧以躁心而致淆乱也；未尝敢人置亦置，人登亦登，惧以徇众而或失其实也；未尝敢于不当置者而谬为置，于不必登者而强为登，惧以任意而或戾乎道也。"其批语亦能独抒己见，所论文法而外，又喜随事发论，教人以史为戒。如《楚屈瑕伐罗》篇，教人以修身主敬，其尾批云："祸福相倚，天道亦人事也。圣人千言万语不外一敬字，处常御变，守成持满，关捩全在此。莫敖之败，伯比决之威仪，邓曼断以骄溢，言若蓍鑑，始知行师之要，只在治心。"而《宋公和卒》篇，又于后世之篡夺相寻深致慨焉，其尾批云："宣公舍子立弟，穆公舍子立侄，皆盛德事。篇中叙穆公之言，恺恻肫挚，蔼然从天性中流出，情既极真，词又极婉，此春秋犹为近古，后代篡夺相寻而不知愧，惜不将此文日读数过。"而《齐无知之乱》篇则慨叹知己难寻，隐隐有怀才不遇之慨。其尾批云："从来为国荐贤，必使贤者毕尽其用，方不虚此一荐。管子诚天下才，然齐桓则仇也，不置之高位，得毋来馋慝之口？淮阴国士无双，可以破赵平齐而蹙项，乃人素易之，仅以为将，岂能展其筹略哉？故鲍叔一言，决计使相，鄫侯开口，便及筑坛。具眼卓识，不特感知己者刻骨铭心，直使千古英雄有搔首问天之想。"孙琮之批语如此类者甚多，于初学之习文修身不为无助。

隆文堂新刻古文快笔贯通解四卷

清杭永年评解。永年字资能，吴门人，始末不详。是编凡四卷，五十九篇，其中选《左传》十篇。选文始于《左传》，迄于明。卷首有杭永年自序，末署"吴门杭永年资能氏题于与稽堂"。其评极为详尽，于篇名下有题解，文末有总评，又有旁批，有分段注、解，注与解以"○"为界。

是编选文颇能自出手眼。其时选家于唐宋多取八家，此书则不为所囿，于唐取七家十篇，于宋取六家九篇，而苏辙、曾巩无一篇入选，范仲淹文竟取两篇。坊选多不取诸子及元文，是编则各取一篇，于诸子取庄子《逍遥游》，于元取阎复《加封孔子制》。是编选文虽少，取材却广，选文达三十家（《左传》、《国语》等亦各视为一家），且以时代为序，于历代之文皆有入选，颇欲以此见文风之演变。然亦因各家取文过少，故难见各家风格之全，此其不足处。

是编之评，多用旧说而不明所出，或用其意而推衍之，或用其辞而变通之，甚者则直取前人之说以为己有，殊非作者之体。如《周郑交质》篇，即取吕祖谦周郑交讥之说而反复推衍；而《楚使对齐师》篇，其评云："或曰荆楚僭王，罪之大者也。包茅不贡，罪之小者也。昭王不复，则非其罪矣。管仲不以僭王责之，而举此二罪，是舍其所当责而责其所不必责也。余谓不然，禹之征苗，汤之伐桀，皆明征其辞者。有诸己而后可求诸人，无诸己而后可非诸人。齐桓之伯，所谓以力服人，而非以小（按：当为"心"字）服者也。所行之事失德实多，若遽加楚以无上之罪，彼必将摘我之瑕以抗我，于威名不无所损。故舍其所当责，特发其小罪并事之无涉者，使彼易于输服耳。伯术往往如是，仲岂昧昧者哉！"此评"余谓不然"前后，皆真德秀之说（见前《文章正宗》提要），后半乃释管仲何以"舍其所当责而责其不必责",而是编为化为己说,竟改为翻驳语,尤属无谓。而《穆叔重拜鹿鸣》篇,其评谓:"此为无风起波之文,只是穆叔如晋,晋侯享之,何处便有如此一篇妙文,余读之因悟今人日用平常语言动静之中,无处无时不有妙文,特是人不会写出来也。"此则直取金圣叹之说以为己有。

杭永年似颇喜金圣叹之说,如是编选《左传》十篇,竟有六篇采录金圣叹之评。醉耕堂本毛批《三国演义》卷首题"茂苑毛宗岗序始氏评,吴门杭永年资能氏定",其批语多有效法金圣叹者,是以后之坊本多题为"金圣叹外书"。其评不出于金圣叹,似无可疑。然究出何人之手,学人多谓即毛纶、毛宗岗父子。而刘廷玑《在园杂志》卷二,却谓出于杭永年,其语云:"杭永年一仿金圣叹笔意批之,似属效颦,然亦有开生面处。"不知刘廷玑别有所据,亦或仅据醉耕堂本所题为说,尚难论定。然据是编而言,其批语中仿金圣叹笔意者,或出杭永年之手,亦有可能。又据毛纶《第七才子书琵琶记总论》,谓己批罗贯中《三国志》既就,"有白门快友见而称善,将取以付梓,不意忽遭背师之徒,欲窃冒此书为己有,遂致刻事中阁,殊为可恨"。此"背师之徒",黄霖以为即杭永年。就是书而言,杭永年多有攘善之举,其欲窃取师说以为己有,或实有其事。然若杭永年与其书毫无干系,毛纶亦无由惧其窃冒。或书中效仿金圣叹之评,亦有出于杭永年者,故是书之最后刊行,杭永年亦得以列名。学界多谓其最后之题署,乃双方妥协之结果,近是。

康熙元年(1662)
古文斫前集十六卷
清姚培谦评注。培谦字平山,娄县人。诸生,好交游,名满江左。雍正七年保举，以居丧不赴，年七十余卒。有《松桂堂集》及《增辑左传杜注》三十卷、《经史臆见》二卷等行世（见清宋如林等修《松江府志》卷五十九）。是编有雍正四年刻本，书名页题"左国史汉文斫"。卷首有朱轼序，末署"雍正四年丙午春日高安朱轼书"；又有姚培谦自序，末署"康熙壬寅菊月上浣华亭姚廷谦书于遂安堂"；次有凡例十则，末署"腊月二日北坨主人廷谦又书"。每卷书名下题"华亭姚廷谦平山评注，同里朱霞初晴、钱塘张琳玉田参阅"。又有乾隆甲午刻本，其书名页题"古文斫前集，华亭姚平山评注，左国史汉，清华斋藏板"。此本其他题署与雍正间刊本同，只以"廷谦"作"培谦"，《府志》未言其又名廷谦，当以作培谦者为是。是编之评以文末总评为主，又有夹注、夹批，其间以"◎"为界。圈点较略，仅有密圈（。。。）施于文句精彩处。

是编凡十六卷，选《左传》、《国语》、《国策》、《史记》及《汉书》之文，其中《左传》四卷；又有《后集》，选唐宋八家之文凡十八卷。其以"斫"名编者，盖以"帝室皇居，千门万户"，皆出于大匠之运斤。四家（按：是编以《左传》、《国语》皆出于左邱明，合《国策》、《史记》、《汉书》为四家）之文虽各臻其妙，要皆有其规矩准绳在，是编意欲揭其经营间架之法，示读者以"运斤之方"。故其评以论文为主，且多出以时文手眼。如《曹刿论战》篇，其尾批云："此传作一头两脚看。前段将战而先求何以战是一头，后段将鼓而曰未可鼓，将驰而曰未可驰是两脚，皆肉食者决谋不到处。前段暗藏两个未可，后段明点两个未可。前段则分叙问答，后段则总叙问答，局法变化。而前段论用民之道，后论用兵之法，皆千古龟鉴，肉食者闻之岂不愧死。"又如《楚屈完对齐师》篇，其评云："是一篇极整齐文字，前段两问两答，后段亦两问两答。前段两问，包茅一问是主，昭王一问却是宾，屈完则认其一面而推其一面；后段两问，'同好'一问是主，攻战一问却是宾，屈完则答其恭亦答其倨。盖当日情势，齐之制楚，实苦鞭长，楚之料齐师难久驻，只应草草结盟，各全体面。故一边全是牢笼，一边全是闲暇，言外各自有意会处。"其评大多类此，于初学之揣摩文法不无所助。而姚培谦选文亦有具识见处，如扬雄《解嘲》、班固《答宾戏》等文，皆效仿东方朔《非有先生论》，坊本类多兼选，是编则选一而赅其余；李陵《答苏武书》为坊刻常选之文，是编则以其为六朝人伪作而黜之。此皆坊刻习见之病，今人深以为讥者，而姚培谦已先能免之。

康熙五年（1666）

古文汇钞十卷

清蒋铭评选。铭字新又，吴郡人，始末不祥。是编凡十卷，其凡例首言选文之范围及编排之次序，谓："先《周礼》，义取尊经；《檀弓》、《家语》、《左传》、《公》、《穀》，皆经之羽翼也，故次之；左氏支分《国语》，春秋辞令温淑多风，逮乎《国策》，险仄倾诐，夫亦世变使然，故又次之；《史》、《汉》文典则渊赡，实艺林之膏粱，故又次之；唐宋八大家，原本《史》、《汉》以上诸书，学古而浸淫于古，梯航绝学，舍此安归，故又次之；选既竟，复取诸子古赋，合名世文缀入历朝以补渗阙，虽未会其全，而制作之精意毕具于斯矣。"其编选之指，谓"学古非难，适用为难"，故"是书之选，芟冗繁，掇简至，非关切学记者不录，非裨益经济者不录。务使各适于用而后止"。至其命名则"取稚川葛先生钞掇众书，思不繁而所见博之义"。是编书名页题"古文彙钞，吴门蒋新又集评，宜兴储同人先生鉴定，卓观堂藏版"。卷首有储欣序，末署"宜兴储欣题"，次有铭之自述，末署"康熙丙午清河吴郡棘人蒋铭新又氏书于交翠堂"，次有"选例八则"。其评有眉批、旁批与尾批，圈点有密圈（。。。）与密点（、、、）。

是编选《左传》一卷，其谓《左传》乃因经立传，经文即为传题（按：《周礼》及《公》、《穀》、《国策》等立题亦各有名目），故于《左传》分十二公为十二篇，然又恐篇帙浩繁，不便稽核，故又列题于目次之中，名为遵古，而体例实属乖张，转不若每篇各为立题之便于考索。其旁批、眉批大抵皆钩剔字句，寻求语脉，以推阐文法，便于初学而已，无可取法。其于十二公之末，各有一总评，以总论春秋之大势。如隐公之末，谓："《春秋》一书独严诛乱讨贼，故托始于隐。桓以弟弑兄，隐实自取之，不书即位，垂戒深远。时郑庄奸雄黠桀，肆行无忌，故传中叙郑事特详。"桓公之末，谓："桓听羽父之馋而弑隐公，又不制其妻于兄弟夫妇间，蔑乱已极，卒莫保其令终。鲁称秉礼，乃至于斯，鲁其衰矣。而王法不行，方伯不讨，繻葛一战，以下陵上，楚氛荐炽，蔿虐诸姬，读是传而思《曹》忧无王，《桧》忧无霸，有同慨乎？"昭公之末，谓："鲁自鸜鹆之谣验，而往歌来哭，国之祸，平子作之；至平子被拘、叔孙见杀，家之祸，又自阳虎侯犯诸人作之；国政不在君而在家，并下移于家之陪臣，鲁事可知矣。以孔子之圣而不用，用而不卒，所以不复振。其事评《家语》篇中。外如楚囊瓦贪贿召寇，吴伍员定计雪仇，吴既覆楚，越又侵吴，兵事不已，天下无君一至于此。春秋以会盟要信联属诸侯，至定哀而寂无闻焉。所以为春秋之终，为战国之始也。盖至此而世变益急矣。"合其所选之文与十二则评语观之，则春秋局势日坏，终流于战国之兵连祸结，可以概见。此亦其编选可取之处。

康熙十一年（1672）
绍闻堂精选古文觉斯定本

清过珙选评。过珙字商侯，锡山（今江苏无锡）人，始末不详（按：清韩履宠等修《无锡金匮县志》卷二十有其父过松龄传）。是编凡十卷，选文始于《左传》，迄于清初，其中选《左传》近两卷。卷首有过珙序，末署"康熙岁次壬子，倏风至日，锡山过珙商侯氏题于绍闻堂"，其书名页题"详订古文觉斯，锡山过商侯重点，评注全集，渠阳刘豫庵先生鉴定"，又有刊刻者识语，谓"是集汇采历代选本部注，及近日《析义》、《观止》诸选，蒐罗既备，考订更精，诚古文之胜观也。为学者津梁，其功非浅，识者辨诸。昆山玉秀斋发兑"。是编有眉批、旁批、尾批及夹注，夹注颇详。圈点则有连圈与顿点。

过珙是编所选，多习见之文。盖以世之学古者好言博览，"易忽于人之所共习，而务闻乎人之所不闻"，然若人所共习与句字之义尚未之知，则古人立言之精意亦无得而见。行远必由乎迩，升高必始乎卑。故过珙是书以"觉斯"名篇，亦取"习人所习，而人之所未闻可得而闻也；解人之所不求甚解，而古人之意可得而知"之意。其用意诚是，然观其选文，亦不必尽当，如选屈原之文，独取《卜居》、《渔父》，而不及《离骚》诸什；三国文仅取诸葛亮前后《出师表》。所选清文凡三篇：陆次云《蒯徹论》、过松龄《拟汉太子招四皓书》、沈思伦《瓠隐居记》，而其父与焉。虽曰内举不避亲，然清初名篇佳什甚多，皆不得入选，是其标榜之讥亦在所不免。又是书之眉批、旁批，多有因人成事者。如其选文同于金圣叹《才子古文》者，多并其说而取之。如《郑伯克段于鄢》篇，"此事祭仲不闻，子封不闻，偏是公闻，其为疑案可知"云云；《庄公戒饬守臣》篇，"看他说在自己身后者，明明自己在时必不使许得悔祸也"云云；《齐伐楚盟召陵》，"问得闲闲然，绝不以齐为意"云云；《宫之奇谏假道》，"事急故陡作险语"云云；《晋阴饴甥对秦伯》，"唐突秦伯语放在小人口中，哀求秦伯语放在君子口中，自己只依样述得一遍，绝妙好词"云云，此皆直用金圣叹之说而未予标明者。过珙采金圣叹之说，多不注所出，或其时金圣叹之书尚为清廷所禁，又爱而不能舍，故全采用之。然是书所引又间有标出者，如《晋败秦师于殽》篇，其评云："读原轸语，读栾枝语，读文嬴语、轸怒语，读孟明谢阳处父语，读秦伯哭师语，逐段细读，逐段如画。"即明谓出于金圣叹，是又不知其故。是编各篇之尾批，多出于过珙，而所论亦多泛泛。是书成后，流传颇广，蔡铸甚且据是书而作《古文评注补正》，是其书亦自有可取之处。然若谓"几于家置一编，人传一帙"，则亦过夸之言。

详定古文评注全集十卷

是编为五云楼嘉庆庚申重刊本，卷首有过珙序，末署"康熙岁次癸未桂月锡山过珙商侯氏题于绍闻堂"。其序谓所选《古文觉斯》，"谬为海内诸君子所赏识，几于家置一编，人传一帙矣。然近年来颇见其琐屑浩繁，字疏句栉非不明且备也，而于段落则不醒；连篇累牍非不详且尽也，而于作者精意则茫然。故不得已取前书而更订之，取其精美者，去其长冗者，不必逐句详分，俱从窾要段落处点醒之、详注之。盖欲学者知肯綮所在，涵咏玩味，其于声音节奏自得精意于语言文字之外也。又更其名曰《古文评注》，比前书而愈晰焉"。然考是书之评，全同于《古文觉斯》，无所删改。而《古文觉斯》书名页亦有"评注全集"字样；又是书扉页题"详订古文评注全集，刘豫庵先生鉴定，锡山过商侯、上元黄际飞重点"，据每卷书名下所题，评定者亦为过珙与黄越（即际飞）二人，而书中之评实与黄越了无关涉。然则是书之刻，不过据过珙原本重印。书坊主为求易售，故变易其名，又为之序，此亦其惯用伎俩。其刊刻之人或即黄氏名际飞者。

康熙十五年（1676）

左传统笺三十五卷

清姜希辙撰。希辙字二滨，号定庵，浙江会稽人（今浙江绍兴），明崇祯壬午举人，入清后，仕至奉天府府丞（《清史稿》卷二百八十二有传）。姜希辙为刘宗周弟子，曾与黄宗羲等于康熙六年重开证人书院，以继其师之志，又与黄宗羲等刊刻有《刘子遗书》。

是编凡三十五卷，每卷书名下题"会稽姜希辙定庵父集注"。全书首有姜希辙自序，次为凡例四则，次录杜预《春秋左传序》。是编以注释为主，《四库提要》称其"循文衍义"，概得其实。其于各篇之后，间有按语，题以"愚按"二字，既论事义，又及文法，其于篇中文句精彩处，则以密圈（○○○）为之表出。

据卷首凡例，"是刻欲宗左氏之文，意不在释经"，又言所选皆"章法蕴藉者"，其自序又言朱申所选"不谙作者之大较，悉举叙述之篇眉睫毕具而啼笑可亲者，委而弃之，独存论说。比于修词之要则得矣，乃事之纤曲，略而不详，更何由见其体象物情、工侔造化也哉？余复取而益之，以备左氏之极观"。据此数端，则姜希辙此选，不过取左氏之文，略为疏解，取便初学而已。《四库提要》谓是书："循文衍义，所据者特杜预、林尧叟、孔颖达三家，参以朱申《句解》，其所引证，又皆不标所出，犹沿明季著书之习。"以姜希辙引证不标所出为讥。考姜希辙是选，不过取朱申《春秋左传详节句解》略为增订而已，其凡例言："所录传文倍于朱氏，故于《句解》所有者，以前儒准朱氏，于《句解》所无者，以鄙见辅前儒，虽集古人之长，必从独见之合。"取两书加以比对，其所增者不过十之二三，于朱申已选者，姜希辙全用其注释及按语，无有发明。而朱申之作，其引证已不标所出，则姜希辙此书自亦无从标注。是编于朱申之按语则多为标出，题曰"鲁斋朱氏曰"，但其未注明者，亦往往而有，是其攘善之讥，亦无可逃。然此书亦非全无可取。其书虽依朱申《句解》增衍而成，然朱申之选，为求文势贯穿，于《左传》原文多有删改，如隐公四年，"公问于众仲曰"句前，本有"卫州吁立，将修先君之怨于郑……围其东门，五日而还"数语，而《句解》则改为"卫州吁弑桓公而立"；隐公十一年，"反潜公于桓公而请弑之"句后，有"公之为公子也……不书葬，不成丧也"数语，而《句解》则易为"使贼弑公于寪氏，立桓公"。若此之类，在在多有，而姜希辙则悉为改订，一仍左氏之旧，是又其著述较朱申为严谨处。

康熙十六年（1677）

左传经世钞（北京图书馆藏，姜希辙刻本，存九卷）

清魏禧撰。禧字叔子，一字冰（凝）叔，号裕斋，宁都（今属江西）人，明诸生，明亡后隐居翠微峰勺庭，人称勺庭先生。康熙十七年举博学鸿词，以疾辞。有《魏叔子文集》二十二卷、《诗集》八卷（《清史稿》卷四百八十四有传）。

是编为国家图书馆所藏，书名页题"宁都魏叔子先生评点"、"易堂藏板"，或即魏禧原刻。其书今存九卷，卷首凡例言："《左传经世》，原有评论全本，因板刻费重，故以自钞行箧者三百余篇，先用请正。"然则魏禧原书本名《春秋经世》，是书特其节钞耳。至其原本，朱彝尊《经义考》作《左传经世》三十卷，而云未见；清《皇朝文献通考》则作《左传经世》十卷；又据乾隆戊辰彭家屏参定之本，凡二十三卷，亦三百余篇，其前九卷与是书略同。然则彭家屏或即据此本略为参订而成。而魏禧之原书则当以三十卷为正。

是书首有姜希辙序，题"康熙丁巳会稽姜希辙定庵氏题"，次有魏禧自序，题"宁都易堂魏禧书"，次有凡例七则。其批语以魏禧与友人及弟子间之论议为主，又间引前贤之论，如胡安国、吕祖谦、陆灿、穆文熙、凌稚隆等。其形式则有眉批、旁批、夹批与尾批，以尾批为主。

魏禧"以为《尚书》，史之太祖，《左传》史之太宗，古今治天下之理尽于《书》，而古今御天下之变备于《左传》"，故于古人经世大用，左氏隐而未发之旨，随笔评注，以示门人。其选文亦独具只眼。如《周郑交质》、《纳郜大鼎》、《逐莒仆》之类，世人所脍炙已久者，魏禧悉删不取。其所选如"《石碏诛吁、厚》、《范宣子御栾盈》、《阴饴甥爰田州兵之谋》、《晏婴不死崔杼》、《子产焚载书》及《子皮授子产政》诸篇，皆古今定变之大略；而《阴饴甥会秦伯王城》、《烛之武夜缒见秦伯》、《蔡声子复伍举》，则辞令之极致"。其所采古今议论，亦以有关世务者为主。

魏禧《左传经世》之书，以彭家屏所刻流传最广。是编仅存九卷，篇目略少于彭本，其间尚有残缺。且彭家屏所刻，专主论事，其有涉于选《左》余绪者，概从删削；是编则于义例、文章之论间有所录。二书评论文字亦稍有异同，如《石碏大义灭亲篇》，是编引魏世杰评语曰："陈人请莅，不自居除恶之名，而归讨贼之典于卫，使其国法大著，非公正识大体者不能。不然，如齐襄公杀子亹而辗高渠弥，岂不赫然义举哉，于此益见石碏交人得力。"而彭本则作:"陈人不居除恶之名而请涖于卫,使其国法大著,非识大体者不能,不然如齐襄公杀子亹、輾高渠弥,岂不赫然义举哉?于此益见石碏交人得力。"大意虽同,而是编多"归讨贼之典于卫"一语,表意更明。

姜希辙为序,论是书取义,虽不无溢美,却颇合魏禧为书之初衷,故录之于下:"冰叔魏氏因采前史所载,与左氏比类而并陈之,且考论其得失,若杜元凯所言,原始要终、寻其枝叶、究其终穷、以之应猝然之变,谋大事、断大疑,若操券而得也。岂惟左氏之功臣哉,抑亦谋国者之典要矣!"

左传经世钞二十三卷(乾隆戊辰刻本)

清魏禧撰,彭家屏参定。家屏字乐君,夏邑(今属河南)人,康熙六十年进士,官至江西布政使(《清史稿》卷三百三十八有传)。

是编卷首署"宁都魏禧冰叔评点,夏邑彭家屏乐君参订"。全书首有彭家屏序,题"乾隆十三年岁在戊辰七月望后夏邑彭家屏乐君书于西江官署之石翠山房",次有魏禧自序,题"宁都易堂魏禧书",次有凡例七则。是书批语以魏禧与友人及弟子间之论议为主,又间引前贤之论,如胡安国、吕祖谦、陆灿、穆文熙、凌稚隆等,而彭家屏又多有按语附于各家之末。其形式则有眉批、旁批、夹批与尾批,以尾批为主。其圈点则:"每传文或连圈或单圈或密点或旁加直画,各就论事中指其精意之所存,不得拘为一律。"

是编为彭家屏所定,凡二十三卷,三百余篇。据其自序,其所见旧本只九卷,又从魏禧从孙溹处得全本,始删定而成是编。而康熙丁巳年易堂刊本,所选亦三百余篇,其现存九卷与此本篇目略同,家屏所见之全本或非其刻。

魏禧生当易代之际，论文以有用于世为的。其批点《左传》以"经世"名编，用意显豁。其自序言："读书所以明理也，明理所以适用也，故读书不足经世，则虽外极博综，内析秋毫，与未尝读书同。"又言"古今御天下之变，备于《左传》"，盖以后世之变，皆前代之所已经，士大夫平日若能尚论古人，远稽近考，核其成败是非之由，以求其设心措置之委曲，则必能当大疑，任大事（按：此用彭家屏意）。而世之学左氏者，多好其文辞篇格之工，魏禧以为"非读书之意，善读书者在发古人所不言，而补其未备，持循而变通之，坐可言，起可行而有效，故足贵也"。故选《左传》中"辞令之极致"、"古今定变之大略"，并加以批点，以为学者读《左传》之助。

是书之评，有魏禧"因门人子侄所评从而赓续发明者，又有己所评而朋友相与论难印证者"，又有彭家屏以为诸说未当从而发挥者，故往往异说并存，颇能启读者之思。如隐公三年，宋穆公立与夷，《公羊传》以为"君子大居正，宋之祸，宣公为之"，魏禧则以为宣公与穆公之让皆为义，宋之祸则为后世子孙之不肖，与二公无涉，不当以成败论是非；赖韦则以为穆公之立与夷诚是，其失在于未早立与夷为世子，使君臣之位早定；而彭家屏又不以赖韦之说为然，并举后世刘聪舍其子而立北海王，立之甚早，而卒不得其死为证，以为"三代以下，父有国，传之子，正也，不传子而别授之，未有不构祸者。昌黎韩氏所谓圣人之传子也，忧后世之争之乱也。其论当矣"。书中之论如此类者甚多，其说自今日视之，或迂阔不足观，而在当时皆礼法之要，为社会安定之基石，皆具经世之大用。

又及，魏禧于清初以古文名，与侯方域、汪琬有三大家之称。而《四库提要》于李文渊《左传评》言："近世宁都魏禧、桐城方苞于文法推阐尤详。"而彭家屏凡例亦言："是编专主论事，原取其有关于世务。旧抄本中，尚有一二涉于选《左》余绪者，兹概从删削，俾知经世之大猷，不得视为古文之糟粕。"然则魏禧原书虽以经世为名，必有不少涉及《左传》之文法者，特为彭家屏所删耳。

康熙二十一年（1682）
古文析义十四卷

清林云铭评注。云铭字道昭，号西仲（按：四库馆臣《楚辞灯》提要谓字西仲，今修《福州市志》谓字西仲，号损斋），侯官人（今福建福州）。顺治戊戌（1658）进士，官徽州府通判。后隐居建溪，康熙十三年，耿精忠叛，因不愿附逆，为耿所拘达十八月。晚年隐居杭州著述，卒葬西子湖畔。王晫《今世说》称林云铭少嗜学，每探索精思，竟日不食。暑月，家僮具汤请浴，或和衣入盆里，人皆呼为书痴。有《挹奎楼集》、《古文析义》、《庄子因》、《楚辞灯》等行世。（见陈衍等纂《闽侯县志》卷七十一，新修《福州市志》第八册第五百四十八页，《四库提要》卷一百四十八《楚辞灯》提要）

是编凡十四卷，选文始于先秦，迄于明末，其中选《左传》两卷。是编刊本甚多，康熙壬戌年刊本书名页题"古文析义，晋安林西仲先生评选，经纶堂藏版"，每卷书名下题"晋安林云铭西仲评注，壻受业郑剡观五、钱塘翁必邃渊若，男沅芷之仝校"。卷首有林云铭自序，末署"康熙壬戌岁春王正月望日晋安林云铭西仲氏漫题于西冷旅次"。次为目录，其后有丁灏之跋，又有凡例十七则。是编之评，有尾批、夹批与夹注。其一句之下，有注有评者，则以"○"别之；其夹批遇明白易晓者，止于逐段下总评数语，以阐发通篇血脉，其深心结构者，则逐句注出。其圈点形式较备，"凡遇主脑结穴处，旁加重圈（◎）；

埋伏照应窾郤处，旁加黑圈（●）；发挥精彩处，旁加密点（、、、）；神理所注，奇正相生，字句工妙，笔墨变化处，旁加密圈（。。。）；段落住歇处下加截断（—），以便省览"。

是编命名，乃取陶渊明"奇文共欣赏，疑义相与析"之义，盖欲揭示古文之神理，以为初学习文之助。其所论读古文之法，亦颇有可取者。如谓读古文当以涵咏文本为主，"最忌先有成见横于胸中。如读太史公文，动解作愤怨去，读长苏海外文，动解作迁谪悲怆去。附会穿凿，埋没了无数妙篇"。又谓读古文当先自思行文之法，再与古人之文相参，方能体会古人运思之妙，"读古文当先细玩题目，掩卷精思，开手如何落笔，既读过一段，复思此段之后应如何接写，如何收拾，直到思路穷竭，方知古人有许多不可及处，若开卷便一气读毕，纵能成诵，必茫然无所得之人"。而林云铭之批语，亦多独出手眼，不同于坊本之模拟因袭。如《楚庄王不筑京观》篇，谓："邲之战，楚虽胜晋，实晋自取败，若论国势强大，则晋楚未易轩轾也。胜负兵家常事，况彼此争诸侯，原无是非曲直于其间乎！潘党请筑京观，无非欲夸示武功，以为一时快举。不知邲乃郑地，近晋而而远楚，京观一筑，晋岂能一日忘情？困兽犹斗，非所以示子孙，适为子孙忧耳。庄王此意却不提破，止就他所说的话逐句逐字引古分疏，见得武功与己无涉，京观与晋尸亦无涉，以潘党全不知来历根据，故谓之非尔所知。英雄持满之意，却以学究之口出之，何等高妙，传称其有礼还是皮相耳。"又如《楚庄围郑》篇，谓："郑既盟辰陵，又微事晋。其卜行成不吉，惧晋讨也；其乘楚退修城，望晋救也。迨楚既克而卑辞顺服，备极哀婉，以社稷存亡所系，不得不出此耳。楚许其平，亦为晋在，不能无争，非惧郑也。托词答左右，所以为五霸之假。"又如《郑伯克段于鄢》篇，谓叔段无曲沃兼翼手段，庄公亦知之，其所以必成其罪而杀之者，乃因"怨母甚于怨弟"，欲以"罪段者罪母"。而《晋杀赵同赵括》篇，又以《左传》所载，斥《史记》屠岸贾灭赵氏之说为诬，举其疑有五，亦多可取。要言之，林云铭是编，虽亦为课子弟而作，因其评多能不囿于成说，独出己见。故书成而能取重于世。许锵《古文检玉初编》，即以此书为本；吴氏《古文观止》选文见于是书者十之八九；章禹功《古文析观评解》乃取是书及《观止》之精华，详加评释而成；其他之选古文者，亦多采录是书之说，足见其影响之大。

康熙二十四年（1685）

御选古文渊鉴六十四卷（康熙二十四年）

清徐乾学（1631—1694）奉敕编选。乾学字原一，号健庵，昆山人，康熙九年（1670）进士。先后充《明史》总裁，《会典》、《一统志》副总裁，纂修有《鉴古辑览》、《古文渊鉴》、《资治通鉴后编》（《清史稿》卷二百七十一有传）。著作有《读礼通考》、《虞浦集》、《词馆集》、《碧山集》等行世。家富藏书，编有《传是楼书目》。

是编凡六十四卷，卷首有康熙之序，末署"康熙二十四年十二月题并书"。此编为皇帝御选，故四库馆臣颇多溢美之辞，谓："所录上起《春秋左传》，下迄于宋，用真德秀《文章正宗》例，而睿鉴精深，别裁至当，不同真德秀之拘迂；名物训诂，各有笺释，用李善注《文选》例，而考证明确，详略得宜，不同善之烦碎；每篇各有评点，用楼昉《古文标注》例，而批导款要，阐发精微，不同昉之简略；备载前人评语，用王霆震《古文集成》例，而蒐罗赅备，去取谨严，不同霆震之芜杂；诸臣附论，各列其名，用五臣注《文选》例，而凤承圣训，语见根源，不同五臣之疎陋；至于甲乙品题，亲挥奎藻，别百家之工拙，穷三代之精微，则自有总集以来，历代帝王未闻斯著，无可援以为例者。盖圣人之心无不通，圣人之道无不备，非惟功隆德盛，上轶唐虞，即乙鉴之余，品题文艺，亦词苑之金桴，儒林之玉律也。虽帝尧之焕乎文章，何以加哉？"虽多虚美，然是书之凡例，亦由之可见。其微有出入者，《文章正宗》乃分体编选，此书则依世代为序。又据康熙之序，自谓"留心典籍，因取古人之文，自春秋以迄于宋，择其辞义精纯，可以鼓吹六经者，汇为正集，即间有瑰丽之篇，要皆归于古雅；其绮章秀制弗能尽载者，则列之别集；傍采诸子，录其要论，以为外集。煌煌乎洵秉文之玉律，抽牍之金科矣"。如其所述，似另有别集、外集之选，今所见者，只有正集，《四库》亦未著录，未知何故。是编有眉批，有夹注。其评或论文、或论事，多置康熙之评于首，次录先儒及时人之评。全书不甚重圈点，有密圈（。。。）与密点（、、、）施于文句关键处。

是编题为御选，康熙于各篇亦多有评定（按：康熙是编中评语，为馆臣辑出，收入《圣祖仁皇帝文集》），而其诸臣之评尚能独出己见，不依违圣说。如《楚屈完对齐侯》篇，康熙谓："楚势日强，召陵一盟，而俛首听命。齐桓屈服之功大矣。"于齐桓颇为推许。而题"臣正治"之批，则谓："伐楚一役，是春秋大举，然不责楚以僭王，而问王祭，此伯功之所为卑也。"书中如此类者甚多，是亦其难能可贵处。而康熙以九五之尊，亲操选政，于清初古文评选之繁盛，亦影响深远。然是书之本旨毕竟在润色鸿业、统一思想，故其正统色彩颇浓，颇为后世学者所诟病。以选文范围言，因朝廷推崇理学，故是编取宋文独多，达二十三卷。其所选之文，亦多持论严正。如所选苏轼之文，凡四十余篇，代皇帝草拟之诏书竟达二十篇，其他亦以策、论为主。就评点而论，是编多采录理学家言，如《左传》诸书，多用胡安国、吕祖谦、朱熹、真德秀、叶适、汪克宽诸人之说（其唐宋之文，用茅坤诸人之说为多）。又因是编卷帙过繁，初学或难尽读。故其书成之后，影响反不如《古文观止》等坊选古文。

康熙二十八年（1689）

左传分国纂略十六卷

清卢元昌撰。元昌字文子，华亭人，康熙年间诸生。著述有盛名，其诗学杜甫，有《杜诗阐》行世，另批有《唐宋八大家集文选》，操选政数十年，以寿终（见赵宏恩等《江南通志》卷一百六十六）。

是编凡十六卷，书名页题"云间卢文子先生述，《春秋分国左传》，思美庐藏板"，每卷卷首题"左传分国纂略卷×，×（国名）集，华亭卢元昌文子评阅"。全书首录康熙二十八年卢元昌《左传分国纂略叙》，次为卢元昌自定纂例十条。其正文分上下格，上格列杜预、林尧叟注释，下格为《左传》原文及卢元昌批语。其凡例云："合注向列于腹，兹列眉。使读者于正文，全行俱下。稍有增减，总使传文明豁而已。"其评语有旁批、尾批，旁批揭示文法，尾批总论事义。全书圈点形式较略，仅有密圈（∘∘∘）一种，其凡例言："圈点非古，非此，眼目不醒，但不太滥，使人厌观。"

是编约取《左传》之文，分国编排，其凡例自言，乃受方岳贡《历代古文国玮集》之启发。司马迁《春秋年表》计有二十国，此书则合而为九。其中秦事附载于晋；蔡、陈、许附于楚；莒附于齐；邾、小邾附于鲁；杞、滕、薛、曹错见诸国。其卷一为周，卷二至四为鲁，卷五至八为晋，卷九至十为郑，卷十一为卫，卷十二为齐，卷十三为宋，卷十四至十五为楚，卷十六为吴。又是编所选不拟题目，仅于选文之首，标鲁君纪年。卢元昌以标题为"后儒之陋"，殊不知《左传》选文之有题，相沿已久，有篇目之编排，颇便考索。其省却题目，反不便观览。名曰尊经，实为固陋。

是编所选以"文胜"为主，其序云欲掇《左传》菁英"为学者文库组练"，其凡例亦云："左氏以文胜，所赏者，不以其人其事之劣，略辞采之优。"以文为主，而不论人、事之优劣，较陋儒以事之善恶，定文之臧否，可谓有识。观其论事之语，虽多迂阔不足观，间亦有独得之见，如谓郑庄杀段，非处心积虑，特后人之深文，即堪称持平之论。其旁批则点明文章眼目关键，及前后提应处，无所发明，特取便于初学而已。要而言之，全书易编年为国别，使一国之事，首尾贯穿，眉目清晰；其列注释于卷端，使读者于《左传》之文，能全行俱下，其体例亦不无可取。

康熙三十一年（1692）
读书堂古文晨书十二卷

清徐陈发、宋景琛评选。二人皆长洲人，陈发字衮侯，景琛字南金，二人生平不详。是编凡十二卷，选《左传》两卷。卷首依次有余怀序，末署"莆阳余怀製"；钱肃润序，末署"康熙岁次壬申中秋锡山钱肃润十峰氏题"；徐陈发自序，末题"南沙徐陈发题于读书堂之玉磬山房"；凡例七则，末题"东海后学徐陈发识"；宋实颖序，末署"康熙三十年岁次辛未七月之望吴门宋实颖既庭氏题于昭阳之尊经阁"。其每卷书名下题"吴门徐陈发衮侯、宋景琛南金评选，侄宋玉龙为光、朱煌石麟较"。是编之评，有夹批，有文末总评，夹批解其脉络神理，总评"或另发议论，或总括全篇事之本末终始，文之奇正浅深、出没变化"。圈点则有密圈（。。。）、密点（、、、），施于文句精彩、语脉呼应处；有重圈（◎）、空心点，施于眼目关键、语言警策处。

是编以"晨书"命名，"取其朝气也"，亦因宋实颖，即宋景琛之父、徐陈发之师，有时文之选，即以"晨书"为名，二人取以名编，亦有不忘父师教诲之意。是编选文具以下特色：其一，选文始于《左传》，迄于南宋末，为通代之选，能略见古文演变之脉络；其二，颇具文体意识，如坊本多有以《长恨歌》、《正气歌》等入选者，是编则以其为诗而不录；其三，取材广泛。即以唐宋而论，坊选多以八家为主，或合李翱、孙樵为十家，或再取王勃、骆宾王、李白、陆质、范仲淹、文天祥等十数人之文，是编于唐则韩柳而外，取元结等十人之文，宋则六家而外，尚取范仲淹等十九人之文；其四，不袭故常，如《答苏武书》、《滕王阁序》、《春夜宴桃李园序》、《陋室铭》、《赤壁赋》等，皆耳熟能详之文，坊本亦多取之，是编则概置不录，是皆其可取者。然是编之选亦有可议处，如不选诸子之文，不取元明之作，且持论间或过苛，如以李密《陈情表》之称"伪朝"，谢枋得《却聘书》之"诵天祐"而皆不录。

是编之评，或论文，或论事，亦多能独出手眼，且喜取前人之论而翻驳之。如《郑伯克段于鄢》篇，林云铭有评云："祭仲之说行，犹可以全兄弟之义也，而公弗愿；子封之说行，犹可以全母子之恩也，而公弗欲。"徐陈发则谓即行二人之说，而兄弟之义、母子之恩亦不可保；又如《周郑交质》篇，宋景琛谓吕祖谦周郑交讥之说为非；《宋穆公立与夷》篇，《公羊》谓宋之祸，宣公为之，徐陈发则谓其说过刻；如《齐伐楚盟召陵》，宋景琛谓齐实无功，世儒之说多为周旋管仲；《晋荀息不食言》篇，人多谓荀息不当立奚齐，徐陈发则谓其出于不得已。

其评如此类者甚多，多求立异，虽不必尽当，要亦为一家之言，与他本合观亦不为无助。

康熙三十三年（1694）
古文观止十二卷

　　清吴楚材、吴调侯选编。楚材名乘权，字子舆，号楚材，以号行。调侯名大职，为楚材之侄，山阴人（今绍兴）。二人皆富学问，而仕途不达（见嘉庆《山阴县志》卷十五）。《县志》谓吴楚材"年十六病瘘，日阅古今书，数年疾愈，而学以此富"。曾编书数种，以《纲鉴易知录》及是编最为有名。是编乃吴楚材与其侄吴调侯于康熙三十三年选定，选文凡十二卷二百二十二篇，以年代为序，始于先秦，迄于明末。所选各篇均有夹批、夹注及文末总评，其某句下兼有评与注者，则以"〇"别之。圈点较略，有句圈与句点两种。

　　是编为最通行之古文选本，旧时几于家置一编。即至今日，尚有各种今注今译刊行，研究者亦不乏其人，足见其影响之深。鲁迅以《观止》与《文选》并称，就其影响而言，确为有识之论。是书之版本，据安平秋考证，有两大系统。其一为吴兴祚序本。此本初刻为何人，已不得而知，乾隆三十九年有鸿文堂刊本，五十四年有映雪堂刊本，均为此一系统较早之刻本，后世之翻刻本亦多属此一系统；其二为康熙三十七年文富堂刊本，此乃吴楚材与吴调侯于家乡重刻之本，此本亦题"吴留村先生鉴定"，然卷首无兴祚之序，而有二吴序及例言。此本后世翻刻者甚少，似仅有民国元年绍兴墨润堂刊本。

　　"观止"一词，见于《左传》襄公二十九年，吴公子季札于鲁观乐，谓《韶箾》："观止矣，若有他乐，吾不敢请已。"是编命名，即取于此。盖谓所选皆古今至文，取古文之观，至此亦可以止之意。二吴是编，博采诸家选本，如金圣叹《才子必读古文》、林云铭《古文析义》、徐乾学《古文渊鉴》等，取其长而补其不足，是故此书行而诸家皆为所掩。是书之选，诚如吴兴祚序所言，本"正蒙养而裨后学"之作，故其风行，所选皆名篇虽是关键，其大要仍在取便初学，可为举业指南。为初学计，故其选多短篇，而长文虽名篇，亦不必入选。如《左传》五大战及屈原《离骚》诸什，似皆以篇幅过长，不便初学而未收。为初学计，其选文二百余篇，卷帙适中，初学多能尽览。亦为初学计，其注多简而明。为举业计，是书之选，论说文居多，叙事文为少；亦为举业计，是书之衡文，多出以时文手法，其论事，多持论平正。考是编之选文，十之九见于前编；其品评，十之七八，袭取旧说。故其风行，不在选文之别具只眼，不在品评之别出心裁，而在其便于初学，易于普及。

近世评者，或以是编之评，多同于金圣叹《才子必读古文》，谓二吴为"拙劣之文钞公"（张国光《金批才子古文在散文批评史上的重要贡献》，见《金圣叹妙批才子古文赏析》序，中共中央党校出版社1998年版）。究其实，是编持论，多用前人之说，而不标所出，不止金圣叹一家。如《周郑交质》篇，其尾批云："通篇以信、礼二字作眼。平王欲退郑伯而不能退，欲进虢公而不敢进，乃用虚词欺饰，致行敌国质子之事，是不能处己以信，而驭下以礼矣，郑庄之不臣，平王致之也。"此即暗用吕祖谦之说而略变其辞；《齐楚盟召陵》篇，其批谓："齐桓合八国之师以伐楚，不责楚以僭王猾夏之罪，而顾责以包茅不入，昭王不复，一则为罪甚细，一则与楚无干，何哉？盖齐之内失德而外失义者多矣，我以大恶责之，彼必斥吾之恶以对，其何以服楚而对诸侯乎？故舍其所当责，而责其不必责，霸者举动，极有收放类如此也。"即用真德秀之说而略易其辞。书中之评类多如此，谓其有攘善之讥，或无可逃，谓其独取金圣叹之说则非是。然是编取金圣叹之说独多，亦为事实。

论者又或讥是书不收诸子，不收元文，采录伪作。其实，此皆沿旧本之失，不足为是书病。是书之不足，乃在其选录原文，多有删削。如《祁奚请免叔向》篇，"栾盈出奔楚，宣子杀羊舌虎，囚叔向"句，删《左传》原文二十三字；《范雎说秦王》篇，"范雎至，秦王庭迎雎，敬执宾主之礼，范雎辞让"句，删《战国策》原文四十六字。书中如此类者亦多，此其为学不谨处，实不足为训。然坊本所选，多删改原文，似亦不必独责此书。

康熙四十三年（1704）
立雪轩古文集解八卷

清程润德选评。润德字念伊，新安人，始末不详。是编凡八卷，一百七十余篇。选文依时代为序，始于《左传》，迄于明季。其书名页题"立雪轩古文集解，江左程念伊先生参评，聚文堂张心所刊行"，每卷书名下题"江左程润德念伊甫评注，男廷枢斗文、廷标建侯、廷柱天擎校字"。卷首有润德自序，末题"时康熙甲申季春新安程润德念伊氏题于立雪山房"。其评有旁批、尾批，有夹注。夹注多疏通文意，旁批则点明眼目呼应，尾批总论事义及文法。不甚重圈点，有密圈（。。。）施于文句精彩处，间有空心点。

程润德自序谓："迩来坊刻古文夥矣，如林损斋先生《析义》一书，真足空前轶后，余皆不能出其范围，然但为成材者进一解，而颛蒙初学之士，或犹苦其深奥简略。"故是编意为初学而设，其评多出以时文手眼。如《石碏谏宠州吁》篇，其尾批云："篇首以正嫡与嬖人对写，以正嫡之子与嬖人之子对写，加以'有宠好兵'四字，序案已自昭然，中以宠字通贯，反覆指陈，前有伏笔，后有照应，结构谨严，章法尽善。"又如《齐伐楚盟召陵》篇，尾批谓："屈完对辞，直而不倨，曲而不屈，熟悉此等闲冷之笔，文境自臻淡远。"又如《阴饴甥对秦伯》篇，尾批云："通篇对陈到底，词语不卑不亢，全是笼络秦伯，而深涵无迹，令人自堕术中。举业家熟读此文，自悟抑扬吞吐之妙。"又如《秦人伐晋》篇，尾批云："始终能用孟明，此秦穆之所以霸也。篇首一句结断，归重秦穆。以下带写孟明之修德，子桑之举善，反覆赞叹，文法整饬而错落，宜举业家奉为楷模。"其评大多类此，于初学之揣摩文法，不无所助。又及，是编有嘉庆元年致和堂重刊本，题为《增订古文集解》，内容与此本无异。

康熙四十四年（1705）

正谊堂古文汇编十二卷（复旦大学图书馆藏）

清冯敬直辑。敬直字心友，罨江（今浙江富阳）人，始末未详（按：《富阳县志》有其父冯绂来传）。是编为正谊堂刊本，凡十二卷，二百四十余篇，其中选《左传》两卷。选文始于《左传》，迄于清初。其书名页题"古文汇编，罨江冯心友辑，康熙乙酉春镌"。卷首依次有：张恕可序，末署"时康熙乙酉孟夏京江张恕可韦存氏题"；凡例五则，末题"罨江冯敬直省台识"；杨中吉序，末题"康熙乙酉季春海昌杨中吉二师拜题"。是编各篇题下有解题，于篇中所涉人事略作介绍，又有旁批、分段夹批及尾批，其中尾批又分论文、论事两层。圈点则有密圈（∘∘∘）、重圈（◎）及密点（、、、）。

冯敬直凡例谓："是编选法大抵仿张侗初《正宗》，段落大抵近茅鹿门《文钞》，集注解大抵用张江陵《直解》，圈点后评大抵取林西仲《析义》，旁评大抵仿过商侯《觉斯》，与《奇赏》、《卓观》，音释字画大抵用尺木堂《观止》，其间斟酌益损，或兼用诸家，或独出己见，要皆参之以五经，检之以内传，以《世本》考其源流，以《尔雅》齐其训，增润补缀，务求裨益，汇辑苦心，识者鉴焉。"然则其书之功，不在批评之独出己见，而在能采掇众家之长，汇于一编。是编之选亦确有可取者。全书以时代为序，元朝而外，历代皆有文入选，且取材甚广。如选唐宋不囿于明人八家之说，韩、柳而外，尚取王勃、李白、李华、刘禹锡、杜牧、皮日休、裴济、罗隐八家之文；宋则六家而外，又取王禹偁、范仲淹、李去非、司马光、钱公辅、李觏、周敦颐、文天祥八家之文。于明清，则明取刘基、宋濂等十七家之文，清取钱谦益、魏象枢等二十三家之文，较他家选本殊少厚古薄今之病（按：是编于清文选张玉书《江陵冯先生祠堂记》一篇，可知其父名绂来，字拙岩，号云麓居士。曾知江宁，著有《雪冤录》八卷、《历代名臣记》二百三十五卷）。

是编亦为初学而设，故其夹批及文末总评皆极详尽。其凡例谓凡"一切忠孝义节及经济有关国家兴亡风俗醇厚者，必拈出另评"，又谓"凡章法局阵可通帖括者，亦必评出"，此其意可见。其文末总论分理、法为二评（按：多融汇前人之说，据其凡例，则取于《析义》者为多，亦有取于他人者，皆未注明）。此姑举二则，以示其例。如《齐伐楚盟召陵》篇，其论事云："楚有僭王，莫大之罪，齐若伐楚必责其大罪，令去王号，方是正径，乃舍其大者，责以小节，盟一大夫便算服楚，此伯者作用，非堂堂之师也。"（按：此即用真德秀《正宗》之义）其论文云："作文每竖一难，必回覆得有趣乃佳。看他前后答应，笔笔紧密，笔笔精彩，至于前答先认后推，后答先和后厉，斯为抑扬尽致。"又如《宫之奇谏假道》篇，其论事云："初晋献公以璧马赂（按：当为赂）虞，已曾假道灭下阳矣。此复假道，公又许之，岂非利令智昏乎？人一为利所动，见短智穷，虽如此剀切详明，亦昏迷而不听矣。贪心一起，败国亡身，即至于此，可不戒哉！"其论文云："事急，下一宽句宽字不得，看其段段俱是险笔峭笔，古人必照事临笔，每每如此。"（按：此又袭取金圣叹之说）

康熙四十五年（1706）

古文知新十二卷

清高朝璎选评。朝璎字介石，钱塘人，始末不详。是编凡十二卷，三百九十六篇，选文以时代为序，始于《左传》，迄于明季。卷首有朝璎自序，末题"钱塘高朝璎自序，时康熙丙戌五月五日也"，次有凡例十则，末题"介石氏自识"。其评以文末总评为主，有夹注，皆极简洁。圈点则眉目醒豁处用密点（、、、），精神团结处用密圈（○○○）。

是编之选，似取法于《古文析义》及《古文观止》，而又有所发明。《析义》、《观止》选文皆以先秦两汉及唐宋八家为主，是编亦然。《古文观止》因全不取先秦诸子及元文，颇为当今学者所苛责，谓其不能备通代散文之选。《析义》虽取韩非《说难》，及元文一篇，然太过疏略。是编则取庄子之文两篇，列子、韩非之文各一篇，元文两篇，虽仍过略，然已能粗见其概。《析义》之评，能独抒己见，多长篇大论，于初学而言，或失之繁；《观止》之评，则主于简明，不求新求异，然多取前人之说而不注明，故不免于攘善之讥。是编之评，力求简明，同于《观止》，其所引用之语，必标明所出，又较《观止》为严谨。故是编相较《析义》、《观止》，可谓各有特色。《析义》之评，能独出手眼，颇能启人之思；《观止》则因卷帙适中，评注简明，所选又多名篇，颇便初学而为世所重；是编之价值，在其取材之广，选文之富（《析义》二百三十篇、《观止》二百二十二篇），能略见古文发展之脉络。然亦因选文过多，初学或难尽览，故流传不广。

是编之评，所引多出于《析义》、《观止》。其自为之评，多用简洁之语，或明文法，或析主旨，亦取便初学之意。如《宋公世让》篇，其尾批云："以让继让，本是赞叹穆公之贤，却推原到宣公知人上，曲尽形容，熟此可悟行文转换不穷之法。"又如《石碏谏宠州吁》篇，其评谓："州吁弑逆，庄公成之，故传书祸本所由始，而详志石碏之言以垂训诫，看他前后叙事，立言紧相关照处。"其评大多类此，不多举。

康熙五十四年（1715）

古文赏音十二卷

清谢有辉评选。有辉字立夫，长洲人。中雍正甲辰乡试，为怀宁教谕，课士有方。五年，膺卓异，知浙之缙云县，尽革陋规，衙斋萧寂。凡二年，以堪灾中风寒病殁（见清李铭皖等修《苏州府志》卷八十八，附其父谢志发后）。

是编凡十二卷，所选之文始于先秦，迄于宋末，以《左》、《国》、《史》、《汉》、八家为主，其他唐宋名家从附见之例，又以骈丽之文及体近排偶者，入末卷补遗之中。其卷首有凡例十则，末署"十二月十五日有辉记"，又署"康熙五十四年重刊于粤东古端州之菊圃，增文一十七首，十二月十六日告竣"。其评有眉批、尾批与夹注。圈点则有圆圈（。。。）与顿点（、、、）。谢有辉谓"古人之文，美不胜收，但恨读之未尽"，特以是编"取便于党塾课习"，故所收皆"家弦户诵之文"，又谓命名全无取例,"特其训诂所在,务使古人一字一句不留疑窦,引用故实,考订详明。"是其书亦为取便颛蒙而作。

是编每卷自为目录,其中选《左传》两卷,七十余篇。其注释以杜预为主,参用林尧叟,其间出己意者,则以"○"为别。其命题、批语间有不从俗见者。如宣公二年,"赵盾弑其君",俗本多以经为题,是编则题为"赵穿弑灵公,宣子不讨贼",并谓"是篇命题,有訾余改经文者。余曰:'赵盾弑其君,经文也。赵穿弑灵公于桃园,传文也。余所录者,传文,从传而已。'"又如"石碏谏宠州吁",其批谓:"州吁之行弑,卫桓公已立十六年矣,若桓公德足附人,智能防乱,岂不足消弥此祸,而必以罪以往之庄公哉?传必推本言之者,见人君宠惑嬖孽,纵之不义,未有不召祸乱者也。"他如谓郑庄之入许有三巧,鲍叔之才不下管仲等,亦可谓有见。然其批语大多随事衍义,如"郑伯御戎",谓"郑伯临事而惧,公子突善揣敌情,可谓知兵"之类。盖以《左传》文章,"章句字法,无处不备",此集"但为分疏其义,使人自得",是故于左氏无所发明,特便于初学而已。

康熙五十九年(1720)

左绣三十卷,首一卷

清冯李骅、陆浩评。李骅字天闲,浙江钱塘人,为清朝诸生;浩字大瀛,定海人,二人生平未详。是编首有朱轼序,又次为三十卷之目录,并言"杜林合注分卷五十,非其旧也,今依《汉书·艺文志》古本三十卷为正";首卷录有杜预《春秋左氏经传集解序》,及冯李骅之《刻左例言》、《读左卮言》,并附录冯张孙由冯李骅《左贯》一书中摘出之《春秋列国时事图说》,即《春秋三变说》、《列国盛衰说》、《鲁十二公说》及

《周十四王说》诸文。

是编正文分上下两格，上格录冯李骅及陆浩之评语及分析，下格为经传正文及晋杜预、宋林尧叟之注解与唐陆德明音释。每卷首页上格刻有参与评点及辑校诸人之府治及姓氏名字，下格则题"晋杜预元凯原本，宋林尧叟唐翁附注，唐陆元朗德明音释，后学冯李骅天闲增订"，以言明所据之版本。全书评点以眉批为主，其评点"先论全旨，次分大段，又次详小节，又次析句调，务令完其本来，独开生面，要为初学拨其云雾，指其归趣"，层次颇为分明。正文又有冯、陆二氏之旁批。其圈点符号计有七种："——"施于大段落止处；"—"施于小段落歇处；"⌐"施于叙事断而另起处；"·"表略读，施于注疏中，表示以下注疏略读即可；"◎"、"∧"、"。"、"、"四种符合皆用以标示线索关键或词意警妙之处，乃为方便前后照应，其用法无甚区别。

在诸多《左传》评点作品中，《左绣》是颇具特色且极为重要之一种。前人有谓"鸳鸯绣出从君看，不把金针渡与人"，冯李骅特以"绣"目《左》，则是要将左氏文法尽渡世人。其《刻左例言》云："《左传》但当论文，不当论事。"又言："剽窃篇法作意以见其（按：《左传》）为古今文字准绳。"是其批点纯以揭示文法为标的。冯李骅于《左传》文法，举凡布局谋篇、锻句炼字，都有揭示，而其尤津津乐道，自以为得前人未发之秘者，约有两端：其一曰以整齐论古文，冯李骅云："古文今文体裁各别，日来皆以参差论古，固矣。然乾奇坤偶，其不齐处正是相对处。愚观左氏片断，无论本当属对者，必两两对写，即极参差中未尝不暗暗相准而立，相偶而行，散中有整，在作者尤精致独绝。盖参差者其迹，整齐者其神。"其二曰两大笔诀，冯李骅云："要其惯用家数，所以运量万有不齐者有两大笔诀，一是以牵上为搭下……一是以中间贯两头……此两法处处皆是，盖得此则板者活，断者连，纷者聚，涣者理，不独叙事，即议论亦以此为机杼，乃通部极精极熟，极得力极得意处，特拈出一斑而全豹尽窥矣。"另外，冯李骅对于左氏之宾主变化，则特意拈出添宾并主、略主详宾、宾主互用诸种变法，以见其运用之奇；于左氏之褒贬，则独举其虚美实刺、美刺两藏、怒甲移乙诸法，以见其讥评之当；于左氏行文线索，则有倒伏顺伏、明伏暗伏、正伏反伏、因文伏事、因事伏文诸法之揭示，以见其伏应之妙。要皆发前人所未发，无怪乎冯李骅要自言"全部评论皆一意孤行"了。

其时以文法论《左传》者，不止《左绣》一家，大约与冯李骅、陆浩同时之王源、方苞、魏禧诸人，即其荦荦大者。而《左绣》之所以特出，乃二人之评论相较他家而言，其法更为细密，于左氏行文之妙，不仅言其然，而且言其所以然。相较而言，王源《左传评》虽亦以揭示《左传》文法为主，但其印象式之品评则明显多于《左绣》。正因《左绣》对《左传》之篇法、章法、句法、字法层层揭示，颇便初学之揣摩文法，是以刊行之后，流传颇广。嗣后之古文选本，多撷拾冯李骅之议论，其《读左卮言》为多家选本（如李绍崧《左传快读》等）置于篇首。更有甚者，清夏敬观《说左约笺》，竟取冯李骅《读左卮言》与《春秋列国时事图说》加以笺注。其影响之大，于此可见一斑。

雍正四年（1726）

左传选十四卷（维经堂刻本）

清储欣（1631—1706）评选。欣字同人，宜兴（今属江苏）人。康熙庚午举人，以制艺、古文名于时，早岁负东南文望。论文推崇唐宋,袭取唐顺之、茅坤等所倡"唐宋八大家"之说,并增入李翱、孙樵两人,称为"唐宋十大家",并评选《唐宋十大家全集录》。又于《左传》、《公羊》、《榖梁》、《国策》、《史记》、《汉书》等皆有选批。所著有《春秋指掌》、《在陆草堂文集》行世(《清史列传》卷七十一有传)。

是编凡十四卷,每卷卷首署"左传选,宜兴储欣同人评,男芝五采参述,门下后学徐永公逊、董南纪宗少,孙男掌文曰虞校订"。全书首有徐永序,末署"时雍正四年岁在丙午,季冬之月,门下后学徐永谨书"。是书所选不录经文,且不杂以注释,其有难解者,则附注于篇末。其批点以旁批为主,间有尾批,皆较简明。圈点则有密圈(。。。)与密点(、、、)两种。

徐永称是书为储欣晚年课孙之定本,并言:"其点次也,谨而严;其指论也,约而当;其间采诸家之训诂也,简而明。使学者开卷豁然,洞若观火。"是则其书本亦为初学而作,似不足观。然储欣毕竟为散文大家,熟于文法,其批颇能切中窾要。故是编亦颇为时人所重,后之评点《左传》者,亦多有用其说者。是编之评以精炼著称,其旁批不论,即如尾批,多亦不过数十字,少则一二句,多为印象式之评价,较少理论阐发。如《郑伯入许》篇,其尾批云:"缠绵悱恻,字字沁人心脾,郑庄固当日枭雄,而文特摹画尽致。"又如《齐无知弑其君诸儿》,其批云:"序事遒净,无一字闲,亦无一处不变化,后人于何着手?宜乎其为《广陵散》矣。"

雍正七年 (1729)

左传评林八卷

清张昆崖辑评。昆崖字云灿,又字光华,陬阳人,始末未详。是编凡八卷,其内封页题"张昆崖手辑左传评林,雍正七年岁次乙酉刊镌",卷首书名下署"陬阳张光华手辑,侄芹桥观、受业崔鑑明远、胞弟光天海旭、男兰汉仪仝校"。全书首有王薴序,末署"雍正甲寅嘉平月,太仓王薴撰";次有李塨序,末署"雍正八年二月中和节蠡吾年家眷同学弟李（塨）顿首拜撰";复次有阎镐序,末署"雍正八年三月既望,樊兴年眷弟阎浩顿首拜撰"。其评点形式较全,有眉批、旁批、尾批,又有夹注,圈点则有密圈（。。。）、密点（、、、）与截（—）。其评荟萃众家之说而断以己意,所采录者有真德秀、吕祖谦、陈仁锡、孙鑛、钟惺、韩范、穆文熙、林云铭、过珙、吴荪右、俞宁世、王源、徐扬贡、高介石、王晋升、程念伊、王緱山、姜定庵、刘开侯、李恕谷等数十家,就中又以王源、林云铭、俞宁世三家之说为多,可见用功之勤。是书所引诸家之说,或题其人之名、或题其人之姓（按：人所熟知者则仅题其姓）于评语之前,自己评语则不另为标识。

李、阎二人之序皆谓是书乃祖述王源而作,李塨且谓古文之道不讲已久,近世又为八股时文所乱,其道益晦。明如归有广、唐顺之诸人,虽名为古文,实"以八比时文为根柢,而运以散行古文之法,虽曰古文而实不古",幸有王源崛起,批点《左传》、《孟子》、《史记》诸书,以复兴古文。又谓昆崖酷嗜王源之说,又更详之,"其细批也,极字斟句酌、柳暗花明之妙；其总评也,尽峰回路转、山止云连之奇,而古文断续离合顺逆虚实宾主奇正杂整错综之章法,劃然胪列矣"。是亦以张昆崖此书为昌明古文之作。考是编之评确以探讨左氏文法为主,如《郑伯克段于鄢》篇,其批云："左氏叙事之文,每以错综出奇,此传独用一直挨序法,乃正锋文字,与秦违蹇叔等篇一样局势。但挨序易板,看他节节顿挫,段段波澜,有多少层次,多少变换,化板为活,第一妙诀。末赞考叔之纯孝,正反照庄公之不孝，借宾印主，运意玲珑。"又谓："左氏之文有夹叙夹议者，有叙次详，论断略者，又有叙次略，论断详者，结构变化，总非一法，一部《史记》，不能出其范围。"（《周郑交质》）张昆崖之论，又有出以时文手眼者，如谓："文贵相题，题是观鱼，一落清隽语既寒俭不称，一落头巾语又肤廓不切。左氏一扫空之，光华烂熳，古藻纷披，不必明露观鱼，而引事属词，总与题意隐跃掩映。故点染富丽，迥非枝词浮艳，则丰赡者，又极密致也。然此犹人所共见，须知此种文字，局势易板，精神易疲。看他正叙之中，间以反掉，则局势参差而生动，散偶之余，每作总振，则精神亦遒紧而发扬矣，真第一作手。"（《隐公观鱼》）

雍正十年（1732）

古文约编十卷

清倪承茂选评。承茂字稼咸，吴门人，监生。倪承茂少颖悟，苦志力学，为诸生，岁科试辄冠其曹。受业何焯之门，何焯殁后，倪承茂继操选政，所选制举文盛行于世。教授吴门，从游甚重，若韩彦曾、张凤孙皆其尤者。乾隆元年荐举博学鸿词，罢归，三年举于乡。与沈德潜为莫逆交，倪承茂殁，沈德潜周恤其家（清李铭皖等修《苏州府志》卷八十三）。

是编为清芬书屋刊本，乃陶锷等据潘大锅雍正十年本重刻，凡十卷，附录三十三篇，其中选《左传》两卷。其书名页题"古文约编，吴门倪稼咸订，乾隆五年重镌，清芬书屋"，每卷书名下题"吴门倪承茂稼咸订，程凌九健翎、朱泰东表、潘大锅我持、顾顗遇未穆、陶之镡思深、陶锷焕发校"。卷首有倪承茂自序，末题"雍正十年岁次壬子九月既望吴门倪承茅书"；又有潘大锅序，末署"雍正十年岁在系默困敦冬至前三日天都潘大鄘书于怀古堂";又有陶锷序,末题"乾隆五年三月门人陶锷谨识";次有凡例一十七则。其评有眉批、旁批及文末总评,又有夹注;圈点以密圈(。。。)与密点(、、、)为主。

倪承茂谓文章欲复古,必先知何者为古文,而后古文可复。故所录止于先秦两汉及唐宋八家,盖以此为古文正宗,外此之骚赋、诗辞、骈丽之文概从删削。是编卷末所附历代文三十三篇,其中如《卜居》、《渔父》、《北山移文》、《正气歌》等,皆非古文,而为坊本所习见。盖潘大鄘刊刻之时,为从时好,自为补入,实非承茂之本意。而是编各篇文末总评,潘大鄘亦多辑前人之说,附于倪承茂批语后。如《左传》两卷,即多引刘继庄《左传快评》之说。故是编规模虽定于倪承茂,潘大鄘刊刻之时,亦有所补正。

倪承茂选是编,亦受其时以古文为时文风尚之影响,其序谓《左》、《国》、《史》、《汉》及八家之文,"析理论事必扼其要,必阐其微,曲折反覆,归于达意而止。而且篇有篇法,句有句法,离道则诞,悖道则枝,时文不亦有然乎?故不深于古文,未有能时文者也。"故是编之评,旨在示初学以行文之法,较少人、事之评价。姑举《左传》评语数则,以见其概。如《郑伯克段于鄢》篇,谓:"原其始,要其终,叙事极变化错综,间以议论,复抑扬深婉。史迁传赞皆从此出。读者须玩其行文之法,不当徒考其故实也。"又如《周郑交质》篇,谓:"置重笔,取轻笔,故含蓄不尽。若正断郑之不臣,意味反浅矣。"又如《宋公和卒》篇,谓:"穆公致国与夷,可谓能让矣。故结处断语,许宣公以知人,所以深著穆公之贤也。《公羊》因后来殇公被弑,以为宋之祸,宣公为之,另辟一议论。彼此参观可悟文章翻案之法。"

雍正 11 年（1733 年）
古文喈凤新编八卷

清，汪基钞评。基，字方湖（按：《徽州府志》作方刘），斋名敬堂，江乘（疑即今安徽婺源）人。随父侨居江宁。汪基贯通经史，尤精三《礼》（见清道光间马步蟾修《徽州府志》卷十一之四）。是编选文凡八卷，首卷为《孔子家语》、《檀弓》，二卷为《左传》上，三卷为《左传》下、《公羊》及《穀梁》，四卷为《国语》、《国策》、《楚词》，五卷为《史记》、《汉书》、《后汉书》，六卷为季汉（即三国）、六朝（录两晋）及唐文上，七卷为唐文下、宋文上，八卷为宋文下及明文，选《左传》近两卷。此本封面有"敬义堂誌"字样，内封页题"古文喈凤新编，江乘汪敬堂先生钞辑，经文堂藏版"。卷首有吴镜源序，末署"雍正十有一年小春之吉内弟濯泉吴镜源拜撰"；又有辑古卮言，末署"婺永敬堂学人识，时雍正甲寅二月"。其每卷各有校对之人，如首卷为"受业鲍钦承俊招、俞宗潮今韩仝校"，二卷为"受业鲍澄秋潭、江藁仙裳仝校"。其评有眉批、尾批，又有夹注，圈点则有密圈（。。。）与密点（、、、）。

是编乃"狥书客之请"，为家塾而设，故"所钞取于坊本者十之七"。其取先秦之文独多，盖朝廷以四书为功令，而《春秋》诸书与《论》、《孟》相经纬，故"是集凡有关于四子书者，宁汰他文而多钞譔"。而是书以"喈凤"名篇，"盖以古之审音者，取法于凤雌雄之鸣，作十二琯，协诸律而为乐准。今所辑不一种，而皆归于是，以为文章之则，犹此意也。"然是书之选，实未必尽当，如《楚词》选《卜居》、《渔夫》、《宋玉对楚王问》三篇，而不及屈原诸作；《史记》取李斯《谏逐客书》、司马相如《谏猎书》、贾谊《过秦论》，而司马迁之作，仅取《五帝本纪》、《项羽本纪》、《孔子世家》三篇之论赞，及《伯夷传》、《管夷吾晏婴传》二列传；三国文仅取诸葛亮《隆中对》、《出师表》、《后出师表》三篇。是编之选如此，其评亦多泛泛，或论文，或论事，大抵随文生发，特注评皆极详尽，于初学习文者或不无所助。

乾隆元年
古文检玉初编八卷

清林云铭评，许锵增释。锵字贤声，江南上元人，康熙朝生员，始末不详。是编凡八卷，其中选《左传》两卷。其书名页题"古文检玉初编，上元许贤声先生增释，同声阁梓行"，卷首有刁承祖序，末署"大清龙飞乾隆元年岁次丙辰孟冬之月，江西承宣布政使司布政使年家眷弟刁承祖步武氏拜题于豫藩公署"，次有凡例十二则，末署"上元许锵贤声订"。每卷书名下署"晋安林云铭西仲原评，上元许锵贤声增释，金礜李麟玉书校订"。其正文分上下格，上格注音义典故，下格为正文及注释、批点。其评以尾批为主，大抵先录林云铭之评，次为许锵之"论断"及"读法"。其圈点形式较备，多仍林云铭之旧，"凡遇主脑结穴处，旁加重圈（◎），埋伏照应窾郤处，旁加黑圈（●），发挥精彩处旁加密点（、、、），神理所注，奇正相生，字句工妙，笔墨变化处，旁加密圈（。。。），段落住歇处下加截断以便省览"。

是编以"检玉"名篇，"谓其音义典故荟萃精美以成书也"。所选以《古文析义》为本，又略有删削，其凡例谓"欲学者家弦户诵，总以人人熟读者方登之集中，他如韩非《说难》等篇，不特音韵佶屈，亦并义理诡秘，概不入选"。是书编选之旨，刁承祖《序》言之甚明："其宗旨以古文之彪炳人间者，大概为圣贤之蕴蓄，备天地之英华，致君泽民所由基，世道人心所由寄。故其所选之文不徒贵立论立辞，并取其人之邪正剖别之焉；不徒重章法句法、并取其人之心术诛责之焉。评语衷《析义》原本，取其辨驳之明也；注释视原本有加，贵其征引之详也；论断读法与金磎李玉书互相发明。是书已灿若列星，洞若观火，吾知海内之诵是编者，必咸知其取裁之正，好尚之高，为世道人心所由寄，为致君泽民所由基，非徒以靡丽相先，供儒生之诵习已也。"许锵亦自言"文者道之舆，实之辅也"，是编欲为人心学问之助，故"凡忠孝义烈，时务经济或小题中立意正大者方汇入，其一切排偶粉饰变乱是非之文及有碍于时忌者，虽工致可观，概不敢录"。是其所选本以理正为主，不以能文为善。然观其批语，"论断"总评事义，"读法"推阐文法，仍以取便初学为意。

乾隆五年（1740）

左传翼三十八卷

清周大璋撰。大璋字聘侯，号笔峰，桐城人，雍正二年，年五十四岁成进士，授湖南龙阳县，筑滨湖圩堤，时集诸生讲学，年老请改教职，选华亭教谕，生平湛深经术，尤工《左氏春秋》（见清廖大闻等修《桐城续修县志》卷十五）。是编外尚有《四书精言》、《朱熹古文读本》及《四书正义》等作行世。

是编书名页题"张药斋先生鉴定，桐城周笔峰手定《左传翼》，元聚堂藏版"，每页中缝有遂初堂字样。每卷卷首署："同学张药斋先生鉴定，桐城周大璋笔峰辑评，男建中寅亮、薪传学成校字，门人张若谭澄中、若震宗约，受业侄孙芬斗汝调、芬佩汝和参校。"全书首有张廷璐序，末署"乾隆庚申夏年家眷同学弟张廷璐题"；次有周大璋自定凡例十条。廷璐即张药斋，字宝臣，药斋乃其号，桐城人。康熙五十七年进士，有《咏花轩诗文集》传世。

全书不录经文，分上下两格，有眉评、旁批、夹批及尾评，其夹注则"考核典故、疏解音义"；旁批则揭明每段之筋节血脉；眉评"浑论章法"；尾批详论旨归。大抵始于言事，"约经史以断其议论之精"，继则言文，"援诸家以明其叙次之妙"。自谓能使全书"丝牵绳贯，派别源清"，令读者"不见其繁，但觉千头万绪，理于一线"。其圈点形式较简略，仅有连圈一种，且不仅施于本文，亦用于其本人之评语，于字句紧要处提起读者注意。

是书命名为"翼"，张廷璐序以为"盖不敢自列于古注疏家，而特以助其万一，扶进乎来学而已"。周大璋凡例则云："是书评论悉以义字为枢纽，不持（按：疑当为'特'字）欲为左氏喉舌，抑且翼为麟经羽翼也。"周大璋于此书自视甚高，认为其注疏能折中诸家，期于尽善，不仅"箴林氏膏肓"，亦且"发杜氏痼疾"；其论兵法"则每遇战阵，必为标明运筹所在"，较之后世韬略诸书，自谓"别有所胜"；其论文法则于"每篇精神血脉必条分缕析"，使"后学豁然贯通"；其于论事，则将《左传》与后世诸史比而合观，能"贯通全史"、"旁引曲证"。观此则其书于义、于文、于事皆有所胜。然张廷璐序云："其为解也，根柢注疏，芟繁节要，时以己意正其未当，证向古今，皆有可据。于其人物臧否，事行得失，断制谨严，有读书论古之识。而大指存乎论文，钩元提要，左氏之规矩法度、精神意思之所存，黎然井然，得其三昧。"综全书观之，确为有识之论。周大璋论文之语颇多，如"左氏文间见似断，错出似乱，而究之断者不断，乱者不乱；寻其血脉，如藕断而丝牵。会全文读之，始知其妙"（僖公三年《盟楚人伐郑》评）。又如"叙谋详，叙战略，虚者实之，实者虚之，他篇多用此法，不独此文也"（桓公五年《射王中肩》评）。又如"'着神于虚，省力于实'（按：此引王源语）二语，最是文家换骨金丹。万斛之舟，鼓枻而行，瞬息千里，为其以虚运实也。无风胶浅，则尺寸难移矣。史公疏宕有奇气，曰疏曰宕，便是能用虚；昌黎起八代之衰，只是脱排偶之习，不能以虚运实，排偶又何能脱乎？一阴一阳之谓道，有对有待有流行，妙处是在两一字。对待者，偶也，流行则偶化为奇矣，偶则实，奇则虚。实则能整齐，虚则能变化，不整齐则无结聚，不变化则不玲珑。虚虚实实，实实虚虚，如环无端，不可思议，左氏之文，所以独有千古也。"（桓公十一年《楚屈瑕败郧师》评）其评多为此类，虽不必为创获，要亦能窥作文之奥窔，示初学以门径。周大璋此书虽大指归于论文，其论事亦颇多特立独行之语。如论仲子有文在手，则谓出桓公后人之藻饰；论周郑交质，则许左氏以"独责天子"等，颇多前人未发之论。大璋自言"费数十年苦心，研穷本文神理，参以诸家论说"，始成是编，其中独出己见者十之六七，然则其书非人云亦云，颇具研究之价值，亦可知矣。

增订古文精言

题桐城周大璋撰。是编凡十六卷，选《左传》近三卷，凡三十篇。其卷首有童孙韬序，末署"时乾隆癸亥蒲节文川世弟童孙韬顿首拜"，次有凡例六则，末署"马宽裕谨识"。其每卷书名作"古文精言详注旁训合编"，其下题"桐城周聘侯先生评选，桂亭马宽裕良容辑，芝城陈学满守谦梓"。是编颇重分段，每节之后，先有注释，后有序讲，使其"脉络精神，举目便见"；其主意则提纲挈领，列于上层；至其一句之点缀，意有未尽者，则以旁训明之；篇末又冠以总评。至于圈点，则非其所重，仅有句读而已。

是编以"精言"名篇，据童孙韬序，谓前此选本虽多，然"或揭其意之高，或发其法之密，或扬其词之善"，又或详于典故之训示，大多得其一偏，其精于典故而详于词句者，杭永年《古文快笔贯通解》最为近之，然犹有所未尽释者。是编则"所选之文增加倍蓰，释之而甚精，训之而甚详，订讹补阙，音义了然，合诸选之美，成一家之言"。然考是编所选，谓其采掇诸家选本而成则可，谓其能合众美，成一家言，则言过其实。是编之凡例六则，已多袭旧说。如谓选文多"忠孝义烈之大节，关系国家之盛衰，以及经济时务之正大者，汇入选本，若一切排偶粉饰之文，概不附录"。谓读古文当先明大旨；谓读古文当先细玩题目，自思如何运笔等，此皆用林云铭《古文析义》之说而无所发明。是编之批点亦多此类，如《郑伯克段于鄢》，其尾批谓："考《郑风·叔于田》二诗，称叔段亦多材好勇，国人爱之，亦不过纨绔骄痴习气，驰马射箭伎俩耳。……故通篇只写母子三人，却扯一局外之人赞叹作结。"《周郑交质》篇，其评曰："平王欲退郑伯而不敢退，欲进虢公而不敢进，盖由不能自强于政治所致。"《石碏谏宠州吁》篇，其评曰："按卫州吁始末，如弑立伐郑传，则专罪州吁，如杀州吁石厚传，则专美石碏，此传则叙过宠速祸之由，专责庄公也。末把六逆六顺庄诵一遍，不但见得州吁不当宠，即嬖妾配嫡之戒，无不跃然，与篇首照应，细读方知。"此数则评语，全用林云铭《古文析义》而未加标示，书中如此者尚多，不能备举。考周大璋有《左传翼》，其评颇能独出己见，自谓其评出于己者十之六七，其引用他人之说，亦多予标明，与是编之袭取旧说，全然不类。然则是编或出于坊贾托名，亦未可知。

乾隆六年（1741）

古文翼八卷

清唐德宜编选。德宜字天申，号介轩，昆山人。为文简质，不事藻饰。乾隆元年荐举贤良方正，授六品冠带。邑志失修已百有七十年，德宜掇拾成志稿若干卷。以古文坊刻鲜有善本，悉心选录成集，名《古文翼》，行于世。（清李铭皖等修《苏州府志》卷九十六）

是编凡八卷，选文始于《左传》，迄于宋末。一、二卷选《左传》，《公羊》、《穀梁》附于其后；三卷为《国语》、《国策》；四卷为《史记》；五卷为《前汉书》、《后汉书》及蜀汉文，六、七、八卷选唐宋八家之文，而以历代名文附于卷末，以补未备。道光间重刻本每页中缝有"谷经国庄"字样，卷首有德宜原序，末题"玉峰唐德宜介轩氏识"，次有《重订古文翼例言》，复次有凡例十则，又有《重订古文翼小引》，末题"道光二十七年五月既望琴川后学季福寰雄甫氏谨书"。是编多录前贤评语，间附作者之见，近集评之体。所论以文法为主。有旁批、尾批，又有夹注。圈点以密点（、、、）及双圈为主（。。）。

是编命名为"翼"，盖以《左》、《国》、《史》、《汉》及唐宋诸大家之文，虽不主为经而发，"然抉两间之秘奥，析大道之精微，文澜壮阔，法度谨严"，足以羽翼经书，故取以名编，谓是书乃经书之羽翼也。德宜谓是编乃课徒之作，又谓名公钜卿以时文擅场者，类多得力于古。故其书实为初学而作，为举业而订。而文中之评，亦多出以时文手眼。以《左传》而言，是编选《左传》近两卷，八十二篇。其采录诸家之评，以孙鑛、王源、冯李骅诸家为多，而此数家皆以文法论《左传》者。观德宜之评，亦以论文为主。如《周郑交质》篇，其尾批云："交质交恶，双峰对峙，君子曰以下，单顶质字，作三层波折。笔极灵紧，一调更神味无穷。"又如《谏纳郜鼎》篇，其评云："以德字为关键，以昭字为眼目，中间无数层折，如散钱皆一索子串成。极有纪律，设色亦甚古雅。"又如《敬仲辞卿》篇，其评云："远谋是一篇之骨，前后一问一对，及战时之审量，总莫非远谋也。通篇一冒三截，其中自具起伏照应之妙。如'何以'、'可以'、'未可'、'可矣'、'故克'、'故逐'等句，章法极细。一辞为卿，一辞夜饮，天然两对，而辞卿则语加详而婉，辞饮则语甚简而直，各臻其妙，断结亦极有力。"又如《狄伐郑》篇，其评云："将'太上以德'二句立柱，以下阐发到底，自具溁洄顿跌之妙。"德宜之评，率多此类，其所辑各家之评，亦多类此。故是书于初学之揣摩文法，不无所助，谓其乃诸经之羽翼，则言过其实。

乾隆七年（1742）

古文析观详解六卷

清章禹功辑评。禹功字懋勋，古越人（今属绍兴），始末未详。是编凡六卷，一百零四篇，乾隆七年刻本。书名页题"晋安林西仲、山阴吴楚材两先生评定，古越章懋勋先生参注，三余堂藏板"。卷首有徐云鹏序，末题"年家眷弟徐云鹏天就氏拜题于世德堂之梅轩，乾隆七年岁次壬戌长夏新镌"，次有凡例，多取林云铭《古文析义》之说。是编之评，篇前有题解，或介绍正文所关涉之人、事，或补述事件之原委，文末有总评，或析文，或论事；又有夹注。其圈点大多同于《析义》，"凡遇题目主脑结穴处，旁加重圈（◎）；埋伏窍妙处旁加三横点（≡）；其神理凝聚、奇正相生，或一字精工，或一句巧妙，皆是古人笔墨变化处，旁加密圈（○○○）；及精采发挥、轻点暗衬处，旁加密点（、、、）；至于段落住歇处，则下加截断（一），以便省览"。

是编选文皆出于《析义》、《观止》，命名亦取于二书。然其注评则未言何处用吴，何处用林，大抵取二家之说而融汇之，其出以己意者亦复不少。徐《序》谓是编："选集周秦两汉以迄唐宋元明诸大家文，而参用林西仲先生之《析义》、吴楚材先生之《观止》，聚狐成裘，汇为一书。考定典故义理，经术段落，章句分解，注释无不发明源默，悉贯古人之心，不留一字之窦，及一切坊本浮饰晦僻之语，尽皆驳正。是前人所未解者，而先生注解之，义之所未能析者，而先生分析之，历代之典故未能发明者，而先生发明之，故曰《古文析观解》。"所言虽多溢美之辞，然于作者取法及用力处，则颇得其实。

乾隆九年（1744）

古文眉诠七十九卷

清浦起龙（1679—1762）评选。起龙字二田，号孩禅，自署东山外史，晚号三山伧父，时称山伧先生，金匮（今江苏无锡）人。雍正庚戌（按：四库馆臣于《史通通释》提要作甲辰，似误）进士，官苏州府学教授，主紫阳书院（见清韩履宠等修《无锡金匮县志》卷二十二）。有《史通通释》、《读杜心解》、《古文眉诠》、《不是集》等行世。

是编书名页题"古文眉诠，锡山浦二田论次，静寄东轩藏版"，每卷书名下题"桂林陈榕门、归安吴牧园两先生鉴定，金匮后学浦起龙论次"。其选文"起春秋之世，迄宋之南，为钞二十有七，为卷七十有九"，凡八百又七篇。然是编实以马端临《文献通考》各序为殿，盖一以"书（按：指《通考》）成元代，胄（按：指马端临）出宋卿"，而《宋史》不为马端临立传，《元史》亦阙之，是编选此有表彰之意；再则欲使读者知

"古人为文，非华言而无实"，多切世用。卷首依次有：浦起龙自序，末署"乾隆九年甲子余月金匮后学浦起龙二田氏书"；三吴书院参校者姓氏；钞例二十七则，于所钞各家略作介绍，并揭示抄录各家之凡例（按：如《左传钞》为例有四：一曰随俗置题，内外《传》、《国策》原无题目，相沿添设，稳贴乃安，无经之传尤所加审；二曰连传、间传，事隔首尾，循事连合，别传列后，有连斯有间矣；三曰节文、曰摘录，节文者，节烦数也，摘录者，摘原委也；四曰传分诠贯，某是某张本，某是某归局，为点出之，来去分明也）。其评有眉批、尾批，有夹注。圈点有密圈（∘∘∘），密点（、、、），密空心点，圆点（·），外圈内点（⊙）等，或施于眼目关键、或标明语句精彩、或揭示文章脉络，多随其文而定。

是编选《左传》凡八卷，百五十六篇，每篇各为拟题，无经之传则下注"无经"二字。其评多出以时文手眼，于文之篇法、章法、眼目、关键等用力颇多。如《郑伯克段于鄢》篇，其眉批云："篇首特提武姜，一篇之的。"又云："一恶一爱，种下祸根，请立请邑，俱出于母，故篇旨在母。"又如《宋穆公卒》篇，其批云："通篇以归德先君，推见恩义，'先君'字是眼。"又如《卫州吁之乱》，尾批云："传本三节，首节养祸也，中节罪状也，末节伏辜也。首曰教以义方，中曰以德不以乱，末曰大义灭亲，三语作三节骨子。"因《左传》为编年之史，其事多散见，故是编之评又多通前后而言之。如《郑伯如周》篇，其批谓："东迁后之周，其情势具此数言。其脉则前通交质，后通繻葛。"又如《钟巫之变》篇，尾批谓："元年摄奉之案至此结。"又如《楚武王伐随》，尾批云："就文貌言，重在季梁谏随之文，楚伯比之言只似引局，若合后段全势言，则少师侈一言，乃是上下筋络所会，而季梁之谏特局阵展布之藉也，须二篇连看。"书中之评，多为此类，虽不必为创见，然于文章脉络之揭示，颇称详明，于文章主旨之把握亦多有所见。而其选文，卷帙颇富，且多名篇，收录范围颇广，诗歌、骈文、赋皆有入选，浦起龙自言是书历时十七年乃就，足见其用力之勤，其书能为世所重，亦有其故。

乾隆十四年（1749）

左传释文新评六册

清周正思辑。正思字谦亭，福建三山人，生平未详。是编凡六册，以"礼、乐、射、御、书、数"分题各册。其书名页题"左传新评，《公》、《榖》、《语》、《策》附订"，其曰"附订"者，盖以《公羊》、《榖梁》之评注，杂厕于《左传》之中，往往数页《左传》后，附有《公》、《榖》一二页，而其内容则毫不相关，体例颇乱。是编首有黄守儵序，末署"乾隆己巳岁季夏，云石黄守儵书于嵩山漱经堂"；次有周正思自序，末题"乾隆戊辰阳月，三山周正思撰"。其后又依次录有杜预《春秋经传集解序》，冯李骅《春秋列国时事说》，《春秋三变说》，《列国盛衰说》，《鲁十二公说》，《周十四王说》，《读左例言》，《读左卮言》。其正文分上下两格，上格题"增补左绣"，下格题"春秋左传杜林汇纂"，据卷首黄、周二人之序，盖以《左绣》于《左传》之文，姚培谦于《左传》之注，多发前人所未发，周正思乃"融贯冯、姚两家而合刻之，评论圈点，取诸《左绣》，注疏解释取诸姚刻，凡杜注之所未备者，林注之所宜增者，以及儒先诸注之所宜补辑与图之所宜详注者，无不旁搜博采，统会一集"。是则其书乃以冯、姚二氏之书为本，又杂采诸家之论汇为一集而成，正思本人则无所发明。又及，此编为国家图书馆所藏，其著录题为匡援所评，然考其书，实为周正思所辑，或其书本为匡援所藏，著录者不察而致误耳。

乾隆二十八年（1763）
文章鼻祖六卷

清杨绳武编。绳武字文叔，长洲人，康熙癸巳（按：四库馆臣《文章鼻祖》提要作乙未）进士，官翰林院编修，先后主讲杭州敷文书院及江宁钟山书院，年七十六卒（清宋如林等修《苏州府志》卷八十）。

是编选诗文凡十四篇：一、《尧典》，二、《禹贡》，三、《洪范》，四、《国语·齐语》，五、《左传·城濮之战》，六、《邲之战》，七、《鄢陵之战》，八、《史记·项羽本纪》，九、《高祖本纪》，十、《封禅书》，十一、《平准书》，十二、《汉书·霍光金日䃅传》，十三、《古诗为焦仲卿妻作》，十四、庾信《哀江南赋》。盖以此十数篇，皆作者全力所贯注，为"千古来第一种大文字，笔力最高气味最厚"，"文章之道千变万化皆从此出"，故以"鼻祖"名之。

是编卷首有沈起元序，末署"乾隆癸未仲春敬亭愚弟沈起元书于虚直斋"，每卷书名下题"娄水沈敬亭先生鉴定，古吴杨皋里先生评选，后学沈祖龄与之、沈光春汇苏、金昇慎周、闻思讷慎馀同校"。其评有眉批、旁批、夹批与尾批，圈点有圈、重圈、顿点、空心点、双点等。杨绳武谓千古文章皆从此十数篇出，自是一家之言。然其眉批、尾批推阐文法极详，多有可取之处。如谓古今妙文皆由于作者感触最深，所不得不言者，其于《项羽本纪》尾批云："凡文字非其所极慕之人，必其所极惋惜之人，然后有一篇绝妙文字。太史公《信陵君传》是其所极企慕之人也，《李将军传》是其所极惋惜之人也，《项羽本纪》又其所极企慕而极惋惜之人也。故以全力贯注熔铸，遂为

《史记》中第一篇绝顶文字。"又谓文章之风格须与其事之规模相称,《国语·齐语》尾批云:"《国语》文字最精彩者《齐语》、《越语》。《齐语》治大国之事,故其文多整齐严肃,《越语》治小国之事,故其文多刻苦奋厉。"又谓行文须识避就之法,《齐语》篇尾批云:"上半篇所设施,皆为下半篇用。下半篇事,《左传》之所详也,此只掇其大略而点次之;上半篇事,《左传》之所不详也,此乃条分缕析而陈说之。观于《国语》、《左传》详略之际,可以识文章避就之法。"又谓行文须识离合之妙,《城濮之战》尾批云:"此篇以战作主,而未战之前,屡以不战作势,离合之妙也。文章之道,欲合必先离,能离然后能合。以不战作势,所谓离也。不战而卒至于战,所谓合也。……要其前此文字之离,正为后此文字之合也,明乎离合之说而文章之道思过半矣。"又谓行文贵虚实互用,《邲之战》尾批云:"此文楚人事都从晋人看出,随武子'德刑政事典礼',及栾武子'楚自克庸以来'两段是也;晋人事都从楚人看出,伍参'晋之从政者新'一段是也。彼此一交互,则实者皆虚,虚者皆实,所谓实者虚之,虚者实之之法也。许伯御栾伯一段,吾闻致师者三层是虚说,而摩旆靡垒等语,却实行其所闻而复,是实事,而语却虚。又一虚者实之,实者虚之之法也。"杨绳武论文,又喜用比较之法,《邲之战》尾批云:"《城濮之战》文字全用奇,此篇文字全用正;《鄢陵之战》文字多用虚,此篇文字多用实,在诸大战尤为左邱明全力所注者。"《鄢陵之战》尾批谓:"城濮以晋胜为主,邲以楚胜为主,而此篇主意不重晋之能胜楚,重晋之以胜楚召内乱,故城濮、邲两篇须看前面来龙,此篇须看后面去路。"要言之,是编选文虽少,论文却多有可取,是较有特色之古文选本。

乾隆三十三年（1768）

读左补义五十卷

清姜炳璋（1736—1813）辑评。炳璋字石贞，号白岩，浙江象山丹城人。清乾隆十九年（1754）二甲十名进士，与钱大昕、纪昀等，时称"八彦"。知石泉县，多善政，民有"慈父母"之称，继任江浦知县，有旧县坝久废，谕民修筑，躬亲督之，堰成，开田数千亩，民称"姜公堰"（《清史列传》卷六十八有传，民国陈汉章纂《象山县志》卷二十五于其著作著录尤详）。姜炳璋博通经史，有《诗序补义》、《读左补义》、《尊乡集》等行世。

是编凡五十卷，卷首一卷。其书名页题"四明姜白岩辑，读左补义"，每卷书名下署"四明姜炳璋辑，受业毛昇增参，男埭、埴校"。全书首有乾隆三十三年姜炳璋自序，末题"乾隆三十三年岁在戊子余月穀旦白岩姜炳璋石贞氏书于石泉县署之字民轩"；次有钱维城序，末署"友人钱维城题"；次有张嗣益序，末题"山阴同学弟张嗣益顿首拜序"；次有彭启丰序，末题"乾隆二十九年甲申孟夏彭启丰序"；次有毛昇《刻读左补义例言》，末署"受业毛昇谨识"；次为全书目录，次为"同学参阅姓氏"，次为纲领上、下。其评有眉批、有尾批，眉批论文，尾批论事。注释则多用杜注、孔疏，间采他人。其有独见则加"按"字以别之。其圈点有密圈（。。。）、密点（、、、），既施于原文，亦施于批语，于文句关键处提起读者注意。

是编既论文，又论事义。毛昇《例言》云："详义略文，是书之旨，恐学者专以文求而义为之掩也。昇谓：'使绝不言文，无以厌读《左》者之心，请用评文之语，细书其端，如选家例，何如？'先生曰：'吾老矣，而有志，而其为之。'昇勉承师命，因稽之诸选，质之同人，参以己说，间有余文剩义，亦时补缀之，而折衷于先生。时汪友素山出其尊人甫亭先生（思溥）《左评》相示，融会冯天闲、周聘侯二家之言，书中多所采用。钞成，先生喜曰：'是亦读左者应有之事也。'"据此，其书论事义者出自姜炳璋，论文之语则多为毛昇所辑。

姜炳璋是书之作，一则惧世人溺于左氏之文辞，而忽略其传《春秋》之深义；二则深恶前人以例说经之穿凿，以为"例愈繁而义愈非"，故力主"春秋无例，左氏亦无例"之说。其以"补义"为名，即要补充说明左氏解释《春秋》之大义。义例之说，其由来也久，影响亦大。《公羊》、《穀梁》二传不论，即以《左传》而言，自刘歆创通大义，贾逵、服虔、许淑、颖容诸儒，莫不以义例为说，而杜预更创"周公旧典"与"圣人新意"之说，为后世多数学者所尊奉。反对以例释经，南宋朱熹始屡言之，《朱熹五经语类》中有云："《春秋》大旨，其可见者，诛乱臣、讨贼子、内中国、外吴楚、贵王贱霸而已，未必如先儒所言，字字有义也。想孔子当时，只是要备二三百年之事，故取史文写在这里，何尝云某事用某法，某事用某例也？"又言："若欲推求一字之间，以为圣人褒贬善恶专在于是，窃恐不是圣人之意。"又言："人道《春秋》难晓，据某理会来，无难晓处。只是据他有这个事在，据他载得恁地。但是看今年有什么事，明年有什么事，礼乐征伐不知是自天子出，自诸侯出，自大夫出，只是恁地。"是后，张洽、吕大圭、黄仲炎诸人，皆宗朱熹之说。而稍前于姜氏之朱鹤龄亦言："今之说《春秋》者，何其乱欤！则凡例之说为之也。……夫子作《春秋》，上明天道，下正人事，变化从心，安得有例？例特史家之说耳。"观此可知，反对以例说经，经朱熹等人之倡导，至清初已为许多学者所认同。然诸家特就解说《春秋》一端言之，于《左传》中所谓"凡"、"书"、"不书"、"先书"、"故书"、"不言"、"不称"等涉及义例者，则未有辩证。而姜炳璋则更进一步，认为传亦无例，其中所谓之义例不过因循旧史，非左氏之发明。其《纲领·上》专明此义，揭示《左传》用旧史之例有五：一曰西周旧典；二曰东周迁后列国相沿之例；三曰鲁史自相传授之例；四曰霸国更定之例；五曰鲁君臣私定之例。然姜炳璋虽反对义例之说，并未否认《春秋》之中有微言大义在，且谓《左传》非文非史，正为解释《春秋》而作。其自序言："即事为经者，圣人之义也。论本事而为传者，左氏发明圣经之义也。"而其《纲领·下》又专明此义，以为左氏之释《春秋》有十二善，综括前说，可谓详赡。

要而言之，姜炳璋是书，是《左传》评点著作中颇有价值之一种，其破义例说之穿凿，堪称有识；而释义折中前贤，运以独见，可称详明；至其参考引用之书多达一百数十种，其中如汪思溥之《左评》，或为未刻之稿，是以世无传本，且未见他书提及，而是书征引颇备，若为辑出，亦可备一家之说。此皆其书之不可废处。

乾隆三十四年（1769）
古文评注便览十二卷

清朱鑑选，朱心炯辑评。鑑字旦平，上海人。雍正二年进士，选庶吉士，改编修，历官少詹事（清宋如林等修《松江府志》卷五十九）。心炯为朱鑑之孙，始末未详。是编凡十二卷，选文始于《左传》，迄于宋末。其书名页题"古文评注便览，云间朱旦平先生选，耐芳居藏板，乾隆乙丑春镌"。各卷目录下题"云间朱鑑旦平选，男良裘补园增订，孙心炯辑评"。其卷首有朱心炯序，末题"时乾隆三十四年岁在乙丑春三月朱心炯书"；次为全书总目；复次录前人论文之语以代凡例，如唐翼修之论

《左传》、《国策》、《史记》，储同人之论《国语》、茅鹿门之论《史记》及八家等，其末署"己丑夏四月申江朱心炯书"；再次为分册目录。是编于所选各家皆有小传，其评有眉批及文末总评，有夹注。其评或辑自前人，或出以己意，皆以论文为主。其辑自前人者，于评语末题"芳辑评"，然出于何人则未明言；出于己意者，则题"芳自记"。圈点较略，有密圈（。。。）与密点（、、、）。

是编之选，有正选，有补遗，有附录，有备体。前八卷为正选，录《左传》、《国语》、《国策》、《史记》、《前汉书》、《三国志》及唐宋八家之文，凡一百六十二篇。卷九为正选之补遗，凡四十二篇，就中如《左传》之《郑武庄为平王卿士》、《滕侯薛侯来朝》，柳宗元之《桐叶封弟辨》，苏洵之《辨奸论》等，皆选家常取之文，是编则列于补遗。其用意实难窥测，若以其文不雅驯，法未尽善，不取即可，置于补遗，实属无谓。卷十为晋唐宋文附录，取晋及唐宋八家而外之文，凡十九篇，亦多习见之作；末两卷为备体，所谓备体，盖谓经（如《檀弓》）、子（如《庄子》）、骚、歌诗等体，不宜以古文视之，故各为选录以备体裁之全。观是编之选，似有意求异，然体例实多有未安。如其于先秦两汉及八家之文，分出正选、补遗，已属无谓；以晋及八家而外唐宋之文置于附录，又不若以时序编排，能见古文发展之脉络；以歌诗等体单列，尚有可取，然就中如《公羊》、《穀梁》与《左传》同传《春秋》，一置于正选，一置于备体，又不知其何所取例。

朱心炯序谓："求乎时文以工时文，工者什一二；求乎古文以工时文，工者什八九。"观此可知，是编乃主以古文为时文者，故其评多出以时文手眼。如《取郜大鼎于宋》篇，其批云："此文首尾，向传昭德塞违起，君违谏德收。今细按正脉，应是非礼起，君违收。但恐首尾重复而失落中间，故引内史语，是用活笔法。"又如《楚屈瑕伐罗》篇，其批云："伐罗，君命也；请济师，君辞也，追之不及，发使晚也。故结尾一语是通首眼目，而入告则转关也。"其评大多类此，于初学习文，或不无所助。

乾隆四十年（1775）
左传评三卷

清李文渊撰。文渊字静叔，益都人。嗜古文辞，年未冠即取《左》、《国》、《史记》、《两汉书》、《五代史》、韩欧诸集手加评点，年二十六卒，是以所评多未就，友人私谥孝悼（见光绪三十年《益都县图志》卷三十九）。

是编亦为未竟之稿，起隐公元年，尽僖公二十四年，李文渊原评两册，其伯兄李文藻厘为三卷。贷园丛书本书名页题"李静叔《左传评》，乾隆乙未潮阳县斸锓版"。前有嘉定钱大昕序，后有其伯兄李文藻跋。全书不录《春秋》经文，传文亦为节选。不加标题，依传文先后次序排列。其评以夹批、尾批为主，间有旁批。然非篇篇皆有，至有连数篇而不着一字者，盖李文渊所评，有感则发，无则省之，非如坊刻之强为解说者。圈点则有密圈（。。。）与密点（、、、）两种，亦不多施，多指明眼目关键及文句精彩之处。

李文藻跋称："桐城方氏删改唐宋八家文，当时已有相诋諆者，静叔独好而录之。"而此编中"齐无知之乱"及"韩原之战"两篇，李文渊所评多引方苞之语。且又言方苞"所授《左传义法举要》，于韩、城濮、邲、鄢陵诸战，十仅得五，而己得其九"。是其所评，与桐城义法之说颇有渊源。刘声木有《桐城文学撰述考》，李文渊之《左传评》亦赫然在列，亦堪称有识。

李文渊之评以揭示《左传》文法为主,其评亦多讲求义法。如闵公二年"晋侯使太子申生帅师",其批语曰:"义法之精密如此,而又运以古笔伟词,所以连述九人之言,而读之不觉其冗。"僖公二十四年"晋文公重耳之亡",其批云:"义法精深至此,真变动犹鬼神,不可端倪。"然李文渊所谓义法又不尽同于方苞。其谓方苞所评以"义"为主,以义统法,己则以篇法为主。就韩原之战而言,自"晋侯之入也"至"于是秦始征晋河东,置官司焉",方氏合为一篇,而李文渊则以"十月晋阴饴甥会秦伯"句为界,划为两篇。其说曰:"右二篇方本合为一篇,因其意义相承也。然二篇中间已隔数事,且前篇篇法已完,实难强合。论意义则合观之,论篇法则分观之可也。"李文渊讲求篇法,又强调于整齐中求变化,其谓左氏行文,往往以对待出之。如僖公二年"晋假道于虞",其于"宫之奇谏"句下批曰:"记言之文,左氏于一篇之中往往详述二次,多则四次六次,取其整也。若详述三次,则难于对待而章法裂矣。此篇已详述荀息之对与假道之词,故宫之奇之谏以四字括之。"然一味对待则易流于板,是以要求变化。李文渊于"王子颓之乱",批曰:"首段述王取诸大夫圃宫田秩,末段述王与虢郑田器相对作章法。第二段述苏子奉子颓,郑伯奉王,第三段述子颓享五大夫,乐及徧舞,郑伯享王乐备,亦各自相对。然章法太整,故'王与之武公之略'二句,不叙于'郑伯之享王也'之下,而叙于乐备之下,以取其变化。"李文渊批《左传》虽以揭示文法为主,然亦不废义理,其于攘夷之说尤多所致意。如郑庄公射王中肩,无王甚矣,而李文渊犹不废其攘夷之功。其于"祝聃射王中肩"后,批曰:"北戎侵郑,子突败之;北戎病齐,子忽败之。齐桓公未出而郑人两败北戎,其攘夷之功甚大,亦不得因抗王而没之也。"概言之,李文渊是编,多有独出之见,然因为未成之稿，故尚嫌疏略。

古文分编集评二十二卷（乾隆乙未）

清于光华辑评。光华字惺介，金坛人。历游燕、豫、楚、粤，笃好《昭明文选》，纂有《重订文选辑评》十五卷（原称《六臣准绳》），自唐六臣注暨以后名宿评注，多所采录。又辑有《古文分编集评》二十二卷（见冯煦等修《重修金坛县志》卷九之四，民国十年刊本）。

是编凡四集：初集选唐宋十家（八家及李翱、孙樵）之文五卷，二集选两汉、六朝及唐宋名文五卷，三集选《左传》、《公羊》、《穀梁》、《国语》、《国策》、《史记》之文八卷，四集选骚、赋、用韵杂文、唐宋四六、十七史论赞四卷，计二十二卷。嘉庆辛酉刻本每卷书名下题"金坛后学于在衡鹤身氏裁定，于光华惺介氏编辑"。卷首有秦鐄序，末署"乾隆四十年岁次乙未冬日梁溪秦鐄果亭氏譔"；次有凡例十九则，末署"时乾隆乙未仲秋于光华谨识"；次为总目。其每集又各有小引，略述去取之由；又有细目，于作者名下各有小传。是编为集评之体，集内评注皆本前人，且各明其姓氏，于光华自谓"谫陋无知，不敢妄参一语，亦不敢略前贤之美"。其形式有眉批、旁批、尾批，有夹注。圈点较略，大抵段落应分处以截（—），层折眼目脉络处，用密点（、、、）；精神主意处用密圈（。。。）。

是编乃为初学而定，故其选文由浅入深，先由唐宋八家起手，次两汉，次左史，层累而上。每集之中又由古及近编排，并兼顾体裁之分别。是编又为取便举业而作，故谓"理境为初学最宜切究"，选宋理学家文颇多。又谓"时文本于古文。体裁格律原自相通，试玩古文单行中必有两意相唧，回环往复，寓整齐于参差，从无一意直泻者。推之六经诸子，无不皆然。初学读古文，先将参差中认出整齐处，便得古文门径。……（古文）无一篇不与时文相通者。林西仲先生云读古文当先细玩题目，即此意也。故凡遇名家评论，引入时文法门者，无不备录"。其于古来选本，尤推重《古文渊鉴》、《文章正宗》、《古文雅正》诸家，此其选文大旨可知。

是编选《左传》三卷，卷首有小引，又载春秋一百二十四国舆图直指。其评以俞宁世为主，冯李骅《左绣》辅之。是编于两汉六朝唐宋诸家之评，不主一家，是编之专主俞宁世者，因"左史全部，前后照应，详略互见，直是一篇大文字，必以一家之评论作主，始见把握"。而《公》、《榖》、《国语》、《国策》，亦以俞宁世评本为主，俞宁世《左传》诸选，多能自出手眼，颇为时人所重。然其书今已不存，他人征引虽多，多属一鳞半爪，端赖是书，尚能得其大略。

要言之，是书专为初学而设，其选文编排由浅入深，颇费心思。其态度亦称严谨，所引旧说，一一注明，即其凡例有用他人语者，亦为标明。如"读古文贵得其神理"云云，即于后注曰"此条俱本前人旧论"。此其优于其他坊本处。而是编《左传》诸书之评，多本俞宁世，《史记》之评，多主吴齐贤，其保存遗说之功，亦不可没。

乾隆五十二年（1787）
左传快读十八卷首一卷

清李绍崧选订。绍崧字骏昷，又字申甫，湖南善化人。贡生，少奋志芸窗，屡困棘闱，遂不复进取，以躭经行善自乐，年七十六卒（见光绪年间《善化县志》卷二十三）。所辑有《左传快读》行世。

是编书名页题"善邑李骏昷手辑，新订批注左传快读，字画音韵，考正详明，小酉山房藏板，乾隆丁未（1787年）年镌"。每卷卷首题"曲江书屋新订批注左传快读卷×，晋杜预元凯先生原注，唐陆元朗德明先生音义，宋林尧叟唐翁、朱申周翰两先生参注，本朝冯李骅天闲、陆浩大瀛两先生批评。同学诸子参校，善化李绍崧骏嵒选订，男履道、晋道、谦道、颐道、泰道、恒道、豫道、萃道校字"。卷首有乾隆己酉徐元宸序，次有李绍崧乾隆丁未《刻左传快读说》，次有李绍崧自著凡例十一条，次为全书目录，次为孙鑛注《春秋左传集解序》，次为冯李骅《读左卮言》、《春秋列国时事图说》、《春秋三变说》、《列国盛衰说》、《鲁十二公说》、《周十四王说》（按：据其凡例及目录，应是冯李骅《读左卮言》在前，杜预《集解序》在后，此刻则反之，不知何故），次为正文。其正文分上下两格，上格辑录各家评语，间附己见，并释列国地名；下格节录《左传》之文，其注释则"分行间注，伴句释义"，于每篇之末亦辑有各家评语；全书只有句读，无其他圈点。

　　是编凡例略谓：前人选本，多割裂更张之病，是编取全书之六七，而必使首尾完具。前人选本，多隐括传文，自拟题目，使读者不辨传文为何经而发，不便制艺之作，是编则取本传之经，以题传文。全书分行间注，伴句释义，绍韩菼《句解》之遗意，而依经立题，又无《句解》"联绵接缮，篇次混同"之病。是编辑录各家评语，以《左绣》为主，他如《公》、《穀》、胡传、吕祖谦《博议》、周大璋《左翼》，亦采辑颇多，其自有所得，则以按字加圈别之。是编于音义则遵陆氏（德明），陆氏未注者，则依《康熙字典》以考较其原本；字画讹谬者，亦依《康熙字典》加以厘正。其列国地名，杜注与今不合者，悉遵姚培谦之说，而置于上层，以便省览。其纪年则置东周年号于鲁十二公每年之上，以见尊王之义，其他列国纪年则祇附序十二公元年之侧，元年以下，概从约略。至于其班序，则先郑次晋，因郑近王畿而晋尊周室也，"次卫、蔡、曹、齐，先同姓后异姓也，次宋、杞、陈者，由近及远也，次秦、楚者，明内外也，其余小国则略而不录"。是编以冯李骅《读左卮言》能窥左氏堂奥，故附载于卷首。孙鑛所注杜预《春秋经传集解序》，能使读者知经传相为表里，故载之于卷首之末。

是书命名之意，徐元宸《序》以为注宗杜林，评参《翼》、《绣》，其地舆、坟典、音韵无不考证精详，归于至当，故能使读者"一见而称快，极天下之大观，实天下之第一快心事"。而李绍崧自序亦言其书"原先辈之论评，参拘儒之心得"，使初学者"随读随释，爽然于口即爽然于心"，是以名其书曰《快读》。然此书虽于地舆、典故、音韵等皆有用心，其大旨仍在论文。李绍崧初选此书，本为"课儿辈"而作，其父云《左传》为"制义之津梁"，李绍崧亦自言"左氏一书实为天地间不朽文字，细按其篇章字句，无法不备"；此书又首列冯李骅《读左卮言》，所辑评语亦以《左绣》为主，于《左绣》推崇备至，而冯李骅评点则纯以时文之法行之；又是书凡例有言："前人选本，多有不得不离去经文，撮举篇中要义以名篇者，如此则初学者必不知某传为某经发义，究何裨于制义哉！余少时尝受此累矣，盖传有先经后经错经不同故也，兹本取本传之经为题传为文，照制义格式低二字，非敢黜经崇传，俾学者即经以观传，即传以明经耳。"观此数项，则其成书之大旨亦可概见。

乾隆四十七年（1782）

于垫左氏录不分卷

清盛谟批点。谟字云公，号于垫，武宁人，始末不详，著有《字云巢文稿》。是编不分卷，凡五十四篇，分为二册，末附《国风录》二十一篇。其书名页题"于埜左氏录，同治五年重镌，课花别馆藏版"。卷首书名下署"武宁盛谟于埜批，族孙宝钿、铦，宝铭、钧，宝钟、镛重刊"。全书首有吴东之序，末署"潮州吴东卧鲁序"；次有徐怀仁序，末署"壬寅冬饶州徐怀仁耕天序"；复次有王子音《梅花书屋梓于埜左氏录序后》，末署"乾隆五十六年辛亥秋中既望武宁王子音序后"；再次有盛谟自序；又有盛谟《读意》四十则，总论读左氏之法；又有"附书"六条。卷末有盛恢颢跋，末署"道光癸巳初夏侄曾孙恢颢谨跋"；又有盛宝铦跋，末署"同治四年乙丑岁季春上浣族孙宝铦跋于黄安尉署"。是书所选，凡有经者，悉以经文为题，其无经者，即依传为题。其批语有夹批与尾批，圈点则有联圈与联点。

是编之批点颇有特色，盛谟于卷首之《读意》中即言，"于埜所录之左氏，非天下古今之左氏也。既为于埜录，自有于埜胸中之左氏，则亦有不可以左氏属之于埜。以于埜之左氏为天下古今之左氏，则妄也，即以天下古今之左氏为于埜左氏，又岂可哉？"强调是编所批虽依傍《左传》，而其所揭所示又非左氏所能笼罩。盛谟所论，止于文法，且颇有出人意表者。世之评《左传》者，皆谓左氏善于叙事，而盛谟则谓："读《左传》者，见左氏传《春秋》事，误认为叙事书，便时刻有叙事二字往来胸中。如近日过商侯、林西仲辈，并欲使天下读者时刻有叙事二字往来胸中，竟令左氏积成千古冤案，皂白莫分。岂知《春秋》题也，《左传》文也，左氏特借题以发笔墨之奇，举列国君卿盟会战伐灾祥变异等事，一时奔赴腕下供其驱使运用，则左氏胸中并无《春秋》，并无盟会战伐灾祥变异等事。读者亦必胸中无春秋盟会战伐灾祥变异等事，以至胸中并无左氏，有不知文之为文、我之为我，乃可与读《左传》。"强调读左氏之文，须破除叙事之执，心境澄明，方能领会其妙；盛谟论文又颇重立题，如谓："俗本题目如《周郑交质》、《重耳出亡》之类，与本年传意不合，令读者无可寻解。如《穆叔重拜鹿鸣》，《子产坏晋馆垣》之类，竟将传意露尽，令读者不必观文。岂但不晓文字，并不晓段落矣，甚可悯笑。"（按：此当受时文相题作文之影响）盛谟论文又颇重读法，强调读左氏之文"要眼光要心细要精神完足"，自谓有十种看法，"分看合看近看远看赶看回看横看竖看含情看解纽看，看破造化泄处，乃为大看"。强调读书贵得其意，"训《左传》者，疣也；记《左传》者，蠹也；掇《左传》者，盗也；读然后知《左传》，读其意然后谓之读《左传》。呜呼！读书见大意，一齐大大放开眼孔看古人妙文也"。其论左氏之文，谓妙在无字句处，"前面提出桓公，后用桓公一结，遂觉中间文字，处处神情耸动，若只向宠字祸字寻取，便死于有字句处矣。可知左氏文字全在言外领会"（《石碏谏庄公》）。

盛谟批点是书，颇受金圣叹影响，其卷首之《读意》，实即仿金圣叹《水浒》、《西厢》之读法而作。其行文之语气亦颇相似，如谓"乍披于垫录，非叱为异，即疑为僻……当亦狂呼大笑，为之三浮大白"，又如"左氏以前无此笔，无此文，左氏以后，无此笔无此文"，又如"于垫是书非为敏人作捷径、钝人作药石也。引而伸之，触而通之，虽读《左传》可也，不读《左传》可也，以读《左传》者，读天下书无不可也"。其批语中如此类者甚多，不备举。要言之，于垫是书虽效法金圣叹，并未亦步亦趋，其揭示《左传》之文法，亦多有可观者，是诸多《左传》评本较有特色之一种。

乾隆五十三年（1788）
高梅亭左传钞六卷

清高嶰辑评。嶰字梅亭，和阳（疑即今安徽太和县附近）人，始末未详。是编为其《读书丛钞》第一种，此外尚有《公羊传钞》一卷，《穀梁传钞》一卷，《国语钞》二卷，《国策钞》二卷，《史记钞》四卷，《前汉书钞》四卷，《后汉书钞》二卷附《蜀汉文钞》一卷，《唐宋八家钞》八卷，《归馀钞》四卷（按：所选皆为《庄子》、《楚辞》及历代散文名篇），《嘉懿集初钞》四卷（按：辑嘉言懿行可为世人效法者。分为"读书"、"伦理"等十二类），《嘉懿集续钞》四卷（按：为仕宦者说教之用，分"统论"、"操行"、"政治"等十二类），《论文集钞》二卷（按：辑集前人谈论文法之"文话"），又有《明文钞》、《国朝文钞》不分卷，数量尤巨，所收均为以《四书》语句命题之八股范文。

是编凡六卷，三百二十二篇，卷首有总目，每卷有分目。书名页镌："左传钞，和阳高梅亭集评，乾隆五十三年订，广郡永邑培元堂杨藏版"，卷首有高嶰序文，末署"乾隆五十三年六月上浣和阳高嶰"；卷首又录有《王朝兴废》、《列国兴废》、《王朝世次》、《列国世次》，以便观览。其批语有眉批、旁批与尾批，并有双行夹注，圈点则有密点（、、、）、密圈（。。。）与截（一）。其所录各篇，有经者则以经文为题，无经者另拟题目（按：多从前人习称），于题下标明附录。

高嶰谓《左传》之文："开史家之权舆，立古今之极则，后来班马转相祖述，即唐宋诸大家又岂能外是而别闢蹊径哉？"《高梅亭读书丛钞》中《明文钞》与《国朝文钞》约占一半篇幅，皆为以四书为题之八股程文，又有《论文集钞》，专明文法，由此数者，已可见是编旨趣所在。是书之眉批分段揭示文法，旁批则点明句法、字法与文章之转折呼应，尾批虽总论事义，亦兼及文法。尾批多引他人之说，皆标明所出，去取颇精，所引以俞宁世、魏禧、冯李骅、浦起龙诸家为多，其自己按语则分行另起。其中俞宁世之《左传评》于清初颇为人所重，然今已失传，赖是书之征引，尚能窥寻一二。高嶟本人批语则以揭示文法为主，如隐公六年《郑伯如周》篇，尾批云："一句一转，词婉意深。东迁后之周，情势具此数语。其脉则前通交质，后通繻葛。"又如同年《郑伯侵陈》篇，尾批云："因正传而追叙，因追叙而论断，因论断而引证，篇幅虽短，浪涌云翻，层叠无尽，而正传只起手六字已毕。宾主详略，局法绝奇，左氏往往有此。侮邻招祸，陈之咎也，故层引叠喻，俱主长恶发论，妙在借善字引起，仍归结到善字，宾主既明，照应又密，叙妙于略，断妙于详，是史家又一格。欧阳公五代诸传，每用此法。"其批语多为此类，于初学之习文不为无助，然于左氏大义则无所发明。

乾隆五十六年（1791）

自怡轩古文选十卷

清许宝善选订，杜纲同辑。宝善字敩虞，一字穆堂，上海青浦人。乾隆二十五年进士，累官至监察御史，乞归，不复出。以诗文自娱，尤工词曲（清宋如林等修《松江府志》卷六十）。有《五经揭要》、《南北宋填词谱》、《穆堂词曲》、《自怡轩诗草》等行世。纲字振三，号草亭，江苏昆山人，少补诸生（见道光丙戌《昆新两县志·文苑传》），著有《近是集》。杜纲又有《南史演义》、《北史演义》等作，许宝善为之序，又为之评，且助其刊行。而乾隆五十八年所刊《自怡轩乐府》，杜纲又为许宝善作序，足见二人相交之深。许宝善科名通显，杜纲则一介布衣，二人以文相知，不为势利之交，亦可称文坛佳话。

是编凡十卷，三百一十三篇，其中选《左传》两卷，八十一篇。其选文始于《左传》，迄于南宋，以先秦两汉及唐宋八家为主，又以历代名文合置末卷，略依时代为序。其卷首有许宝善自序，末署"乾隆五十六年春三月许宝善书"，次为全书总目，次有凡例七则。每卷书名下题"云间许宝善穆堂氏选定，玉山杜纲草亭氏同辑"。其评有眉批、尾批，又有夹注。圈点则有密圈（。。。）与密点（、、、）。

是编之评，或引前说，或出己意，皆于评语之末标明其人。所论以文法为主，多较简明。许宝善之评，如《宋公陈侯蔡人卫人伐郑》篇，谓："叙事简而逸，众仲两设喻，两提夫州吁，尤觉醒切有味。"又如《臧僖伯谏观鱼》篇，谓："以'讲大事'二句为纲，下文分应，庄重中有流动之气。"又如《季梁谏追楚师》篇，谓："中间忠于民而信于神句，乃一篇之主。而神又以民为本，故后段言事神都从民和说入。"杜纲之评，如《郑厉公自栎侵郑》篇，谓："中忽叙入内蛇与外蛇一段，横云断岭，另换一番景色，左氏每有此笔法。"又如《王孙满劳楚子》篇，谓："'在德不在鼎'一句，已括全篇大旨。恐楚疑周德既衰，鼎若可问，故又提'天所命也'四字以折之，愈转愈劲。"其所引前人之说，亦多类此。

是编选文以秦汉及唐宋八家为主，亦受其时风气影响，无足多者。其较可取者有二：所选多完篇，如《左传》之四大战，坊本或不选、或节录，均无以见左氏行文之妙，是编则为备载，此其一；于历代名人伟人，"如汉之张良、韩信、汲黯、霍光诸人，三国以来之诸葛武侯、赵云、王猛诸人，唐之房、杜、姚、宋、郭子仪诸人，宋之韩、范、富、欧、司马诸人之类"，或载其本传，或录其文章，令学者可略知其梗概，以"鼓舞性情，引掖趋向"，此其二。

乾隆五十八年（1793）
春秋左氏传评林七十卷

日本播州奥田元继辑著，元继生平不详。是编内封页题"春秋左氏传评林，明吴兴凌稚隆原本，日本西播奥田元继辑著，宽政癸丑（1793年）发兑，有文堂藏，翻刻必究。"全书首录明凌稚隆《春秋左传注评测义》识语；次录晋杜预《春秋左氏传序》，分上、下格，上格录清古榕方廷珪评点，下格为杜氏原序；复次有奥田元继识语。卷尾有奥田元继跋，题曰："日本宽政五年癸丑七月七日识于浪华拙古堂，后学播州奥田元继。"正文亦分上下两格，上格辑录各家评语，下格则用林尧叟句解。每卷卷首上格题"左传评林，明吴兴凌稚隆以栋父原本，日本播州奥田元继志季父辑著"，下格题"音注全文春秋括例始末左传句读直解卷×，梅磎林尧叟唐翁"。

奥田元继是书虽自称以凌稚隆《春秋左传注评测义》为原本，然两书实有极大之不同。凌稚隆原书前有王世贞、陈文烛与范应期三家之序，是编自可不录。然凌稚隆书前尚有"春秋左传世系谱"、"春秋左传名号异称便览"、"春秋左传地名配古籍"、"春秋列国东坡图说"、"春秋左传注评测义引用书目"、"春秋左传注评测义姓氏"、"春秋左传总评"及凌稚隆《读春秋左传测言》等，颇关全书之体例。其总评及《测言》尤为凌稚隆用心与力处，而奥田元继皆不之录，仅截取其《测言》后之识语置于篇首，此其不同一也；又凌稚隆原书所辑各家评语悉置文中，而元继则分上下两格，各家评语移置上格，下格则一遵林尧叟《句解》，虽欲便观览，然因所录评语过多，评语与正文内容多有不相照应者，反不如凌稚隆原本之便，此其不同二也；又凌稚隆《测言》一则云："凡注世称元凯左氏忠臣，难訾其略；洒孔之《注疏》、林之《句解》，冗屑可厌，朱之《句解》，删割无根，《类编》之分国，《左萃》、《属事》之分类，纠棼靡辨，读者难之。不佞撮拾群言，合之鄙意，会而成注。先训字、后句解、浅近者略之，若尽出诸家则各冠以本氏，大都崇元凯云。"再则曰："凡分节，旧本一句一解，鄙琐无论，其称善本者，惟意所至，短则嵌注句中，长则累牍不少置，漫无取裁，殊乏义例。不佞每传分节，或其一说之竟，或其一事之终，始末首尾不俚，混淆宜分。俭于一二句不可截，丰于数十言（按：此下疑有脱文），庶几按节而读，无竢推寻而已得其指趣之梗云。"是则凌稚隆之注以杜预为主，于孔疏、林解诸家则颇致不满，其分节则以"一说之竟"、"一事之终"为标的，与林氏等句为之解显有不同。而奥田元继则云："林尧叟《直解》七十卷，大要斟酌于杜氏之意，益其所未逮，补其所未备，章章句句，反覆丁宁，甚便初学考索焉。"而其正文之注及分节亦悉本林尧叟《直解》，此其不同三也。是则其书之体例及宗尚与凌稚隆皆有不同，盖其所谓以凌稚隆为原本者，不过撮拾凌稚隆所辑各家评语，置于卷端，己则略加补辑而已（按：其跋云："本凌稚隆《评林》，续辑程、胡、朱熹暨明清诸贤之论尤当于实理者。三子余条，冀以致经之蕴焉。"）。至于其用意之同否，则初不之顾。

奥田元继是书体例与凌稚隆虽有不同，然其继凌稚隆之后，将凌稚隆未及见或见而未录诸家之评（按：如明穆文熙、陈继儒、金圣叹、孙鑛、钟惺、王锡爵等，清魏禧、顾炎武、彭家屏、李渔等）汇为一册，用力之勤，不下于凌稚隆，使读者览一书而见诸家之解，省却翻阅之苦，是亦其书大有功于学林之处。

约乾隆、嘉庆年间
左传说三十卷，卷首一卷

清王系撰。系字世甫，自号雌黑居士，山西榆地人。乾隆丁未年进士，出守山东昌乐县，弗得于监司，请改教职，得大同府教授（见《左传说》卷首作者自撰小传）。

是编凡三十卷，卷首一卷，为国家图书馆所藏之稿本。其卷首依次录有苏轼《春秋列国图说》、《诸侯废兴目录》、《春秋提要》，"引用先儒姓氏"，自序，凡例及《雌黑居士自传》。王系以古之经传皆各自单行，杜预以传附经，虽便省览，然于左氏之文则时有割裂，故其正文仅录《左传》原文，而以《年表》一卷，经文二卷列于文末。其批语有夹批与尾批，间有旁批，以尾批为主。圈点则仅有联圈，以朱笔标出。又是书于诸公之末，仿史书之例，各为论赞。如隐公之赞曰："隐摄位十一年，王命五至，而未尝一报礼于京师，君臣之义何如哉？纵翚弗诛，让桓弗决，卒以自殒，悲夫！按：谥法，隐拂不成曰隐。虽桓之忍，迹其终始，殆亦近之。"桓公之赞曰："杀夺皆争，桓独施之于揖让，异哉！艳妻煽祸，获报亦奇。鲁人曰：无所归咎，恶于诸侯。盖自今日，犹将为之掩鼻焉。"其余诸公亦皆如是，多为其一生功过之论定。

是编乃王系掌教大同时，以《左传》课儿辈，手自写定者。其自传言历时十有四年，始克成书。其自序言是书之宗旨，略谓：传以翼经，自汉以来，注左氏者多矣，皆说其义例，而不及其文辞。然左氏之文实千古史家之祖，其法严而善变。古往今来名公巨卿，无不含其英，咀其华，而皆得鱼忘筌。非不爱之，特以文辞非古人之所重，故不敢以渎古人，且不欲自渎。遂使初学之士，望洋而叹，二千年于今矣。《春秋》之义，非小子之所敢知，且诸家之说，既已班班若彼，后之人苟欲闻《春秋》之义，将于彼乎求之，亦无庸小子之呹呹。唯其文辞，则小子之职，亦区区之心所不能自已者也。是则其书大旨在于讲究左氏之文法，以为初学揣摩科举之助。其凡例通论《左传》一书之文法，谓左氏有大结构，有小结构。其大结构则以《左传》通部为一篇，小结构则或事为一篇，或合数事为一篇。一篇之中有段落，段落之中又有小段落。又有裁补法，谓有经无传者，经自明也，故裁其所可裁；有传无经者，经之所不及详而治经者不可不详也，故补其所必补。又有大布置法、小布置法，大垂成法、小垂成法，又有提掇法、暗写法、点睛法、虚实变幻法、奇正相生法，又有省法有不省法、有设色法有白描法、又有激映法有独行法、有换法、有代法、有衬法，以及追叙、插序、补叙、倒叙等法，凡此之类，皆就左氏文中，逐一标明，详为之说。于左氏文法，诠释颇为详审，其中不乏独得之见。是书于论文之外，亦多对事义之评断，且间有新意，如桓公十五年，论郑忽之失国，乃由祭仲之狡诈，即可谓有见之论。其批云："郑庄之诈，而仲有宠，仲之诈可知也。仲既有宠，思专郑国，以忽为世子，故献无援不立之言以自亲附。忽立而仲已专矣，宋使立突，要盟可欺，仲之意则以逐君立君，其权益张，其宠愈固，其专可久，故立突而逐忽。突不能堪，则复忽而逐突。仲权如此，忽虽有百援，奚益哉？忽固非能自求多福者，然其所以无后于郑，则非失大援之故也。"要言之，是书于左氏文法之推阐，于事义之评价，多有可观，此皆其不可废处。

左传钞（国家图书馆藏）

清武亿（1745—1799）评点。亿字虚谷，一字授堂，又字小石，自号半石老人，河南偃师人。清乾隆四十五年进士，授博山知县，因得罪于和珅而罢官，遂教授于齐鲁间，主讲清源书院（《清史稿》卷四百八十一有传）。精通经史，长于考证，有《经读考异》、《群经义证》、《金石跋》、《读史金石集目》、《钱谱》、《授经堂诗文集》等行世。

是编为其《敦朴堂简明评点三礼春秋三传钞》之一，不分卷，用四色笔钞评。其所选各篇于有经无传者，上加"附录"以别之。其批语有有眉批、旁批、尾批，皆较简练。圈点有圆圈、逗点与三角。武亿之评，多用时文之法，似为取便举业而作。如襄公二十五年《子产论然明》篇，其批语云："此篇亦合传体，似时文之有搭题。上两'如'字，下两'如'字相对，上'心'字，下'思'字相映，中间以'喜然明告太叔'作转梗。通篇子产为主，盖对叙而侧重者也。"

卷四　延续与余晖期之《左传》评点
（嘉庆至民国初年）

嘉庆五年（1800）
重订古文释义新编

清余诚选评。诚字自明，上元（今南京）人，生平不详。是编选文凡八卷，一百四十七篇，以时代为序，始于《左传》，迄于明。其卷首有余诚自序，末署"嘉庆五年庚申仲秋上浣之吉上元余诚自明氏书于芝堂"，次有目录，复次为凡例三十则，其每卷书名下题"上元余诚自明评注，男芝虎庭参阅"。余诚谓是编专欲为初学定一善本，故其评极详，有眉批、旁批，有文后总评，总评后又有音义，有序解，务使文义、字义搜剔必尽。

其圈点形式亦较多,"于文中纲领、主脑、眼目、关键、骨子、结穴,每一字旁用一重圈(。。);起伏照应处,每一字旁用一双点(、、);精彩发挥及点染生动,每一句旁用密点(、、、、、);神理活泼,议论警策、字句工妙、笔墨奇变处,皆旁用密圈(。。。。。。);而每一句下,必着一小圆点(·),不使初学句读莫辨;至每一段止处,则下用一画以断之,俾学者便于分别"。是编所选文字,于每一类之首篇,如《左传·郑伯克段于鄢》之类,必注明其名目;于所选各家,必将其人姓氏、原委,及其文作于何年,以及所以作之由,详注上方,以便读者。

余诚之选是编,凡八年乃就,用力甚苦。其谓"评古文固未可傍人藩篱,尤未可逞己臆说",如前贤评语,适与古人意合,正自不妨互相发明,不必妄生议论,专取旧评而翻驳之。若前贤未有确论,则宜独申己见,还其本来面目,持论可谓通达。观其所评,大抵先指明通篇大旨所在,然后分其段落,逐段批明其意,"然后逐句详批,然后细评其起伏照应,其有旁批所载不尽者,悉以次列于上方",段段皆然,然后综其终始,总评于文后。其"文中承接转折,评语难以详悉者,则又为序解,顺文训诂以终之"。大抵务使文义、文法详明且尽。考其所评,持论多甚严正,如《郑伯克段于鄢》篇,即首论亲亲之道,谓:"天下无不是的父母,母纵有无端之恶,自可婉转顺受,以俟其自悟。"又以舜之处母、弟与郑庄相较,极论庄公之不堪;《周郑交质》篇,则论君臣相与之道,谓:"君臣之道,各期自尽,使以礼,事以忠,千古君臣之极也。君而得忠,盖固当以礼;即驭奸佞,亦当以礼。臣而佐圣明,固当以忠;即值昏恶,亦当以忠。"其评类此者甚多,于今日视之,或失之迂,然其时自为教子良方。其评于文法推阐亦极详尽,多有可取者。

是编之选,略后于《古文观止》,其所选百四十七篇,见于

《观止》者十之八九，特《观止》之评简而明，是编之评详而尽，各有所当，故其影响，虽不及《观止》深远，因其便于初学，故为刻书者所喜，翻刻甚多。余诚是编，似有意为通代之选，以见散文发展之脉络。故《观止》不收元文，而是编则采录一篇。《观止》不收诸子，是编则采庄子文一篇，此皆其识见高于二吴处。然作者身处乾嘉汉学鼎盛之际，为时风所煽，其选文似有厚古薄今之病。是编选文较《观止》少八十五篇，然六朝以前，二书卷帙相当，其别则在唐以后。《观止》选唐、宋、明之文百十二篇，是编仅四十篇，其中明文仅一篇，是可见其选文之旨趣。故余诚是选，虽有意求全，然因删削过甚，故各代之文，不若《观止》之比例适当，能体现历代之美。其影响不及《观止》，亦因此之故。

道光七年（1827）

春秋左传杜注三十卷

清姚培谦（1693—1766）注，庞佑清集评。佑清字书田，吴江人，始末未详。是编凡三十卷，为道光年间洪都潄经堂刊本。其书名页题"春秋左传杜注，华亭姚平山原本，松陵庞书田补订，钟陵饶尺生校阅，道光七年夏月新镌"；全书首录《春秋左传杜氏序》，次有《春秋王朝兴废说》、《春秋列国兴废说》及《春秋一百二十四国爵姓》；又有《凡例》八则，末署"乾隆九年岁次甲子九月上浣姚培谦识"；又有"引摘书目"与"采集各评"，末署"道光五年岁次乙酉，吴江庞佑清舒恬氏识"。是编正文分上下格，下格为姚培谦《增补左传杜注》，上格录庞佑清所辑各家之注评。庞佑清自云："《左传》读本近推姚本，兹更增入汉唐宋元以来诸儒之说（按：凡三十三家），采摭各选本评论（按：凡二十家），慎为拣取，汇录于上。或为事贯其终始，或为文罗其眉目。韩子云：'记事者必提其要，纂言者必钩其元。'取裁之意，亦复如是，请以质诸读《左》者。"是则其书乃以姚注为底本，采录诸家之评而成，庞佑清本人则无所发明。然考其所采各家，如何义门《左传集评》、俞宁世《可仪堂左选》、唐锡周《左传咀华》等，今皆已不存。端赖是编，尚能略窥一二，是亦其书之不可废处。

道光十六年（1836）
左传易读六卷

清司徒修辑。修字则庐，广东开平人，始末不详，另有《周礼易读》行世。是编书名页题"粤东开平司徒则庐氏辑，左传易读"，全书首有道光丙申郭维暹序，次为祝廷彪序，次为参校人名氏。其目录后首录冯李骅《春秋列国时事图说》，次列《杜林合注》之《春秋左传提要》。此书选文不另拟题目，有经者列以经文，无经者以附录别之。其正文分上下两层，上层内容有三：一为评论，以事义为主，间及文法，多辑前人评语，所辑又以韩范、钟惺之说为主；二为考核典故及字词音义；三为略注事之始末，以《左传》本编年纪事，其一事多散见各篇，是书所选多非其事之全，必略为注释，方能首尾贯通（按：如桓公十五年五月，郑伯突出奔蔡，首句即云"祭仲专"，若无注释，其义难明。故于卷端注云：十一年，郑庄公卒，祭仲立太子忽，是为昭公。突，宋出也，是年五月，宋人执祭仲胁之立突，祭仲立突，是为厉公，昭公奔卫，仲至是专权）。其下层节选《左传》之文，有夹注，有旁批，旁批以揭示文法为主。

是书命名，据郭、祝二人之序，盖以杜林、《左绣》诸本，论事论文甚详，特于原文不减一字，每令读者兴汪洋之叹，此书所选则"繁简得宜，注批详明，令初学随读随解"，为功甚易，是以名曰"易读"。是则其书专为初学而设，故其所批多揭示句法、字法、伏应、波澜；于事义，则以正大而当于人心者为主，殊少发明。其于字词音义之考订，间有精当详明者。如于桓公六年诸"张"字之考订，曰："考字典：张，大也，平声，《诗》'孔修且张'、《书》'张皇六师'是也；自侈大也，去声，此之'随张，必弃小国'是也。按：'大也'与'自侈大也'不同解。大者，言扩大此物也；自侈大则骄泰意。'张吾三军'谓大我军势；'嬴师以张之'谓大少师之侈，与侈大意各别，故此处三张字，惟'随张'是去声，余皆平声。"书中所批，似此等处亦往往而有，不多举。

道光三十年（1850）

古文一隅二卷

清朱宗洛评选。宗洛字绍川，号巽斋，无锡人。乾隆庚辰进士，官山西天镇县知县。宗洛笃志力学，为文有深湛之思。尤邃于《易》，有《易经观玩篇》行世（清韩履宠等修《无锡金匮县志》卷二十有传）。

是编凡二卷，选文四十篇，《左传》仅选《晋侯使吕相绝秦》一篇。卷首有庞大□序，末署"道光庚戌春王月常熟后学庞大□叙"。其评有旁批及尾批，尾批尤详。有圆圈（○○○）与圆点（···）施于文句精彩处。

是编之评多出以时文手法。如《吕相绝秦》篇，其尾批谓："行文之妙，全在用笔轻重伸缩之间。如此文于秦直晋曲处，则用轻笔缩笔，于晋直秦曲处，则用重笔伸笔是也。而以直为曲，以曲为直，尤在善用转笔、折笔、顿笔、跌笔、激笔、提笔。"又谓章法句法有错综处，有整齐处。须于整齐处见错综，于错综处见整齐。又谓此篇前半入秦罪，多虚诬之辞，秦之罪案，唯在告狄告楚，"却从秦人口中说出，又从狄楚口中说出，又从狄楚转入诸侯，见得是诸侯公愤，而归到自己，却仍说求好，落句'不能退'三字，直说得未可如何，此行文家以虚为实，以实为虚之法"。书中之评，多为此等，庞氏《序》谓宗洛"合古文时文为一手"，又谓是编不仅举作古文之法，亦兼示作时文之法，盖得其实。

咸丰二年（1852）
古文资镜二卷

清王寿康选辑。寿康字二如，始末未详。是编凡二卷，五十七篇，其中选《左传》三篇。其卷首有刘枢序，末题"咸丰二年正月人日愚弟刘枢撰"，又有王寿康自序，末署"咸丰二年岁次壬子仲春之月寿康自序"。其评仅有文末总评，圈点亦较略，仅有密圈施于语言警策处。是编选文，以明义理，切事用为尚，不以能文为宗，其名为"资镜"，用意显然。其评亦多寓世教之意，如《子产劝范宣子轻币》篇，其评云："放利多怨，夫子尝言之，人情愦愦，第知积金以肥其家，不知取非其有之适以丧其家也。悲夫！"又如《晏子论和与同异》篇，其评云："专一之弊，大之在朝廷之设施，微之在声音之感召，约之在人伦日用性情心术之间，皆当济其不及以抑其过，始足召和泯害焉。和之未可伪托也如是。"书中之评，大多类此。要言之，是编亦家塾课徒之作，特其宗旨乃在劝善规过，非如他选之以指陈作法为的。

约道光、咸丰年间
古文四象四卷

清曾国藩辑。国藩字涤笙，号伯涵，湖南湘乡人，事见

《清史稿》四百十一卷。所著有《曾文正公诗文集》等。

是编以风格为类，分为四卷。卷一为太阳气势，就中又分喷薄之势、跌宕之势；卷二为少阳趣味，就中又分恢诡之趣、闲适之趣；卷三为太阴识度，就中又分闳阔之度、含蓄之度；卷四为少阴情韵，就中又分沈雄之韵、凄恻之韵。每卷之中又按经、史、百家之序编选。据目录后吴汝纶识语，谓："姚姬传先生论文，创为阴阳之说，以为文章之美，不出此二者。曾文正公因而推之，阳有太阳、少阳之分，阴有太阴、少阴之分。气势为太阳之类，趣味少阳之类，识度太阴之类，情韵少阴之类。张廉卿先生又以二十字分配阴阳，神气势骨机理意识脉声，阳也；味韵格态情法词度界色，阴也。则充其类而尽之矣。"可知是编之选，亦桐城派以阴阳刚柔论文之惯用家数。其选文诗赋兼收，亦袭《古文辞类纂》之故步。然是编之选实有其独到处，如少阳类选《庄子》之文十五篇（按：多节取一节），荀卿文一篇（按：亦节选），太阴类选《孟子》文七节，此皆其他选家所罕及者。而少阴类取屈原之《离骚》、《九歌》，亦较坊本之选《卜居》、《渔父》为优。是编为集评之体，有眉批，有尾批，注释则置于文末，不重圈点。是编选《左传》十篇，列于少阳趣味类，其评皆出孙鑛、钟惺、韩范三家，似即据坊刻三家合评本而来。

守山阁左传选（残卷）

是编为上海图书馆所藏，非完帙，始于襄公十四年，迄于哀公十六年，其所录各篇之次序颇紊乱。首页有守山阁之印，尾页题"金山钱熙祚校读"，当为钱熙祚所评定。熙祚字雪枝，一字锡之。清金山（今属上海市）人，生于刻书世家，钱熙祚继承家业，好表彰古今秘籍，刻书甚多。所刻《守山阁丛书》

百十二种，世称善本。又刻有《珠丛别录》二十八种八十二卷，《指海》初集九十五种百四十一卷。是书有眉批、尾批与旁批，圈点则以联圈为主。其眉批与旁批多注释文句、疏通文意，尾批则为事义之评价，大多随事而发。如襄公十四年《师旷论卫人出君》篇，尾批云："为君者，上答天心，下慰民望，略一恣肆，便蹈危亡。故人言之曰，为君难。师旷之论，真龟鑑也。"又有论及文法者，如襄公二十六年《声子请复椒举》篇，其尾批云："篇首点次前事楚楚，引书参差错落，使子木正容动听，四段方正严洁而才情横溢，锋不可挡，建安之文，往往似之。"是书所评，多为此类。

春秋左传文法读本

清方宗诚（1818—1888）评点。宗诚字存之，号柏堂，桐城人。方东树从弟。少时家贫，曾受学于许鼎、方东树，有《柏堂集》九十二卷行世（《清史稿》卷四百八十六有传，附方东树传后）。

是编不分卷，凡十册，为朱、墨两色，正文用墨，圈点及批语用朱。其封面题"方柏堂老人春秋左氏传家塾课本，男守彝钞藏，守敬过录评点"，每页中缝有"网旧闻斋"字样。是书全录《春秋》与《左传》之文，无有注释，亦不立题目，于无传之经下，标"无传"二字；于无经之传前，标附某某传。如隐公元年"纪人伐夷"与"有蜚"皆无经，其上云"附纪人伐夷与有蜚传"；传文较经低一格，以示尊经之意。是书于《左传》之能成篇者，多于其前加朱"○"，并以"○"之多少定文之优劣。如《郑伯克段于鄢》前即有三圈。其批语以眉批为主，多揭示左氏文法。圈点有联圈、联点，施于文句精彩处。又有截（一）以划分章节，有抹（｜）以标示文章主旨。

是编乃方宗诚为指导儿孙辈为文而作，故以章法结构之分析为主。方宗诚喜辨明文体，其所论列有叙事体、论赞体、奏议体、策论体、奏对体、辞命体、奏疏体等多种；而其论文之大旨，则谓文忌平直，其批点于此反复致意。所批如"小文忌平直，故用追叙倒叙之法，乃不平顺，乃有气势"（桓公十八年）。"平平叙事之中，忽加一折，乃不平直。"（隐公三年）"承明上文阶之为祸，妙在不用正笔而用反笔，乃不平直。"（隐公四年）"请弑之下应直接十一月壬辰，羽父使贼弑公于寪氏，因寪氏无根，后人莫能明，故夹叙公之为公子一段事于中，此可悟文中断续之法，乃可免平铺直叙之弊。"（隐公十一年）"此篇若节去'故有郎之师'一句及'公之未婚于齐'一段，前后原可相接，但觉平直，中间插入'故有郎之师'一句，及'公之未婚于齐'一段，文境乃突兀变化。"（桓公六年）皆是此意。方宗诚所批大多此类，于初学之揣摩文法，或不无所助。

光绪十年（1884）
左传做史录

清杨景盛撰。景盛字君屏，覃怀（疑即今河南焦作）人，生卒年皆不详。是编为河南大学图书馆所藏手抄本，凡十二卷，以十二地支标目。封面题"左传做史录，问心斋"，卷首有李道增《杨太学君屏公左传做史录序》，末署"光绪甲申年己月吉日，后学覃怀川如李道增谨序"，其目录书名下题"五世裔孙四知重订，暨子济桓缮书"。此书乃分国钞评，各国皆以鲁君世次编年，经传并录，经文低传文两格，无经者则于传文上标其所属之年。全书以《左传》之事分隶二十四国之下，计子部为东周，丑部为鲁一，寅部为鲁二，卯部为郑、许，辰部为齐、纪、莒，巳部为宋，午部为晋一，未部为晋二、虢、虞，申部为卫、曹、蔡，酉部为秦、陈、滕、薛、邾、小邾，戌部为楚，亥部为吴、越。是书间有密圈，其评有眉批与尾批，间亦采录前人之评，所采以《左传翼评》为多。

是编以"做史录"为题，李道增谓是书乃"忧世"之作，又谓君屏"盖本孔子作《春秋》之心为心也"，盖得其意。是书既取以史为鉴之意，故其所评，多以论史事为主。如子部，隐公三年，武氏子来求赙，其批云："《大学》言平天下而归本于忠信，盖忠信而未有不恕，忠恕而未有无礼，礼达而分定，天下不难治矣。天子者，天下之本也，本乱而末治，未之有也。祭伯来而非王命，天子崩而无的日，诸侯之赙而又以来求，平王之世，忠信礼度，荡然无存，左氏连类其事，而大发其旨于周郑交质之文，所以明春秋之蕴也。不然，春秋不书，而左氏谆谆言之，是岂以传释经之意乎？"而《周郑交质》篇之批，既责郑伯之射王中肩、不朝不王之罪，又责桓王之不恕、不礼郑伯，并谓："左氏叙次周郑，夹叙戎伐凡伯一段，故知不待荆楚凭凌之日，而不君不臣、不夷不夏，早已见于桓王之世矣。"是书之批，经义史事而外，间有及于文法者，然多引他人之说。如辰部，隐公八年，其批引《翼评》有云："零零落落，文若不属而意相承，读来自有累累贯珠之妙。"卯部，郑穆公之立，其批引王源之说云："开手'郑穆公卒'一句提纲，下面三段，俱是追叙，结尾一段，方是正传，局阵极阔，呼应极灵，所谓首尾相系应也。中间追叙群公子不立一段极妙，既见天意有属，晋国非托，又将上下文隔断，有横岭侧峰之奇。"而杨景盛本人之评，则极少涉及文法。是编于诸多《左传》评本种，亦是较有特色之一种。

光绪十四年（1888）

选批《左传》

是编凡十六卷，其牌记题"光绪戊子年新刊古香阁魏氏藏板墨耕堂发售"（按：此墨耕堂由魏朝俊于同治九年在新都县创建，民国时期又在成都设分销处，是一较有规模的自刻、自印、自售的中型书坊。所有书籍，均雇人精工雕版，并选用上等纸张，印制讲究，装订精致，是木刻书业中刊刻质量较高者。所刻书籍从童蒙读物到四书、五经、八股制艺等，种类很多。由魏朝俊本人编辑刻印的《四书精华》、《五经精华》，均以刻工精致而著名。该堂于1923年停刻书，只售书，1937年歇业）。据卷首魏朝俊序，有人请其刊刻路润生《左传》抄本，魏朝俊以其选文较略，故又益以韩菼、孙鑛二人所选，于每篇之眉端注明为何人所选，若二人或三人皆选者，亦分别注明。

是编所选各篇不另拟题目，而以鲁国十二公先后次序排列。其批语以三家为主，间有魏朝俊所参定者，每条批语皆注明出于何人。全书有旁批、眉批、尾批，又有夹注，疑难字之注音亦在眉批中。圈点符号以连圈与连点为主。是编所批以文为主，魏朝俊序云："然人读其传，而胥慕其文，自来言古文者必选，选必有批。然谓文莫古于此，亦莫善于此，可选在文，亦可批在文耶。"韩、孙二人批语不论，就路润生批语而言，与前人所论亦同一途辙，略举数则，以见其概。如郑伯克段篇以颖考叔作结，路润生谓："叙庄公事，而结赞考叔，寓意冷然。倒宾作主，章法奇变。"又如宋穆公让位事，润生批云："义字一篇之主，不独赞宣，亦赞穆。"又如石碏进谏篇以"乃老"二字收结，润生谓："'乃老'二字结，简峭苍寒，留为后案，有不尽之神。"其所批大略如此。

光绪三十三年（1907）
古文选读初编二卷（江南制造局译书汇刻）

清李右之编选。是编卷首有凡例，卷末有王维泰跋语，末署"光绪丁未冬十二月上海王维泰"。其评仅有尾批，多"采取各选家之精者，间亦参以管见"。圈点则有密圈（○○○）与密点（、、、）。

是编分上下卷，选文百七十七篇。据王维泰跋语，则应分三卷，选文百六十篇。又据其凡例，谓是编之选，仿曾国藩《经史百家文钞》之例，"先史而后经，沿流而溯源，俾学者易于入手"。考其实，此书上卷始于《檀弓》、《左传》，迄于清，下卷亦始于《左传》，迄于清，均依时代为序，无所谓先史后经之说。凡例与正文多踳驳不合，在诸选本中并不多见。考是编凡例及跋皆出王维泰，选文则为李右之，或二人初时共定凡例，李右之编选时以其未便，故略为改易，其凡例则仍而未改。又，是编上下卷选文范围略同，均始于先秦，迄于清季，且选清文皆出于桐城诸家，其分为二卷，则不知何故。其凡例谓是编乃江南制造局兵工专门中学及高等小学课本，然则二卷或一为小学课本，一为中学课本。是编既为初学而设，故其评或论文，或论事，多力求简明。论文者如《石碏谏宠州吁》篇，其评云："前叙州吁之宠，笔笔曲，后叙石碏之谏，笔笔切，曲而立案甚严，切而数辞甚变，用笔之妙也。"论事者如《叔孙豹论不朽》，其评云："世禄之祖，亦自立德立功立言而来，子孙忘之，但以阀阅夸人，即为不肖。穆叔之言，真膏粱针砭也。"

光绪三十四年（1908）
古文学馀三十四卷

清毛庆藩编选，毛庆藩始末未详。是编凡三十四卷，选文始于《礼记》、《左传》，迄于南宋，其中选《左传》八卷。毛庆藩自序及目录皆在卷尾，其序末题"光绪三十有四年秋九月望新授甘肃布政使江苏提学使毛庆藩序"。其评有眉批、有尾批，圈点则有密圈（。。。）及密点（、、、）。

毛庆藩编选此书之时，中国为列强凭凌日久，国事日坏，大批新进之士思有以变革以救其弊，故引介西学，主张废除八股，建立新式学堂。于是科学日兴，而古学渐微。而毛庆藩以为："科学者，各国之所致精也，我国之所未及也；道德文章者，自古在昔，先民有作之所致精也，各国之所未及也。"故弃我之所致精而循人，则失其本。且失我之所致精，亦无由知各国之所致精。为救弊补偏，故有是编之选。

是编以"学馀"名篇者，一示自谦，谓文中所述，"皆所学于师友之绪馀也"；一为劝勉，谓"文者，古人之馀也。学文者，修德之馀也"，欲学者能以修德之馀，致力于古学。故是编之评，虽亦论及文法，其大要乃在切于世教。姑录其评《左传》数则，以见其概。如《郑伯克段于鄢》篇（按：是编目录于各篇皆为拟题，正文则仅以十二公为序，而不列题目），其批云："左氏叙事多从细微琐屑处起，是为神品。盖天下大事，无不从细微琐屑处起，君子所以慎厥初也。"又如《石碏谏宠州吁》篇，其批云："天下之治乱，生于好恶，好恶得其平，治之所由兴也。好恶不得其平，乱之所由兴也。显则将相，隐则宫闱，要未有隐而不显者，是故石碏忧之而为谠论，庄姜悲之而为变风。"又如《齐连称管至父弑其君》篇，其批谓："善不积不足以成名，恶不积不足以灭身。终日拘虋，终夜伏戎，以为莫我害也。至菑殃及身，则无救矣。呜呼，岂独南山雄狐哉！"又如《鲁吊宋灾》篇，其批云："邻有灾则吊之，礼也。闻吊则引咎自责，亦礼也。然于此特辞令之工耳矣。果能罪己，果能遇灾而惧，然后身心意知之命新，家国天下之命亦新。千古转危为安、转乱为治者，胥是道也。禹汤其最著矣。"

清末民初

左传点勘三十卷

清吴汝纶（1840—1903）点校。汝纶字挚甫（又作至父），安徽桐城人，同治进士，授内阁中书（《清史稿》卷四百八十六有传）。汝纶为"曾门四弟子"之一，其论文宗法桐城，而又主"有所变而后大"，以为"桐城诸老，气清体洁，海内所宗，独雄奇瑰玮之境尚少"（见《与姚仲实》）。是以其文章，既得桐城派整饬雅洁之长，又不全落桐城窠臼。风格矜炼典雅，意厚气雄，得于《史记》者尤深。因受曾国藩影响，讲求由训诂以通文辞，晚年致力于解经，然诂经实非其长，"往往私造训诂，自立一义，不足为训"（见张舜徽《清人文集别录》）。而其群书点勘，务在畅通大义，颇便初学。其著作有《深州风土记》、《东游丛录》《桐城吴先生全书》等行世。

是编为其群书点勘之一，由都门印书局刊行，乃吴闿生据其父遗稿整理而成。卷末附有《吴至父与贺松坡论左传书》二篇。是书以校勘为主，所据以唐石经本、倭库本（日本金泽文库本）为主，又博采先唐典籍（如《韩非子》、《史记》、《汉书》、《说文》、《文选》、《经典释文》等）相参证，用力颇勤。其成果已为吴闿生采入《左传微》中。是编圈点有圆圈与圆点，施于文句精彩处；又有眉批，多为经义及史事之论定，较少涉及文法。如僖公四年，齐桓公伐楚，其批云："左氏于桓文谲正及以力假仁处，皆各如其分，不失铢两，与孔孟所论符同，此所以为良史也。"又如庄公八年，齐襄公之弑，其批云："左氏往往借神怪以寄恢诡之趣，柳子厚《非国语》乃以淫巫瞽史病之，未足喻于文字之深微也。"又如闵公元年，毕万筮晋，其批云："载此占与田完同，盖田氏未取齐，三家未分晋，识者已能见之。姚姬传乃疑为吴起所续，何其专辄也？"是书之批语大多类此。

由是书之批语及末尾所附之书信，可略窥吴汝纶治学之旨趣。吴汝纶治经盖宗今文之说而略有修正。其谓《左传》中之解经语皆非原有，如隐公三年"君氏卒"，其批云："吾疑左氏凡空释经词无事实者，皆后之经师妄增之，如此经，君氏自是汉时传经之误文，岂左氏亲承素王笔削时所有乎？"其信中载贺涛之语，谓："左氏书但纪述事始末，而未尝为之条例以解诂《春秋》之文，其条例而解诂之者，浅学自喜者之所为也。"吴汝纶深然其说，赞为"卓识闳议"。然贺涛、康有为等人皆谓《左传》中之解经语乃刘歆所窜入，吴汝纶则力斥其非，谓解经之语在刘歆之前已然存在，则又较合乎事实。要言之，吴汝纶为学虽宗今文，其立论则较为持平，不似康有为等之穿凿。

又，是书每卷之末附有姚鼐《左传》圈点，略仿《史记合笔》之例，摘录起迄，以墨色点法附注其下。其圈点有黄、朱二色，其黄色圈点皆标明黄字，不言黄者皆朱色。其形式有顶圈、顶点、黄领圈、领圈、黄点、点、圈、句点等多种。姚鼐曾谓"圈点启发人意，有愈于解说者矣"（见《答徐季雅书》），足见其于圈点之重视。所可惜者，是编仅录其圈点，而未指示其功用，若能与姚氏他书之评点相参，明其用意，或于姚鼐古文理论之阐释亦不无助益。

左传撷华二卷

林纾（1852—1924）选评。纾原名群玉，字琴南，号畏庐，别署冷红生，晚又称蠡叟、践卓翁、春觉斋主人等，福建侯官人。其论文，以桐城义法为说，谓左、马、班、韩之文，为"天下文章之祖庭"。有《畏庐文集》、《畏庐诗存》、《春觉斋论文》、《文微》、《韩柳文研究法》等书行世，另与人合译《巴黎茶花女遗事》等书四十余部（《清史稿》卷四百八十六有传，今修《福州市志》第八册第五百七十五页）。

是编分上下卷，选文八十三篇。卷首有纾《左传撷华序》及按语，每篇各为拟题，于题下注明鲁公某年。是编所选皆左氏文章之美者，其正文以《左传》原文为主，间有注释。其批语仅有文末总评，低正文两格，并加"纾按"以别之。圈点较略，仅有联圈（。。。）施于文章之精彩处。

林纾论文私淑桐城，是以于左氏之文赞不容口。其序一则云："左氏之文，万世古文之祖也。"再则言："天下文章，能变化陆离，不可方物者，只有三家：一左，一马，一韩而已。"桐城论文，以义法为先，而林纾于其所谓"法"者，尤津津致力焉。其《序》于左氏行文之法，多所揭示，亦可视为其论文之纲。其中有云："左氏之文，无所不能，时时变其行阵，使望阵者莫审其阵图之所出。譬如首尾背驰，不能系缧为一，则中间作锁纽之笔，暗中牵合，使隐渡而下，至于临尾一拍即合，使人瞀然不觉其艰琐，反羡其自然者；或叙致一事，赫然如荼火，读者人人争欲寻究其结穴，乃读至收束之处，漠然如淡烟轻云，飘渺无迹。乃不知其结穴处转在中间，如岳武穆过师，元帅已杂偏裨而行，使人寻迹不得。又或一事之中，斗出一人，此人为全篇关键，而偏不得其出处，乃于闲闲中补入数行，即为其人之小传，却穿插在恰好地步，如天衣无缝，较之司马光之为《通鉴》，到叙补其人之地望族姓，于无罅隙处强入，往往令人棘目，相去殆万里矣。又或叙战事之规画，极力叙战而不言谋，或极力抒谋而略言战，或在百忙之中，而间出以闲笔，或从纷扰之中，而转为针对。其叙战事，尤极留意，必因事设权，不曾一笔沿袭，一语雷同，真神技也。其下于短篇之中，尤有筋力，状奸人之狙诈，能曲绘而成形，写武士之骁烈，即因奇而得韵，令人莫可思议。"其正文之批语大多类此，于左氏行文之规矩，穿之凿之，以授于人。据书前之按语，林纾作此书时已届晚年，其时白话方兴未艾，新文学倡导者对古文抨击不遗余力。林纾则以近于殉道者之坚定信念与使命感，力图拯古文于败亡之中。其津津于古文文法之揭示，志良可嘉。

又，林纾原有《左孟庄骚精华录》一书，是编即扩充其《左传精华》而成，篇幅约为其三倍。二书选文相同者，批语亦同。特其书有三篇为是编所无，即《郑伯伐徐》、《平子立臧会》、《齐侯将纳公》。其书不另列，附记于此。

左传菁华录二十四卷

吴曾祺选评。曾祺字翼亭，亦作翊庭，福建侯官人。清光绪二年举人，历任平和、泰宁等县学教谕。后受聘上海商务印书馆，主持古今秘笈珍本编辑，利用涵芬楼藏书，编成《涵芬楼古今文钞》，被严复誉为"艺苑巨观"。另有《涵芬楼文谈》、《国语国策补注》、《国语韦解补正》、《漪香山馆文集》等书行世（陈衍修《闽侯县志》卷七十一，新修《福州市志》第八册第五百七十七页）。

是编卷首题"左传菁华录卷×，侯官吴曾祺评注"，全书首有曾祺自序，次为凡例六则。其所选，依鲁君年月先后比次各篇，不另拟篇题。其注释择杜、林两家之要者而存之，其不待注而自明者，概从删削，其二家未注或注而未安者，吴曾祺则以己意补正，低一格加案字以示区别。据其凡例，其批语"以眉头位狭"，故无眉批、旁批之属，而"悉付于逐节之后"，亦不施圈点。

吴曾祺自言，是书所选，皆左氏"文笔浩瀚，足以助人兴趣者"，其序亦言："文以左氏为至，论文而不及左氏，犹之登山而不陟其顶，测水而不探其源，非知文者也。"然则此选亦以文胜者为主，其名曰"菁华"者，或亦此意。至其所论，多比附史事，辨其成败得失，以资劝戒。其论文之语，大抵亦于章法、句法、字法处着力，讲求文章提挈、伏应、详略之类。如《公如棠观鱼》篇，其批云："左氏论礼之文，俱详略有法。"又云："以'纳民轨物'一句领起，以下生出许多议论，可悟古文提挈之法。"又如《郑伯入许》篇，其批云："三国伐许，而郑独专其事，左氏此篇亦俱从重处着笔，可悟作文详略之法。数登字自为章法，写得作作有芒。"又如《谏纳郜鼎》篇，其批云："'昭德塞违'与下'灭德立违'，自成章法，铺叙礼文，绝不见堆垛之迹，后人不善学之，便不免以板滞取厌。"观此可知其论文之大略。

民国五年（1916）
古文评注补正十卷

清过珙评选，蔡铸补正。铸字荫余，三水人。是编为补正《古文评注全集》之作。过珙此书甚便初学，故通行海内，流传颇远。蔡铸以其书"体例未合，删改多谬，可议之处尚多"，且"坊间刊本，鲁鱼亥豕"，又复不少，故"病其漫漶，以瑕掩玉"，因有补正之作，"务使缺者补之，误者正之"。此书首录过珙原序，末署"康熙岁次癸未桂月锡山过珙商侯氏题于绍闻堂"，次有《古文评注补正序》，末署"丙辰三月望三水蔡铸荫余志于羊城之惜分轩"，次有凡例。是编全录过珙原评，其有补正则以"按"字别之。

是编补正过珙书，用力甚勤，且多有可取者。如过珙"于诸家之文，或篇删其节，节删其句，句易其字，甚或录前幅而割去后段，或取后劲而弗列前茅，或选中权而前后均从割爱，使读者无从得其起伏照应之法，最为大谬"。此似为坊选古文之通病，然殊失作者之体。故蔡铸或据原文，或据善本，补正颇多。如《宛濮之盟》篇，《左传》直从"或诉元咺"句起，而过珙唯恐来历不清，因加"卫侯出奔楚，使元咺奉叔武以受盟"二句作起语，蔡铸则据左氏原文刻之，以还其旧。篇末尚有"先期入"一段，过珙删去，蔡铸则并补之。又如董仲舒《贤良对策》之前有制，王羲之《兰亭诗序》后有诗，陶渊明《归去来辞》前有序，苏明允《益州画像记》后有诗，文天祥《正气歌》前有引，过珙皆未之录。此虽为体例所限，然若能附录，甚便读者之观览，是编则均照原文补入。又如司马迁有《伯夷列传》，韩愈有《伯夷颂》、《孔子世家赞》，王安石有《读孔子世家赞》。欧阳修有《纵囚论》，姚鼐有《书后》、《朋党论》，苏轼有《读朋党论》、《醉翁亭记》、《醉翁操》等，其"异同得失，细心参看，足以增长见识，原本皆未之及，今略列其大概，以便读者参考互证"。又如过珙于各篇作者之小传，或详或缺，是编则缺者补之，难考者注明本末以待考，殊便读者之参观。又如过珙于各篇之原委，间有未注，或注而未明者，是编亦多为补出。是编于过珙注释之未当，评论之未安者，亦多有补正。其于文法之讨论，亦有可取者，如《楚子革对灵王》篇，其尾批云："论断文字易得板重，难得空灵，此文前段议论，笔笔用翻跌，后半议论又轻轻借证，全不犯首，尾处一段又纯用反吊，通篇竟无一笔正写实写，真觉满纸精神飞舞，只如天花乱坠，触处缤纷，却半点拈弄不得，真异样空灵文字也。板滞者得此可为换骨金丹。"

左传文法读本十二卷

民国吴闿生、刘培极合评。闿生号辟疆，安徽桐城人，学者称北江先生，北洋时期任教育次长、国务院参议。著有《周易大义》、《尚书大义》、《诗义会通》、《古文范》、《吉金文录》等。其著作多由文学社刊印。培极字综尧，河北任邱人。

是编每卷书名下题"桐城吴闿生辟疆、任邱刘培极综尧学"。全书各卷自为目录，于首卷目录后有吴闿生《与李右周进士论左传书》，实为全书之纲领。吴闿生以为左氏长于叙事，特以传经故，为编集者割裂本文，遂使《左传》全篇首尾不具。此书则依纪事本末之体，以每事相贯，合为一篇，共得百余篇。其前十一卷，略依《左传》编年之序，比次各篇；末一卷则为《左传》原文无可归者，以类而辑，并非完篇。二人评语以双行小字附于所批文句之下，以"吴闿生按"、"培极按"为别，其圈点有联圈（。。。）、联点（···）与三角（△△）三种，其用法亦未明言，大抵三角施于眼目关键，联圈、联点则用于文句精彩呼应处。又全书尚据唐石经本、倭库本（日金泽文库本）及《经典释文》诸书，于《左传》本文略作校勘。

此书以论《左传》文法为主，吴闿生以为《左传》叙事最长者，在综挈列国时势，纵横出入，无所不举，故其局势雄远，包罗闳丽，只百余篇文字，而二百余年，天子诸侯、盛衰得失，具见其中。其所揭示《左传》文法略有数端：一曰逆摄，吉凶未至，辄先见败征，城濮之役，犹未战也，而蒍贾质责子文，以痛子玉之败；楚灵夫差，方其极盛，踔厉中原，而势已不能终日，若此者皆其逆摄之胜也。二曰横接，必然之势，无可避免，而语意所趋，未尝径落，惠公之擒，先之以小驷，共王之伤，先之以射月，必有所藉而后入，必有所附而后伸，若此者，皆其横接之胜也。三曰旁溢，如华元皤腹之讴，以著其雅量，叔展麦麹之问，以极其艰穷，皆假轶事小文，肆为异采，此其横溢而四出者也。四曰反射。庄公之不子，则以颍考叔之孝形之，季孟之怯奡纵敌，则以冉有之义，公叔务人、林不狃之节形之，言出于此，意涉于彼，如汤沃雪，如镜鉴幽，若此者，皆其相反而益著者也。凡此诸论，皆慧心独发，颇能抉左氏行文之妙，然二人所评又不止于此。盖文法之揭示，特其手段，二人欲以文法为途径，进窥左氏寓意之深微。吴闿生另有《左传微》一书，其内容与此略同，而命名为"微"，则其意旨更为显豁。吴闿生以为左氏行文，虽"寄意于幽微，讬趣于绵邈，或旁击侧映以萦之，或多方骈技以乱之"，而其意并不难测，"凡其所推崇褒大者，皆必有所不足，其所肆情诋毁者，必有所深惜者也。一言以蔽之，曰正言若反而已矣"。如齐桓、晋文、秦穆、楚庄，皆五霸之盛，为左氏所褒美者，然行文之时，则颇有微辞；至如宋襄、子玉、贾季之徒，左氏所讥，又往往深致痛惜之意，持此以观，其所谓"正言若反"，亦颇有可取。然若处处以此法求之，则过深过刻之讥，亦不能免，如归父聘齐，晏桓子有"谋人，人亦谋己"之讥，吴闿生则以为影射归父之父襄仲；宋华元厚葬文公，左氏讥其不君，吴闿生乃以为意在责华元拥立文公，若此之类皆是。

综而言之，是编于《左传》文法之揭示，颇具慧心，其于左氏行文微意之探讨，亦有独得之见，于诸家《左传》评本中，是颇具价值之一种。

左传微十二卷（癸亥仲冬，文学社刊行）

吴闿生评。是编每卷卷首题"左传微卷弟×，桐城吴闿生学"，全书首有曾克端《左传微序》，次为吴闿生《与李右周进士论左传书》，次为吴闿生自定《例言九则》。《左传》本为编年之体，其一事多散见于各篇，此书则依纪事本末之例，以事为贯，将散见者合为一篇，共得百余篇。其前十一卷，略依《左传》编年之序，比次各篇；末一卷则为《左传》原文无可归者，以类而辑，皆非完篇。是书于各篇题名下各有题解，略述一篇之意，其评语则以双行小字夹批于各句之下。其圈点有联圈（。。。）、联点（···）及三角（△△△），其用法未作细分，大抵三角用于眼目关键，联圈、联点用于文句精彩及伏应处。

吴闿生与刘培极合著有《春秋左传文法读本》，是书则以其为基础，略为增订而成。吴闿生自谓"于左氏原文，无一字增损，但为之移易次第，分别联缀而已"，至其划分章卷，则"以马骕《左传事纬》为蓝本，稍为之更定"。吴闿生为学宗今文之说，以左氏为不传《春秋》，并以《左传》中解释经文及所谓条例者，为后世经师所附益，进而以为"左氏著书，其文章必自具首尾，不能尽与经文相附，其分传以隶于经者，乃汉之经师所为"，有感于此，吴闿生是书，"以文义为主，每事自为一篇"，期还左氏之旧。吴闿生虽以文论左氏，但仍以《左传》为孔门之学，并云"圣门之学，有微言有大义，《左传》一书，于大义外，微词渺旨尤多，此编专以发明左氏微言为主，故名为《左传微》"。

此书与《文法读本》分篇次第相同，其批语亦无大差别，而一名"文法"，一名为"微"者，盖以左氏微旨寓于行文之中，吴闿生特以揭示文法为手段，以发明微言为标的，合此两者，方见是书用意之全。此书所揭示《左传》之文法，约有数端：一曰逆摄，一曰横接，一曰旁溢，一曰反射，凡此诸论，皆言人所未言，颇能见左氏行文之妙。至于左氏之微旨，吴闿生以为,"凡其所推崇褒大者,皆必有所不足,其所肆情诋毁者,必有所深惜者也。一言以蔽之,曰正言若反而已矣"。持此以绳《左传》,虽有当有不当,然其见颇新,使吾人于读《左传》时,能另辟门径,是亦其功之不可没者。

春秋左传撷要二卷

民国杨钟钰辑。是编每卷书名下题"粤东司徒修原编,无锡杨钟钰重辑"。全书首录郭维遑《春秋左传易读序》,次有唐文治《春秋左传序文》,次有钟钰自序,末有《春秋列国考》。全书略仿司徒修《左传易读》之例,约选《左传》之文,略为注释。不另拟题目,其有经者,列以经文,无经者以附录别之。其不同者,无《易读》之眉批、旁批,又于篇末略引前人之评,如胡安国、冯李骅、姜炳璋、马骕等,然亦非篇篇皆有。其圈点形式较略,有双圈(◎◎◎)与密圈(∘∘∘)。

是书之作,据杨钟钰自序,乃谓自科学盛兴,读经讲经已难遍及。而六经又为吾华国粹,不可不熟读,是以芟繁节要,而有《六经撷要》之作,此书特其先成者耳。是则其书不过欲普及国粹,取便观览而已。而唐文治《序》乃谓是书之主旨,在"阐明礼教,以为人心风俗之大防"。考是书之选文,特据司徒修《左传易读》,再加删削,其注释亦尽依之,仅有篇末所引前人评语,为《易读》所无。其言及礼法者,多迂阔不足观,杨钟钰本人亦无所发明,谓其能防人心风俗之失,不无过誉之嫌。

又此书之选,于《左传》原文多所删改。如《郑伯克段于鄢》篇,于"生庄公及共叔段"句后,删去"庄公寤生,惊姜氏,故名寤生,遂恶之"数语,遂使庄公被恶、叔段得宠之由不明,而后文兄弟之致隙,亦因之无基;又于"及庄公即位"句后，删去"为之请制。公曰'制，岩邑也，虢叔死焉，他邑惟命'"数语，殊不知庄公之以京许段，为前有"他邑惟命"之语，不得已也。而是书之选，则于"公即位"句后，径接"为之请京"，既使文章条理不明，亦使行文无复波澜。书中似此等处尚多，不备举。要而言之，是书之选，因时制宜以弘扬国粹，用意诚为可嘉，然凭臆见而删改原文，则实不足为训。

附录：

年代未定之版本

左传国语钞本

是编为上海图书馆所藏，不著撰人。为残卷，始于宣公。虽名为《左传国语钞本》，实则兼钞公、穀与胡氏传，有眉批及旁批，以字义及名物训诂为主。于字句之紧要处往往施以圈点。是书于每段选文之前以红笔标明"左"、"国"、"穀"等，于一事完结后，往往附相关之事于下，题曰"附左"、"附国"之类。

左传选要

是编为上海图书馆所藏，不著撰人。节选《左传》文之美者，全书不分卷，有眉批，多疏通前后史事，以便省览。于字句紧要处多施以圈点。

未见版本：

左传龙骧四卷，明陈继儒撰，明刊本，吉林大学图书馆。

醉竹园左传钞四卷，明王云孙辑，万历三十八年刊本，台湾东海大学图书馆藏。

左传约编二十一卷，清邹美中辑评，道光廿六年西林上房刊本，台湾"中央研究院"藏。

三研斋左传节钞十五卷，清不著撰人，朱墨精写本，台湾，中图。

会心阁春秋左传读本十二卷，清豫山编，咸丰三年编者手写本，清许乃普等手书题跋，台湾，中图。

左传日知录八卷，清陈震撰，清乾隆年间稿本，台湾，中图。

参考文献

（下编提要中所涉文献从略）

A

[美] 艾尔曼：《经学、政治和宗族——中华帝国晚期常州今文学派研究》，赵刚译，江苏人民出版社 1998 年版。

B

班固：《汉书》，中华书局 1962 年版。

C

蔡妙真：《追寻与传释——左绣对左传的接受》，台北万卷楼图书股份有限公司 2003 年版。

陈汉章：《象山县志》，方志出版社 2004 年版。

陈善：《扪虱新话》，《续修四库全书》本。

陈衍：《闽侯县志》，民国二十二年刊本。

陈子龙：《皇明经世文编》，中华书局 1962 年版。

程颢、程颐：《二程遗书》，上海古籍出版社 1999 年版。

D

戴名世：《戴名世集》，中华书局 1986 年版。

邓云乡：《清代八股文》，河北教育出版社 2004 年版。

董诰等修：《全唐文》，中华书局 1983 年版。

段玉裁、鲍桂星等撰：《清代徽人年谱合刊》，黄山书社 2006 年版。

F

范晔：《后汉书》，中华书局1965年版。

方苞著，刘季高点校：《方苞集》，上海古籍出版社1983年版。

方东树：《昭昧詹言》，人民文学出版社1961年版。

房玄龄等：《晋书》，中华书局1974年版。

冯煦等修：《重修金坛县志》，民国十年刊本。

G

［日］高津孝：《科举与诗艺——宋代文学与士人社会》，上海古籍出版社2005年版。

龚笃清：《明代八股文史探》，湖南人民出版社2005年版。

顾栋高：《春秋大事表》，中华书局1993年版。

顾炎武著，黄汝成集释：《日知录集释（全校本）》，上海古籍出版社2006年版。

H

韩履宠等：《无锡金匮县志》，嘉庆十八年刊本。

韩愈著，钱仲联、马茂元点校：《韩愈全集》，上海古籍出版社1997年版。

胡仔：《苕溪渔隐丛话》，人民文学出版社1962年版。

黄强：《八股文与明清文学论稿》，上海古籍出版社2005年版。

黄宗羲：《明文海》，中华书局1987年影印。

黄宗羲：《南雷文定》，《续修四库全书》本。

黄宗羲撰，全祖望补：《宋元学案》，中华书局1986年版。

黄佐：《翰林记》，文渊阁《四库全书》本。

J

家铉翁：《则堂先生春秋集传详说》，通志堂经解本。

江藩著，漆永祥笺释：《汉学师承记笺释》，上海古籍出版社 2006 年版。

江峰青等：《嘉善县志》，光绪十八年刊本。

姜夔：《诗说》，文渊阁《四库全书》本。

金圣叹：《金圣叹全集》，江苏古籍出版社 1985 年版。

K

孔颖达：《春秋左传正义》，再造善本。

孔颖达：《周易注疏》，十三经注疏本。

L

黎靖德辑，王星贤点校：《朱熹语类》，中华书局 2004 年版。

廖大闻修：《桐城续修县志》，道光七年刊本。

李铭皖修：《苏州府志》，光绪九年刊本。

李启原：《左传著述考》，台北编译馆 2003 年版。

黎庶昌：《拙尊园丛稿》，续修四库本。

梁启超：《中国近三百年学术史》，上海三联 2006 年版。

梁章钜：《制艺丛话》，上海书店出版社 2001 年版。

刘克庄：《后村大全集》，四部丛刊本。

刘将孙：《养吾斋集》，文渊阁《四库全书》本。

刘声木：《桐城文学撰述考》，直介堂丛刻本。

刘师培：《清儒得失论》，人民大学出版社 2004 年版。

刘熙载：《艺概》，上海古籍出版社 1978 年版。

刘献廷：《广阳杂记》，中华书局 1997 年版。

刘衍文、刘永翔：《古典文学鉴赏论》，上海教育出版社 1991 年版。

刘昭仁：《吕东莱之文学与史学》，台北文史哲出版社 1986 年版。

刘知几著，（清）浦起龙释：《史通通释》，上海古籍出版社1978年版。

柳宗元著，曹明纲点校：《柳宗元全集》，上海古籍出版社1997年版。

陆淳：《春秋集传纂例》，文渊阁《四库全书》本。

陆辅之：《词旨》，《续修四库全书》本。

陆铨修、洪亮吉等纂：《宁国府志》，嘉庆刊本。

陆文圭：《墙东类稿》，文渊阁《四库全书》本。

吕乔年：《丽泽论说集录》，续金华丛书本。

吕祖谦：《东莱集》，金华丛书本。

吕祖谦：《东莱集》、《别集》、《外集》、《附录》，续金华丛书本。

M

马步蟾修：《徽州府志》，道光七年刊本。

马端临：《文献通考》，中华书局1986年版。

马骕：《左传事纬》，文渊阁《四库全书》本。

茅坤：《茅鹿门先生文集》，《续修四库全书》本。

茅坤：《玉芝山房稿》，《四库存目》丛书本。

冒沅修：《善化县志》，光绪三年刊本。

O

欧阳玄：《圭斋集》，文渊阁《四库全书》本。

P

潘荣胜：《明清进士录》，中华书局2006年版。

潘玉璿修：《乌程县志》，光绪七年刊本。

Q

启功：《说八股》，中华书局2000年版。

钱大昕：《潜研堂文集》，《续修四库全书》本。

钱穆：《中国近三百年学术史》，商务印书馆1997年版。

钱谦益：《初学集》，《续修四库全书》本。

全祖望：《鲒埼亭集外编》，《续修四库全书》本。

S

司马迁：《史记》，中华书局1982年版。

宋如林等：《松江府志》，嘉庆二十二年刊本。

苏轼：《苏东坡全集》，北京市中国书店1986年版。

孙琴安：《中国评点文学史》，上海社会科学出版社1999年版。

孙鑛：《月峰先生居业次编》，四库禁毁书丛刊本。

T

台湾图书馆编：《明人传记资料索引》，台北文史哲出版社1978年版

谭帆：《中国小说评点研究》，华东师范大学出版社2001年版。

谭家健：《先秦散文艺术新探》，首都师范大学出版社1995年版。

唐若瀛等：《余姚志》，乾隆46年刊本。

脱脱等：《宋史》，中华书局2000年版。

W

王重民：《中国善本书提要》，上海古籍出版社1983年版。

王构：《修辞鉴衡》，文渊阁《四库全书》本。

王国维：《王国维遗书》，上海古籍出版社1983年版。

王慎中：《遵岩集》，文渊阁《四库全书》本。

汪荣祖：《史学九章》，生活、读书、新知三联书店2006年版。

王世贞：《弇州续稿》，文渊阁《四库全书》本。

王恽：《玉堂嘉话》，中华书局2006年版。

王钟翰点校：《清史列传》，中华书局1987年版。

魏收：《魏书》，中华书局1974年版。

魏天应：《论学绳尺》，文渊阁《四库全书》本。

吴承学：《评点之兴——文学评点的形成与南宋的诗文评点》，《文学评论》1995年第1期。

吴承学：《四库全书与评点之学》，《文学评论》，2007年第1期。

吴怀祺：《中国史学思想通史·宋辽金卷》，黄山书社2002年版。

吴闿生：《左传微》，黄山书社1995年版。

X

徐清选修：《丰城县志》，道光五年刊本。

徐元梅修：《山阴县志》，嘉庆八年刊本。

Y

严羽著，郭绍虞校释：《沧浪诗话校释》，人民文学出版社1961年版。

杨树达：《春秋大义述》，上海古籍出版社2007年版。

杨载：《新刻诗法家数》，《四库存目》丛书本。

叶梦得：《春秋考》，文渊阁《四库全书》本。

姚鼐：《惜抱先生尺牍》，丛书集成续编本。

永瑢等：《四库全书总目》，中华书局1965年版。

于立君、王安节：《中国诗文评点史研究》，时代文艺出版社2001年版。

余英时：《论戴震与章学诚》，生活、读书、新知三联书店2000年版。

袁宏道著，钱伯城笺校：《袁宏道集笺校》，上海古籍出版社 1981 年版。

袁中道：《珂雪斋集》，上海古籍出版社 1989 年版。

Z

曾国藩：《曾文公文集》，《续修四库全书》本。

张伯伟：《中国古代文学批评方法研究》，中华书局 2002 年版。

张承燮修：《益都县图志》，光绪三十年刊本。

张岱：《石匮后书》，《续修四库全书》本。

（台湾）张高评：《左传文章义法撢微》，台北文史哲出版社 1999 年版。

张高评：《春秋书法与左传学史》，上海古籍出版社 2005 年版。

章培恒编：《中国文学评点研究论集》，上海古籍出版社 2002 年版。

张思勉修：《掖县志》，乾隆二十三年刊本。

张素卿：《评点的文本分析》，台湾"叙事学学会"2000 年 12 月 20 日第九次聚会会议摘要。

张廷玉等：《明史》，中华书局 1974 年版。

章太炎著，徐復注：《訄书详注》，上海古籍出版社 2000 年年版。

章学诚著，叶瑛校注：《文史通义校注》，中华书局 1985 年版。

章学诚著，仓修良注：《文史通义新编新注》，浙江古籍出版社 2005 年版。

赵尔巽等：《清史稿》，中华书局 1998 年版。

中国科学院编：《续修四库全书总目提要》，齐鲁书社 1996 年版。

中国古籍善本书目编辑委员会编：《中国古籍善本书目》，上海古籍出版社1989年版。

周作人：《中国新文学的源流》，江苏文艺出版社2007年版。

宗臣：《宗子相集》，文渊阁《四库全书》本。

朱鹤龄：《愚庵小集》，文渊阁《四库全书》本。

祝尚书：《南宋古文评点缘起发覆》，《四川大学学报》2005年第4期。

朱世英等：《中国散文学通论》，安徽教育出版社1995年版。

朱万曙：《明代戏曲评点研究》安徽教育出版社2002年版。

朱熹：《晦庵先生文集》，再造善本。